EDLER/ROEDIGER · DIE DEUTSCHEN RENNFAHRZEUGE

Reprint-Ausgabe

KARL-HEINZ EDLER / WOLFGANG ROEDIGER

DIE DEUTSCHEN RENN-FAHRZEUGE

TECHNISCHE ENTWICKLUNG DER LETZTEN 20 JAHRE

MIT 223 BILDERN

FACHBUCHVERLAG LEIPZIG 1956

Edler, Karl-Heinz:
Die deutschen Rennfahrzeuge: techn. Entwicklung d.
letzten 20 Jahre / Karl-Heinz Edler; Wolfgang
Roediger. – 2. Aufl. – Leipzig: Fachbuchverl., 1990. –
280 S.: 223 Bild.
Reprint der Ausgabe von 1956

NE: 2. Verf.:

ISBN 3-343-00435-9

Reprint der 1. Auflage von 1956

© VEB Fachbuchverlag Leipzig 1990
2. Auflage
Lizenznummer: 114-210/39/90
LSV 3829
Printed in GDR
Fotomechanischer Nachdruck: INTERDRUCK
Graphischer Großbetrieb Leipzig – III/18/97
Bestellnummer: 547 425 0

VORWORT

*Die Rennfahrzeuge unterliegen noch mehr als Kraftfahrzeuge der Serien-
fertigung dem Zwang der Weiterentwicklung. Ständig tauchen neue
Ideen auf und werden verwirklicht, Motorenleistungen steigen, die
Fahreigenschaften müssen verbessert werden, wenn die gestiegenen
Leistungen in Geschwindigkeit und Anzugsvermögen umgesetzt werden
sollen. Immer bessere Bremsen verkürzen die Bremswege. Viele kleine
Einzelmaßnahmen bringen im Rennen Sekundenbruchteile ein, und
erst ihre Summe bringt den kleinen Vorteil, der dann im Rennen zu
dem kleinen Vorsprung werden kann, der den Sieg bringt.*

*Rennsport wird aber nicht nur um seiner selbst willen betrieben, son-
dern er dient auch einem höheren Ziel, dem die Verfasser dieses Buches
durch den Leitspruch:*

*„Der Rennwagen von heute ist der Serienwagen von morgen"
Ausdruck verliehen. Nicht immer war das so, und gerade in den letzten
20 Jahren gab es Zeiten, in denen die für die Konstruktion von Rennwagen gültigen Bestimmungen wenig geeignet waren, befruchtend auf
den Bau von Serienfahrzeugen einzuwirken. Jedoch ging die weitere
Entwicklung den richtigen Weg, und die heute für die einzelnen
Klassen gültigen Rennformeln sorgen dafür, daß sich die Konstruktion von Rennfahrzeugen in ähnlichen Bahnen bewegen muß wie
die der Serienfahrzeuge. Die Folge davon ist, daß viele Konstruk-
tionsdetails, die wir zuerst bei Rennfahrzeugen sahen, jetzt bereits in
Serienfahrzeugen zur Selbstverständlichkeit wurden. Denken wir
doch, um nur einige wenige Beispiele zu nennen, an die aerodyna-
misch günstige Formgebung des Gesamtfahrzeugs, an die Hinterradfederung oder an den Schwinghebel in der Vorderradfederung des
Motorrads.*

*Wie notwendig es aber ist, einmal den langen Weg der Entwicklung
von Rennfahrzeugen nachzugehen, sich zurückzuerinnern, aber auch
zu sehen, wie ein Gedanke aus dem anderen herauswuchs, wie Detail
zu Detail kam, wie sich unsere Rennfahrzeuge in bienenfleißiger
Arbeit der Konstrukteure am Zeichenbrett, der Ingenieure und Techniker und der übrigen Mitarbeiter in den Rennwerkstätten zu ihrer
heutigen Leistungshöhe entwickelten, das alles führt uns das vorliegende Buch so recht vor Augen. Durch die Darstellung einer 20 jähri-
gen Entwicklung geben die Verfasser dieses Buches dem Leser die
Möglichkeit, diesen Weg mit ihnen noch einmal zu gehen, und sie
haben damit eine fühlbare Lücke in der fachlichen Literatur zur Technik
der Hochleistungsfahrzeuge und zum Motorrennsport geschlossen.*

Wie viele zu ihrer Zeit sensationelle Neukonstruktionen sind inzwischen in die Geschichte der Renntechnik eingegangen, wie viele sind bereits vergessen! Hier werden sie uns wieder vor Augen geführt, und wir erinnern uns wieder an große Rennen, an Kämpfe um Sekundenbruchteile und schließlich auch an jene, die diese Fahrzeuge beherrschten und die zum Teil noch heute Hunderttausende von Motorsportanhängern an den Rändern unserer Rennstrecken durch ihre Kämpfe begeistern. Wie oft hatte ich Gelegenheit, mit solchen Motorsportenthusiasten an der Rennstrecke zu sprechen, und wie überrascht war ich immer wieder davon, wie umfassend die technischen Kenntnisse und das technische Einfühlungsvermögen gerade dieser Menschen sind. Besonders für diese Anhänger des Motorsports wurde dieses Buch geschrieben, und ich bin davon überzeugt, daß sie sich mit Feuereifer darein vertiefen werden.

Aber auch der aktive Motorsportler wird dieses Buch mit größtem Interesse aufnehmen; denn in keiner anderen Sportart ist der Sportler in so großem Umfange von der Technik abhängig wie gerade in unserem Sport. Selbstverständlich müssen Veranlagung und Können vorhanden sein, wenn ein noch so schnelles, leistungsfähiges Fahrzeug zum Sieg gesteuert werden soll. Aber wir sahen auch schon manchmal einen großen Könner des Steuers sich mit einem Fahrzeug über die Rennstrecke quälen, das leistungsmäßig hinter den anderen zurückblieb. Gerade dann zeigte es sich immer wieder, daß nur ständige Vorwärtsentwicklung der Technik auch im Rennfahrzeugbau den Erfolg sichert. Aus der Entwicklung zweier Jahrzehnte lassen sich aber Schlüsse ziehen, die wieder zu Impulsen für die Weiterentwicklung werden können. In diesem Sinne wird das Buch von Edler und Roediger dem aktiven Sportler, aber auch dem Konstrukteur manche wertvolle Anregung vermitteln können.

Im internationalen Motorrennsport selbst erkennen wir, daß das Interesse der Rennsport treibenden Betriebe am reinen Rennwagen der Formel I, zumindest in der gegenwärtigen Situation, nicht zunimmt. Um so mehr treten der Rennsportwagen und auch der Serien- sportwagen in den Vordergrund. Viele Motorsportbegeisterte streben danach, sich mit einem käuflichen Fahrzeug am Rennsport zu beteiligen und so auch den Motorrennsport zu einem wirklichen Breitensport zu machen. Wie diese Entwicklung auch verlaufen mag, immer wird es sich bei Rennfahrzeugen um absolute Spitzenprodukte unserer Industrie handeln, so wie es auch die in diesem Buch besprochenen Fahrzeuge waren und sind. Die Aufgabe, die Heimat in den großen internationalen Rennen mit Erfolg zu vertreten, kann aber nur eine

Aufgabe der Industrie sein, die jedoch ihrerseits ihre Fahrer aus den Reihen der vielen aktiven Sportler auswählt. Betriebe, die sich dieser Aufgabe gewachsen zeigen, werden aus der Entwicklung und dem Bau ihrer Rennfahrzeuge Erkenntnisse gewinnen, die sich, wenn auch manchmal erst nach langer Entwicklungszeit, für die Serienfahrzeuge auswerten lassen.

Immer höher wird das Ziel gesteckt, immer schärfere Bestimmungen finden Eingang in die Rennformeln. Immer höher müssen aber auch die Leistungen werden, wenn diesen Forderungen entsprochen werden soll. Um so mehr wird sich aber dann immer der eingetretene Erfolg im Sinne einer Hebung des Leistungsdurchschnitts auswirken. So dienen auch unser Motorrennsport und unser Rennfahrzeug technisch der Entwicklung von Fahrzeugen immer höherer Leistung und Zuverlässigkeit und damit durch internationale Erfolge der wachsenden Achtung vor unserer Arbeit und vor dem Können der Menschen in unseren Betrieben.

Unser kämpferischer Einsatz als Sportler und Fahrer wird so ganz bewußt in den Dienst unserer Heimat gestellt und dient dem Ziel, die Motorisierung und Mechanisierung immer weiter voranzutreiben. Die Begeisterung breitester Kreise für den Motorrennsport ist aber die Basis für das Wirksamwerden unseres Einsatzes. In diesem Sinne hat das vorliegende Buch eine große Aufgabe. Möge es diesen Menschen den schon längst erstrebten Einblick in eine so interessante technische Entwicklung geben, und möge es so weitere Massen für unseren schönen Motorrennsport begeistern.

Edgar Barth, Meister des Sports

VORWORT ZUM REPRINT

Die Geschichte des Motorsports ist fast so alt wie das Kraftfahrzeug selbst. Seit 1894 werden „Motorwagen" auch für sportliche Zwecke eingesetzt — in den ersten Jahrzehnten sogar in überwiegendem Maße. Die Statistik weist aus, daß noch 25 Jahre nach der Erfindung des Kraftfahrzeugs knapp die Hälfte aller Personenkraftwagen dem „Sport und Vergnügen" diente. Das war zweifellos von großer Bedeutung für den technischen Reifeprozeß, einmal, weil der Wettbewerb seit eh und je die nachdrücklichste Methode zur Leistungssteigerung war, und zum anderen, weil Sport und Vergnügen als deutliche und unbestreitbare Luxusattribute keinen Raum für eine sonst sehr wichtige Überlegung ließen: die Beachtung der Kosten. Diese spielten für die meisten Automobilbesitzer jener Anfangsjahre eine untergeordnete Rolle. Damit wurde der Sport unversehens nicht nur zum treibenden Keil, sondern übte gleichzeitig auch eine Schutzfunktion in dieser so wichtigen Anfangsphase der Kraftfahrzeuggeschichte aus. Ihm ist also in doppeltem Sinne eine in der Wirkung kaum zu unterschätzende Rolle zugefallen.

Motorsportveranstaltungen wurden bald nach der Jahrhundertwende zum Magnet für Tausende und Zehntausende von Zuschauern. Dabei ist es bis heute geblieben: Der Motorsport gehört zu den Sportarten mit den meisten Zuschauern. Die Ausstrahlungskraft dieses Sports ist von der Kraftfahrzeug- und Zubehörindustrie frühzeitig erkannt und zur Werbung genutzt worden, anfangs in großem Umfang durch Teilnahme mit seriennahen Fahrzeugen. Bald trat die von den finanziell stärksten Firmen konsequent betriebene Spezialisierung in den Vordergrund. Nach weiteren 25 Jahren wurde der Motorsport in erster Linie von den Großen der Kraftfahrzeugbranche getragen und bestimmt.

Der Motorsport gehört zu den technischen Sportarten, seine Möglichkeiten und Grenzen sind besonders eng an die Leistungsstärke des Sportgeräts gebunden. Diese Abhängigkeit gibt es in anderen, auf spezifische Sportgeräte abgestimmten Disziplinen ebenfalls, wohl aber nirgendwo so ausgeprägt. Wie andere technische Sportarten übte auch der Motorsport über Jahrzehnte eine Schrittmacherfunktion aus. Sein Einfluß auf die technische Reifung und die Konzipierung der „Alltagsfahrzeuge" ist unbestritten und wird im einzelnen in diesem Buch systematisch und detailfreudig belegt.

Ebenso wichtig war und ist der Einfluß des Motorsports auf die Erkundung von fahrdynamischen Grenzbereichen, die sich bis zur Einbeziehung der Computertechnik in die Entwicklung von Kraftfahrzeugen überhaupt nicht und seitdem nur mit gewissen Einschränkungen simulieren ließen.

Es liegt in der Natur des Motorsports, nicht nur sportliche, sondern auch technisch-konstruktive Spitzenleistungen anzustreben und zu verwirklichen. Technik ist weder gut noch schlecht, sondern immer das, was der Mensch aus ihr macht. Deshalb sind sportpolitische Manipulationen, wie sie mit dem Motorsport besonders in der Zeit des Nationalsozialismus in Deutschland vorgenommen wurden, nicht Ausdruck der hervorragenden technischen Sportgeräte, sondern ihres Mißbrauches, ihrer Pervertierung. Wie alle anderen Sportdisziplinen war auch der Motorsport nach 1933 mit entsprechendem Stellenwert in die faschistische Ideologie eingeordnet worden. Die Sportler hatten das geforderte „Heldenidol" für die Jugend zu liefern. Da der hohe Stand der Kraftfahrzeugtechnik, der in Deutschland Ende der 20er, Anfang der 30er Jahre erreicht war, technische Spitzenleistungen erlaubte, waren mit den Rennfahrzeugen weltweit aufsehenerregende Erfolge möglich, die die Nazis großspurig im Sinne der „Weltgeltung deutscher Kraftfahrt" ausschlachteten.

Zweifellos gehört der Motorsport zu jenen gar nicht so wenigen Sportarten, die in ganz besonderer Weise bestimmte Eigenschaften der Sportler, wie z. B. Kühnheit, Bereitschaft zum kalkulierten Risiko, Besonnenheit, Weitsicht und extrem schnelles Reaktionsvermögen, fordern. Wie bei anderen — übrigens gar nicht so seltenen — Sportarten, z. B. der Alpinistik, dem Fallschirmspringen, dem Kunstflug oder dem Hochseesegeln, können Fehlhandlungen lebensgefährlich werden. Das hat gerade den Rennsportlern immer wieder die Diskriminierung als „sensationslüstern" eingebracht. Wenn das auch in dem einen oder anderen Einzelfall nicht unberechtigt gewesen sein mag — als Pauschalurteil ist es allemal falsch.

Dieses von Karl-Heinz Edler und Wolfgang Roediger verfaßte und im Jahre 1956 vom Fachbuchverlag herausgegebene Buch ist eines der am kenntnisreichsten geschriebenen Bücher zur Technik von Rennfahrzeugen zwischen 1935 und 1955. Es zählt außerdem zu den wenigen, die im Komplex alle Rennfahrzeuge — Motorräder und Automobile — behandeln, und wird zu den bedeutendsten Standard-

werken seiner Art gerechnet. Noch heute beeindruckt es in dieser
Zusammenstellung durch die Dokumentation der Vielfalt. Möglichkeiten und Variationen des technischen Fortschritts im Kraftfahr-
zeugbau werden noch einmal — mit den Augen der Zeitgenossen
betrachtet — dem heutigen Leser vorgeführt. Der kann das Buch
auch als ein Zeugnis der Vergänglichkeit betrachten. Die wenigsten
der aufgeführten Fahrzeugfirmen bzw. -marken gibt es noch, nur
eine einzige von ihnen beteiligt sich heute werksseitig wieder am
Motorsport. Dennoch sollte keine falsche Wehmut aufkommen:
Was damals noch im Sport erprobt wurde, ist heute vielfach ge-
brauchswirksam. Sinnfälliger kann der Reprint nicht bestätigen,
was die Autoren damals schrieben:

„Das Rennfahrzeug von heute ist das Serienfahrzeug von morgen!"

Dr. sc. Peter Kirchberg

INHALTSVERZEICHNIS

1. Vom Sinn und Zweck des Motorrennsports

Es ist eine lobenswerte menschliche Eigenschaft, daß wir über alles, was wir tun oder nicht tun, uns und anderen in den meisten Fällen Rechenschaft ablegen. Der Mensch versucht stets, den Sinn jeden Geschehens mit verstandesmäßigen Gründen zu erfassen. Das ist zugleich sein Recht und seine Pflicht, denn die Tatsache, daß der Mensch als vernunftbegabtes Wesen – homo sapiens – nicht nur instinktiv handelt, unterscheidet ihn ja von allen anderen Lebewesen auf unserem Erdball.

Selbstverständlich stand auch der Motorrennsport im Laufe seiner Geschichte oft im Mittelpunkt ernster Diskussionen über Wert oder Unwert seiner Ausübung. Verschiedentlich wurde die Frage erörtert, ob die Durchführung eines so stark technisierten Sportes, der nicht nur gewaltige Aufwendungen an Material und Geld, sondern auch Opfer an Gesundheit und Leben fordere, überhaupt zu vertreten sei.

Die auf diese summarische Frage sich ergebende ebenfalls summarische Antwort zeigt aber schon den tieferen Sinn und damit den Wert des Motorrennsports: Hätten nicht seit mehr als einem halben Jahrhundert entschlossene Männer unter den harten Bedingungen des sportlich-technischen Wettbewerbs auf den Rennstrecken und unter Einsatz ihres Lebens die Weiterentwicklung des Kraftfahrzeuges stürmisch vorangetrieben, so wären aus den ratternden und springenden Ungetümen der Jahrhundertwende nicht jene schnellen und billigen, zuverlässigen und sicheren Fahrzeuge geworden, die heute des Menschen Diener im Alltag und die unentbehrlichen Helfer der Volkswirtschaft sind.

In diesem einen Satz erschöpft sich natürlich nicht eine Begründung des Wertes des Motorrennsports. Betrachtet man die Aufgaben des Motorrennsports näher, so merkt man bald, daß diese auf ganz verschiedenen Gebieten liegen. Somit ergibt sich auch ein Wert dieses technischen Kampfsports in verschiedener Hinsicht. Das folgende Struktur-Schema soll die Aufgabenteilung des Motorrennsports veranschaulichen:

Motorrennsport		
Technischer Wert	Sportlicher Wert	Wirtschaftlicher Wert
a) Konstruktive Aufgabenstellung; b) Materialprüfung und -forschung; c) Befruchtung der Serienfabrikation und Erweiterung der Sicherheitsgrenze	a) Erziehung zu schöpferisch tätigen und mutigen Menschen; b) Erzielung von sportlichen Höchstleistungen; c) Freude und Entspannung für die Zuschauer	a) Kfz.-Absatzsteigerung durch die mit den Rennerfolgen verbundene Werbung; b) Verstärkung des Reiseverkehrs; c) Umsatzsteigerung der örtlichen Industrie des Rennortes, Hotelwesen, Baugewerbe usw. –

1

Schließlich darf auch der sich nicht in eine bestimmte Rubrik einzwängen lassende allgemeine politische Wert des Motorrennsports nicht vergessen werden. So wie in Deutschland der Motorrennsport bei seinen Veranstaltungen mit gesamtdeutscher Besetzung eine Brücke zwischen Ost und West schlägt, so hat der Motorrennsport auch im internationalen Maßstab mit seiner völkerverbindenden Idee eine große Mission zu erfüllen. Die Hunderttausende an den Rennstrecken, die sich an dem friedlichen Wettstreit der Männer und Motoren begeistern, bejahen wie die Aktiven selbst von ganzem Herzen den Frieden, wissen sie doch, daß nur in ihm der Motorrennsport gedeihen und eine sinnvolle Entwicklung nehmen kann.

Dem Charakter des vorliegenden Werkes als Übersicht der deutschen Renntechnik gemäß wollen wir vor allem einmal die Punkte beleuchten, die den technischen Wert des Motorrennsports ausmachen. Bei dieser Betrachtung muß zuerst darauf hingewiesen werden, daß innerhalb des Motorsports – wohlgemerkt, innerhalb des *gesamten* Motorsports – der Rennsport eine andere Aufgabe zu erfüllen hat als zum Beispiel der Gelände- und Zuverlässigkeitssport.

Die *Rennstrecke* ist und bleibt das Laboratorium des Konstrukteurs und Entwicklungsingenieurs. Dieses Laboratorium Rennstrecke dient der Entwicklung der allgemeinen Kraftfahrzeugtechnik gewissermaßen auf weite Sicht. Mit den extrem hochgezüchteten Motoren, den komplizierten Fahrwerken und ausgeklügelten Karosserien, den hochwertigsten Kraft- und Schmierstoffen und den bestens abgestimmten Zubehörteilen, wie Vergaser, Zündkerzen, Reifen usw., werden die *künftigen* Etappen der Kraftfahrzeugtechnik erforscht und vorexerziert. Immer erst Jahre später werden wir diesen Niederschlag im Serienbau finden.

Die im Versuchsfeld, im Gelände- und Zuverlässigkeitssport gewonnenen Erfahrungen und Erkenntnisse dagegen dienen in erster Linie der Aufgabe, die *laufende* Serienfabrikation zu verbessern. Natürlich gilt auch dieser Satz nur mit gewissen Einschränkungen, denn es ist nicht möglich, etwa alle vier Wochen die Produktion umzustellen. Aber all die kleinen Verbesserungen, die in den harten Gelände- und Zuverlässigkeitsfahrten erprobt wurden und dem Alltagsfahrzeug unmittelbar zugute kommen, können ohne wesentliche Störung des Produktionsvorganges in die Serienfabrikation übernommen werden.

Unter Punkt a) der Gruppierung ,,Technischer Wert des Motorrennsports" haben wir als Positivum vermerkt: Konstruktive Aufgabenstellung. Diese konstruktive Aufgabenstellung ergibt sich einmal durch die von den Internationalen Dachverbänden FIA und FIM (Föderation Internationale Automobile und Föderation Internationale Motorcycliste) festgelegten Rennformeln, Klasseneinteilungen und besonderen Bestimmungen, zum andern durch den von dem betreffenden Werk sich selbst vorgeschriebenen Weg der höchstmöglichen technischen Ausfüllung der jeweils gültigen Rennformel. Im Rennfahrzeugbau werden die Konstrukteure sozusagen besonders geschult; sie haben außerordentlich schwierige Aufgaben zu bearbeiten und müssen die Technik in ihrer geheimnisvollsten Form meistern. Werden diese Aufgaben zufriedenstellend gelöst, so übertragen die Konstrukteure die gewonnenen Erkenntnisse auf das Gebrauchsfahrzeug. Und es ist doch klar, daß Konstrukteure, die erfolgreiche

2

Rennkonstruktionen entwickeln können und damit in die Grenzbereiche der Technik vorstoßen, erst recht den Serienbau beherrschen bzw. die entsprechenden Anregungen und Anweisungen zu geben in der Lage sind. Natürlich kann der Rennwagen nicht in jedem Fall der große Bruder des Gebrauchswagens sein und das Serienfahrzeug in Leistung und Bau nicht die perspektivische Verkürzung der Rennkonstruktion. Die gegebenen Bedingungen einer Serienfabrikation dürfen das Rennfahrzeug nicht so weit belasten, daß es in konstruktiven Einzelteilen kein Neuland mehr beschreiten darf, denn dann würde der technische Fortschritt aufhören. Andererseits muß selbstverständlich eine mittelbare Einwirkung des Rennfahrzeugbaus auf die Serienfabrikation vorhanden bleiben.

Die konstruktive Aufgabenstellung im Rennfahrzeugbau erstreckte sich im Laufe der Zeit systematisch auf die drei Hauptgruppen der allgemeinen Kraftfahrzeugtechnik: Motor, Fahrwerk und Karosserie. Anfangs hatte man nur die motorische Höchstleistung erstrebt, dann aber befaßte man sich auch mit der Ausfeilung der Fahrwerke, und schließlich verwandte man das Augenmerk auch auf die aerodynamische Durchbildung der Rennkarosserien. Auch im Rennmotorradbau gewinnt die Frage der Verkleidung immer mehr an Bedeutung. Es kommt natürlich in diesem Kampf um technische und sportliche Höchstleistungen hin und wieder vor, daß sich eine Rennkonstruktion etwas zu weit vom Serienfahrzeugbau entfernt. Aber da liegt es stets an der Vernunft des Menschen, den Motorrennsport immer wieder auf seine ursprüngliche Aufgabe hinzuleiten.

Zu Punkt b) ist zu sagen, daß selbst die beste Arbeit in der Versuchsabteilung eines Kraftfahrzeugwerkes nicht den Läuterungsprozeß der in einem Renneinsatz erfolgenden Materialprüfung ersetzen kann. In einem zwei- oder dreistündigen Automobil- oder Motorradrennen muß das Rennfahrzeug oft mehr leisten als ein Gebrauchsfahrzeug während seiner ganzen Lebensdauer. Rennen sind die härtesten Zerreißproben für Konstruktion und Material; erbarmungslos werden in den schweren Veranstaltungen die Schwächen des Materials aufgedeckt. Hier wie nirgendwo anders gilt der bedeutungsvolle und erkenntnisreiche Satz: „Keine Kette ist stärker als ihr schwächstes Glied!"

Um das Kraftfahrzeug und den Motorrennsport ist eine umfangreiche Zubehörindustrie erblüht, die einen nicht unerheblichen Anteil an den Erfolgen des Rennsports und damit an der Weiterentwicklung der Automobile und Motorräder hat. Ein Kraftfahrzeug besteht nun einmal aus sehr vielen Einzelteilen und -teilchen. Und gerade die oft auf das Mehrfache des Normalen gesteigerte Inanspruchnahme und Leistung dieser Einzelteile sind es ja, die dem Techniker für die Gewinnung seiner Erfahrungen so überaus wichtig und wertvoll sind.

Nicht nur das Triebwerk eines Rennboliden mit Kolben, Ventilen, Pleuelstangen, Kurbel- und Getriebewellen, Lagermaterial usw. ist in diesem Kampf der Überbelastungen außergewöhnlichen Anforderungen in mechanischer, thermischer und chemischer Art ausgesetzt; das gleiche gilt auch für Zündkerzen, Magnete, Spulenisolation, Reifen, Bremsbeläge, Zahnrad- und Kettenmaterial, Kraft- und Schmierstoffe, Speichen, Leitungen, Federn und Stoßdämpfer. Eine einzige solche Materialprüfung – z. B. vom Schwierigkeitsgrad des Nürburgringrennens, des Sachsenringrennens oder des Schleizer Dreieckrennens – fördert oft Mängel zutage, wie sie in solcher Klarheit keine normale Versuchsfahrt erbringen kann. Auch nicht eine gewissenhafte Analyse der Kundenreklamationen des Serientyps über einen größeren Zeitraum hinweg kann eine solch klare Aufzeigung der technischen Mängel bringen wie der Rennsport, einfach deshalb, weil – wie der Fachmann sagt – die kontrollierte Überbeanspruchung fehlt.

Und damit sind wir am Kernpunkt der Fragestellung nach dem realen Wert des Motorrennsports angelangt. Es geht im Kampf der rasenden Automobile und Motorräder auf den Rennstrecken nicht allein um die Geschwindigkeit, nicht um die Zahl als alleinigen Wertmesser. Es geht auch nicht nur um den Siegerkranz, wenn das Streben nach dem Lorbeer auch den sportlich-ethischen Inhalt des Motorrennsports ausmacht. Es geht um mehr. Es geht um die Erprobung des Materials, es geht um *Sicherheit*! Um die Sicherheit einer winzigen Schraube, einer unscheinbaren Strebe, eines Motoren- oder Lenkungsteiles. Es geht um die Sicherheit des Rahmens und seiner Federung, um die Sicherheit neuer Bremsen und Reifen. Man setzt das Material im Rennen mit den Geschwindigkeiten von 200, 250 und mehr Kilometer in der Stunde der vielfachen Belastung aus ... damit es im Gebrauchsfahrzeug hält! Diese Tatsache kennzeichnet schon allein die Bedeutung des Motorrennsports und zeigt klar, daß er niemals Selbstzweck ist.

Auch zur „Befruchtung des Gebrauchsfahrzeugs durch den Rennsport", dem Punkt c) unserer Beweisführung, sollen Tatsachen das entscheidende Wort sprechen. Um die Jahrhundertwende waren Rennwagen lokomotivähnliche Gebilde mit einem Mordstrumm von Motor und hochbeinigen, schweren Fahrgestellen. Trotz der Materialanhäufung in den Rennboliden jener Zeiten war die Motorleistung gering. Die Motoren hatten eine Literleistung von 5 bis 10 PS, d. h., ein Motor mit einem Zylinderinhalt von einem Liter (1000 cm³) hatte die angegebene Leistung in PS. Heute geben schon verschiedene serienmäßige Motoren eine Literleistung von 70 PS ab. Kompressor-Rennmotoren erreichten zuletzt 200 und mehr PS Literleistung.

Aber nicht nur hohe PS-Leistungen brachte der Rennsport, auch allgemeine technische Verbesserungen wurden nach den Rennerfahrungen in den Serienbau übernommen. Es kamen die Vierradbremse und der Leichtmetallkolben, die Magnetzündung und der Kardanantrieb, die Trockensumpfschmierung und das abnehmbare Rad, das Kugellager und der verbesserte Vergaser, das mechanisch gesteuerte Ventil und der Stoßdämpfer. Es kamen aber auch Spezialstähle und Leichtmetalle, griffige Reifen und Mehrganggetriebe, Batterien und ständig verbesserte Federungen. Aus den Rennerfahrungen ermittelte Spurweite und Radstand im Verein mit ansprechender Dämpfung der Federung gaben dem Gebrauchsfahrzeug gute Bodenhaftung und Kurvenstabilität. Und schließlich brachte der Rennsport dem normalen Tourenwagen auch das leichte Fahrgestell und die schnittige, strömungsgünstige Karosserie. Auch das Serienmotorrad hat im Laufe der Zeit von der Rennmaschine deren Attribute übernommen: Mehrzylinder- und Doppelnockenmotor, Königswellenantrieb und Doppelkolben, Radgrößen und Reifenprofil, Stoß- und Lenkungsdämpfer, Vierganggetriebe und Fußschaltung, schmale Lenker und verstellbare Armaturen, Zentralrahmen und Federbein-Doppelschwinge, Teleskopgabel und Hinterradfederung, Sitzbänke und große Kraftstoffbehälter, Vollnabenbremsen für die Solomaschine und bei Gespannen auch die dritte Bremse für das Seitenwagenrad.

Diese Tatsachenreihe ließe sich beliebig erweitern. Aber das soll hier nicht geschehen, denn auch in den folgenden Kapiteln werden wir bei der Besprechung technischer Besonderheiten der Verbindung zwischen Renn- und Gebrauchsfahrzeug nachspüren. Auch über den sportlichen und wirtschaftlichen Wert des Motorrennsports wollen wir in diesem Buch, das ja die technische Entwicklung und den augenblicklichen Stand des deutschen Motorrennsports aufzeigen soll, keine weiteren Ausführungen machen, da der ideelle und reale Wert dieser beiden Untergruppen des Motorrennsports nach dem bisher Gesagten jedem Einsichtigen sowieso klar ist.

Man kann jedoch die Erwägungen über den Sinn und Zweck des Motorrennsports nicht schließen, ohne wenigstens einmal die menschliche Seite dieses harten Kampfsports zu berühren.

Es gibt auch heute noch Gegner des Motorrennsports, die – vorwiegend als Menschenfreunde getarnt – mit ihrer rückschrittlichen Gesinnung gegen den Kampf auf den Rennpisten zetern. Wohlgemerkt, sie sind nur gegen den Rennsport, nicht aber gegen das Kraftfahrzeug eingestellt. Denn sie möchten selbst nicht mehr mit der Postkutsche von Ort zu Ort fahren. Diese Skeptiker sehen die Rennfahrer meist nur als verhinderte Artisten an, die um der Sensation willen Sport betreiben, vergessen aber dabei stets, daß nur durch den Einsatz dieser wagemutigen Männer hinter dem Lenkrad und im Rennsattel die Kraftfahrzeugtechnik auf den heutigen Stand gebracht werden konnte. So wie Eisenbahn und Dampfschiffahrt – gegen die ja auch von beschränkten Geistern lange Zeit ein zäher Krieg geführt wurde – das Gesicht des vorigen Jahrhunderts bestimmt haben, so bestimmen Kraftfahrzeug und Flugzeug nun einmal das Gesicht des zwanzigsten Jahrhunderts.

Rennfahrer sind Helden des Alltags, Rennfahrer sind Helden der Arbeit. Das ist keine Phrase. Mit einer in anderen Sportarten in dieser Stärke kaum wahrnehmbaren Selbstdisziplin müssen die Rennfahrer zu ihrer selbstgewählten Aufgabe bis zuletzt stehen. Unter dem Einsatz ihres Lebens versuchen sie, das von ihnen selbstgebaute oder von anderen Hirnen und Händen geschaffene Fahrzeug im fairen und friedlichen, aber doch unendlich harten Wettstreit des Geistes und der Materie zum Siege zu führen.

Die Rennfahrer tun das nicht, um den Zuschauern einen billigen Nervenkitzel zu verschaffen, sie tun das nicht, weil sie Geld und Material vergeuden wollen, nein – – sie tun dies in letzter Konsequenz um des technischen Fortschritts willen. Es kommt wohl manchmal vor, daß der den Augenblick ganz ausfüllende und alle Sinne ansprechende dramatische Kampf um Kilometer und Sekunden durch die ihm eigene Buntheit und Nervosität das *große Ziel* des Motorrennsports etwas in den Hintergrund rücken läßt, aber doch leuchtet es stets über allem Geschehen auf der Rennstrecke.

Als Pioniere der Technik dienen die Rennfahrer der Menschheit und ihrer friedlichen Entwicklung. Die im Motorrennsport mit seiner technischen

Überspitzung gesuchte und gefundene Sicherheit des Materials kommt Millionen von Kraftfahrern im Gebrauchsfahrzeug zugute und schützt ihre Gesundheit und ihr Leben. Wenn wir uns dies immer vor Augen halten, dann verstehen wir auch den tieferen Sinn und Zweck des Motorrennsports.

Und mit diesem Verstehen wächst auch unsere Achtung vor jenen Männern, die ihre Liebe zum Motor, ihre Liebe zum Rennsport mit dem Leben bezahlen mußten. Mit ihrem Blute haben diese Kämpfer die Meilensteine des technischen Fortschritts gezeichnet. Es führt ein gerader Weg von den Männern, die in der Frühzeit des Kraftfahrsports ihr Leben lassen mußten, über Otto Merz, Ernst von Delius, Bernd Rosemeyer, Karl Gall und andere zu Matthias Berger, Paul Greifzu, August Simon, Lydia Heller und ihren Mitstreitern, die für die Idee des Motorrennsports in der Deutschen Demokratischen Republik das Höchste gaben.

Die Männer des Sturzhelms als die Aktiven des Motorrennsports werden das Vermächtnis ihrer verunglückten Kameraden weitertragen und neue Meilensteine auf dem Wege des technischen Fortschritts errichten. Und wir alle, Konstrukteure und Facharbeiter, Sportfunktionäre und Journalisten und die vielen Hunderttausende von Zuschauern werden die Aktiven des Motorrennsports auf diesem Weg begleiten und sie in ihrer wichtigen und wertvollen Arbeit unterstützen.

2. Rennformeln und Klasseneinteilung

Was ist überhaupt eine Rennformel?

Nun, hinter dem Begriff Rennformel verbirgt sich keineswegs etwas Geheimnisvolles, Mathematisches oder eben Formelhaftes. Eine Rennformel war und ist auch heute die für einen bestimmten Zeitabschnitt jeweils international festgelegte Bauvorschrift für Rennwagen, also eine Aufgabenstellung in groben Zügen. Aus einer solchen Bauvorschrift – alle Rennformeln seit 1900 enthielten lediglich Gewichtsbegrenzungen nach oben oder unten, Begrenzungen des Gesamthubraumes oder aber in wenigen Fällen Vorschriften über Kraftstoffverbrauch – hatten die Techniker die entsprechenden Schlußfolgerungen zu ziehen und danach ihre Rennwagenkonstruktionen zu entwickeln. Rennformeln sind demnach mit „Regeln", mit „Reglements" – so war der ursprüngliche Ausdruck dafür – zu vergleichen (Bild 1).

Diese Regeln, Bauvorschriften oder eben die Rennformeln haben einen bestimmten Sinn und verfolgen einen Zweck und werden deshalb keineswegs willkürlich festgelegt. Automobilrennsport – Motorsport überhaupt – ist kein

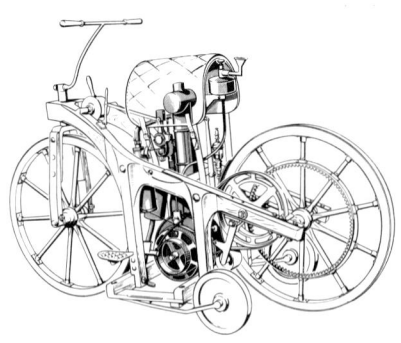

Bild 1. Der Urahne aller motorisierten Zweiräder: Gottlieb Daimlers erstes Motor-Rad von 1885!

6

Zirkus oder attraktive Sensation, sondern ein sehr wichtiger Wegweiser technischen Fortschrittes auf allen Gebieten des Kraftfahrzeugbaues. Aus diesem schon vor der Jahrhundertwende erfühlten und erfüllten Grundsatz heraus erwuchsen der Renntechnik große Aufgaben. Die Rennformeln spiegeln nun sehr oft diese Aufgaben wider, die in den betreffenden Zeitabschnitten für lösenswert gehalten wurden, um die technische Weiterentwicklung der Gebrauchsautomobile zu ermöglichen und zu erreichen.

Damit taucht natürlich gleichzeitig die Frage auf, inwieweit der Rennwagenbau die große ideelle Aufgabe erfüllen konnte. Oder – anders ausgedrückt – waren die Rennformeln immer so gestellt, daß sie über die Lösung im Rennwagen zu allgemein verwertbaren Erkenntnissen führten? Wir sind vielleicht ein wenig großzügig, wenn wir eine solche Frage mit Ja beantworten. Aber der Rennsport hat doch wirklich dem Serienfahrzeugbau wesentliche Impulse vermittelt – wenn er zuweilen der normalen Entwicklung vorausgeeilt ist oder auf kleine Abwege geriet, so ist für das erstere und für das andere der Mensch mit seinen Stärken und Schwächen verantwortlich. Auf den Tafeln 1, 2 und 3 sind die internationalen Rennformelbestimmungen in der zeitlichen Folge zusammengestellt worden. Wenn nun gleich einige Erläuterungen kommen, so ist dies zwar gewissermaßen ein kleines Stück Kraftfahrzeug-Geschichte, aber diese kurzen Blicke auf einen Weg, den ein Teilgebiet der Technik genommen hat, sind doch wohl angebracht.

Der erste Zeitabschnitt

Da fand im Jahre 1894 auf der Straße von Paris nach Rouen das erste wirklich organisierte Automobilrennen statt. Gerannt ist man auch schon vorher – meist mit einem Pferdewagen um die Wette. Die Entfernung von 126 km durchfuhr ein Peugeot-Wagen mit deutschem Daimler-Motor in einer Durchschnittsgeschwindigkeit von 20,5 km/h als Sieger. Das war das erste „geregelte" Rennen. Die Regeln bezogen sich aber auf den sportlichen Austragungsmodus. Einheitliche Bauvorschriften gab es da noch nicht. Erst ab 1900 wurde dies anders. Der amerikanische Journalist Gordon Bennett, Herausgeber des „New York Herald", wurde zum Urheber der ersten technischen Vorschriften, der ersten Rennformel. 400 kg Mindest- und 1000 kg Höchstgewicht – das war der wesentliche Rahmen. Und doch wurde mit diesen wenigen Daten eine technische Entwicklung ausgelöst, die so umfassend war, daß sie wohl noch heute von derzeitigen Formelschöpfern etwas neidvoll betrachtet wird. Die Fahrzeuge wurden durch Verwendung ausgesuchten Materials schon recht zuverlässig, der mehrzylindrige Motor mit Leistungen bis zu 90 PS (!) setzte sich durch, die Magnetzündung, die Konuskupplung, das Mehrganggetriebe und der Kettenantrieb waren Errungenschaften in diesen Jahren. Die Geschwindigkeiten wuchsen beträchtlich, und

„Der Rennwagen von heute ist der Tourenwagen von morgen"

war die Charta der ersten Rennepoche, die Präambel des Rennsports, deren tiefer Sinn im späteren Verlauf nach dem ersten Weltkrieg nicht in jedem Falle so deutlich aufzuspüren ist.

Die „Gordon-Bennett-Formel" enthielt die Beschränkung in sportlicher Hinsicht, daß nur drei Fahrzeuge je Landesklub teilnehmen konnten. Ab 1905 durchbrach Frankreich diese Begrenzung und richtete – nachdem 1902 Rundstreckenrennen eingeführt waren – erstmals seinen „Großen Preis von

Tabelle 1. Tabelle der internationalen Rennformeln innerhalb der Jahre 1900 bis 1914

Allgemeine Bestimmungen	Jahr	Hubraum-begrenzung	Höchst-gewicht	Mindest-gewicht	Verbrauchs-begrenzung
Gordon-Bennett-Formel Gewicht = Leergewicht ohne Fahrer, Benzin, Wasser, Öl, Werkzeug, Ersatzteile, Gepäck und Proviant. Nur drei Fahrzeuge je Landesklub. Zwei Fahrer mit je 60 kg Gewicht. Ausgleich durch Ballast. Die Rennen müssen auf der Straße in einer Etappe von mindestens 550 km und höchstens 650 km durchgeführt werden. Das nächste Rennen wird im Land des siegreichen Teilnehmers durch dessen Klub organisiert. Sonst in Frankreich.	1900 1901 1902 1903 1904 1905	—	1000 kg	400 kg	—
Grand-Prix-Formel 7 kg Zusatzgewicht für Magnetzündung. Jede Fabrik kann bis zu drei Fahrzeugen melden. Fahrer und Beifahrer dürfen sich in der Lenkung abwechseln. Wiegefortfall für einige Chassis- und Zubehörteile. Auspuffrohre horizontal. Zwei Fahrer mit je 60 kg Gewicht.	1906	—	1000 kg zuzügl. 7 kg	—	—
	1907	—	—	—	30 Liter je 100 km
Ostender Formel Hub unbegrenzt. Gleiche nutzbare Kolbenfläche bei anderer Zylinderzahl. Gewicht ohne Benzin, Wasser, Werkzeug, Kotflügel und Reservereifen.	1908	Maximale Bohrung für 4-Zyl.-Motor 155 mm	—	1100 kg	—
Keine Rennformel	1909 1910 1911	—	—	—	—
Freie Formel	1912	—	—	—	—
	1913	—	1100 kg	800 kg	20 Liter je 100 km
	1914	4500 cm³	—	1100 kg	—

Tabelle 2. Die internationalen Rennformeln innerhalb der Jahre 1920 bis 1939

Allgemeine Bestimmungen	Jahr	Hubraum-begrenzung	Höchst-gewicht	Mindest-gewicht	Verbrauchs-begrenzung
Formel für die USA dann Übernahme in Europa mit Festlegung des Mindestgewichtes.	1920	3000 cm³	—	—	—
	1921	3000 cm³	—	800 kg	—
2-Liter-Formel 2 Wageninsassen mit mindestens 120 kg Gesamtgewicht. Wagenende darf nicht mehr als 150 cm über die Hinterachsmitte hinausragen.	1922	2000 cm³	—	650 kg	—
	1923	2000 cm³	—	650 kg	---
	1924	2000 cm³	—	650 kg	—
Zweisitzige Karosserie von mindestens 80 cm Breite. Wagen darf nur mit dem Fahrer besetzt sein.	1925	2000 cm³	—	650 kg	—
1,5-Liter-Formel Zweisitzige Karosserie, mindestens 80 cm breit.	1926	1500 cm³	—	600 kg	—
Karosserie kann ein- oder zweisitzig sein. 80 cm.	1927	1500 cm³	—	700 kg	—
Mindestdistanz 600 km.	1928	—	750 kg	550 kg	—
	1929	—	—	900 kg	Maximal 14 kg Benzin und Öl je 100 km
	1930	mindest 1100 cm³	—	900 kg	wie 1929 zuzügl. 30% Benzol-zuschlag
Freie Formel Mindest-Renndauer 10 Std. Beifahrer ausnahmsweise wieder vorgeschrieben.	1931	—	—	—	—
Mindestdauer 5 Std. und Höchstdauer 10 Std.	1932	—	—	—	—
Mindestdistanz 500 km.	1933	—	—	—	—
750-kg-Formel Gewicht gilt ohne Reifen, Wasser, Betriebsstoff und Öl. Mindestbreite der Karosserie 85 cm. Betriebsstoff wahlweise frei.	1934	—	750 kg	—	—
	1935	—	750 kg	—	—
	1936	—	750 kg	—	—
	1937	—	750 kg	—	—
3-Liter-Kompressor-Formel Betriebsstoff wahlweise.	1938	769 cm³ bis 3000 cm³ für Kompr.-Motoren 1000 cm³ bis 4500 cm³ für	—	400 kg bis 850 kg (je nach Hub-raum)	—
	1939	Saugmotoren	—	—	—

Tabelle 3. Tabelle der internationalen Rennformeln innerhalb der Jahre 1947 bis 1959

Allgemeine Bestimmungen	Jahr	Hubraum-begrenzung	Höchst-gewicht	Mindest-	Verbrauchs-begrenzung
1,5-Liter-Kompressor-Formel	1947	1500 cm³ für	—	—	—
Der Brennstoff wird durch die		Kompr.-			
Veranstalter ausgegeben.	1948	Motoren	—	—	—
Brennstoff wahlweise frei.	1949	4500 cm³ für	—	—	—
Mindestdistanz 300 km oder 3 Std.	1950	Saugmotoren	—	—	—
Renndauer.					
	1951				
(Int. Rennen nur in der Formel II					
2000-cm³-Saugmotoren ausgetra-	1952		—	—	—
gen).	1953		—	—	—
2,5-Liter-Saugmotor-Formel	1954	750 cm³ für	—	—	—
Brennstoff wahlweise frei.		Kompr.-			
Mindestdistanz 500 km oder 5 Std.		Motoren			
Renndauer.		2500 cm³ für			
Gültigkeitsdauer bis 1959.	1955	Saugmotoren	—	—	—

Frankreich" aus. Die klassische Sportepoche begann mit dieser Grand-Prix-Formel (Bild 2).

Es ist bezeichnend für eine sportliche Weitsichtigkeit, daß der Sinn des Rennsports auch zur Zweckanwendung geführt wurde. Bei den Herkomer-Fahrten in den Jahren 1905 bis 1907 waren dementsprechend nur viersitzige Tourenwagen (den Begriff Serienwagen wollen wir für die damalige Zeit noch nicht gebrauchen) bei erstmaliger Unterteilung in Hubraumklassen zugelassen. Diese Reisewagen wurden nach dem Modus dieser Fahrten auf Zuverlässigkeit und auf Geschwindigkeit geprüft. Die technischen Erfahrungen aus dem Sport fanden damit Anwendungen im normalen Automobil.

Sportliche Mißerfolge einiger Fabrikate traten ein. Diese zogen sich von den Rennen zurück, und es entstand eine vorübergehende Resignation, die auch in einer formellosen Zeit zum Ausdruck kommt. Erst ab 1912 war das überwunden. 1908 begann man bereits Überlegungen hinsichtlich einer Hubraumbegrenzung anzustellen. Die in diesem Jahr festgelegte Vorschrift einer Maximalbohrung war sicher ein falscher Wegweiser von beträchtlicher Nachhaltigkeit – erst Ende der dreißiger Jahre konnte sich der Kurzhubmotor durchsetzen. Im letzten Jahr des ersten Rennsportabschnittes wurde dann erstmalig eine Maximalbegrenzung des Gesamthubraumes festgelegt. Im Juli 1914 fand die Epoche der Renntechnik, die wahrhaftig zum Wegbereiter des Tourenwagens wurde, mit dem dreifachen Mercedes-Sieg in Frankreich ihren Abschluß. Wenige Wochen später unterbrach der Kanonendonner des ersten Weltkrieges die renntechnische Entwicklung. Acht Jahre sollten vergehen, bis wieder Rennmotoren aufheulten.

Der zweite Zeitabschnitt

Das erste große Rennen nach dem Kriege, der „Große Preis von Frankreich" im Jahre 1921, wurde unter einer Vorschrift ausgetragen, welche den Hubraum begrenzte und ein Mindestgewicht festlegte. Schon ab diesem Zeitpunkt wurde

10

Bild 2. 60-PS-Mercedes-
Rennwagen 1906

deutlich, daß die Geschwindigkeiten für die damals vorhandenen Straßen, auf
denen die Rennen gefahren wurden, zu hoch geworden waren. Man beschritt
von der Formelseite her deshalb den Weg der Hubraumreduzierung. Parallel
dazu entstand die Tendenz, eigens für Rennzwecke geeignete Bahnen anzu-
legen. Auch diese Entwicklung – indem also Bahnen für Rennwagen und nicht
Rennwagen für Straßen gebaut wurden – trug dazu bei, daß sich die Renntechnik mehr von der Entwicklung des Serienfahrzeuges entfernte und der
Rennsport nicht mehr als unmittelbarer Schrittmacher des Gebrauchsfahrzeug-
baues bezeichnet werden konnte. Entscheidend für diese Tatsache war jedoch,
daß durch menschliches Können aus sich verringernden Literinhalten der
Motoren immer größere Leistungen herausgeholt wurden. Der Kompressormotor hielt seinen Einzug in die Welt des Rennsports. Man muß sich vergegenwärtigen, daß innerhalb der 2-Liter-Formel unter Verwendung des Kompressors Literleistungen von 90 PS erreicht wurden.
Vielleicht kann man den zweiten Zeitabschnitt im Automobilrennsport so
charakterisieren:

Wissenschaftliche Forschung um Grenzwerte
und Kampf um Leistungsgewicht

So wertvoll auch die immer neuen Erkenntnisse, welche der Rennsport ver-
mittelte, waren, die unmittelbare Nutzanwendung für das Serienfahrzeug

11

wurde aus dem Sportwagenbau gezogen. Auch aus dieser Erkenntnis heraus –
die Parallele des Sportwagens lag dem Gebrauchswagen näher – wurden in
Deutschland damals die „Großen Preise" für Sportwagen ausgeschrieben. Oft
siegten zu dieser Zeit Sportwagen über Rennwagen.

Die Rennen nach den Formelbestimmungen verloren an Bedeutung, und wieder
ist eine Formelfreiheit von 1931 bis 1933 kennzeichnend für Ursache und
Wirkung gewesen. Sollte durch keinerlei Bauvorschriften die Rennmüdigkeit
behoben und eine größere Beteiligung verschiedener Typen erreicht werden –
nun konnten Rennwagen und Sportwagen aller Größen und Bauarten an den
Rennen teilnehmen –, so war die ideelle Wirkung die, daß der einheitliche Maßstab der Technik, der Wertmesser und die Grundlage der Weiterentwicklung
verloren wurde.

Zwei unterschiedliche Bautendenzen zeichneten sich in diesen Jahren ab: einmal der tonnenschwere, großvolumige zweisitzige Sportwagen und ein neuer
Typus des Rennwagens, der einsitzige, sehr leichte Wagen mit niedrigem Hubraum. Der Kompressor war beiden gemeinsam.

Ab 1934 nahm man diesen leichten Rennwagentyp als Vorbild für die neue
750-kg-Formel und war der Meinung, daß diese Gewichtsbegrenzung den Einbau großvolumiger und damit schwerer Hochleistungsmotoren verhindern und
sich eine Verminderung der Spitzengeschwindigkeit ergeben würde. Diese Ansicht erwies sich als Trugschluß, und genau das Gegenteil trat ein. Vermittels
spezialisierter Forschungen gelang es, die leichten Rennwagen mit Kompressormotoren zu versehen, welche bis zu 600 PS Leistung abgaben. Die Anwendung
von Erkenntnissen aus der Aerodynamik trug dazu bei, daß nun die Geschwindigkeiten in für unerreichbar gehaltene Bereiche hineinwuchsen. Die immensen
Motorleistungen und die errechenbaren hohen Geschwindigkeiten zwangen zu
gleicher Zeit die Konstrukteure dazu, ihre Arbeit auf ein bisher weniger beach-
tetes Gebiet des Rennwagenbaues zu konzentrieren. Es galt die Fahreigenschaften entscheidend zu verbessern und neue Ideen im Fahrwerkbau anzuwenden. Nach Lösung dieser Aufgabe – wobei sich gegenseitige Wechselwirkungen Serie – Rennwagen nachweisen lassen – konnte auch die 1938 in Kraft
getretene Vorschrift einer Hubraumbegrenzung und eines Mindestgewichtes
(eine Umkehrung der vorhergegangenen Formel) keine Verminderung der Geschwindigkeit mehr herbeiführen. Innerhalb dieser Formel wurde auf den Weg
des Saugmotors gewiesen, um dem zum Extrem gewordenen Kompressormotor
entgegenzusteuern und eine gewisse Normalisierung der Renntechnik von der
Motorseite her zu beginnen.

Diese Entwicklung wurde durch den zweiten Weltkrieg schon im ersten Stadium
abgebrochen.

Der dritte Zeitabschnitt

Die weltweiten Zerstörungen des zweiten Weltkrieges wirkten sich selbstverständlich auch auf den Rennsport aus. Bis Ende 1946 ließ sich kein festes Formel-
gefüge festlegen, da der Bau von Rennwagen in dieser Zeit wirklich keine Notwendigkeit – im wahrsten Sinne des Begriffes – war. Auch bis weit in die Dauer
der 1,5-Liter-Kompressor-Formel hinein zeigten sich die Folgen des Krieges.

12

Wir stehen erst am Beginn eines neuen Zeitabschnittes des Rennsports und der Renntechnik. Darüber kann kein Zweifel bestehen; auch wenn bereits eine zweite große Rennformel wieder wirksam ist. Die derzeitige Rennformel erstrebt die Ausschließlichkeit des Saugmotors im Rennwagen und fördert damit eine Entwicklung, welche bereits in der vorangegangenen Formel günstige Ansätze zeigte. Damit wird ein

Weg der unmittelbareren Angleichung

beschritten, der auch hubraummäßig in der 2,5-Liter-Saugmotor-Formel zum Ausdruck kommen soll. Wenn damit trotzdem eine dem Serienfahrzeug parallellaufende Form nicht gefunden wird, so kann nicht eine weitere Hubraumbegrenzung des Saugmotors übertragbare Fortschritte und Ergebnisse bei Aufrechterhaltung des Sportgedankens bringen, sondern Vorschriften, welche sich auf den Kraftstoff (keine Verbrauchsbeschränkung, sondern Oktanzahlbegrenzung) oder auf den maximalen materiellen und manuellen Bauaufwand beziehen. Die Gründe, welche in den Nachkriegsjahren zu einer zweiten Sportwagen-Ära führten, werden wir in einem anderen Kapitel betrachten.
Der grundsätzliche Gedanke des Rennsports, daß seine Technik Wegbereiter des allgemeinen technischen Fortschrittes sein soll, muß in jeder Rennformel zum Ausdruck kommen. Wenn aber Auswirkungen der Formeln den Anschein des Selbstzweckes erwecken, so darf solches nicht darüber hinwegtäuschen, daß Männer und Motoren uns zu den heutigen modernen Serienfahrzeugen verholfen haben.
Bei den Motorrädern verlief die Entwicklung anders. Eine Rennformel, wie sie seit Jahrzehnten das bestimmende Merkmal im Automobil-Grand-Prix-Sport ist, kennt der Motorradrennsport nicht. Von Anfang an war die technische Aufgabenstellung im Motorradrennsport eine ungebundenere, und von Anfang an machte sich auf diesem Sektor eine schärfere Klasseneinteilung bemerkbar.
In der ersten Zeit des Motorrennsports, also in den letzten Jahren des vorigen Jahrhunderts, gab es überhaupt keine Trennung sportgesetzlicher Natur zwischen Automobilen und Motorrädern. Die Motorräder – die diese Bezeichnung damals noch gar nicht trugen, sondern als Zwei-, Drei- und Vierräder in der Gruppe der „Voituretten" liefen – starteten gemeinsam mit den Automobilen. Dominierend in der Gruppe der Voituretten war das Motordreirad. Es gab zu jener Zeit auch noch keine nationale oder internationale Organisation, die die Motorradfahrer und den Motorradsport betreute. Die damals in hoher Blüte stehenden Radfahrvereine übernahmen zu gleicher Zeit die Funktion der Motorradklubs.
Am 21. Mai 1899 wurde das erste Straßenrennen der Welt, das nur Motorrädern vorbehalten war, ausgetragen. Es war dies das Exlbergrennen in Österreich, das als Bergstraßenrennen ausschließlich für „Motocyclettes" ausgeschrieben war und an dem Zwei-, Drei- und Vierräder teilnahmen. Sieger wurde wieder ein Motordreirad. Vor diesem Bergstraßenrennen hatten aber schon Zementbahnrennen für Motorräder stattgefunden.
Die Dreiräder beherrschten auch noch eine ganze Reihe von Jahren das Feld

im Motorradsport. Graf De Dion-Bouton, dessen Name auch im Automobilsport einen guten Klang hatte, baute damals die schnellsten Motordreiräder. Eine Klasseneinteilung nach dem Hubraum gab es damals noch nicht, wohl aber nach dem Gewicht der Fahrzeuge. So unterschied man im Jahre 1900 für die Gruppe der Voituretten die Klassen bis 250 kg, bis 350 kg und darüber, also eine recht grobe Einteilung. Dazu gab es dann noch die Unterscheidung zwischen Touren- und Rennmaschinen. Schließlich blieb auch eine besondere Kategorie für die „Motocycles mit Avanttrain", das waren Motorräder mit Vorsteckwagen, reserviert.

Diese Klasseneinteilung nach dem Gewicht der Fahrzeuge wurde in den Jahren 1900 bis 1904 noch weiter ausgefeilt. Die Unterteilung wurde sorgfältiger abgestuft, so daß es schließlich auch für Motorräder eine Gewichtsbeschränkung von 50 kg gab. Diese mehr oder minder fahrradähnlichen Gebilde mit starkem Motor (600-cm³-Zweizylinder) liefen aber bereits im Jahre 1904 schon 126 km/h!

Im Jahre 1904 wurde erstmals eine Klasseneinteilung nach dem Hubraum, und zwar Eindrittelliter, Zweidrittelliter und Einliter Höchstgrenze, vorgenommen. Auch hierzu hatte die Motorfachpresse, wie bereits beim ersten Automobilrennen der Welt 1894, den Anstoß gegeben. Das in Frankreich im Oktober 1904 durchgeführte „Criterium des Drittelliters" (Rennen für Motorräder bis 333 cm³) kann für sich in Anspruch nehmen, nach dem ersten Jahrzehnt motorsportlicher Wettbewerbe eine neue Epoche im Motorradrennsport eingeleitet zu haben. Die Ursache für die Einführung einer Hubraumklasseneinteilung war darin zu suchen, daß sich die Erkenntnis immer mehr Bahn brach, daß das Gewichtslimit von 50 kg zu einer falschen Entwicklung im Motorradbau führen würde, nämlich zu Motoren mit möglichst hohen PS-Zahlen und dabei ungenügenden Rahmen. Diese Sorgen hatte man also schon vor einem halben Jahrhundert.

1906 gab es dann zu der 333-, 666- und 1000-cm³-Klasse auch schon eine Klasse bis 250 cm³. Zwischendurch wurden in diesen Jahren aber auch noch Veranstaltungen nach der Gewichtsklasseneinteilung durchgeführt.

Einen interessanten Versuch machte man bei der ersten Englischen Tourist-Trophy (TT) im Jahre 1907. Man ließ jede Gewichtsbeschränkung und führte eine neue Klasseneinteilung nach Motormerkmalen ein: Einzylinder- und Mehrzylindermaschinen (Bild 3). Die Rennen sollten wieder in stärkerem Maße der Weiterentwicklung der Tourenmaschine dienen, wie ja auch die Bezeichnung „*Tourist*-Trophy" aussagt. Aus diesem Grunde verlangte man eine solide Ausrüstung der Wettbewerbsmaschinen: ordentliche Sättel, breite Schutzbleche, Zweizollreifen, große Kraftstoffbehälter, Werkzeug. Es bestand auch keine Hubraumklasseneinteilung, sondern man schrieb nur den Kraftstoffverbrauch vor. Die Einzylindermaschinen mußten mit einer Gallone (4,54 Liter) Benzin = 144 km reichen. Den Mehrzylindermaschinen sprach man einen gewissen Mehrverbrauch zu (120 km je Gallone).

In den nächsten Jahren ließ man die Beschränkung des Kraftstoffverbrauches wieder fallen. Auch die Unterscheidung Einzylindermaschinen oder Mehrzylindermaschinen nahm man nicht mehr vor. Alle Motorräder starteten

Bild 3. Eine NSU-Maschine aus dem Jahre 1928

gemeinsam in einer Klasse. Da man der Meinung war, daß die „dicken Pötte"
leistungsfähiger als die Mehrzylindermaschinen sein müßten, sprach man 1909
den Mehrzylindermaschinen 750 cm³ Hubraum zu, den Einzylindern jedoch nur
500 cm³. 1910 durften die Mehrzylindermaschinen nur noch 670 cm³ Hubraum
haben, aber auch dies erwies sich in den Auswirkungen als ein noch immer zu
großes Handicap für die Einzylindermaschinen.

1911 war das Geburtsjahr der modernen Klasseneinteilung im Motorradrennsport. Bei der Tourist-Trophy schuf man die Klassen der Senior- und der Juniormaschinen. Innerhalb dieser Klassen herrschte völlige Konstruktionsfreiheit.
In der Juniorklasse durften Einzylindermaschinen = 300 cm³ Hubraum haben
und die Mehrzylindermaschinen = 340 cm³. In der Seniorklasse starteten gemeinsam Einzylindermaschinen bis 500 cm³ und Mehrzylindermaschinen bis 585 cm³
Hubraum. 1912 ging man noch einen Schritt weiter und schaffte die unterschiedliche Hubraumbewertung von Einzylinder- und Mehrzylindermaschinen ab. Die
Hubraumgrenze für Juniormaschinen wurde auf 350 cm³ festgesetzt, so daß es
jetzt zwei Hubraumklassen (Motorräder bis 350 cm³ und bis 500 cm³) gab. Diese
Klasseneinteilung wurde auch vom kontinentalen Motorradsport übernommen
und durch die 250-cm³- und 1000-cm³-Klasse allmählich erweitert.

Nach dem Wiederaufleben des Motorradrennsports nach dem ersten Weltkrieg
wurde auf internationaler Basis für die Motorradwettbewerbe eine Klasseneinteilung geschaffen, die die folgenden Jahrzehnte Bestand haben sollte. Für
die Kategorien Motorräder und Seitenwagengespanne wurden folgende Klassen
festgelegt:

Kategorie A (Motorräder)

Klasse	1 bis	50 cm³	Zylinderinhalt
,,	2 ,,	75 cm³	,,
,,	3 ,,	100 cm³	,,
,,	4 ,,	125 cm³	,,
,,	5 ,,	150 cm³	,,
,,	6 ,,	175 cm³	,,
,,	A ,,	250 cm³	,,
,,	B ,,	350 cm³	,,
,,	C ,,	500 cm³	,,
,,	D ,,	750 cm³	,,
,,	E ,,	1000 cm³	,,

Kategorie B (Seitenwagengespanne)

Klasse	B/s bis	350 cm³	Zylinderinhalt
,,	F ,,	600 cm³	,,
,,	G ,,	1200 cm³	,,

Ende der zwanziger Jahre erreichte die klassenmäßige Beteiligung bei Motorradrennen ihren Höhepunkt. Aus diesem Grunde wurden auch meist mehrere
Klassen gemeinsam gestartet. Anfangs der dreißiger Jahre ging diese Entwicklung jedoch wieder zurück. Die Maschinen der kleinsten Klassen waren noch

nicht leistungsfähig genug, und die „schweren Brocken" der 750er und 1000er Soloklasse waren trotz stärkerer Motorleistung nicht mehr so schnell über die kurvenreichen Rennstrecken zu bringen wie z. B. die Halblitermaschinen. Wenn auch die ganz kleinen (bis 175 cm³) und die ganz großen (750 und 1000 cm³) Soloklassen nicht verboten wurden, so schrieb man diese für Motorradrennen so nach und nach einfach nicht mehr aus. Mitte der dreißiger Jahre, zu welchem Zeitpunkt unsere Betrachtung der deutschen Renntechnik beginnt, beschränkte sich der Motorradrennsport im nationalen und internationalen Rahmen im wesentlichen auf die Soloklassen A, B und C und die Gespannklassen F und G.

In der Zweijahrzehntspanne zwischen den beiden Weltkriegen gab es im Rennsport für die Motorradkonstrukteure keinerlei technische Bindungen. Innerhalb der Hubraumbegrenzung konnte man bauen, was man wollte. So kam es, daß in allen Klassen Einzylinder- und Mehrzylindermaschinen, Saug- und Kompressormotoren gemeinsam starteten. Nur in bezug auf den Rennkraftstoff versuchte man, eine einheitliche, formelähnliche Lösung zu finden. So schrieb man in den letzten Vorkriegsjahren für Motorrad-Straßenrennen ein Rennkraftstoffgemisch von 50/50% Benzin/Benzol vor. Für Bahn- und Bergrennen bestand freie Kraftstoffwahl.

Als nach dem unglückseligen zweiten Weltkrieg und seinen verheerenden Folgen auch der Motorsport wieder zu neuem Leben erweckt wurde, traf die FIM sofort zwei Maßnahmen, die dem Rennsport eine engere Bindung zur Serienfabrikation gaben: Verbot des Kompressors und Vorschrift eines Rennkraftstoffes aus zusatzfreiem, 80oktanigem Benzin. In Deutschland wurde erst am Ende des Jahres 1950 der Kompressor im Motorradrennsport verboten.

Die Klasseneinteilung blieb in der Nachkriegszeit im großen und ganzen unverändert. Bei den Solomaschinen wurde lediglich die Klasse 4 (bis 125 cm³) mit in das Programm aufgenommen. Die Seitenwagengespanne wurden in die Klassen bis 350 cm³, bis 500 cm³, bis 750 cm³ und bis 1200 cm³ eingeteilt, Bedeutung erlangten jedoch nur die beiden mittleren Gespannklassen. Seit Jahren ist nun auch die 750-cm³-Gespannklasse weggefallen, so daß sich augenblicklich das sportliche Interesse in der Seitenwagenkategorie auf die 500-cm³-Gespannmaschinen beschränkt.

Als sicher kann angenommen werden, daß sich auch in Zukunft der Motorradrennsport durch das ständige Anwachsen der Geschwindigkeiten auf die kleinen Klassen verlagern wird. Im Ausland werden jetzt schon erfolgreich Rennen mit 50-cm³-, 75-cm³- und 100-cm³-Maschinen bestritten. Auch Rennveranstaltungen mit serienmäßigen Sportmaschinen (bei entsprechendem technischen Spielraum) werden in Zukunft in größerem Maßstab durchgeführt werden. Für die Klassen der reinen Rennmaschinen wird man eine Motorradrennformel finden müssen, die die technische Aufgabenstellung für den kommenden Motorradrennsport festlegt. Diese technische Aufgabenstellung muß unter dem Aspekt der Geschwindigkeitsreduzierung und der noch engeren Verbindung zwischen Rennfahrzeug und Serienmaschine erfolgen. Die Hubraumbegrenzung allein wird es nicht tun, deshalb müssen noch andere Maßnahmen erwogen werden und im Motorrennsport Eingang finden, damit er weiterhin Schrittmacher der allgemeinen Motorradtechnik bleibt.

3. Der Kompressor im Rennfahrzeug

Trotz augenblicklicher Bevorzugung des Saugmotors im Motorrennsport ist die Frage: „Kompressor- oder Saugmotor?" noch nicht verstummt. Da der Kompressor maßgebende Epochen der gesamten Renntechnik beherrscht hat und auch ein Großteil der in diesem Buch beschriebenen deutschen Rennfahrzeuge mit Kompressoren ausgerüstet war, muß auch ein Kapitel dieses Buches dem Kompressor vorbehalten bleiben, soll die Beschreibung der deutschen Renntypen des Wagen- und Motorradsports aus den letzten zwei Jahrzehnten voll verständlich sein.

Die Geschichte des Kompressors ist so alt wie die Geschichte des Verbrennungsmotors überhaupt. Gottlieb Daimler besaß bereits 1885 ein Patent, welches eine „Über- oder Zuladung vermittels zusätzlich in den Verbrennungsraum beigepreßter Luft" vorsah. 20 Jahre später rüstete der Amerikaner J. T. Nicholls mehrere Chadwick-Wagen mit einem Zentrifugalgebläse aus. Schon im Jahre 1908 erreichten diese Chadwick-Kompressorwagen eine Geschwindigkeit von mehr als 160 km/h.

Seinen Antrittsbesuch auf der Rennpiste machte der Kompressor zur „Targa Florio 1922" auf Sizilien. So wie zum Beispiel die BMW-Rennmaschinen 1935 mit der Teleskopgabel und die Norton-Rennmaschinen 1948 mit dem „Federbettrahmen" besondere Epochen in der Renntechnik einleiteten, so eröffneten 1922 die erstmals mit Kompressormotoren ausgerüsteten Mercedes-Rennwagen die fast drei Jahrzehnte andauernde Siegesserie des Kompressors.

Im Automobilrennsport waren es in der Zeit von 1922 bis 1937 vier Rennformeln, die es den Rennwagenbauern freistellten, mit oder ohne Kompressoren ihre Rennmotoren auszulegen. Vier Rennformeln im Verlauf von anderthalb Jahrzehnten, in denen sich niemand verstieg, mit einem Saugmotor nach den Sternen des Erfolges zu greifen, geschweige denn ihn zu erringen. Auch im Motorradrennsport zeigte sich ab 1937 die absolute Überlegenheit des Kompressormotors. Während jedoch auf dem Motorradsektor diese Entwicklung der völligen Konstruktionsfreiheit bis zum zweiten Weltkrieg weiterging und erst 1947 durch das internationale Kompressorverbot beendet wurde, leiteten im Automobilrennsport bereits in den Jahren 1936/37 Erwägungen sporttechnischer und wirtschaftlich-praktischer Art mit der Rennformel von 1938 eine Periode ein, die auch heute noch nicht abgeschlossen ist. Diese Periode seit 1938 sollte und soll auch heute noch den Rennwagen wieder näher an das Serienfahrzeug heranbringen. Aus diesem Grunde wurde in den Formelepochen ab 1938 der Hubraum der Kompressormotoren gegenüber dem der Saugmotoren beschränkt:

	Hubraum der Kompressormotoren	Verhältnis	Hubraum der Saugmotoren
1938	3 Liter	1 : 1,5	4,5 Liter
1951	1,5 Liter	1 : 3	4,5 Liter
1954	0,75 Liter	1 : 3,3	2,5 Liter

Während sich in der Vergangenheit alle bekannten Rennwagenfabrikate des internationalen Grand-Prix-Sports dem Kompressormotor verschrieben hatten – Mercedes-Benz, Auto Union, Alfa-Romeo, Maserati, Bugatti, Delage, Ferrari, BRM –, hat sich in der zur Zeit gültigen Rennformel I (750 cm³ mit oder 2500 cm³ ohne Kompressor) noch kein Kompressormotor als Konkurrent der Saugmotoren von Mercedes-Benz, Ferrari, Maserati, Lancia und Gordini gefunden. Ebenso wie die Mercedes-Benz- und Auto-Union-Rennwagen der Vorkriegszeit Kompressormotoren als Antriebsquellen hatten, so waren auch die deutschen Vorkriegs-Rennmotorräder von BMW, DKW und NSU mit Kompressoren ausgestattet.

Was verbirgt sich nun hinter dem klangvollen Namen „Kompressor", und was ist seine Aufgabe? – Hierzu einige kurze technische Ausführungen:

Das Prinzip des Kompressors – ob ein- oder zweistufig, ist dabei belanglos – besteht darin, einen Motor aufzuladen bzw. zu überladen. Also, ihn auch in den höheren Drehzahlbereichen restlos zu füllen oder ihn – wie es bei den Rennmotoren der Fall ist – zum normalen Verdichtungsverhältnis noch höher volumetrisch zu verdichten. Man kann – wie dies bei einem Rennmotor ohnehin geschieht – die Saugleitung bzw. den Saugkanal noch so sorgfältig ausbilden, günstige Querschnitte und Ventilzeiten wählen und anderes mehr tun, und doch erreicht man keine hundertprozentige Zylinderfüllung beim Ansaugen. Es sind immer Verluste vorhanden, die verhindern, daß der Zylinder mit der theoretisch höchstmöglichen Menge an Kraftstoff-Luft-Gemisch gefüllt wird. Da die Leistung bei einer bestimmten Drehzahl von der Füllung abhängt, würde man also mehr Leistung herausbekommen, wenn man den Zylinder beim Saughub auf 100%ige Füllung bringen könnte. Mit dem Ansaugen allein schafft man das aber nicht und läßt deshalb das Kraftstoff-Luft-Gemisch unter Druck vom Gebläse – dem Kompressor – in den Zylinder schieben.

Wenn man den Kompressor entsprechend bemißt, kann er nicht nur aufladen, sondern auch überladen. Es ist durchaus möglich, daß ein Kompressormotor eine etwa dreifache Überladung gegenüber einem Saugmotor erreicht. Das heißt, daß ein mit einem Kompressor überladener 1000-cm³-Motor so viel Kraftstoff-Luft-Gemisch übernimmt, wie in einem Dreilitermotor ohne Kompressor arbeiten würde. Der Kompressor fördert in diesem Fall also mehr an Kraftstoff-Luft-Gemisch, als eigentlich unter normalen Umständen in den Zylinder hineingehört. Das Kraftstoff-Luft-Gemisch steht also schon am Beginn des Verdichtungshubes unter Überdruck. Wie bereits weiter vorn gesagt, erfolgt beim Kompressormotor zur normalen Verdichtung noch eine erhöhte volumetrische Verdichtung. Das ergibt gegenüber dem „Säugling" natürlich weit höhere PS-Leistung. Die enorme Literleistung der letzten erfolgreichen Kompressorrennwagen (die Alfetta von Alfa-Romeo leistete 1951 etwa 285 PS/l) und auch die günstigen Drehmomente der Rennmotoren mit Vorverdichtung rühren zum Teil von hohen Drehzahlen her, in denen der Saugmotor unvermeidlich Füllungsverluste hat. Der Überladung durch den Kompressor sind Schranken dadurch gesetzt, daß das Material die auftretenden Wärme- und mechanischen Beanspruchungen nicht grenzenlos aushält. Nicht unerwähnt darf bleiben, daß zum Antrieb des Kompressors Leistung erforderlich ist, die natürlich von der

Gesamtmotorleistung abgeht. Im Durchschnitt „frißt" der Antrieb eines Kompressors 20% der Gesamtleistung des Rennmotors. Dieser Wert kann sich nach unten oder oben verschieben, was von der Konstruktion der strömungstechnisch mehr oder weniger gut durchgebildeten Druckleitung (denn Saugkanal kann man ja beim Kompressormotor nicht mehr sagen) abhängt.

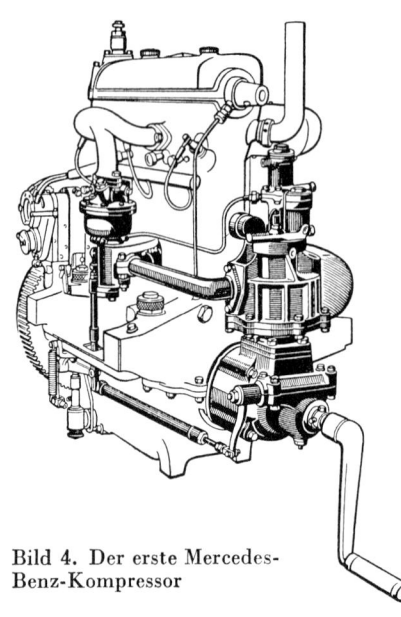

Bild 4. Der erste Mercedes-Benz-Kompressor

Interessant ist, daß sich Mercedes-Benz vom Beginn seines Kompressoreinsatzes ab der „scharfen" Anordnung Kompressor – Vergaser – Motor verschrieben hat (Bild 4). Das durch diese Anordnung hervorgerufene typische „Kreissägen"-geräusch der Mercedes-Benz-Kompressorrennwagen ließ zwei Jahrzehnte die Luft *auf* und die Zuschauer *an* den Rennstrecken erzittern. Dieses Einschalten des Kompressors in die Kraftstoff-Luft-Gemisch-Zuführung – in der Fachsprache „Druckvergaser"anordnung genannt – ist durch die Notwendigkeit der Unter-Druck-Setzung von Kraftstoffbehälter und Schwimmerkammer komplizierter als die „Saugvergaser"anordnung. Die „ruhigere" Saugvergaseranordnung, bedingt durch die Bauart Vergaser – Kompressor – Motor, wurde nicht nur von den Alfa-Romeo-, Bugatti-, Maserati- und Delage-Rennwagen bevorzugt, auch die deutschen Auto-Union-Rennwagen und die Rennmaschinen von BMW, DKW und NSU waren damit ausgestattet. Bei der Saugvergaseranordnung bleiben Vergaser und Kraftstoffzuleitung druckfrei. Das Gemisch wird also durch den Kompressor zwischengekühlt und kommt damit kühler zur Entzündung. Dies dürfte ein wesentlicher Grund für die Beliebtheit dieser Bauart sein.

Was bedeutet nun der im Motorradrennsport der vergangenen Jahre in Verbindung mit Zweitaktmaschinen oft gehörte Ausdruck „Ladepumpe"? – Bekanntlich saugen die Zylinder des Zweitaktmotors das Kraftstoff-Luft-Gemisch nicht selbst an, sondern sind bei der Heranschaffung des Gemisches von vornherein auf die Unterstützung durch Kolbenunterseite und Kurbelgehäuse angewiesen. Durch Anbringung eines besonderen Kolbens, der sich im Kurbelgehäuse entgegengesetzt zum Motorkolben bewegt und dabei ansaugen und vorkomprimieren hilft, kann die Leistung einer normalen Zweitakt-Kurbelgehäusepumpe erhöht werden. Man kann aber auch das Kurbelgehäuse druckfrei lassen und eine gesonderte Ladepumpe anbringen, die die Auf- bzw. Überladung des Zweitakters vornimmt. Eine nutzbare Überladung kann beim Zweitaktmotor nur dann erfolgen, wenn die Einströmöffnungen später als die Auslaßkanäle geschlossen werden. Neben einem Ladepumpenaggregat, das als

20

Kolbenkompressor arbeitet, kann ein Zweitakt-Motorradrennmotor natürlich auch mit einem Rotationskompressor überladen werden. Auch im Automobilrennsport sind schon Zweitaktmotoren mit Kompressoren verwendet worden. Besonders bekannt auf diesem Gebiet waren die Konstruktionen des Ing. Arnold Zoller.

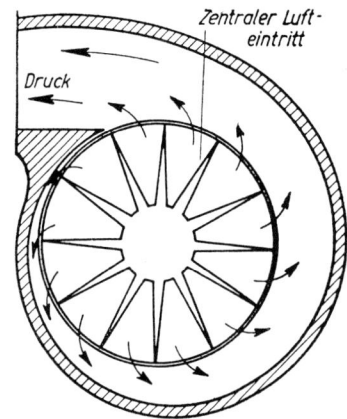

Bild 5. Zentrifugal-Kompressor

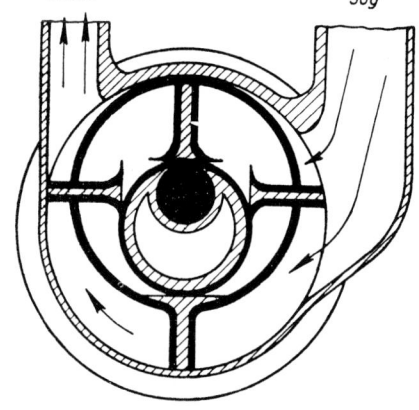

Bild 6. Drehkolben-Kompressor

Die in der Renntechnik verwendeten drei Kompressorarten gehören zwei verschiedenen Laderkategorien an: das Schleuder- oder Zentrifugalgebläse zählt zu den Kreiselverdichtern, der Vielzellenverdichter und das Flügelgebläse zu den Drehkolbengebläsen.

Hinsichtlich Einfachheit ist das Zentrifugalgebläse den anderen Konstruktionseinrichtungen überlegen. Sein Hauptteil, der Rotor, ist eine rotierende und mit radialen Rippen besetzte Scheibe, die das in der Mitte angesaugte Kraftstoff-Luft-Gemisch durch die Wirkung der Zentrifugalkraft weiterbefördert. Je nach Konstruktion erreicht das Zentrifugalgebläse 10000, 20000 und mehr U/min. Diese erforderliche hohe Drehzahl bereitet jedoch Schwierigkeiten im Antrieb. Die Vorteile des Zentrifugalgebläses liegen auf Rennstrecken mit konstant bleibender hoher Geschwindigkeit (Bahnen wie Indianopolis, Avus usw.), nicht aber auf kurvenreichen, gebirgigen Rundkursen. Ausgerüstet mit Zentrifugalgebläsen waren z. B. die amerikanischen Miller-Rennwagen und die englischen BRM-Rennwagen (Bild 5).

Beim Vielzellenverdichter umschließt ein zylindrisches Gehäuse die exzentrisch gelagerte Welle mit mehreren Schaufeln, die sich radial verschieben können. Von den stets an der Gehäusewand anliegenden Schaufeln wird der Raum im Innern des Gehäuses in mehrere Kammern aufgeteilt. Die durch die Exzentrizität der Drehung sich vergrößernden und wieder verkleinernden sichelförmigen Räume bewirken das Ansaugen und Verdichten. Nach diesem Prinzip

21

arbeiten unter anderem die Kompressoren am Zoller-Rennwagen und an der BMW-Rennmaschine (Bild 6).

Die im Rennfahrzeugbau verbreitetste Art der Rotationskompressoren ist das Flügelgebläse, auch Roots-Kompressor genannt, mit seiner verläßlichen Förderleistung und seiner Anspruchslosigkeit in bezug auf Schmierung. Die Wirkungsweise dieses Gebläses beruht auf zwei zahnradgekuppelten, entgegengesetzt laufenden Rotoren in Form von 8-förmigen Flügeln. Je nach Anordnung als Saug- oder Druckvergaser nehmen die Flügel des Roots-Gebläses entweder die reine Luft oder das Kraftstoff-Luft-Gemisch an der Gehäusewand entlang mit. Die präzise Passung der Flügel gestattet keinen Luftdurchtritt in der Mitte. Nicht nur die italienischen Maserati- und Alfa-Romeo-Rennwagen, sondern auch die deutschen Mercedes-Benz- und Auto-Union-Rennwagen besaßen Roots-Kompressoren (Bild 7).

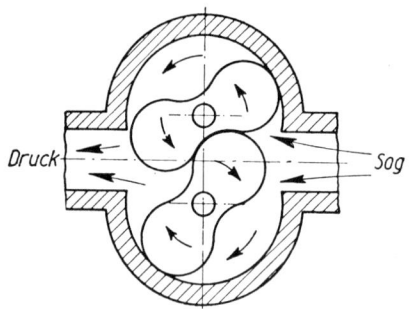

Bild 7. Roots-Kompressor

Während der Kompressor im Rennmotorradbau, nachdem nicht nur die deutschen Rennmaschinen der Vorkriegszeit mit ihm ausgerüstet waren (Bild 8), sondern sich auch die italienischen Konstruktionen von Gilera, Moto-Guzzi und Benelli ihm verschrieben hatten und des weiteren auch England mit AJS und Velocette Kompressormaschinen herausbrachte, nun endgültig zu den Akten gelegt ist und auch bei späteren Rennmotorrad-Formelauslegungen nie wieder berücksichtigt werden wird, sind die Kompressorkommentare im Automobilrennsport noch nicht ganz verstummt. Dem Rennmotorrad als Einspurfahrzeug sind in bezug auf die Motorleistung und deren praktische Nutzbarmachung bei Straßenrennen natürlich weit eher Grenzen gesetzt als dem Rennwagen, denn Motorräder unterliegen nun einmal anderen physikalischen Gesetzen als Automobile. Während z. B. bei Straßenrennmaschinen Geschwindigkeiten um 250 km/h herum noch auf lange Zeit hinaus vom fahrerischen Standpunkt eine kaum überspringbare Grenze bilden, ist dies beim Rennwagen nicht der Fall. Die Grenze des Fahrvermögens ist bei Motorrädern bereits mit Saugmotoren erreicht, und da der Saugmotor seinerseits noch gar nicht am Ende der Entwicklung angelangt ist, ist eine gesteigerte Motorleistung durch den Kompressor völlig überflüssig.

Dagegen ist im Automobilrennsport ein 750-cm³-Kompressormotor im Verhältnis zum 2,5-Liter-Saugmotor immerhin noch denkbar, selbst wenn er keine Berechtigung hätte. So existieren auch innerhalb der jetzt gültigen Rennformel I italienische und französische Pläne, die aus 750-cm³-Kompressormotoren – Zwei- und Viertakt – theoretisch 300 bis 350 PS herausrechnen (also eine Literleistung von mehr als 400 PS). Diese Pläne erhärten den Beweis, daß die Kompressormotoren (und natürlich auch ihre Erbauer) leistungsmäßig im gleichen Verhältnis wuchsen, indem man das Volumen dieses „enfant terrible"

22

einer radikalen Schrumpfung unterzog. Bedenken wir, daß innerhalb der 1934 bis 1937 gültigen 750-kg-Rennformel die Literleistung des Kompressormotors 100 PS betrug und diese in der sich 1938 anschließenden Dreiliterformel auf 150 PS gesteigert wurde, so erkennen wir die gewaltige Leistung der heutigen Kompressormotoren.

Bild 8. Kompressoranordnung beim Rennmotorrad

Auch eine Betrachtung der Kennwerte der zwei erfolgreichsten Rennwagenkonstruktionen der zuletzt gültigen Rennformel I aus dem Jahre 1951 ist in
diesem Falle interessant:

	1,5-Liter-Alfa-Romeo mit zweistuf. Roots-Kompr.	4,5-Liter-Ferrari-Saugmotor
Leistung PS	430	390
Antriebsleistung des Kompressors PS	80	—
Drehzahl U/min	8500	7000
Ladedruck atü	2,2	—
Verdichtung............	1 : 9	1 : 12,5
Mittl. eff. Druck kg/cm² ..	36,0	11,0
Gesamtverdichtung	1 : 25,2	1 : 12,5

Dieser Vergleich zeigt, daß nicht nur die heutigen Saugmotoren gegenüber der alten Formel I eine wesentliche Erhöhung der Literleistung erreichten, sondern daß auch die (zur Zeit nicht laufenden) Kompressormotoren eine bedeutend höhere Literleistung als 1951 abgeben würden.

Rein in bezug auf die Motorleistung würde im sportlichen Wettbewerb der Formelkompressormotor auch heute noch gegenüber dem Formel-Saugmotor eine Überlegenheit besitzen. Betrachtet man das Rennfahrzeug aber in seiner Gesamtheit, so zeigen sich beim Kompressormotor aber auch einige stark ins Gewicht fallende Nachteile.

Es besteht wohl durchaus die Möglichkeit, daß ein 750-cm³-Kompressor-Rennwagen bei ungefähr gleicher PS-Leistung und gleichem Gewicht wie die 2,5-Liter-Wagen (denn auch der kleine 750-cm³-Kompressor-Rennwagen muß für 300 PS und 300 km/h konstruiert werden und beansprucht eine entsprechende Dimensionierung der Teile!) auch die Fahrleistungen der Saugmotor-Rennwagen der Formel I erreicht, aber der Kraftstoffverbrauch ist für die Kompressorwagen viel größer als für die Saugmotorwagen. Bei den heutigen Grand-Prix-Distanzen von 500 km käme also kein Kompressorwagen ohne Tankaufenthalt aus. Das ist schon ein schweres Handicap. Aber weiterhin ist auch die Leistung der kleinen Kompressormotoren bei niederen und mittleren Drehzahlen schlechter als die des größeren Saugmotors. Nur bei ganz hohen Spitzendrehzahlen ist der Kompressormotor dem Saugmotor überlegen. Schließlich sind die Kompressormotoren wesentlich empfindlicher in bezug auf Zuverlässigkeit und Lebensdauer. Das bedingt eine weit größere Bereitstellung von kompletten Reservemotoren für die teueren Kompressorwagen. Man sieht also, daß dem Kompressormotor auch etliches Negatives anzukreiden ist.

Zieht man das Fazit, so läßt sich sagen, daß die Grenzen des Kompressors nicht so sehr auf technischem Gebiet liegen, als vielmehr in den sportlichen Vorschriften und den rein wirtschaftlich-vernünftigen Gefilden zu suchen sind. Aus diesem Grunde wird der Kompressor auch nie wieder seine frühere Bedeutung erlangen. Naturgemäß läßt sich ein Serienfahrzeug der XYZ-Firma schwer verkaufen, wenn dieses Serienauto mit dem erfolgreichen Rennwagen (bzw. dessen teueren, empfindlichen und komplizierten – wenn auch schnellen – Kompressormotor) gleicher Marke lediglich die vier Räder und das Kühlwasser gemein hat. Wohl aber läßt sich ein gut gezüchteter Saugmotor (der unendlich billiger ist) an den Mann bringen, noch dazu, wenn man mit diesem weiterentwickelten Motor Rennen fährt und gewinnt.

Wenn wir jedoch auch heute den Wert des Kompressors nicht mehr so recht einzusehen vermögen, so wollen wir doch nicht vergessen, daß mit dem Kompressoreinsatz im Rennsport die Erkenntnis um die letzten Möglichkeiten motorischer und fahrerischer Beanspruchung möglich war. Er hat uns gelehrt, technische und physische Komplexe zu meistern, so daß wir diesbezüglich kaum noch in Verlegenheit kommen können.

Und vergessen wir auch nicht, daß der Kompressormotor heute im Schatten eines „Größeren" – des Turbinenmotors – steht, der eines Tages kommen und eine Revolutionierung des Kraftfahrzeugbaues veranlassen wird.

4. Reihen- oder V-Motor? Viele oder wenige Zylinder? Warum heute Kurzhubmotor?

Nachdem im vorigen Kapitel „der Kompressor und seine Fragezeichen" wohlweislich von der nun folgenden Betrachtung über grundsätzliche Fragen des Rennmotorenbaues abgetrennt wurde, wollen wir die drei obigen Titelfragen etwas unter die Lupe nehmen.

Alle drei Fragen stehen in einem unmittelbaren Zusammenhang und haben Gültigkeit für den Motorenbau im Rennwagen und in der Rennmaschine. Dem ersten Fragezeichen – als Teilfrage des Motorenbau-Problems – liegen meist Überlegungen baulicher Art zugrunde. Ob viele oder wenige Zylinder? – darüber muß besonders der Motor-Physiker entscheiden. Und der kurze Hub steht damit und auch mit entschleierten Geheimnissen um die Mechanik des Kurbeltriebs in Verbindung.

Doch nun der Reihe nach.

Bauliche Überlegungen führen also zu der Entscheidung, ob ein geplanter Rennmotor ein Reihen- oder ein V-Motor sein wird. Der Konstrukteur eines Rennmotorrades braucht sich vielleicht infolge des vorgeschriebenen Hubraumes von höchstens 500 cm³ in dieser Hinsicht weniger Gedanken zu machen als sein Kollege vom Rennwagenbau, der 1934 bis zu 4 Liter und 1954 immerhin auch noch 2,5 Liter Gesamthubraum im Fahrwerk unterbringen mußte.

Übrigens: ein 2-Zylinder-Boxermotor – die konservative BMW-Bauweise bei den Motorrädern – ist doch eigentlich ein V-Motor, bei dem der V-Winkel der Zylinder auf genau 180° aufgeklappt wurde. Der Begriff Boxermotor ist allein die präzise Formulierung für diese 180°-Stellung. 1° mehr oder weniger – schon ist es wieder ein V-Motor. Wenn wir noch einen Augenblick bei dem Motorradbau verweilen, so stellt sich heraus, daß es in den letzten zwanzig Jahren neben dem Einzylinder- oder dem eben erwähnten Boxermotor ja auch deutsche Vierzylinder-Reihenmotoren (querstehend), Parallelzweizylinder- und Dreizylinder-Rennmotoren gab. Ausschlaggebend für diese jeweiligen Bauformenüberlegungen waren allerdings weniger bauliche Schlußfolgerungen, sondern Untersuchungen, welche wir dann nachher bei der Frage der vielen oder wenigen Zylinder verfolgen wollen.

Von ähnlichen Erwägungen aus der Motorphysik muß sich natürlich der Rennwagenkonstrukteur auch leiten lassen, wenn er an die Festlegung der Bauform eines Rennwagenmotors herangeht. Je nach den Hubraummöglichkeiten
der Rennformeln der vergangenen zwanzig Jahre reicht die Skala vom 4-Zylin-
der-Reihenmotor bis zum 16-Zylinder-V-Motor. Für einen vierzylindrigen
Motor wird man üblicherweise eine Zylinderanordnung in Reihe vorsehen, weil
eine solche eine Anzahl von Vereinfachungen – im konstruktiven Gesamtaufbau, Anzahl der Nockenwellen (höchstens zwei), Antrieb der Nockenwellen und
Aggregate, geringeres Gewicht – bietet. Ein solcher Motor wird auch hinsichtlich seiner Baulänge nicht viel Platz im Rennwagen einnehmen. Auf einen Motor
mit 16 Zylindern in Reihenanordnung läßt sich dagegen die einfachere Lösung
vom Vierzylinder nicht übertragen. Schon allein aus der größeren Baulänge –
im Rennwagen wäre sie vielleicht kein Hinderungsgrund, einen solchen Motor
einzubauen – resultieren Schwierigkeiten. Da wächst z. B. mit der Baulänge
die Länge der Kurbelwelle. Hier ist zu bedenken, daß alle Metalle mehr oder
weniger biegsam sind; also auch Kurbelwellen, welche die nach Tonnen messenden Arbeitsdrücke der Kolben an den Kurbelzapfen aufnehmen und an die
Kraftübertragungsorgane weitergeben. Diese hohen Drücke, welche auch auf
die Lagerstellen nicht ohne Einfluß sind, versuchen nun nicht nur die Welle am
Kurbelzapfen durchzubiegen, sondern dem jeweiligen Arbeitsdruck in einem
Zylinder steht an der Kurbelwelle ja Gegendruck durch den Abtrieb, durch die
gleichzeitige Verdichtung und den Auspuff in anderen Zylindern gegenüber.
Diese Kräfte verursachen an jeder Kurbelwelle Schwingungen und Ver-
drehungserscheinungen, die um so kritischer werden, je länger die Kurbelwelle
ist. Abgesehen von der Bruchgefahr, der man auf Kosten einer Leichtbau-
weise etwas begegnen kann, würden sich die Drehschwingungen auch auf den
Nockenwellenantrieb in Form eines feinen Stakkato übertragen, diesen ebenfalls hoch beanspruchen und den Steuerungsverlauf recht nachteilig beeinflussen. Natürlich ist diese Kurbelwellenlänge nur ein nachteiliges Moment –
auch aus verschiedenen anderen Erwägungen heraus wird ein 16zylindriger
Rennmotor im allgemeinen ein V-Motor sein und vier obenliegende Nockenwellen haben.
Hier einmal ein Überblick über Bauformen von deutschen Rennwagenmotoren
in den Jahren der 750-kg-Formel:

Marke	Gesamthubraum	Motorbauform	
Auto Union	6,4 Liter	16 Zylinder V	eine Nockenwelle
Mercedes-Benz	5,6 Liter	8 Zylinder Reihe	zwei Nockenwellen
Mercedes-Benz	6,2 Liter	12 Zylinder V	vier Nockenwellen

Um einmal Anhaltspunkte über sich ergebende Baulängen zu erhalten, wollen
wir eine Konstruktionsaufgabe und deren Lösungen betrachten. Mit einer gewissen Absicht wählen wir dabei eine internationale Rennformel aus, in welcher
deutsche Rennwagen nicht gebaut wurden. Nehmen wir die von 1947 bis 1953
geltende Formel, die neben einem Gesamthubraum von 1,5 Liter für Kompressormotoren einen Hubraum von 4,5 Liter für Saugmotoren vorschrieb. Es

soll ein 4,5-Liter-Saugmotor mit reihenförmiger Anordnung der Zylinder konstruiert werden. Einmal mit 4, dann mit 8 und schließlich mit 16 Zylindern. Jeder dieser Motoren soll ein Hub-Bohrungs-Verhältnis von 1 und eine gleiche Kolbengeschwindigkeit von 20 m/s aufweisen. Bei den Lösungen ergeben sich dann unterschiedliche Drehzahlen und Baulängen. Letztere aber wollten wir ja vergleichen.

Na, die Lösung der interessanten kleinen Konstruktionsaufgabe sieht so aus:

Baulängen verschiedener Rennmotoren eines gleichen Zylinderinhaltes von 4,5 Litern, eines gleichen Verhältnisses von Hub-Bohrung und einer gleichen Kolbengeschwindigkeit von 20 m/s

Zahl der Zylinder	Hub mm	Bohrung mm	H-B-Verhältnis	U/min	Baulänge %
4	112	112	1	5360	100
8	89	89	1	6720	160
16	71	71	1	8450	260

Man sieht, der Längenzuwachs bei einem vielzylindrigen Motor ist doch recht beträchtlich!

Sofort taucht dann natürlich die Frage auf, warum dann überhaupt einen vielzylindrigen Rennmotor? Für die Beantwortung gibt vielleicht schon eine Betrachtung der unterschiedlichen Drehzahlen in der obigen Lösungstabelle einen Hinweis, denn man sollte annehmen, daß bei der ansonsten vollkommen gleichen Auslegung der drei Motoren der 16 zylindrige der leistungsfähigste ist, weil ja mehr Impulse – 4225 gegenüber 2680 je Zylinder – im gleichen Zeitraum erfolgen. Nun, der Hinweis ist gegeben, er darf aber nun nicht zu einem falschen Schluß führen. Die Frage

Viele oder wenige Zylinder?

läßt sich nicht mit einem kurzen So oder So beantworten. Hier findet sich der Rennwagenkonstrukteur vor einem der umstrittensten und problematischsten Gebiete seines Aufgabenbereiches wieder.

Die zeitliche Entwicklung der Leistungssteigerung von Vergaser-Ventil-Motoren ist doch ungefähr vergleichbar mit dem Saftauspressen bei einer Zitrone. Zunächst ist der Vorgang nämlich recht zufriedenstellend verlaufen. Nach und nach – wie bei der Zitrone – wird jedoch die Ausbeute geringer, und zuletzt kommen trotz stärksten Quetschens schließlich nur noch einige Tropfen, obwohl – und das weiß man – noch eine Menge Saft in der Schale steckt. Die Konstrukteure sind mit ihren Motoren wahrscheinlich gerade am „Tropfzustand" angelangt, denn sie müssen schon beträchtlich „drücken", um noch einige PS an Literleistung aus ihren Motoren herauszuholen.

Dies gilt nicht für den Kompressormotor, dessen Literleistung theoretisch nicht begrenzt ist. Seine praktischen Grenzen liegen bei dem Gebläse und dann in seinen Entwicklungs- und Baukosten. Mit dem Einspritzmotor im Rennfahrzeugbau befassen wir uns an anderer Stelle.

Am Zitronenbeispiel wird deutlich, daß es auch im Rennmotor eine Grenze gibt, über die hinaus man die Leistung eines Motors gegebener Größe nicht steigern kann. Dabei muß zwischen dem theoretischen und dem praktisch

erreichbaren Grenzwert unterschieden werden. Der zweitgenannte Wert bleibt
nicht konstant, sondern nähert sich durch Fortführung der Entwicklung ständig
dem theoretischen Grenzwert – ohne diesen allerdings jemals erreichen zu
können.

Diese ständige Annäherung an den Grenzwert – die meisten „PS-Tropfen" –
wurde in der Renntechnik aber gerade durch günstiger werdende Zylinderkopf-
formen und nach intensivster Durchforschung der physikalischen Vorgänge im
Zylinder durch Wahl der folgerichtigen Zylinderwahl erreicht.

Die Form des Verbrennungsraumes und die Anordnung der Ventile spielen eine
ausschlaggebende Rolle zur Erzielung größter Leistungen. Nehmen wir an, daß
sich die Kurbelwelle eines Rennmotors mit 6000 U/min dreht – das ist keineswegs ein extremer Wert –, so dauert ein Arbeitsspiel nur den fünfzigsten Teil
einer Sekunde. In dieser Zeitspanne muß das Kraftstoff-Luft-Gemisch in möglichst großer Menge in den Zylinder gelangen. Es muß weiter schnellstens ent-
zündet werden. Beim Ansaugen und Ausstoßen sollen keine Stauungen und be-
hindernden Wirbelbildungen bei den unvorstellbar hohen Gasgeschwindigkeiten
im Vergaser, im Ansaugrohr und an den millimeterbreiten Spalten der Ventil-
öffnungen auftreten.

Man kam daher zu der Lösung, zu dem symmetrischen, halbkugelförmigen Verbrennungsraum, in dessen Scheitelpunkt die Zündkerze angeordnet ist. Die
Zündwege sind hierbei nahezu gleich lang, und die Zündwelle kann einen glatten
und freien Verlauf nehmen. Der Raum über dem oberen Totpunkt des Kolbens
kann so klein wie irgend möglich gehalten und damit die Verdichtung je nach
den verwendeten Kraftstoffen erhöht werden. Von der Höhe des entstehenden
Kompressionsdruckes aber hängt wiederum die Höhe des mittleren Druckes
ab, der unmittelbar als Multiplikator in der Formel für die Motorleistung auf-
tritt.

Der halbkugelige Verbrennungsraum bringt weiter den Vorteil, daß die Ventile
rings um die Zündkerze mit schräggestellten Schäften angeordnet werden können, wobei man teilweise je Zylinder zwei Einlaß- und zwei Auslaßventile vorsah bzw. vorsieht. Zwei kleinere Ventile lassen sich nämlich am Verbrennungsraum leichter und günstiger unterbringen als ein großes Ventil. Kleinere Ventile
sind unempfindlicher gegen die Wärmebeanspruchungen und sind eine kleinere
Gewichtsmasse, welche ja beim Öffnen zu beschleunigen und beim Schließen
der Ventile wieder abzufangen ist – alles wichtige Faktoren.

Durch die Schrägstellung der Ventile können weiter die Ansaug- und Auslaßkanäle meist ohne rechtwinklige Biegungen und Knicke geführt werden, so daß
die ein- bzw. ausströmenden Gase nur auf relativ geringe Stauwiderstände
stoßen. Dabei wird jetzt auch verständlich, warum sämtliche Gaskanäle auf
Hochglanz poliert werden und daß in den letzten Jahren jeder Zylinder seinen
separaten Vergaser erhalten hat, um die Ansaugwege kurz zu halten und ein
„Hinundher" der Gassäule im Ansaugrohr bei nur einem Vergaser zu vermeiden.

So, nun wären wir damit zu der Zylinderkopfform gekommen, die noch heute
als das A und O im Rennmotorenbau angesehen wird. Man probiert zwar auch
bereits andere Formen, aber das wollen wir mal lassen. Bei den Ventilen sprachen

wir von den hin- und hergehenden Massen, welche möglichst klein zu halten sind. In einem Motor sind es ja nun nicht nur die Ventile, die solche Bewegungen ausführen. Auch andere Massen müssen klein gehalten werden, damit hohe Drehzahlen erreicht werden können. Da sind die Kolben, und es läßt sich vorstellen, daß es unmöglich ist, einen 6-Liter-Motor mit nur einem einzigen Zylinder, also mit nur einem Kolben zu bauen, der bei einer Drehzahl von 6000 U/min in jeder Minute 12 000mal = 200mal in einer Sekunde auf und ab getrieben werden kann. Wir erwähnen aber doch eine italienische Konstruktion in der 2,5-Liter-Rennformel mit nur 2 Zylindern. Dieser Motor hat – mit einigem Recht und sehr treffend – den Namen „der mechanische Schrecken" erhalten. Ein einzylindriger 6-Liter-Motor ergibt aber nicht zu bewältigende mechanische Schwierigkeiten. Das ist jedoch nicht der einzige Grund, weshalb die Rennmotorenbauer gern vielzylindrige Bauweisen anwenden.

Eingangs dieses Kapitels wurde schon erwähnt, daß physikalische Erwägungen den Weg zum vielzylindrigen Rennmotor gewiesen haben. Es ist eine Tatsache, daß die kleinere Zylindereinheit – also die größere Zylinderzahl bei gegebenem Hubraum – wegen des günstigeren Verhältnisses von Oberfläche zu Volumen thermisch leichter beherrscht und deshalb auch thermisch höher belastet und damit höher verdichtet werden kann. Wenn wir bei unserem „neutralen" 4,5-Liter-Saugmotor von vorhin bleiben wollen, so würde die eben erwähnte Tatsache bedeuten, daß bei gleicher Klopffestigkeit des Kraftstoffes der 16-Zylinder-Motor mit je 281 cm³ je Zylinder erfahrungsgemäß um etwa 1 volle Einheit höher verdichtet werden kann als die 4zylindrige Auslegung mit je 1125 cm³ je Zylinder. Bei Aufteilung des Hubvolumens auf mehr und kleinere Zylindereinheiten ergibt sich somit eine Steigerung der Literleistung.

Bleiben wir noch weiter bei unserem Demonstrationsmotor von 4,5 Liter und dem Hinweis, daß ein 16zylindriger Motor dieses Gesamthubraumes eben schon leistungsmäßig überlegener sein kann. Den Einfluß der Zylinderzahl auf die Leistung eines Motors mit gegebenem Hubvolumen kann man in etwa aus einem Vergleich der Gesamtkolbenflächen und direkt aus den Drehzahlen ermitteln:

Indizierte Leistung verschiedener Rennmotoren gleichen Zylinderinhaltes von 4,5 Litern, eines gleichen Verhältnisses von Hub-Bohrung und einer gleichen Kolbengeschwindigkeit von 20 m/s

Zahl der Zylinder	Kolbenfläche cm²	U/min	N_i %
4	401	5360	100
8	502	6720	125
16	134	8460	158

Nun, ganz so einfach liegen die Dinge für eine Entscheidung jedoch nicht. Ansonsten gäbe es ja keine Überlegungen weiter. Da sind noch recht unerquickliche Fragen bezüglich des thermischen, volumetrischen und mechanischen Wirkungsgrades und ihre gegenseitigen Wechselwirkungen zu klären und – wie fast immer und überall in der Renntechnik – der jeweils günstigste Kompromiß zu finden.

Betrachten wir uns einmal die Zusammenhänge zwischen

a) der gesamten Zylinderoberfläche,
b) der Zylindermantelfläche,
c) der Kolbenfläche

ines Zylinders hinsichtlich der prozentualen Veränderungen als Funktion des Hub-Bohrungs-Verhältnisses (Bild 9).

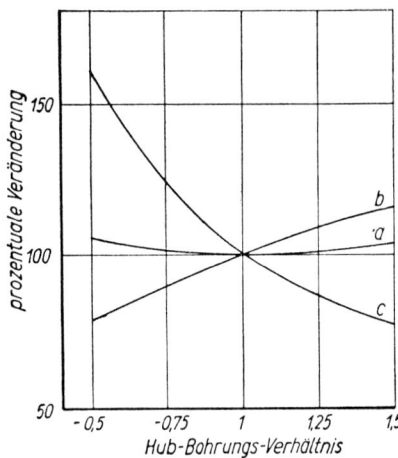

Bild 9. Darstellung der prozentualen Veränderungen von Zylinderoberfläche, Zylindermantelfläche und Kolbenfläche als Funktion des Hub-Bohrungs-Verhältnisses

In dieser Darstellung sind die Funktionen prozentual, also nicht in ihrer absoluten Größe, eingetragen. Das Hub-Bohrungs-Verhältnis 1 wurde als 100% angenommen.

Die Kurve a kann als ungefährer Maßstab der Wärmeaufnahme eines Zylinders und als Kennlinie des thermischen Wirkungsgrades gelten. Kurve b – also die prozentuale Veränderung der Zylindermantelfläche – verleitet dazu, sie als Maßstab der Kolbenreibung zu betrachten und sie als einen Faktor für den mechanischen Wirkungsgrad anzusehen. (Daß dem nicht so ist, sehen wir später.) Die Kurve c schließlich gibt einen Anhalt für die thermische und mechanische Kolbenbelastung. Sie bewegt sich immerhin in einer Spanne von etwa 70%.

Mit einer solchen Darstellung wird nun ein Konstrukteur entscheiden, welche Auslegung er einem Zylinder seines Motors geben will. Dabei ist er sich klar, daß er Vorteile oder Nachteile jeweils mit der Anzahl der Zylinder vergrößert. Ja, der günstigste Kompromiß – welch reifliche Überlegungen, Berechnungen und geniale Gedanken sind dazu erforderlich!

Eine nachteilige Eigenschaft eines vielzylindrigen Motors ist seine größere Eigenträgheit durch seine größeren linearen und rotierenden Massen. Eine geringe Eigenträgheit eines Motors jedoch führt zu einer guten Beschleunigung (die übrigens aus keiner Leistungskurve ersichtlich wird!) und schont durch bessere Verzögerungswerte die Bremsen. Daß mit einem solchen Motor – der demnach nun wieder weniger Zylinder haben sollte – besonders auf Kurvenkursen bessere Rundenzeiten erzielt werden, liegt auf der Hand. Aber da sind wieder die mechanischen Verluste – sie beeinflussen in einem Motor in kompliziertester Weise das Leistungsergebnis und Beschleunigungsverhalten. Viele oder wenige Zylinder? Wenn man die konstruktiv komplizierte Bauweise in Kauf nimmt, ist der Vielzylindermotor hinsichtlich seiner Maximalleistung und damit auf schnellen Strecken überlegen. Sind Kurven der vorwiegende Charakter einer Rennstrecke – dort, wo die Maximalleistung seltener verlangt

30

und eingesetzt werden kann –, kann ein Motor mit weniger Zylindern und größer Elastizität die fehlenden PS-Spitzen weitgehend ausgleichen.

Nicht zuletzt sollten aber bei allen Kompromißüberlegungen des Rennmotorenkonstrukteurs auch Schlußfolgerungen durchdringen. Bei einem normalen Serienmotor vergleichbarer Hubraumgröße werden Diskussionen über vielzylindrige Auslegungen nämlich kaum mehr angestellt. Weiter würde eine Hubraumunterteilung des Rennmotors auf größere Zylindereinheiten auch günstige Rückwirkungen auf den Gebrauchsmotor haben. Die Rennformeln haben versucht, diesen Gedankengängen Rechnung zu tragen. Vor zwanzig Jahren waren während einer unbeschränkten Hubraumwahl vielzylindrige Motoren im Rennwagen üblich. In der derzeitigen 2,5-Liter-Formel braucht ein Rennmotor – auch bei der Möglichkeit und bei Anwendung der dargelegten Erkenntnisse – keineswegs mehr eine V-12- oder V-16-Auslegung zu erfahren. Außerdem wurde mit vierzylindrigen Motoren bewiesen, daß es möglich ist, sie so zu konstruieren und zu bauen, daß sie in der Rennpraxis – und diese allein entscheidet über die Richtigkeit einer Konstruktion – anderen Motoren mit 6 und 12 Zylindern zumindest ebenbürtig sind.

Einen Teil zu den Fortschritten der Rennmotoren mit wenigen Zylindern hat zweifellos der Kurzhubmotor erwirkt. Ein überquadratisches Hub-Bohrungs-Verhältnis vermittelt zweifellos wesentliche Vorteile. Daß man nur zögernd und erst in den letzten Jahren sich intensiv mit dieser Frage befaßte, ist ein Beispiel dafür, wie auch Rennformeln (oder Teilbestimmungen solcher Vorschriften) noch über Jahrzehnte hinweg eine Entwicklung beeinflussen und – wie in dem Kurzhubfall – nachhaltig hemmen können. Da schrieb die Rennformel im Jahre 1908 neben einem Mindestgewicht von 1100 kg für Vierzylindermotoren eine Maximalbohrung von 155 mm vor. Große Zylinderinhalte waren damals üblich und auch notwendig – sie wurden ja auch keineswegs von einer Formelvorschrift her begrenzt –, und so ergaben sich logischerweise Motorenkonstruktionen mit ausgesprochen langem Hub. Zugegeben, diese Festlegung im Reglement war nicht von langer Dauer, aber die Auswirkungen waren es. Sie hielten sich auch in der Renntechnik bis vor den zweiten Weltkrieg. Im Gebrauchswagenbau hat sich erst in den letzten Jahren der Kurzhuber fast überall durchgesetzt. Rennformeln haben eben zuweilen auch ihre Folgeerscheinungen.

Wenn wir uns einen „zahmen" Rennmotor vorstellen, der

$$6000 \text{ U/min}$$

dreht, so läßt sich mit der Formel zur Errechnung der mittleren Kolbengeschwindigkeit

$$\text{Kolbenhub in m} \cdot \frac{\text{Drehzahl}}{30}$$

leicht ausrechnen und demonstrieren, daß bei kleiner werdendem Hub die Kolbengeschwindigkeit abnimmt. (Um den Hubraum auf stets gleicher Größe zu halten, muß natürlich die Bohrung vergrößert werden.) Die mittlere Kolbengeschwindigkeit jedoch setzt man gern als Faustregel für das Stehvermögen eines Motors an – je geringer sie ist, desto besser hält der Apparat. Ob mit gutem Recht, sei dahingestellt.

Die resultierende niedrigere Kolbengeschwindigkeit ist aber nicht die einzige erfreuliche Seite des kurzen Hubes. Nicht nur für den Rennmotor ergibt sich bei der Kurzhubauslegung und der damit größer werdenden Bohrung

> die Möglichkeit der Unterbringung größerer Ventile und damit einer Verbesserung des Füllungsgrades, kürzere Pleuel und damit geringere Bauhöhe.

Gewichtsmäßig wird man bei einem Kurzhubmotor wohl kaum etwas einsparen können, da die zu einer solchen Mutmaßung verleitende geringere Bauhöhe wieder durch einen größeren Zylinderabstand und ein stärker zu bemessendes Kurbeltriebwerk aufgewogen wird.

Wie überall gibt es aber auch hier Licht und Schatten. Der „Schatten" des Kurzhubmotors – nun, das sind die höheren mechanischen Verluste. Blättern wir in diesem Zusammenhang einmal zurück bis zu Bild 9. Dort ist die prozentuale Veränderung der Zylindermantelfläche durch die Linie *b* bezeichnet. Die Zylindermantelfläche nimmt zum kürzer werdenden Hub ab – leider können wir diese Linie nun eben nicht als Anhalt zur Beurteilung des mechanischen Wirkungsgrades betrachten, denn die Mantelfläche kann kein Maßstab der Kolbenreibung sein. Wir wollten uns bei der vorangegangenen Betrachtung über diese Kurven ja schon nicht von solchem Schluß verführen lassen. Die Reibungsarbeit (abgesehen von der Kolbenringreibung) ist

Kolbenseitendruck · Reibungsfaktor · Weg.

Der Weg wird beim Kurzhubmotor mit kleiner Zylindermantelfläche wohl kleiner, aber in selbem Maße wird der Kolbenseitendruck größer, weil die Kolbenoberfläche auch größer wird. Die Flächenbelastung seitlich am Kolben ist jeweils gleich. Sehr drastisch kann man sich vor Augen führen, daß mit einer Verkürzung des Hubes mit einer Vergrößerung der mechanischen Verluste gerechnet werden muß: Bei einem ins Extreme getriebenen Kurzhubmotor ergeben sich immense Triebwerksbelastungen und eine Nutzleistung von Null!

Überall tasten sich die Erbauer von Rennwagen- und Motorradmotoren und die Konstrukteure von Serienfahrzeugen an einen Optimalwert des Hub-Bohrungs-Verhältnisses heran.

Sicher liegt dieser unter 1!

5. Was bietet die Kraftstoffeinspritzung?

Sie ist nicht freundlichen, friedlichen und sportlichen Ursprungs. Das noch junge Prinzip der Kraftstoffeinspritzung im Benzinmotor ist ein Kind des Krieges, der Zerstörung. Zuerst im Flugzeugmotor angewendet, dann im Serienautomobil mit Zweitaktmotor, kamen 1954 erstmalig deutsche Rennmotoren mit Kraftstoffeinspritzung im Formelrennwagen und in der Halbliter-Rennmaschine auf den Grand-Prix-Rennstrecken zum sportlichen Einsatz.

Dieser Entwicklungs- und Verwendungsweg charakterisiert schon markante Merkmale des Einspritzverfahrens:

> Bei niedrigerem Kraftstoffverbrauch werden Verbesserungen hinsichtlich der Motorleistung möglich - allerdings unter Inkaufnahme eines größeren

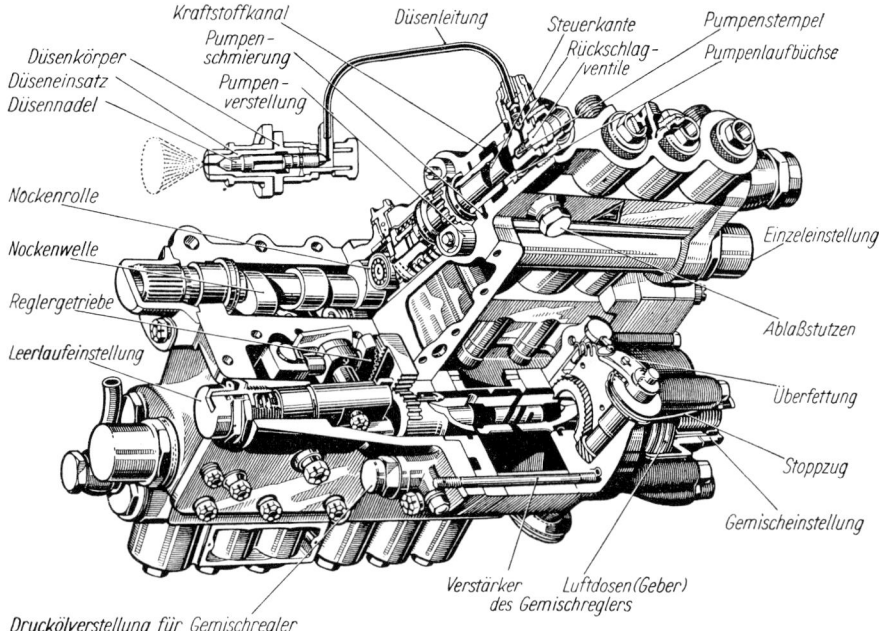

Kraftstoffkanal
Pumpenschmierung
Pumpenverstellung
Düsenkörper
Düseneinsatz
Düsennadel
Düsenleitung
Steuerkante
Rückschlag-/ventile
Pumpenstempel
Pumpenlaufbüchse
Nockenrolle
Nockenwelle
Einzeleinstellung
Reglergetriebe
Ablaßstutzen
Leerlaufeinstellung
Überfettung
Stoppzug
Gemischeinstellung
Verstärker   Luftdosen(Geber)
des Gemischreglers
Druckölverstellung für Gemischregler

Bild 10. Einspritzpumpe für einen während des Krieges entwickelten Flugzeugmotor. Aus der Skizze wird die Kompliziertheit einer solchen Pumpenkonstruktion deutlich

technischen (und damit wirtschaftlichen) Aufwandes gegenüber dem Vergasermotor. Dieser größere Aufwand ist aber bei den Grenzwerterprobungen im Rennsport zunächst von untergeordneter Bedeutung.

Als während des zweiten Weltkrieges die Kraftstoffeinspritzung im Flugmotor erstmals zur Verwendung kam, wurde als deren Hauptvorteil die gleichmäßige Kraftstoffverteilung auf die einzelnen Zylinder und die damit verbundene Kraftstoffersparnis bezeichnet. Gleichzeitig wurde die Gefahr des Vereisens der Vergaser ausgeschaltet und der Aktionsbereich durch den sparsameren Verbrauch vergrößert. Ohne auf den damaligen konstruktiven Aufbau einzugehen, wird in Bild 10 die Einspritzpumpe eines solchen Flugmotors zur Anschaulichkeit der komplizierten Gestaltung gezeigt. In dieser Pumpe belieferte jedes Pumpenelement für sich einen Zylinder mit Kraftstoff.
Schon zu gleicher Zeit befaßte man sich auch bereits mit einer Anwendung im Automobilmotor. Zunächst wurden Einspritzpumpen für Otto-Motoren entwickelt, die an vorhandene Motoren, ohne daran bauliche Veränderungen vornehmen zu müssen, angebaut werden konnten. Der Kraftstoff wurde deshalb hier nicht in jeden Zylinder direkt, sondern durch nur eine Düse annähernd kontinuierlich unter einem Druck von 30 bis 80 atü in eine Mischkammer gespritzt, die etwa an der Stelle des entfernten Vergasers saß. Durch diese Mischkammer strömte – wie bei dem Vergaser – die gesamte Ansaugluft.

Die Einspritzpumpe einer solchen Konstruktion mit Taumelscheibenantrieb und mit achsparallelen Pumpenzylindern ist in Bild 11 in Schnittzeichnung dargestellt. Diese Einspritzpumpe wird mit der Lichtmaschine angetrieben. Der Schlupf durch den Keilriemenantrieb ist dabei belanglos, weil ja die Einspritzung nicht auf die Ansaugtakte abgestimmt sein muß. Die dargestellte Pumpe hat mehrere Zylinder, von denen ein Teil Benzin und der andere Teil Schmieröl in die Nuten der Benzinpumpenelemente preßt. Da sich die Benzin- und Ölpumpendrücke proportional der Drehzahl ändern, sind Schmierung und Abdichtung der Benzinpumpenkolben unter allen Betriebsverhältnissen gewährleistet und das schwierige Problem der Benzineinspritzungen – die zuverlässige Schmierung der Pumpenstempel – gelöst. Das Pumpenelement ist dem der Diesel-Pumpe sehr ähnlich. Der Pumpenkolben (d) läuft in einer Stahlzylinderbüchse (e) und kann zur Regulierung der Fördermenge durch einen Zahnradtrieb (f) verdreht werden. Je nach Stellung der Schrägkante des Kolbens wird die Fördermenge verändert. Der Abschluß des Ansaugens wird vom Kolben selbst gesteuert, und das Druckventil ist wie beim Diesel-Pumpenelement oben im Zylinder angeordnet. Die Benzinpumpenelemente werden gleichzeitig von der zentralen Reglerwelle (g) verstellt. Die Membrane (h), welche vom Unterdruck im Ansaugrohr beeinflußt wird, verdreht diese Reglerwelle über einen Hebel. Großer Unterdruck im Saugrohr entspricht geschlossener Drosselklappe und verringert durch die Reglerwelle (g) die Benzinförderung unabhängig von der Drehzahl. Wird die Drosselklappe geöffnet, so wird die Fördermenge gesteigert und die Einspritzung in die Mischkammer vergrößert. Auf diese Weise wird die Motorleistung reguliert. Der Kolben (i) des Ölpumpenelementes fördert das Schmieröl durch den Ringkanal (k) ungefähr in die halbe Höhe des Benzinpumpenelementes, wo an der abgesetzten Stelle des Benzinpumpenkolbens Schmierung und Abdichtung bewirkt werden.

Im Verlaufe der Entwicklung wurden Automobile mit Zweitaktmotoren bis 700 cm³ in Deutschland serienmäßig mit einer Einspritzausrüstung

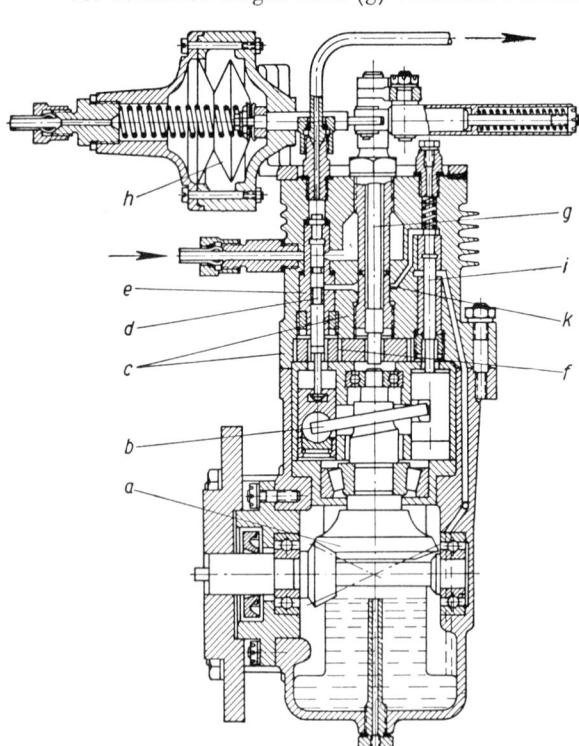

Bild 11. Schnittbild
einer Benzin-Einspritzpumpe für Kraftwagen

versehen. Warum dies insbesondere an Zweitaktmotoren geschah, wollen wir nach einer Skizzierung eines solchen Einspritzsystems behandeln.

Bild 12 zeigt das Schema einer solchen Einspritzanlage für Zweitaktmotoren. Der Kraftstoff – in solchem Zweitaktfalle reines Benzin ohne Ölbeimischung – gelangt vom Tank über die Kraftstoff-Förderpumpe und den Filter zur Einspritzpumpe. Da diese nicht wie der Vergaser eine Schwimmerentlüftung besitzt, wird abgeschiedene Luft und Kraftstoffdampf durch die Entlüftungsleitung zusammen mit dem von der Förderpumpe zuviel zugebrachten Kraftstoff dem Tank zurückgeführt. Eine bewußt überreichlich dosierte Kraftstofförderung bewirkt gleichzeitig eine Kühlung der Einspritzpumpe. Das Pumpenelement selbst entspricht auch hier in seinem prinzipiellen Aufbau dem Diesel-Pumpenelement. Dieser Aufbau wurde beibehalten, da die Anforderungen an Exaktheit der Einspritzpumpe, Spritztermin, Drehzahlcharakteristik und

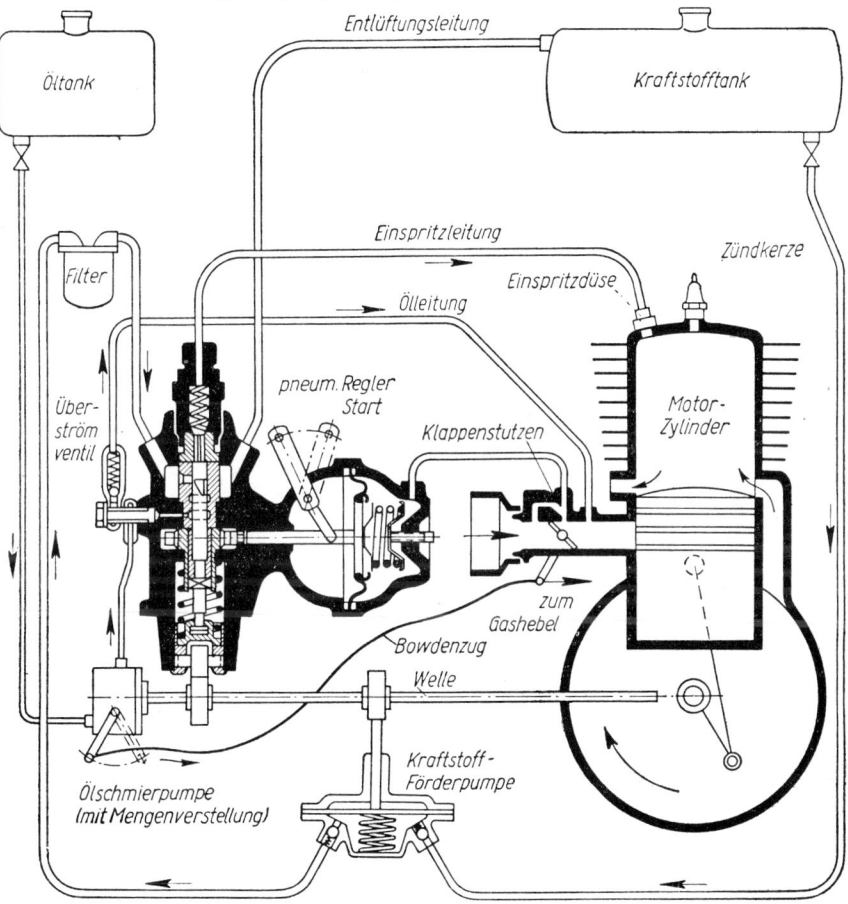

Bild 12. Schema-Zeichnung einer Einspritzanlage für Zweitaktmotoren

gleichbleibende Fördermengen über eine lange Zeitdauer mit einfacheren Aggregaten für das Serienfahrzeug bislang nicht erreicht werden konnten. Die Gemischregelung erfolgt über eine Reglermembrane, welche von dem hinter der Drosselklappe im Klappenstutzen herrschenden Unterdruck bestätigt wird. Die Drosselklappe ist mit dem Gaspedal verbunden. Ein Düsensystem im Klappenstutzen dient zur Gemischbeeinflussung in bestimmten Teillast- und Drehzahlbereichen. Auch die Druckleitung und die Einspritzdüsen entsprechen der beim Diesel gebräuchlichen Konstruktion. Die Kraftstoffeinspritzung direkt im Zylinderkopf erfolgt entgegen der Richtung des aufsteigenden Spülluftstromes. Da ja kein Benzin-Öl-Gemisch gefördert wird, macht sich eine besondere Ölversorgung für die Schmierung erforderlich. Durch eine Frischöl-Schmierpumpe gelangt das Schmieröl im Verlauf zum Klappenstutzen, von wo es mit der angesaugten Verbrennungsluft in die Motorzylinder gelangt und Gleitflächen und Kurbelwellenlager schmiert.

Es wurde erwähnt, daß in diesem Falle der Kraftstoff direkt in den Zylinder eingespritzt wird. Selbstverständlich gibt es im Bereich der Einspritzung bei Viertaktmotoren die Möglichkeit, den Kraftstoff auch vor dem Einlaßventil entgegen dem Saugstrom oder in Richtung der angesaugten Luft – wie in Bild 13 – einzuspritzen. Es sei vorweggenommen, daß im Mercedes-Formel-rennwagen von 1954 eine Direkteinspritzung in die Zylinder erfolgte, während bei der BMW-Rennmaschine der Kraftstoff vor den Einlaßventilen in die Ansaugkanäle eingespritzt wurde.

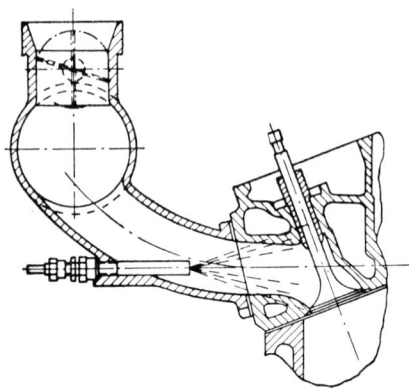

Bild 13. Ansaugstutzen eines Viertaktmotors mit Einspritzdüse für Kraftstoffeinspritzung in Richtung des Saugstromes

Doch verbleiben wir noch bei den „zahmen" Normalverbrauchermotoren mit Kraftstoffeinspritzung und fragen genau nach dem Warum. Warum die Kraftstoffeinspritzung im 700-cm³-Zweitakter, wenn eine solche Anlage einen tieferen Griff in den Geldbeutel erfordert? Lohnt sich eigentlich der wirtschaftliche Mehraufwand?

Der wirtschaftliche Teil der Kraftstoffeinspritzung zeigt sich in einer Kraftstoffersparnis, die bis zu 25% beträgt. Dabei kann der spezifische Kraftstoffverbrauch bei etwa 230 g/PS/h liegen. Es ist doch eine bekannte Tatsache, daß bei Zweitaktern der Auslaßkanal früher und länger offen ist als der Überströmkanal – was einer „Ventilzeitenüberschneidung" beim Viertakter entspricht. Infolge dieser Überschneidung tritt nun im Vergaserbetrieb – wo ja ein Kraftstoff-Luft-Gemisch angesaugt wird – ein Kraftstoffverlust ein, der als höherer Verbrauch empfunden wird. Bei dem Einspritzverfahren mit Direkteinspritzung in den Zylinder kann nun ruhig Luft während des Spülvorganges durchblasen, ja, das tut dem Motor sogar gut. In dem Augenblick aber, wo der Auslaßkanal durch den Kolben verschlossen wird (wenn im Viertaktmotor sich

36

das Auslaßventil geschlossen hat), kann der Kraftstoff ohne weitere Bedenken eingespritzt werden. Davon geht nun nichts mehr vor der Zündung unausgenutzt durch den Auspuff! In der Praxis liegt der Einspritzzeitpunkt allerdings bei Umkehrspülung in der Nähe des unteren Totpunktes. Trotzdem sind die Spülverluste gering, da die Kraftstoffwege und die Gemischbildung im Zylinder bei Direkteinspritzung sich anders als im Vergaserbetrieb vollziehen. Da beim Viertakt-Vergasermotor die Spülverluste geringer sind, ermöglicht die Anwendung der Kraftstoffeinspritzung beim Zweitaktmotor eine größere Kraftstoffersparnis. Dadurch wird verständlich, warum die Einspritzung serienmäßig zuerst im Zweitaktmotor des Automobils Fuß faßte. Das Argument der Wirtschaftlichkeit ist demnach doch nicht aus der Luft gegriffen.

Wie steht es mit der Leistungsfähigkeit? Es ist naheliegend, daß infolge der erwähnten besseren Spülung auch eine bessere Füllung und damit eine Leistungssteigerung erreicht wird. Da mit reiner Luft gespült wird, ist der Luftdurchsatz nicht so begrenzt wie bei dem Vergasermotor. Das Verdichtungsverhältnis kann beim Einspritzmotor bis etwa 1 : 8 heraufgesetzt werden, ohne daß sich Klopferscheinungen bemerkbar machen. Ursache hierfür ist einmal die bessere Ausnützung der Verdampfungskälte des Kraftstoffes, die nicht wie im Vergaserbetrieb bei dem Durchgang durch Ansaugrohr und Kurbelgehäuse verlorengeht und daher dem Gemisch bei Kompressionsbeginn eine erheblich niedrigere Anfangstemperatur erteilt. Weiter wirkt die gleichmäßigere Gemischverteilung im Verbrennungsraum klopfmindernd.

Schließlich sei noch das bessere Reaktionsvermögen des Einspritz-Zweizylinders bzw. Einspritzmotors überhaupt zu erwähnen. Ein solcher Einspritzer beschleunigt besser und verzögert schneller. Der Grund hierfür ist, daß einmal die genau benötigte Kraftstoffmenge in etwa $1/_{50}$ Sekunde eingestellt und eingespritzt wird (der Motor also schneller beschleunigt). Im gleichen Zeitraum erfolgt ein Abstellen der Kraftstoffmenge bei dem Gaswegnehmen und damit eine raschere Verzögerung. Ein Vergaser folgt doch hinsichtlich optimaler Gemischbildung der Drosselklappe nur mit beträchtlicher Verzögerung. Bei plötzlichem Gasgeben bekommt der Motor etwa $1/_3$ bis $1/_2$ Sekunde lang ein zu armes Gemisch – er beschleunigt nicht recht oder „niest“. Umgekehrt wird bei einem Gaswegnehmen das Gemisch in einem Zeitraum zu reich.

Andere gute Begleiterscheinungen wurden am Rande mit erwähnt. Allgemein läßt sich zusammenfassen, daß mit dem Einspritzsystem

a) eine Brennstoffeinsparung erzielt wird, die im wesentlichen auf die bessere und gleichmäßige Verteilung des Kraftstoffes auf die einzelnen Zylinder, die bessere Einhaltung eines günstigen Mischungsverhältnisses und auf einen höheren volumetrischen Wirkungsgrad zurückzuführen ist. Vorwiegend macht sich eine Kraftstoffersparnis in niedrigeren Drehzahlen bemerkbar.

b) Eine Erhöhung der Maximalleistung des Motors bis 20% ist möglich. Diese Verbesserung der Leistung ist insbesondere bei hohen Drehzahlen festzustellen. Hinzu kommt eine bessere Beschleunigung.

Unser Leser wird jetzt fragen, was die bisherigen Ausführungen über das Einspritzverfahren mit der Renntechnik zu tun haben, da fast nur von den allgemeinen Dingen und der Anwendung im Serienmotor die Rede war. Nun, im Sinne des Grundgedankens dieses Buches ist das Markierende des Einspritzverfahrens, daß es eine neue Tendenz darstellt, deren anfängliche Erprobung im Serienfahrzeug stattfindet, im Rennmotor aber zur Zeit die Verbesserung und Vervollkommnung auf dem härtesten Prüffeld der Kraftfahrzeugtechnik – eben im Motorrennsport – erfährt, um dann ausgereift und frei von jeglicher Problematik der Serie zur allgemeinen Verwendung wieder übergeben zu werden. Mit einer solchen Erkenntnis von den Wechselwirkungen sind wir auf den Spuren des tiefen und fruchtbaren Sinnes der Renntechnik und des Motorsports.

Es wurde für zweckmäßig gehalten, mit einer kurzen Einführung in das Gebiet der Kraftstoffeinspritzung zunächst das Verständnis hervorzurufen, welches notwendig ist, um die Anwendung des Einspritzverfahrens im Rennmotor weiterzuverfolgen.

Eingangs dieses Kapitels wurde erwähnt, daß die Kraftstoffeinspritzung einen konstruktiven, technischen und damit finanziellen Mehraufwand gegenüber dem Vergaserprinzip erfordert. Das ist ein Grund, weshalb die Einspritzung morgen noch nicht in jedem Gebrauchsfahrzeug vorzufinden sein wird. In der Renntechnik spielen solche Kosten jedoch zunächst keine ausschlaggebende Rolle. Derartige Wegbereitungen an den Grenzwerten der Höchstbeanspruchungen – die außerdem fast immer unter erheblichem Zeitdruck stehen – sind stets mit erhöhten Aufwendungen verbunden, die aber von dem übernommen werden, der sich der Weiterentwicklung der Kraftfahrzeugtechnik verpflichtet fühlt. Eine erstmalige Erprobung im Rennsport schließt dann außerdem noch das Risiko eines sportlichen Mißerfolges ein.

Bei der Anwendung der Kraftstoffeinspritzung in deutschen Rennfahrzeugen im Jahre 1954 ließ man sich von den Gesichtspunkten leiten, einmal eine grundlegende Wegbereitung für das Serienfahrzeug herbeizuführen und andererseits mit den zweifellos bestehenden Vorteilen des Einspritzverfahrens sportliche Erfolge zu erringen. Man wird in solchem Zusammenhang einwenden, daß z. B. eine Verbrauchssenkung im Rennwagen nicht so wichtig ist. Ein solcher Einwand wäre nicht stichhaltig. Da die großen internationalen Wagenrennen über Distanzen von 500 Kilometern gehen, ist es von ausschlaggebender Bedeutung, ob sich während des Rennens ein Tankaufenthalt notwendig macht, denn ein solcher ist mit einem Zeitaufwand verbunden, der wiederum nicht allein aus der Dauer des Boxenaufenthaltes besteht, sondern auch die Zeitverluste durch Abbremsen und Anhalten und Anfahren und Beschleunigen einschließt. Abgesehen davon, daß aus dem Halt und dem Abstellen und Abkühlen des Motors recht kritische Situationen entstehen können. Aber auch wenn ohnehin kein Tankaufenthalt erforderlich wäre, ist es von Bedeutung, ob durch geringeren Kraftstoffverbrauch weniger Kraftstoff und damit weniger Gewicht mit in das Rennen genommen zu werden braucht. Gewicht aber ist – jetzt mal abgesehen davon, wo es untergebracht ist – ein wesentlicher Faktor beim Bremsen und Beschleunigen. Auch hier können ausschlaggebende Sekunden gespart werden. Bei der Benzineinspritzung in mehrzylindrige Rennmotoren ist die zugeteilte Kraftstoffmenge für jeden Zylinder effektiv genau

38

die gleiche. Im Vergaserbetrieb ist dies nicht ganz zu erreichen. Wenn aber in einem Motor nicht mehr auf den gemischärmsten Zylinder Rücksicht genommen zu werden braucht, ergibt sich eine Verbrauchssenkung. Dabei sei außerdem auf die im Vergaserbetrieb schon vorhin erwähnten Verluste durch die Ventilüberschneidungen hingewiesen. Neben dem geringeren Verbrauch auch in Teillastbereichen wird der Motor durch die Einspritzung gegenüber der ihm zugeführten Brennstoffqualität unempfindlicher, kann höher verdichtet werden und wird – insgesamt gesehen – leistungsfähiger.

Zur Leistungssteigerung macht man sich im Rennmotor noch zunutze, daß durch den Wegfall der Drosselung im sonst notwendigen Vergaser-Lufttrichter der Füllungsgrad des Zylinders je Ansaughub erheblich verbessert wird. Sehr wesentlich ist ferner, daß es nicht ganz einfach bzw. überhaupt unmöglich ist, mit Vergasern einen genügend großen Drehzahlbereich völlig zu beherrschen. Wählt man einen großen Vergaserquerschnitt, wie man ihn braucht, wenn man eine hohe Leistung erzielen will, ergeben sich unweigerlich bei niederen Drehzahlen Schwierigkeiten durch Kondensation des Brennstoffes im Saugrohr. Beschreitet man statt dessen den anderen Weg und macht den Vergaserquerschnitt so eng, daß der Motor bei niedrigen Touren schon eine gute Leistung abgibt, dann wird diese in oberen Drehzahlbereichen nicht erzielt. Solche Schwierigkeiten entfallen bei der Benzineinspritzung. Man kann sehr große Saugrohrquerschnitte wählen und trotzdem in niederen und hohen Drehzahlen eine gleichmäßig gute Leistung erzielen. Ein solcher Motor bekommt schon in den unteren Drehzahlbereichen ein ausgezeichnetes Drehmoment und damit auch gute Übergänge beim Gasgeben. Der Rennmotor wird lebendiger, und der Fahrer kann von unten heraus wesentlich besser beschleunigen.

Die Konstrukteure haben mit der Anwendung der Einspritzung im Rennfahrzeug wieder einen guten Schritt nach vorn getan.

Vielleicht läßt sich sogar behaupten, daß in gewisser Hinsicht der Einspritzmotor das Erbe des Kompressormotors – ohne irgendwie mit ihm verwandt zu sein – angetreten hat. In der Kompliziertheit steht er seinem Vorfahren keineswegs viel nach. In beiden Fällen muß Filigranarbeit geleistet werden. Nur der Einspritzmotor ist keineswegs nervös.

Er wird zweifellos seinen Weg gehen – mit sportlichem Erfolg und letztlich auch im Serienfahrzeug.

6. Bremsen sind heute noch „schneller"

Der Leser wird der Ansicht sein, daß diese Kapitelüberschrift ein Scherz sein soll, denn sie trägt vermeintlich doch einen Widerspruch in sich. Bremsen sollen doch ein Fahrzeug verlangsamen, es aber auf keinen Fall schneller machen? Es ist eben vieles relativ. Recht ähnlich wird auch die kleine Rennfahrer-Regel aufgenommen werden, welche besagt, daß „kein Rennwagen oder keine Rennmaschine schneller ist als die Bremsen, welche eingebaut sind". Demnach muß es doch so sein, daß die Bremsen ausschlaggebend sind für die Geschwindigkeit während eines Rennens?

Das eben zitierte „Rennfahrer-Sprichwort trifft tatsächlich den Nagel auf den Kopf. Und weil wir gerade bei solchen Wort-Weisheiten sind, gleich noch eine ebenfalls markante dazu:

„Gut gebremst ist halb gewonnen!"

Stellen wir uns irgendein Rennen vor. Es setzt sich hinsichtlich der Bewegungs-rhythmen der Teilnehmer im wesentlichen zusammen aus Höchstgeschwindig-keiten auf geraden Streckenteilen, aus Abbremsen vor den Kurven und aus Beschleunigung nach den Kehren. Diese Begriffe haben alle den Nenner „schnell" gemeinsam. Möglichst schnell in der Spitzengeschwindigkeit sein, schnell bremsen und schnell wieder beschleunigen. Rein optisch, vom Stand-punkt des Zuschauers aus, wird die Bedeutung des „Schnell"seins fast nur während der Höchstgeschwindigkeit und bei dem Beschleunigungsvorgang wahrgenommen, zumal da meist eine Vergleichsmöglichkeit der Teilnehmer vorhanden ist. Beim Bremsen ist eine sichtbare Beurteilungsmöglichkeit andererseits nur schwer möglich. Der Bremsvorgang vor einer Kurve ist der Gegenpol zum Beschleunigen danach und von gleich großer Bedeutung für den sportlichen Erfolg. Das ist leicht erklärt. Jede Kurve hat ihre ungefähr fest-liegende Geschwindigkeitsgrenze. Jeder Fahrer muß somit sein Fahrzeug vor einer solchen Kurve mindestens auf diese Grenze herunterbremsen. Hat ein Rennfahrzeug nun gute Bremsen, so wird es damit möglich sein, recht nah mit hoher Geschwindigkeit an diese Kurve heranzufahren und so einen Zeitgewinn – auch wenn es nur Sekundenbruchteile sind (die sich in Metern äußern!) – gegenüber anderen Fahrern zu erzielen. Je schlechter die Bremsen sind, je langsamer sie das Fahrzeug verzögern, desto eher muß dann eben mit dem Bremsen begonnen werden – es wird Zeit verloren. Angenommen, daß von zwei ansonsten vollkommen gleichwertigen Rennfahrzeugen das eine wegen seiner nur wenig besseren Bremsen vor jeder Kurve eines längeren Rennens nur einen kleinen Meter gewinnt, so kann sich das am Ziel zu einem Kilometervorsprung ausgewirkt haben.

Nun wird auch verständlich sein, daß die Bremsen an einem Rennfahrzeug Gegenstand allergrößter Liebe, Sorgfalt und Pflege sind und daß es mitunter vorkommt, daß den Renn-Bremsen größere Bedeutung beigemessen wird als den Renn-Motoren. Und das – natürlich im richtigen Rahmen – mit Recht! Denn: „Keine Rennmaschine ist schneller als ihre Bremsen!" und „Gut ge-bremst ist halb gewonnen!" Daß man Bremsen als „schnell" bezeichnen kann, ist somit wohl auch halbwegs bewiesen?

Die Bremsen sind jedoch nicht allein Gegenstand sorgfältiger Pflege durch Monteure und Fahrer, sondern – weil wirklich mit ausschlaggebend für Erfolg und Sicherheit – auch recht arge Schmerzenskinder der Konstrukteure. Das gilt sowohl für Rennfahrzeuge als auch für Fahrzeuge für den normalen Tages-gebrauch – gleichgültig, ob Wagen oder Motorrad. In der Renn-Technik war es ein langer und mühevoller Weg von jener durch Seilzug betätigten Rennwagen-bremse in Bild 14 zu einer modernen Sportwagenbremse, wie sie in Bild 15 gezeigt ist.

Und damit wären wir bei der Technik der Bremse.

40

Bild 14. Die Seilzugbremse des 1,5-Liter-Targa-Florio-Rennwagens von Mercedes-Benz.
Starre Achse, Blattfederung und Reibungsstoßdämpfer

Was bedeutet nun eigentlich – physikalisch betrachtet – Bremsen, und was geschieht bei einem Bremsvorgang? Richtig, die Geschwindigkeit des Fahrzeuges wird verringert. Eine Energie, nämlich die kinetische Energie, wird in eine andere Energie umgewandelt. Nicht vernichtet, da ja bekanntlich auf der Erde wohl Geldbörsen, Regenschirme und kleine Kinder verlorengehen können, keinesfalls aber irgendein Quentchen Energie oder Kraft. Die kinetische Energie wird durch die Reibungsbremse (von einer anderen Bremsenart sprechen wir nachher schnell mal) umgewandelt in Wärmeenergie. Das sind

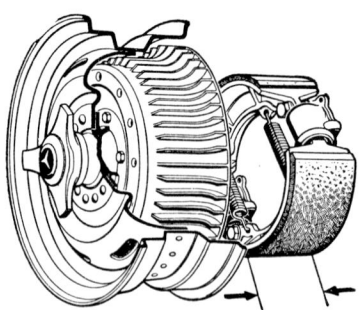

Bild 15. Eine moderne Sportwagen-
Trommelbremse aus dem Jahre 1954

Begriffe, mit denen sich rechnerisch schon etwas anfangen läßt. Allerdings muß ein Optimismus in der Richtung, daß ein Konstrukteur doch nun das genaue Bremsverhalten beispielsweise eines Rennwagens präzise ausrechnen könnte, erheblich gedämpft werden. Da hat doch die Wissenschaft ausgerechnet, daß es für jede Bremse eine Grenze hinsichtlich erreichbarer Bremsverzögerung gibt. Dieser theoretische Grenzwert ist 9,81 m/s²! Heute kann aber fast jedes gute und moderne Normalverbrauchsauto mit Bremsverzögerungen um 6 m/s² aufwarten, und im Rennsport werden

Werte, die über diesen 9,81 m/s² liegen, erreicht. Natürlich geht so etwas auf Kosten des Gummis, der Reifen. Wichtig bei solchen Rechnungen, ja entscheidend ist der Reibungskoeffizient zwischen der Straße und dem Reifen. Der aber ist wiederum abhängig von der Oberfläche der Straße (Asphalt, Beton, Sand, Kopfstein usw.) und deren Zustand (mit oder ohne Schlaglöcher, trocken, naß, vereist usw.) und vom Profil der Reifen. Es geht sogar weiter bis zur Federung und deren Schwingungsdämpfung, denn es ist doch wesentlich, ob diese Fahrwerksteile auf welligen oder unebenen Straßen den bremsenden Rädern einen möglichst dauernden Reibungsschluß mit dem Boden vermitteln können oder nicht.

Doch wir schweifen bei dieser kleinen Plauderei von der behandelten Energieumwandlung Wucht in Wärme ab. Dahinter jedoch stecken die Probleme der Bremse und die Sorgen ihrer Konstrukteure.

Bleiben wir zunächst bei der Wucht des Fahrzeuges. Über diese ist bekannt, daß die kinetische Energie eines bewegten Körpers proportional zu seiner Masse und im Quadrat zur Geschwindigkeit wächst.

Vielleicht ist zuvor der Trugschluß aufgetaucht, daß ein sehr leichter und nur mit einem Fahrer besetzter Rennwagen keineswegs diese Bremsensorgen verursachen kann wie ein wesentlich schwererer, großer Personenwagen auf der Familien-Urlaubsreise. Nach der obigen Gesetzmäßigkeit wissen wir jetzt, daß diese Vermutung eben ein Trugschluß ist. Das vollbesetzte Familienauto, möge es „inklusive" 1500 kg wiegen, fährt im stetigen Urlaubstempo von nicht mehr als 50 km/h. Da ist auf der anderen Seite der Rennwagen – alles in allem mit 750 kg auf der Waage –, der mal dem Vergleich zuliebe ebenfalls 50 km/h fährt. Zweifellos hat in diesem Falle der Personenwagen die doppelte kinetische Energie. Während nun unser Personenwagen mit 50 km/h weiterzuckelt, steigert der Rennwagen sein Tempo auf zahme 100 km/h, wodurch sich seine Wucht bereits auf das Vierfache erhöht. In einem normalen Renntempo von 200 km/h – aus solcher Geschwindigkeit werden sehr viele Kurven angebremst – beträgt seine kinetische Energie das Sechzehnfache, also das Achtfache der Familien-Urlaubskutsche!

Diese enorme kinetische Energie wird nun beim Bremsen in Wärme umgewandelt. Natürlich sind die Wärmemengen entsprechend groß. Man wird sich

42

darüber ein Bild machen können, wenn man z. B. aus den festliegenden zahlenmäßigen Beziehungen zwischen den vorliegenden beiden Energieformen errechnet, daß die frei werdende Wärmemenge bei der Stoppbremsung eines deutschen Sportwagens der dreißiger Jahre (Mercedes SSK, etwa 2000 kg) aus 160 km/h ausgereicht hätte, um einen 1,5 kg schweren Eisenwürfel zu zerschmelzen!

Es galt und es gilt Bremsen zu konstruieren, welche die entstehenden großen Wärmemengen schnell und sicher ableiten. Das ist das Kernproblem der Bremse überhaupt. Wie rückte man diesem Problem auf den Leib?

Das, was ein Betrachter oder die photographische Linse von der Bremse in der Hauptsache zu sehen bekommt, ist ihre Bremstrommel. Sie ist es auch, die die meiste „Berührung mit der Außenwelt" hat und die die entstehenden Wärmemengen am besten an die kühlende Luft ableiten kann. Auch der sorgsame Blick der Konstrukteure galt zuerst ihr. Zur Vergrößerung der Oberfläche und damit zur besseren Kühlwirkung wurde die Trommelbreite mit längs umlaufenden Kühlrippen versehen. Solche Kühlrippen haben nebenher noch einen weiteren Zweck. Sie sollen nämlich einer Wärmedehnung der Trommel bei hoher Beanspruchung entgegentreten. Die Wärme verursacht ein „Wachsen" der Trommel, eine Vergrößerung ihres Durchmessers – eine Erscheinung, welche das berüchtigte „Fading", das Nichtmehranliegen der Beläge an der Trommel herbeiführen kann. Das Fading ist ein kritischer Moment – der Bremse wurde mehr zugemutet, als sie wärmetechnisch verkraften kann. In ähnlicher Richtung wie das „Wachsen" liegt die ungleichmäßige Verformung der Bremstrommel beim Bremsen. Diese Verformung wird an der Außenseite der Trommel stets größer sein als an der Stirnfläche, und in der Mitte der Trommelbreite – dort, wo die höchsten Temperaturen entstehen – ist sie anders als zu beiden Seiten dieser umlaufenden Wärmelinie. Der Wärmedehnung und der Verformung der Trommel versuchte man durch entsprechende Formgebung, unterschiedliche Stärke und verschiedene Durchmesser der Kühlrippen zu begegnen. Zum Teil mit mehr oder weniger Erfolg. Den stetig wachsenden Ansprüchen durch die immer größer werdenden Geschwindigkeiten genügte bald die Kühlwirkung an der Trommel nicht mehr. Die gußeisernen Trommeln konnten die Wärme nicht mehr bewältigen. Man entsann sich der hervorragenden Wärmeleitfähigkeit des Aluminiums; andererseits konnte aber auf die ausgezeichneten Reibeigenschaften des Gußeisens nicht verzichtet werden. Etwa 1938 bahnten deutsche Renntechniker die Lösung an: einem dünnen gußeisernen Trommelkörper wurde ein verrippter Leichtmetallring aufgeschrumpft – die Zweistoff-Bremstrommel war geboren worden. Ein weiterer Schritt war, daß die Trommel-Bauer die Rippen nicht mehr längs umlaufend, sondern quer zur Umlaufbewegung der Trommel anbrachten. Diese Querrippen schaufelten nun förmlich die Kühlluft, und diesem System gab man den Namen Turbokühlung. Da haben wir nun die Bremstrommel in Bild 15.

Nebenher wurde noch das Trommelinnere durch Auffangen des Fahrtwindes vermittels gittergeschützter Luftleitbleche direkt belüftet, die Trommelbreite vergrößert und damit die Belagbreite und die Gesamtbremsfläche.

Natürlich galt auch der Verbesserung der Eigenschaften des Belagmaterials große Aufmerksamkeit. Es ist in diesem Zusammenhang recht interessant, daß selbst die Wissenschaftler über einige Zusammenhänge während des Reibungsvorganges, über die Höhe der entstehenden Temperaturen an der Reibfläche und andere Dinge mehr sich noch nicht klargeworden sind. Noch ist überhaupt die Frage nicht klar zu beantworten: Was ist Reibung? Der Belag soll formfest sein (um nicht zu rupfen usw.), er soll aber auch elastisch genug sein, um ungleichmäßige Dehnungen von Trommel und Backen auszugleichen. Er soll… nun, womöglich ist das Belagproblem noch größer als das Problem bei der Trommel. Vielleicht kommen aber auch von dieser Seite her noch entscheidende Verbesserungen für die Bremse überhaupt?

Aber die Konstrukteure widmeten sich bei dem Bau von Bremsen für Rennfahrzeuge nicht nur der Wärmeableitung oder der Bremstrommel und dem Belag. Halt, schnell noch ein spezielles Wort zur Nabenbremse, der „Vollnabe" im Motorradbau, da ansonsten das allgemein Gesagte sowohl für die Vierrädrigen als auch für die Zweirädrigen gilt. Auch die Vollnabe – s. Bild 16 – wurde zwecks besserer Wärmeableitung geschaffen. Sehr wichtig war jedoch auch, daß man mit ihr unterschiedliche und somit abträgliche Beanspruchungen der Speichen vermeiden konnte. Die Radspeichen können nun alle gleich lang sein, und die Bremskräfte – von der Nabentrommel ausgehend – verteilen sich völlig gleichmäßig. Dies noch kurz dazu. Aber wir wollen noch schnell die Bremsbacken – auf welche ja der Belag aufgenietet oder aufgeklebt ist – betrachten. Auch die Bremsbacken unterliegen Beanspruchungen und Veränderungen durch die auftretende Wärme. Es ist klar, daß am Backen selbst andere, höhere Temperaturen auftreten als an dessen Steg. Die Backe wird sich deshalb verziehen und beim Bremsen einen anderen und kleineren Krümmungsradius annehmen als im kalten Zustand. Dieser Radius weicht dann von dem der Trommel – zumal wenn diese sich dehnt – ab. Der Belag kann und soll zum Teil diese Unterschiede ausgleichen… aber eben nur zum Teil. Die Konstrukteure suchten nach Auswegen und hängten die Backen „schwimmend" mit Betätigung durch zwei Radbremszylinder auf, so wie dies ebenfalls in Bild 15 sichtbar ist. Auch Versuche mit drei Radbremszylindern (und daher auch drei Bremsbacken) wurden vorgenommen. Das Duplex-System, die Verwendung von zwei Bremszylindern, entspricht im Motorrad dem Doppelnocken, der Betätigung der zwei Bremsbacken durch zwei Bremsnocken. Verweilen wir noch einen Moment bei Bild 15. Wenn wir den Belag genau betrachten, bemerken wir, daß da keinerlei

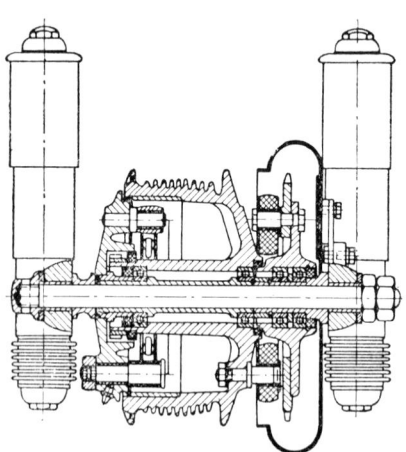

Bild 16. Querschnittszeichnung einer Motorrad-Nabenbremse, hier für das Hinterrad einer Horex. Die Bremsbacken greifen bis zur Hälfte der Nabenbreite. Die Nabe selbst – also die Bremstrommel – ist mit Kühlrippen versehen

Nieten oder Nietlöcher zu sehen sind. Dieser Bremsbelag wurde demnach aufgeklebt! Man rechnet eben im Rennfahrzeugbau auch mit allerkleinsten Ein-
heiten und scheinbaren Nebensächlichkeiten, die dann doch Vorteile bringen.
Sehen Sie, die mehr oder weniger große Zahl von Nietlöchern, welche beim
Nieten erforderlich sind, bringen einen Verlust an Belagoberfläche. Das heißt,
durch die Nietlöcher wird die Bremsfläche kleiner. Wenn auch nicht sehr viel,
aber immerhin. Oder umgekehrt: Wird der Belag aufgeklebt, bleibt die Bremsfläche in ihrer vollen Größe erhalten. Also kleben – auch wenn dabei wieder
andere und nicht geringe neue Fragen auftauchen. Es geht aber um Bruchteile
von Sekunden im Rennsport!
Das wäre die Trommelbremse – anscheinend am Ende ihrer Entwicklung, aber
das hatte man schon vor Jahren angenommen und doch immer wieder aus ihr
bessere Werte herausgequetscht. (Ähnlich wie bei dem Zitronenbeispiel am
Motor.) Könnten wir einen Blick in die Zukunft werfen, dann wüßten wir, in
welchem Jahr die Scheibenbremse ihren Einzug in den deutschen Renn- oder
Sportwagenbau hält – einmal kommt sie bestimmt.
Scheibenbremse? Sie entstand in den dreißiger Jahren zunächst für Fahrwerke
von Flugzeugen und später dann für Eisenbahn-Triebwagen und Straßen-
bahnen. 1950 tauchte sie im ausländischen Automobilbau auf. Ihre Wirkungsweise beruht darauf, daß eine Stahlscheibe zangenartig von Bremsbacken mit
Belag umfaßt wird. Eine solche Scheibe, die im freien Luftstrom liegt, wird
natürlich immer gut gekühlt werden können (aber im Renneinsatz sind auch
sie schon rotglühend geworden!). Die Bremsfläche ist groß und die Flächenbelastung geringer als bei der Trommelbremse. Ein sehr wesentlicher Vorteil
liegt darin, daß bei der Scheibenbremse kein Fading – also kein Nachlassen der
Bremswirkung durch Wärmedehnung – auftreten kann, weil hier ja kein Aus-
weichen in Richtung des Anpreßdruckes erfolgen kann. Die Scheibe bleibt
immer „in der Zange".
In den Bildern 17, 18 und 19 sind drei Skizzen von Scheibenbremsen gezeigt.

1 Bremszylinder
2 festes Bremsteil
3 anpreßbares Bremsteil
4 Kolben
5 Bremsscheibe
6 Bremsöl-Leitung
7 Radnabe

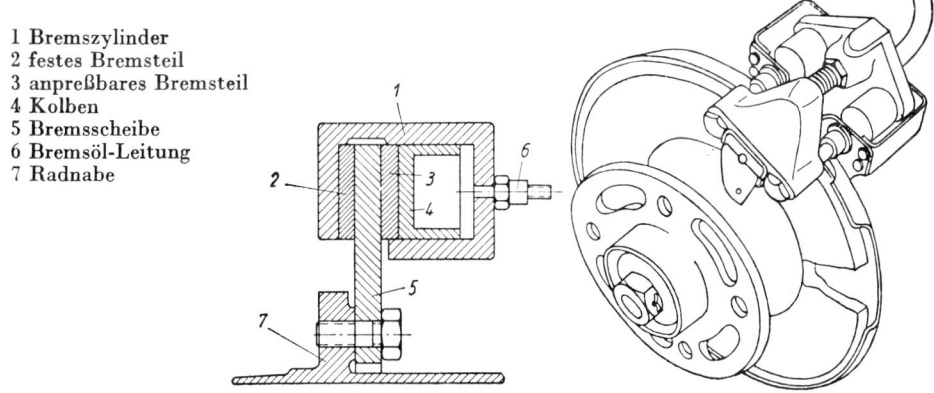

Bild 17. Schematischer Aufbau einer Scheibenbremse von einfacherer Ausführung
(Crossley-Punktbremse)

Die Bremse in Bild 18 wurde in nahezu gleicher Form an ausländischen Rennsportwagen im Renneinsatz gefahren. Im Prinzip sind alle abgebildeten Scheibenbremsen einander gleich.

Das war ein kleiner Blick in die zukünftige Entwicklung. Wahrscheinlich wird es nicht mehr lange dauern, bis auch in deutschen Rennwagen Scheibenbremsen verwendet werden – vielleicht sehen wir sie aber noch vorher in großen Serienautomobilen.

Nun noch ein Bericht von einem anderen Versuch. Es war zum Training für ein großes Dauerrennen für Sportwagen im Jahre 1952. Da fuhr ein deutscher Sportwagen – es war ein Mercedes 300 SL – auf der hohe Geschwindigkeiten zulassenden Strecke mit einer nach oben hochschwenkbaren und dann quer zur Fahrtrichtung stehenden Klappe hinter den verkleideten Fahrersitzen. Man probierte eine Strömungsbremse.

Was hat es mit der Strömungsbremse für eine Bewandtnis? Da werden also die Karosserien der Rennfahrzeuge immer strömungsgünstiger, die Geschwindigkeiten wachsen. Nun wird – gleiche Bremsen und gleiche Geschwindigkeit angenommen – ein Automobil mit einer nach aerodynamischen Gesichtspunkten guten Karosserie einen längeren Bremsweg haben als ein Fahrzeug mit einer strömungsungünstigen Karosserie. Der Luftwiderstand hilft eben mit bei dem Bremsvorgang, bzw. bei einer Stromform tut er dies weniger. Es lag nun nahe,

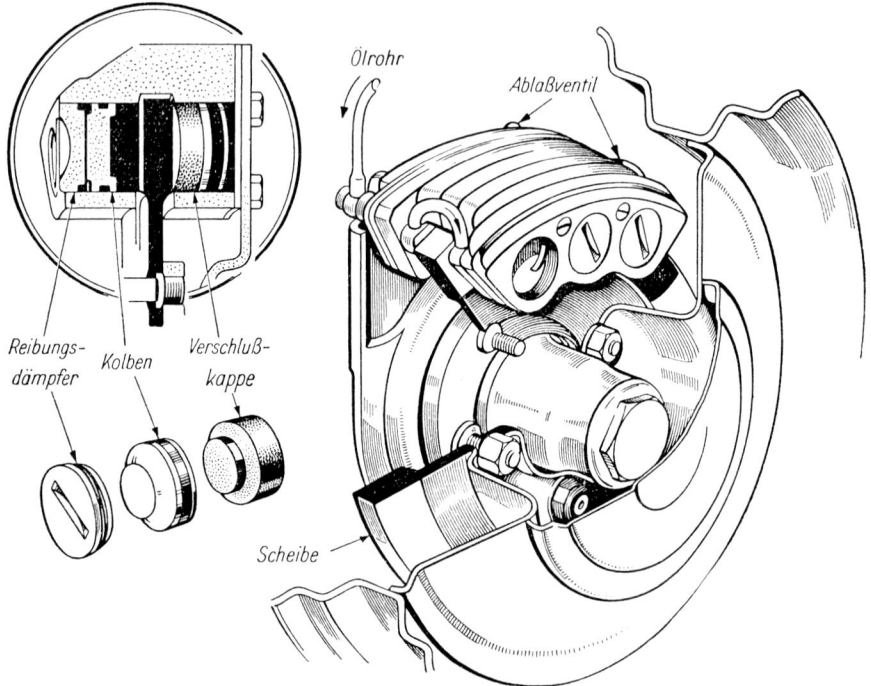

Bild 18. Zangen-Scheibenbremse von Girling

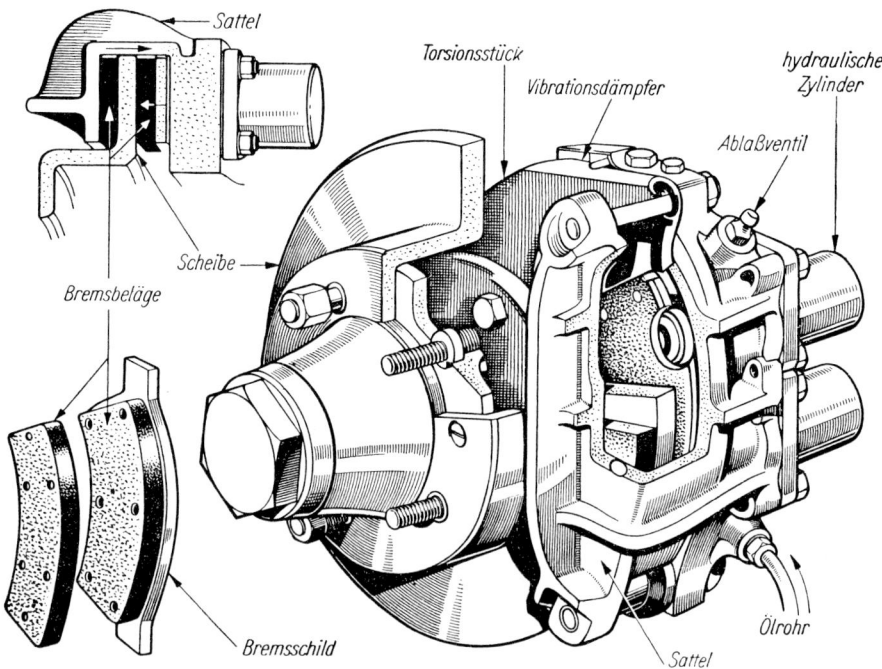

Bild 19. Scheibenbremse von Lockheed mit einem
sattelartigen Bremskörper

einmal zu versuchen, ob eine im Bedarfs-
falle den Luftwiderstand erheblich ver-
größernde Querfläche von wesentlichem
Einfluß auf das Bremsverhalten eines
Sportwagens sei.

Die graphische Darstellung (Bild 20)
zeigt die wahrscheinlichen Verhältnisse
der Bremswegkurven einmal ohne eine
solche Strömungsbremse und dann mit
einer solchen.

Hier wird deutlich, daß eine Strömungsbremse erst bei Geschwindigkeiten ab
200 km/h eine Bedeutung erlangt. In
Geschwindigkeiten unter 150 km/h – das
hängt natürlich mit den Gesetzen der
Aerodynamik zusammen – wird eine
Strömungsbremse nahezu bedeutungs-
los, und schon bei 100 km/h ist ihre
Wirkung praktisch gleich Null.

Bei dem erwähnten Sportwagen-Ver-
such handelte es sich auch zunächst nur

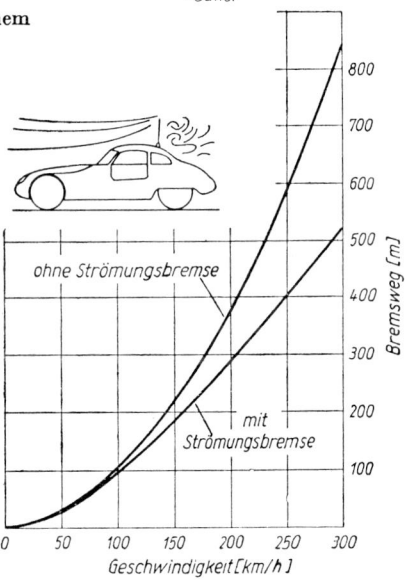

Bild 20. Bremswegkurven eines strömungsgünstigen Automobils mit und ohne Verwendung einer zusätzlichen Strömungsbremse

47

um ein Trainingsexperiment, welches darüber Aufschluß geben sollte, ob bei dem Rennen über 24 Stunden mit dieser aufstellbaren Querklappe – also mit einer Strömungsbremse – eine fühlbare Aufnahme der Bremsarbeit durch den Luftwiderstand und damit eine gewichtigere thermische Entlastung der Radbremsen erreicht werden würde. Da die Wagen dann im Rennen ohne diese Strömungsbremsen fuhren, darf angenommen werden, daß keine zufriedenstellenden Ergebnisse – und das ließe sich ja auch aus dem Bild 20 ableiten – erzielt wurden.

Das Beispiel Strömungsbremse beweist aber, welch große Bedeutung man der stetigen Weiterentwicklung der Bremsen zumißt und daß immer versucht und erprobt wird, um Verbesserungen zu erzielen. Diese Erprobungen und Forschungen – ob an der Trommelbremse, der Scheibenbremse oder sonstwie – kommen nicht nur den Rennfahrzeugen zugute. Die heute im Gebrauchsfahrzeug erreichten und teilweise vortrefflichen Bremswerte – welche allerdings auch unbedingt nötig sind – sind fast ausschließlich auf die Erfahrungen aus der Rennpraxis zurückzuführen. Dort sagt man nach wie vor und auch in Zukunft:

Gut gebremst ist halb gewonnen!

7. Rennreifen – 1935 und 1955

Die Zuschauer der heutigen großen Automobilrennen müssen auf eines der interessantesten und attraktivsten Schauspiele verzichten, die der Rennsport früherer Zeiten zu bieten hatte. Die Zuschauer der Vorkriegsrennen drängten sich zu Tausenden und aber Tausenden im Raum des Start- und Zielplatzes zusammen, um den Kampf der Rennmonteure in den Boxen um die schnellste Arbeit aus nächster Nähe beobachten zu können. So wie die Fahrer auf den Pisten um Sekunden und Bruchteile von Sekunden kämpfen, mußten die Helfer in den Boxen durch die Arbeit ihrer fliegenden Hände und Kupferhämmer Sekunden und Sekundenbruchteile für ihre Fahrer gutmachen, wenn es durch Auftanken und Reifenwechsel einen Boxenaufenthalt gab.

Welch erregende Spannung griff Platz, wenn der Fabrikrennleiter sein T- oder R-Schild (manchmal auch in geheimnisvoller Tarnung) heraushielt und damit andeutete, daß der Fahrer nach der nächsten Runde zum Tanken oder Reifenwechsel an der Boxe anzuhalten habe. Der Rennstrategie liegt ein feinnerviger Plan zugrunde, in dem alles (bis auf die unwägbaren Komponenten des Pechs) einbezogen ist. Auch beim Akt des Reifenwechsels ist jeder Handgriff berechnet. Und jeder Handgriff muß sitzen, soll das Rennen nicht an der Boxe verloren werden. Nicht etwa *ein* Monteur war beim Reifenwechsel nur für *ein* Rad zuständig, sondern Hand in Hand wurde von den zwei oder drei für ein Rennfahrzeug zugelassenen Rennmonteuren gearbeitet. Die einzelnen Arbeitsgänge gingen ineinander über. Während der Rennwagen auf leisen Sohlen an die Boxe gerollt kam – bei fast allen Rennen mußten die Boxenarbeiten, vor allem das Tanken, mit abgestelltem Motor erledigt werden –, markierte schon ein Monteur durch das Herauslegen der Ersatzräder genau den Punkt, wo der Fahrer halten mußte. Wenn der Rennwagen an diesem Punkt stand – und er mußte auf Zentimeter genau an diesem Platz stehen, denn sonst stimmte die Länge des Tankschlauches und des Anlasserkabels nicht! –, schoben die Monteure Nummer 1 und 2 in Blitzesschnelle die Aufbockgabel unter den Rennwagen und bockten ihn auf. Inzwischen sprang Monteur Nummer 3 zum Fahrer und reichte diesem eine Flasche Mineralwasser, eine neue saubere Brille und ein Rehleder zum Reinigen der Windschutzscheibe. Der Monteur Nummer 1 übernahm das linke Hinterrad, der Monteur Nummer 2 das rechte. Nach dem Losschlagen der Schnellverschlußknebel mit Kupferhämmern wurden die Räder mit den abgefahrenen Reifen abgezogen, die Ersatzräder aufgesteckt, und wieder bekamen die Radmuttern einen Schlag mit dem Kupferhammer, der für einige Dutzend Umdrehungen ausreichte und die Räder festklemmte. Nun sprang Monteur Nummer 1 zum Anlasser, und Monteur Nummer 2 bockte ab. Monteur Nummer 3 hatte inzwischen das Auftanken des Rennkraftstoffs, der mit hohem Druck in die Behälter schoß – 200 Liter wurden in 15 Sekunden gefördert –, beendet.

Besonders toll wurde es, wenn statt der meist vorgesehenen Einzelabfertigung eines Rennwagens gleich mehrere Wagen einer Marke ans Depot fuhren, weil entweder durch Kraftstoff-Mehrverbrauch oder mechanische Defekte ein Boxenaufenthalt notwendig war oder aber die weißen Warnstreifen der abgefahrenen Reifen kategorisch einen vorzeitigen Reifenwechsel verlangten. Erst recht mußten bei diesem Tohuwabohu die Monteure die Ruhe behalten und die einexerzierte Arbeit Schlag auf Schlag abrollen lassen. Den offiziellen Rekord der Vorkriegszeit von 21 Sekunden für einen kompletten Tank-und-Reifen-Stop halten die Mercedes-Monteure. Natürlich ging dieser Rekordleistung ein jahrelanges, intensives Training an ruhigen Tagen voran.

Und heute? – Heute liegen zwar auch noch die Schnelltanks und Ersatzreifen in den Boxen bereit, aber nur selten können die Monteure noch ihre Geschicklichkeit zeigen, denn durch Auftanken und Reifenwechsel bedingte Boxenaufenthalte gehören der Vergangenheit an. 500-km-Distanzen halten die Rennwagen heute durch, ohne auftanken zu müssen, und auch ein Kurs wie der Nürburgring mit seinen Hunderten von Kurven und seinem Teersplitbelag vermag den Teilnehmern keinen Reifenwechsel mehr aufzuzwingen.

Auch in bezug auf die Reifenentwicklung hat der Motorrennsport im Laufe der Jahrzehnte wertvolle Aufbauarbeit geleistet. Heute ist die Rennreifenentwicklung innerhalb der kraftfahrzeugtechnischen Forschungsarbeit zu einer höchst differenzierten Wissenschaft für sich geworden. Die Zeit, wo man Rennen mit gewöhnlichen Tourenreifen fuhr, ist längst vorbei. Die gesteigerten Rennbeanspruchungen erfordern heute Spezialreifen. Dafür sind die heutigen Gebrauchsreifen aber auch den früheren Rennreifen gleich, oder anders gesagt, der Rennreifen von heute ist der Gebrauchsreifen von morgen.

Betrachtet man die Entwicklung der Rennreifen aus bescheidensten Anfängen heraus, so läßt sich feststellen, daß in der Zeit vor dem ersten Weltkrieg die damaligen Hochdruck-Nietengleitschutz-Wulstreifen häufig in normaler Serienausführung für Rennen benutzt wurden. Spezialrennreifen unterschieden sich von ihnen meist nur durch besonders hochwertiges Rohmaterial. Die Haltbarkeit der damaligen Rennreifen war nur gering. 1908 hielt ein Wettbewerbsreifen durchschnittlich nur 50 bis 100 km. Da die Rennen jener Zeit selten über

Kurzstrecken-Rundkurse gingen, sondern meist weitgezogene Schleifen gefahren wurden und somit wenig Gelegenheit vorhanden war, Reifendepots anzufahren, wurden auf den Rennwagen bis zu einem halben Dutzend Reifen mitgeführt. Der Beifahrer fungierte in erster Linie als Reifenmonteur. Kein Rennfahrer konnte es sich in jenen antediluvianischen Zeiten des Motorrennsports leisten, ohne Reifenmonteur auf dem Nebensitz loszufahren. Reifenmontagen wurden einfach an der Stelle vorgenommen, wo der Reifen seinen Geist aufgegeben hatte. Auf offener Strecke wurde also angehalten, Fahrer und Beifahrer turnten aus den hochbeinigen Ungetümen, das Rad mit dem beschädigten Reifen wurde abgeschraubt und die Ersatzdecke vom Fahrzeugheck losgeschnallt. Um bei der Demontage des abgefahrenen Reifens keine unnötige Zeit zu verlieren, wurden die alten Wulstdecken mit einem großen Kappmesser einfach durchgesäbelt.

Anfangs der zwanziger Jahre setzten sich Reifen mit zunächst primitiven Profilen durch. Ab 1921 fanden dann bei internationalen Rennen das elastische Cordgewebe und ab 1924 der Niederdruck-„Ballon"-Reifen Verwendung. Beide wurden von den deutschen Continental-Werken eingeführt. Kurz danach wurde aktiver Ruß als Reifenbeimischung entwickelt, dadurch ergab sich eine weitere Steigerung der Haltbarkeit.

Mit der Weiterentwicklung des Motorrennsports und der Verfeinerung der Renntechnik erfolgte auch eine zunehmende Spezialisierung der Rennreifen. In den dreißiger Jahren tauchten die ersten Rillenreifen auf. Als Vorgänger des Rillenreifens behauptete sich nach wie vor das Haferkornprofil, das nun die Zwischenstufe von Rillen- und Blockprofil einnahm. Allmählich kristallisierten sich Spezialreifen mit differenzierten Protektorstärken für die verschiedensten Rennstrecken heraus (kurvenreiche Rundkurse: Nürburgring, Pescara, Monte Carlo; bahnähnliche Strecken: Avus, Reims, Tripolis). Die Reifengesichter wurden mithin variantenreicher, und auch die Reifengrößen vermehrten sich.

Werfen wir einen Blick auf die Rennreifen-Herstellung. Diese Arbeitsgänge gleichen im wesentlichen denen der Normalreifen-Herstellung. Natürlich werden für Rennreifen besondere Mischungen und Gewebe verwendet. Rennreifen bestehen hauptsächlich aus Naturkautschuk. Auf einer Walzenstraße wird der Naturkautschuk vormastiziert und für das spätere Einmischen der Chemikalien aufnahmefähig gemacht. Das Einmischen der Chemikalien erfolgt in geschlossenen Mischaggregaten, den sogenannten Innenmischern. Zinkweiß, Weichmacher, Ruß sowie Alterungsschutzmittel und Beschleuniger werden hier dem Kautschuk zugesetzt. Die Fertigmischung geschieht dann auf einer Riesenwalze, wo nur noch der Schwefel, das eigentliche Vulkanisationsmittel, hinzugefügt wird. Der Reifenunterbau, die sogenannte Karkasse, besteht aus in Gummimischung eingebetteten Cordgewebefäden, die über Kreuz und so aufeinandergelegt werden, daß jeder Gewebefaden zur Verhinderung einer übermäßigen Wärmeentwicklung durch Gummimischung von den anderen getrennt ist. Dieses Spezialcordgewebe wird auf einem Vierwalzenkalander in einem Arbeitsgang doppelseitig mit einer dünnen Gummiplatte belegt. Danach wird das Material in Bahnen aufgeschnitten und auf der Trommel zum Reifenrohling vorkonfektioniert. Die mit einer besonderen Mischung umgebenen Stahlseile werden in die Wulstpartie eingelegt und verankert. Im Gummiwolf wird der Laufflächenstreifen hergestellt. Der Laufflächenstreifen wird dann auf genaues Maß geschnitten und auf die Karkasse aufgelegt. Der Bändiger gibt dem noch verformbaren Reifenrohling die ungefähre Gestalt eines Reifens, jedoch ohne Profil. Die Endphase seiner Geburt macht der Reifen in einem Heizautomaten durch, wo er unter Anwendung von hohen Drücken und Temperaturen um 145° C aus dem plastischen, unvulkanisierten Zustand in den elastischen, gebrauchsfähigen übergeführt wird (Bild 21).

Bild 21. Fachgerechtes Aufziehen der Reifen und präzises Auswuchten

Da bei der Renndecke wie auch beim Rennschlauch Maßstäbe und Aufwand zwangsläufig weit über das hinausgehen, was normalerweise üblich und angemessen ist, ergeben sich bei der Herstellung der Rennreifen natürlich sehr viele Sonderprobleme. Schon bei der Materialauswahl fängt es an: überwiegend Naturkautschuk und nur wenig Anteile Buna, Gummimischungen von besonderer Abriebtüchtigkeit, Kunstseidengewebe höchster Sonderqualität. Spezialmaschinen sind für Gewebegummierung und Reifenzusammensetzung erforderlich, denn keine Schicht im Reifen darf unhomogen in ihrer Stärke sein, Überlappungen dürfen keinesfalls vorkommen. Es ist bezeichnend, daß für Renndecken als Unwuchtmoment höchstens 3,5 m/g zugelassen sind, was für die größte im Augenblick verwendete Decke etwa 10 g Unbalance am Umfang der Decke bedeutet. Jede größere Unwucht würde bei den gefahrenen Geschwindigkeiten Schwingungen auslösen, die Fahrer und Fahrzeug in Lebensgefahr bringen könnten und außerdem die Abnutzung der Decke vervielfachen würden. Für die verschiedensten Rennreifenprofile müssen auch die verschiedensten Formen angefertigt werden. Die Kostenfrage hat zwar beim Komplex „Rennreifen" nur drittrangige Bedeutung, jedoch darf auch hier der finanzielle Aufwand nicht ins Uferlose gehen.

Für die Entwicklung, Fabrikation und Kontrolle der Rennreifen hat sich ein besonderes System herausgebildet. So haben alle führenden Reifenwerke Westdeutschlands und der Deutschen Demokratischen Republik Reifenprüfstände, auf denen die Reifen Geschwindigkeiten (bis zu 600 km/h) unterzogen werden, die in der Rennpraxis niemals vorkommen. Auf diesen Spezial-Reifenprüfständen wurde zum Beispiel auch festgestellt, daß ein Rennreifen bei höchsten Geschwindigkeiten gar nicht mehr „rund läuft". Sie werden nun erstaunt fragen: Gibt es denn einen „vieleckigen" Automobil- oder Motorradreifen? Wenn Ihnen jemand diese Frage mit „ja" beantwortete, so würden Sie es wohl für einen verfehlten Aprilscherz halten oder für die Antwort eines von der „Renneritis" angegriffenen Zeitgenossen.

Wenn sich ein Reifen, am Rennmotorrad oder am Rennwagen beispielsweise, stundenlang mit höchsten Touren rotierend, über die Rennstrecke bewegt, so ist er doch ganz und gar eine „runde Sache", eben ein Reifen, der sich dreht und dreht – man sieht es ja –, und wie sollte es auch anders sein. Sie *rollen*, die Reifen, sie rollen mit tollen Umdrehungen, und was rollt, das muß ja schließlich rund sein.

Das hat man wohl früher einmal gedacht – heute *weiß* man, daß das Rollen der Reifen gar kein eigentlich rundes Abrollen ist, sondern das ständig sich ändernde Formen jenes im Aufbau sehr komplizierten Aggregates, das **wir** Reifen nennen. Der Schein trügt.

Das menschliche Auge versagt; es ist nicht in der Lage, das, was wir „Rollen", was wir „Umdrehungen" nennen, in die einzelnen Phasen seines Ablaufs zu zerlegen. Aber die photographischen Einrichtungen des gepanzerten Continental-Prüfstandes brachten es an den Tag: Man stellte fest, daß so ein Reifen mit steigender Geschwindigkeit seiner Umdrehungen die runde Form verliert und sich – tatsächlich – nach und nach zu einem *Vieleck* ausbildet (schon auf ebenen Rollen sogar, wieviel mehr erst auf unebenen Straßen), bis er – langsamer werdend und zum Stillstand kommend – schließlich wieder zu einer „runden Sache" wird.

Woher kommt das? Einmal sorgt die Zentrifugalkraft dafür. Zum anderen ist der elastische Gummireifen durch sein unentwegtes Walken ein Arbeitstier sondergleichen. Er muß kleine und große Unebenheiten in sich aufschlucken, jedoch er kann das nur infolge seiner Elastizität, seiner Anschmiegsamkeit. Jedesmal, wenn er sich dem kleinsten ihm im Wege liegenden Steinchen anschmiegen will, muß er sozusagen hinaufhüpfen und wieder herunter, um es zwischendurch in sein Polster einzubetten. Das ist ein unentwegtes Auf und Nieder, und je nach der Größe der Unebenheit wird nicht nur die Außenhaut, die Gummiauflage – Protektor genannt –, sondern auch die innere Gewebestruktur von dieser Arbeit, die man „Walken" nennt, mitgerissen.

Bei den überaus hohen Geschwindigkeiten moderner Rennfahrzeuge und den damit verbundenen hohen Umdrehungszahlen der Reifen erfährt die Walkarbeit praktisch überhaupt keine Unterbrechung mehr. Die Verformung des Reifens kann sich nicht so schnell zurückbilden, wie das nächste Hindernis – in tausendstel Sekunden vielleicht – auftaucht, und so bleibt die Verformung sogar fortlaufend bestehen. Zeitlupenaufnahmen haben jedenfalls ergeben, daß

Reifen schon bei Geschwindigkeiten von etwa 200 km/h nicht mehr völlig rund ablaufen und daß sie bei über 300 km/h sich tatsächlich zu einem Vieleck verformen.

Von einer „runden Sache" kann dann also keine Rede mehr sein, mag es auch so aussehen, wenn die Rennfahrer dahinjagen und man ihre Geschwindigkeit nach Zehntel- und Hundertstelsekunden mißt.

Die Chemiker und Techniker des Reifenbaus müssen mit viel kleineren Meßeinheiten rechnen, denn von ihren Forschungen und deren Nutzen hängt das Leben der Rennfahrer ab. Daraus ergibt sich, daß ein moderner Rennreifen ein Höchstmaß auch an Sicherheit darstellt. Unfälle wegen Reifenschadens – ursprünglichen Reifenschadens – sind daher bei Rennen praktisch unbekannt geworden.

Wodurch zeichnet sich heute ein Rennreifen aus? Woraus ergibt sich die für Fahrer und Fahrzeug (und im übertragenen Sinn auch für die Zuschauer) unbedingt notwendige Sicherheit?

Hohe Geschwindigkeiten erzeugen durch die Reibung zwischen Reifen und Straßenbelag enorme Hitze. Die Temperatur darf jedoch auch im Reifeninnern nicht über 110° C ansteigen, da Gummimischungen schon bei 120° die ersten Regenerieranfänge zeigen. Bei 150° erfolgt die allmähliche Auflösung des Gewebeverbandes. Daher das Bestreben, durch Anwendung von möglichst dünnen Reifenwandungen der Wärmeentwicklung zu begegnen. Je schneller die Strecke (Avus, Hockenheim, Grenzlandring, Dessau usw.), desto dünner! Bei „langsamen" Strecken (Nürburgring, Schleiz, Leipzig usw.) nicht ganz so wichtig, zumal dort auch der stärkere, durch Kurven, Bremsen und Beschleunigen bedingte Gummiabrieb dickere Laufflächen bedingt. Als Beispiel: Vor dem Krieg wurde auf dem Nürburgring ein Reifenabrieb von 1 bis 2 mm je Runde gemessen, heute erfolgt ein solcher mit 0,15 bis 0,20 mm, und dies trotz kleinerer Räder. Die vor zwei Jahrzehnten obligatorischen 22- und 20-Zoll-Räder an den Rennwagen haben sich in 16- und 15-Zoll-Räder verwandelt. Bei den Motorrädern gingen die Größen von 21 und 20 Zoll auf 19 und 18 Zoll zurück. Die kleineren Räder machen bei gleicher Wegstrecke mehr Umdrehungen; völlig neue Walkbeanspruchungen, Reibungskoeffizienten und Wärmeentwicklungen müssen dementsprechend einkalkuliert werden (Bilder 22 und 23).

Bei Weltrekordversuchen über begrenzte Entfernungen wird demgegenüber mit Laufflächen gearbeitet, die praktisch schon keine mehr sind. Nur *ein* Millimeter dicker Gummi bedeckte die Gewebeoberfläche der Weltrekordreifen, mit denen Wilhelm Herz auf der NSU-Kompressor-Stromlinienmaschine 290 km/h fuhr.

Die Forderung, besonders hochwertige Gummimischungen und Kunstseidengewebe zu verwenden, um die Laufflächen dünn halten zu können, steht also nicht nur auf dem Papier; sie wird von der Notwendigkeit diktiert und von den Reifentechnikern in die Tat umgesetzt. Untersuchungen bezüglich des Geschwindigkeitseinflusses auf den Laufflächenabrieb haben ergeben, daß die Abnutzung bei 100 km/h z. B. doppelt so hoch ist wie bei 60 km/h. Der Laufflächenabrieb wächst also nicht nur im einfachen Verhältnis. Ferner ergibt sich ein besonders hoher Abrieb bei Rauhsplitt-Straßenoberflächen, vielen Kurven

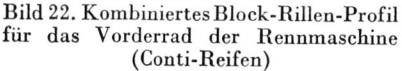

Bild 22. Kombiniertes Block-Rillen-Profil
für das Vorderrad der Rennmaschine
(Conti-Reifen)

Bild 23. Block-Profil auf dem Hinterrad
der BMW-Weltmeistermaschine von
Noll/Cron (Conti-Reifen)

sowie häufigem Bremsen und Beschleunigen. Kurvenarme Beton- und Asphaltstraßen sind in bezug auf den Laufflächenabrieb günstiger. Bei gleicher Durchschnittsgeschwindigkeit des Rennfahrzeuges ist auf dem Nürburgring der Laufflächenabrieb 22mal (zweiundzwanzigmal) so hoch wie auf dem Hockenheimring.

Ein weiteres Beispiel soll zeigen, welch ungeheure Belastung ein Rennreifen
heute auszuhalten vermag: Beim „Großen Preis von Argentinien", dem ersten
Rennwagen-Weltmeisterschaftslauf der Rennsaison 1955, wurde auf der Rennstrecke in Buenos Aires eine Bodentemperatur von 60° (!) gemessen. Obwohl
die Reifen des Mercedes-Benz-Siegerwagens nur eine Profiltiefe von 6,5 mm
auf den Hinterrädern und 5,5 mm auf den Vorderrädern besaßen, war trotz
der mörderischen Hitze und des kurvenreichen Kurses der Laufflächenabrieb
so gering, daß die Reifen noch solch ein Rennen durchgestanden hätten (Bild 24).
Um den Beanspruchungen des Renneinsatzes voll gewachsen zu sein, besitzen
die Rennreifen häufig andere Reifenquerschnitte und Laufflächenformen als
Serienreifen. Rennsport- und Formelrennwagen sind mit verhältnismäßig breiten Laufflächen ausgestattet, um die riesigen Motorkräfte mit möglichst wenig

Bild 24. Conti-Rennwagen-Profil
(Mercedes-Benz Formel I)

Bild 25. Bei Bergrennen verwenden
Spezialisten oft die Zwillingsbereifung

Schlupf auf die Straße zu bringen. Hierbei ist auch zu berücksichtigen, daß Reifen bei höchsten Geschwindigkeiten in der Breite schrumpfen und dafür im Durchmesser „wachsen".

Wie bereits weiter vorn gesagt, bewähren sich im Motorrennsport Spezialreifen für die verschiedensten Strecken und Witterungsverhältnisse. Schnelle, kurvenarme Strecken werden oft mit „schnellen" Längsrippen- oder Rillenprofilen befahren, Bergrennstrecken (Bild 25) dagegen mit Querrippenprofilen, die weniger Schlupf beim Beschleunigen und Bremsen ergeben. Bei Regen werden die Reifen kurz vorher häufig mit Spezialapparaten gesommert. Eine Sommerung der Reifen bei trockener Fahrbahn wird dagegen nicht vorgenommen, da sie die Laufdauer der Rennreifen stark verkürzt. Bei nasser Strecke ergibt sich trotz erhöhter Griffigkeit ohnehin eine geringere Abnutzung.

Spezialventile sind bei Rennreifen für höchste Geschwindigkeiten unerläßlich, da normale Ventile schon bei 200 km/h versagen, weil die Zentrifugalkraft der kleinen Ventilnadel größer wird als die Federkraft, durch die sie festgepreßt wird.

Ebenso unerläßlich wie statisch und dynamisch sorgfältig ausgewuchtete Decken sind auch besonders lufthaltige Schläuche ohne jede Überlappung, was durch Spezial-Zusammensetzmaschinen erreicht wird. Beim Rennreifen finden relativ hohe Luftdrücke (2 bis über 3 atü) Anwendung, die sorgsam überwacht

Tabelle 4. Die technischen

Reifendaten nach Norm

Dimension	Außen-durch-messer mm	Breite mm	Um-fang mm	Dynam. Halbmesser mm	Größte Tragfähigk. kg	Luftdruck[1] atü
3,25–19	667 ± 6	85 ± 3	2095,4	317 ± 3	210	1,9
3,50–19	672 ± 6	91 ± 3	2111,2	319 ± 3	225	1,9
4,00/4,25–15	605 ± 6	112 ± 4	1900,7	282 ± 3	225	2,0
4,50–15	625 ± 6	120 ± 4	1963,5	292 ± 3	275	2,0
5,00–16	670 ± 6	130 ± 4	2104,9	315 ± 3	350	2,0
5,25–16	681 ± 6	136 ± 4	2139,4	320 ± 3	400	2,0
5,50–16	695 ± 6	147 ± 4	2183,4	326 ± 3	450	2,0
6,00–16	720 ± 6	158 ± 4	2261,9	338 ± 3	550	2,25

[1] Der in dieser Spalte angegebene Luftdruck gilt nicht bei Verwendung des Reifens im Rennen

werden müssen, um geringen Rollwiderstand zu erzielen. Je schneller ein Rennen, desto wichtiger die Frage des Luftdruckes. Unter Umständen kann die Eigenerwärmung des Reifens einen Druckanstieg von mehr als einer Atmosphäre herbeiführen, was natürlich von den Reifentechnikern und den Rennfahrern mit einkalkuliert werden muß. Im allgemeinen werden Druckanstiege bis zu 30% für unbedenklich gehalten. Selbstverständlich muß auch eine äußerst sorgfältige Reifenmontage erfolgen, da jede noch so geringe Schlauch- oder Wulstbeschädigung im Renneinsatz katastrophale Folgen haben kann.

Betrachten wir abschließend noch kurz die wichtigsten Rennreifenprofile, die der Riesa-Reifendienst den Rennfahrern in der Deutschen Demokratischen Republik zur Verfügung stellt (Bild 26).

R 1 ist das Profil für die Seitenwagenmaschine, das man auf dem Hinterrad benutzt, sofern nicht das neue Profil R 4 bevorzugt wird. Steht inzwischen auf dem Aussterbeetat des Riesa-Reifendienstes und wird durch andere zweckentsprechendere Profile ersetzt.

R 2 Das geeignetste Profil auf dem Vorderrad sowohl der Solomaschine wie auch des Seitenwagengespannes; dabei gleichzeitig auch als Seitenwagenreifen

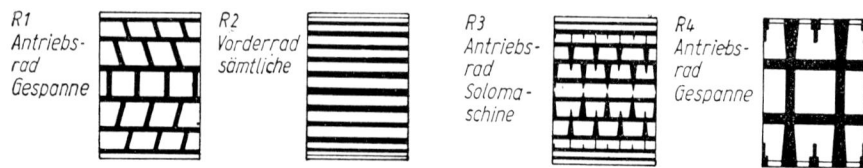

Bild 26 a. Motorrad-Rennreifenprofile von Riesa

56

Daten der Riesa-Rennreifen

Felge		Luftschlauch		Band	Gewicht der kompletten Bereifung
Bezeichnung	Maulweite mm	Größe	Ventil	Bezeichnung	Decke, Schlauch und Felgenband[3] kg
1,85 B × 19	47	3,25/3,50-19	8×43	3,25/3,50-19[2]	5,000
2,15 B × 19	55	3,25/3,50-19	8×43	3,25/3,50-19[2]	5,200
2,50 C × 15	63,5	4,25/4,50-15	16,5×38	15″	5,400
3,00 D × 15	76,2	4,25/4,50-15	16,5×38	15″	6,000
3,25 D × 16	82,5	5,00/5,25-16	16,5×38	16″	7,500
3,25 D × 16	82,5	5,00/5,25-16	16,5×38	16″	8,000
2,50 D × 16	89	5,50/6,00-16	16,5×38	16″	8,500
4,00 E × 16	101,5	5,50/6,00-16	16,5×38	16″	9,300

[2] Für diese Reifen sind auch Sicherheits-Felgenbänder vorrätig
[3] Es ist ein Mittelwert angegeben, da die Gewichte entsprechend der Konstruktion und des Materials in gewissen Grenzen schwanken

gern benutzt. Die Längsrillenprofilierung sorgt für eine einwandfreie Spurführung. Der Längsrillenreifen galt lange als ideal auf dem Vorderrad. Die Leistungssteigerungen der Motoren und vor allem die Verwendung besserer und leistungsfähigerer Bremsen an den heutigen Spitzenrennmaschinen forderten neue, im Mittelprofil griffige Reifen, s. Bild 22 und Skizze R 3.

R 3 ist das neue Profil für den Solofahrer, ein kombiniertes Block-Rillen-Profil mit weit in die Seitenpartie reichender Längsrillenprofilierung. Bei dieser Profilgebung haben die bekanntesten Motorradrennfahrer unserer Republik Pate gestanden, und der Reifen hat bereits bei verschiedenen Gelegenheiten seine guten Eigenschaften unter Beweis gestellt.

R 4 Dieses Profil stellt den lang erwarteten Hinterradreifen für Seitenwagenmaschinen dar. Es hat grobe Klötze mit einem besonders günstigen Verhältnis von Block zu Rille, so daß schon hierdurch ein geringerer Abrieb gegeben ist. Die Längsrille ist nicht vergessen worden, und die Lauffläche wurde sehr breit gehalten, so daß der Umstand, wie er beim Profil R 1 gegeben war, daß im Zenit des Reifens bereits der blanke Cord hervortritt, während die Seitenpartien noch völlig unabgefahren sind, durch diese Profilgebung behoben ist.

Bild 26b. Wagen-Rennreifenprofile von Riesa

Nun die Profile für die Sport- und Rennwagen:

R 13 ist aus dem Profil des R 12, eines Gebrauchsreifens für PKW, entwickelt worden. Es ist gleichermaßen auf dem Vorder- und dem Hinterrad zu verwenden. Besonders unser unvergeßlicher Altmeister Paul Greifzu hat dieses Reifenprofil an seinem Formel-II-Rennwagen viel benutzt.

R 14 ist ein ausgesprochener Spurreifen mit breiten Rillen und schmalen Profilbändern. Es ist auf dem Vorderrad und als gesommerter Reifen auch auf der Hinterachse gut zu fahren.

R 15 ist das Universalprofil für die mittelschwere und mittelschnelle Strecke (vom Standpunkt der Reifenbeanspruchung aus betrachtet), gleichgültig, ob auf Vorder- oder Hinterrad montiert.

R 16 Das Rillenprofil mit dünner Protektorauflage für die ausgesprochen schnelle Strecke und mit erhöhtem Druck zu fahren. Es ist vornehmlich für den Einsatz auf Strecken wie Avus und Dessau gedacht.

Trotz aller dieser Rennreifen-Besonderheiten hat der zu Beginn dieses Kapitels aufgestellte Satz: „Der Rennreifen von heute ist der Gebrauchsreifen von morgen!" seine Gültigkeit. Bei Rennen erprobte Profile und Gummimischungen werden sehr weitgehend für Normalreifen nutzbar gemacht. Und was sich im Renneinsatz bewährt, kann dem Normalverbraucher unbesorgt in die Hand gegeben werden.

8. Rennkraftstoffe — Geheimmixturen?

Schon das Fragezeichen hinter der Überschrift mag darauf hinweisen, daß die Herstellung des günstigsten Rennkraftstoffes für einen bestimmten Hochleistungsmotor doch keine Geheimwissenschaft um ein Hexengebräu mit chemischen Ingredienzen ist — auch dann nicht, wenn verständlicherweise dieser oder jener Rennstall sehr darum besorgt ist, daß die Zusammensetzung seiner gefahrenen Rennkraftstoffe insbesondere im Erfolgsfalle nicht unberufen oder unkontrolliert der Konkurrenz oder einem weiten Kreise überhaupt zur Kenntnis gelangt.

Heute braucht sich nun ein Teil der Motorsportler keine großen Sorgen mehr um die Zusammensetzung des Rennkraftstoffes zu machen. Dieser Teil sind die Fahrer von Rennmotorrädern, für die in den letzten Jahren ein einheitlicher Rennkraftstoff mit einer Oktanzahl 80 vorgeschrieben ist. Ein solcher Rennkraftstoff wird meistens in den Fahrerlagern tankfertig ausgegeben. Im Rennsport der Wagen der Formeln I und III ist zunächst noch die freie Wahl des Rennkraftstoffes möglich und damit die Mischung verschiedener Bestandteile erlaubt. Hier kann es demnach noch „Geheimrezepte" geben.

Vielfach hört man von den Zuschauern am Rande einer Rennstrecke die Meinung, daß nur mit einem ganz speziell abgestimmten Rennkraftstoff ein sportlicher Erfolg errungen werden kann. Diese Ansicht besteht durchaus zu Recht; sie trifft allerdings — wie wir eben sahen — jetzt nur noch auf einen Teil, auf den Wagen-Rennsport (und auf den Gras- und Sandbahnsport der Motorräder) zu. Dort, wo die Möglichkeit einer Kraftstoffwahl gegeben ist, dort muß eben der speziell geeignete Kraftstoff gemischt werden. Nun ist es jedoch keineswegs so, daß dort, wo der Rennkraftstoff OZ 80 einheitlich vorgeschrieben ist, keinerlei Probleme in dieser Hinsicht zu lösen sind. Im Gegenteil, hier steht der Konstrukteur vor der nicht weniger schweren Aufgabe, für den gegebenen Kraftstoff einen Rennmotor zu bauen, einen Motor, der höchste Leistung abgibt und nicht „klopft".

Wir erkennen nun, daß in den Rennkraftstoff-Fragen jeweils von einem festliegenden Punkt ausgegangen werden muß.

1. Bei freier Wahl des Kraftstoffes liegt eine Motorkonstruktion als fester Ausgangspunkt vor. Für diesen Motor muß dann durch Versuche der Rennkraftstoff bzw. dessen Zusammensetzung gefunden werden, womit optimale Betriebsleistungen erzielt werden.

2. Wird ein Rennkraftstoff mit einer bestimmten Oktanzahl vorgeschrieben – liegt also in diesem Falle der Punkt Kraftstoff fest –, so ist danach ein Motor zu bauen, der die gegebenen Kraftstoffwerte, insbesondere also die Oktanzahl, an der Grenze des Erreichbaren weitgehend ausnutzt.

Ehe wir uns mit diesen beiden Fällen näher befassen, wird es vielleicht angebracht sein, uns kurz auf die Schulbank des Kraftstoffchemikers zu setzen, damit im weiteren Verlauf dieses Kapitels der Renntechnik keine Unklarheiten entstehen.

Da ist zunächst der Begriff Oktanzahl. Was ist das? Nun, die Oktanzahl ist das Maß für die Klopffestigkeit eines Kraftstoffes, welches an sich willkürlich gewählt wurde. Dieses Maß endet nach oben hin mit der Oktanzahl 100 (obwohl in Rennmotoren Kraftstoffe bis zu OZ 110 gefahren werden). Die Oktanzahl eines hergestellten Kraftstoffes wird so ermittelt, daß dieser hinsichtlich seiner Klopffestigkeit in einem besonderen Prüfmotor – dessen Verdichtungsverhältnis während seines Laufens verändert werden kann – mit einem Gemisch aus dem einer Oktanzahl 100 entsprechenden, also klopffesten, chemisch reinen Iso-Oktan C_8H_{18} und dem äußerst klopffreudigen Heptan, dem man die Oktanzahl 0 gab, verglichen wird. Würde beispielsweise der hergestellte Kraftstoff in dem Prüfmotor die gleiche Klopfneigung aufweisen wie ein Gemisch aus 80 Volumenanteilen Iso-Oktan und 20 Volumenanteilen Heptan, so hat der Kraftstoff die Oktanzahl 80. OZ 74 (ein handelsüblicher Kraftstoff) entspricht der Klopfneigung eines Gemisches von 74 Teilen Iso-Oktan und 26 Teilen Heptan.

Die Klopffestigkeit eines Kraftstoffes – oder auch eines Motors! – ist wiederum von ausschlaggebender Bedeutung für den Lauf einer ohnehin hoch beanspruchten Maschine. „Klopft" ein Kraftstoff, so bedeutet das, daß er im Verbrennungsraum zum Zeitpunkt der Zündung nicht weich, sondern schlagartig verbrennt. Dies bedeutet in der Auswirkung, daß ein Leistungsverlust und eine schädliche Überbeanspruchung der gleitenden und rotierenden Triebwerksteile und der Lager eintritt. Das läßt sich auch durch einen Vergleich recht anschaulich darstellen: Eine offenstehende Tür soll geschlossen werden. Hierzu ist ein Energieaufwand erforderlich. Die Auswirkung kann jedoch unterschiedlich sein – je nachdem, ob ich nun die Tür mit einem Faustschlag an die Türfläche oder durch einen etwas längeren und sanften Druck an die gleiche Stelle zu schließen versuche. Übertragen stellt die Tür den Kolbenboden und der Faustschlag eine klopfende, der sanfte Druck hingegen eine weiche Verbrennung während des Arbeitshubs dar.

Hier eine Oktanzahl-Skala von Kraftstoffanteilen mit hoher Klopffestigkeit:

Iso-Pentan	OZ 90
Neo-Hexan	OZ 95
Iso-Oktan, handelsüblich	OZ 97
Iso-Oktan, chemisch rein	OZ 100
Toluol	OZ 100
Xylol	OZ 100
Triptan	OZ 102
Motorenbenzol	OZ 104
Iso-Propyläther	OZ 108
Reinbenzol	OZ 110

Mischt man einem gebrauchsüblichen Kraftstoff nun hochklopffeste Kraftstoffanteile bei, um eine größere Klopffestigkeit, also eine höhere Oktanzahl zu erzielen, so hat dieses Verfahren zwei „Haken". Einmal sind nämlich erhebliche Zusatzmengen erforderlich, um die gewünschte höhere Oktanzahl zu erhalten. Zweitens würden die großen Beimengungen auch die chemischen und physikalischen Merkmale des anfangs vorhandenen Kraftstoffes verändern. Um etwa 1 Liter Ausgangskraftstoff eine bestimmte Klopffestigkeit zu geben, würden von nachstehenden Zusatzkraftstoffen die in cm³ angegebenen Mengen erforderlich sein:

Äthylalkohol	125
Xylol	250
Toluol	270
Azeton	270
Iso-Propyläther	330
Iso-Oktan	420
Benzol	430

Die Kraftstoff-Chemiker mußten also nach einem anderen Weg suchen. Sie fanden ihn auch in Form der „Klopfbremsen", welche schon in geringen und zum Teil kaum erkenntlichen Mengen dem Ausgangskraftstoff zugesetzt werden können und die Klopffestigkeit erhöhen, ohne dabei nun die Eigenschaften des Ausgangskraftstoffes wesentlich zu verändern. Bei Verwendung solcher Klopfbremsen würden für den eben erwähnten Fall nur folgende cm³-Mengen notwendig sein:

Xylidin	40
Anilin	25
Monomethylanilin ...	15
Kobaltkarbonyl	3,5
Nickelkarbonyl	2,2
Eisenkarbonyl	0,8
Bleitetraäthyl	0,3

Infolge ihrer geringsten Zusatzmenge finden die beiden letzten Gegenklopfmittel besonderes Interesse. Die Minderung der Klopfneigung durch solche organischen Metallverbindungen beruht darauf, daß sie bei den im Motor entstehenden Hitze- und Druckverhältnissen während des Verbrennungsvorganges zerfallen,

wobei das Metall in Form von Metalldampf mit dessen großer Oberfläche ver-
brennungshemmend wirkt. Bleitetraäthyl kommt allerdings nur in Mischungen mit Brom- oder Chlorverbindungen zur Verwendung. Im Motor verbrennen
nämlich die vier Äthylgruppen des Bleitetraäthyls zu Wasser und Kohlensäure
und das Blei zu Bleioxyd. Dieses geht aber erst bei sehr hohen Temperaturen –
die im Motor nicht erreicht werden – in Dampf über. Es würde sich also im
Verbrennungsraum ablagern. Mit den obigen Mischungen – die auf die etwaigen
Oktanzahlen keinen Einfluß haben – gelingt es aber, das Blei als Bleibromid
oder Bleichlorid zu binden. Da deren Verdampfungstemperaturen bei 800° C
liegen, wird ein Niederschlag im Verbrennungsraum vermieden, da ein Ausstoß
durch den Auspuff erfolgen kann. Eisen-Karbonyl, welches im Gegensatz zu
Bleitetraäthyl ungiftig ist, siedet bei 105° C und verbrennt im Motor zu Eisen-
oxyd und Kohlensäure. Infolge der außerordentlich feinen Beschaffenheit der
Eisenoxydbildung verläßt es fast restlos mit den Auspuffgasen den Motor.
Noch etwas zum Alkohol. Dieser ist im Rennmotor ebenso beliebt wie bei
menschlicher Verwendung, nur sind die Auswirkungen sehr viel unterschiedlicher. Wichtig ist, daß bei einer Zumischung von Alkohol zum Kraftstoff –
wobei die zugesetzte Menge in allen „freien" Kraftstoffen oft recht groß ist –
kein niedrigprozentiger Alkohol verwendet wird, weil schon ein geringer Wasser-
gehalt genügt, um niedrigprozentigen Alkohol zum Ausfallen zu bringen. Insbesondere wird Alkohol – dessen Klopffestigkeit etwa doppelt so groß ist wie
die des Benzols, dessen Energiegehalt aber wesentlich niedriger liegt – mit
Benzol dem Kraftstoff zugemischt, da infolge der bedeutend höheren Verdampfungswärme dieser Kraftstoffe das Kraftstoff-Luft-Gemisch schon beim
Ansaugen kühler in den Zylinder gelangt, somit eine bessere Füllung und
Leistung erreicht wird und außerdem bei dem Verbrennungsvorgang eine zusätzliche Innenkühlung zu verzeichnen ist.
Im allgemeinen werden Rennkraftstoffe bei einer freien Kraftstoffwahl folgende
wichtige Bestandteile aufweisen:

> Benzin in den verschiedensten Siedebereichen je nach Bedarf, vom
> Gasolin bis zum normalen Tankstellenbenzin.

> Paraffine, wobei aus deren Reihe Iso-Oktan wegen seiner hohen Klopf-
> festigkeit besonders in Betracht kommt.

> Aromaten. Hier sind Benzol, Toluol und Nitrobenzol wichtige Bestand-
> teile von Rennkraftstoffen.

> Äther, insbesondere in geringer Menge zur Erleichterung des Anspringens,
> wenn der Rennkraftstoff einen relativ hohen Siedebeginn hat.

> Alkohol. Hier wird Methyl- und Äthylalkohol verwendet, aber auch Iso-
> Propanol.

> Ketone, wobei vorwiegend Azeton wegen seiner hohen Wasserlöslichkeit
> in Betracht kommt.

> Klopfbremsen. Bleitetraäthyl hat hierfür besondere Bedeutung, da nur
> geringste Zusätze benötigt werden.

Diese kurze Aufzählung läßt schon die vielen Möglichkeiten erkennen, nach denen Rennkraftstoffe „gemixt" werden können. Dabei muß noch berücksichtigt werden, daß sich nicht alle Stoffe ohne weiteres miteinander mischen lassen (siehe Alkohol) und nicht immer in reiner Form (wie Bleitetraäthyl) eingebracht werden können.

Bei einer Betrachtung dieser Aufzählung leuchtet aber auch weiter ein, daß sich Zusammensetzungen von Rennkraftstoffen nicht als „Geheimmixturen" definieren lassen. Es ist doch klar, daß die einzelnen Bestandteile und deren Wirkungen den betreffenden Fachleuten natürlich bekannt sind. Außerdem wird jeder konstruktiv unterschiedliche Rennmotor auch einen unterschiedlichen Brennkraftstoff benötigen. Allerdings ist es eine bekannte Tatsache, daß auf den Motorenprüfständen durch eine präzise Ermittlung und Anwendung des einzig richtigen Kraftstoffes Mehrleistungen bis zu 10 % und darüber erreicht werden konnten. Ein solches Mischungsrezept wird ein Rennstall selbstverständlich ungern preisgeben, da ja auch Hinweise auf die Motorkonstruktion daraus abgeleitet werden können. Man deckt gern den Mantel des Geheimnisvollen über einen Rennkraftstoff.

Jetzt wollen wir aber die Schulbank verlassen und uns die eingangs dieses Kapitels erwähnten zwei grundsätzlichen Fälle hinsichtlich des Rennkraftstoffes – festliegender Motor und freie Kraftstoffwahl oder vorgeschriebener einheitlicher Kraftstoff und dementsprechende Motorkonstruktion – kurz in der Praxis betrachten.

Da ist im Falle 1 ein Rennwagenmotor entwickelt worden, und weil hier die Möglichkeit einer eigenen Wahl des Rennkraftstoffes freigestellt ist, soll nun der Kraftstoff-Experte einen Treibstoff mit optimalen Eigenschaften „zusammenbrauen".

Auf dem Motoren-Prüfstand beginnen die ersten Versuche. Ungefähr läßt sich an der Maximal-Drehzahl, dem Verdichtungsverhältnis oder Kompressionsdruck durch Aufladung mittels eines Kompressors für den Fachmann erkennen, was für einen Kraftstoff der Motor etwa braucht. Nach solchen Überlegungen wird er einen Versuchskraftstoff ansetzen, den vermutlichen Zündzeitpunkt und die Düsengrößen bestimmen. Dann werden die Start- und Leerlaufeigenschaften ermittelt. Wenn bis dahin alles einigermaßen zufriedenstellend verlaufen ist, wird allmählich auf Vollast gegangen, und da zeigt sich, inwieweit der Kraftstoff den gestellten Anforderungen entspricht. Eine Diagnose an Hand der Motorleistung, des Kerzenbildes und einer Abgasanalyse wird gestellt, und danach wird weiterverfahren. Zeigt das Kerzenbild z. B. eine Überhitzung, kann man dieser durch mehr Kraftstoff begegnen. Wenn aber dann ein Leistungsabfall eintritt, so muß der Kraftstoff geändert werden. Man wird dann einen solchen wählen, der den Motor innen kühler hält, also größere Verdampfungswärme besitzt. Meist wird dies aber wieder größere Düsen erfordern, da Kraftstoffe mit höherer Verdampfungswärme fast immer geringeren Heizwert haben. In einem anderen Falle ist nun die Leistung des Motors gut und Kerzenbild sowie Abgas ebenfalls in Ordnung. Bei Vollast machen sich jedoch Klopferscheinungen bemerkbar. Wenn nun durch eine größere Düse oder Verlegung des Zündzeitpunktes – als Gegenmittel – ein Leistungsverlust eintritt, so muß ein klopffesterer Kraftstoff versucht werden. Wäre dann die Kraftstoffprüfung

hinsichtlich der Leistung bei Maximalbelastung und auch während einer längeren Zeitdauer in bezug auf Stehvermögen zufriedenstellend, müssen noch die äußerst wichtigen Versuche über Beschleunigungsfähigkeit des Motors mit dem verwendeten Kraftstoff angestellt werden, denn die Erfolge hängen ja oft von einer rasanten Beschleunigung ebenso ab wie von einer hohen Spitzenleistung. Auf kurvenreicher Strecke ist sie ausschlaggebend. Es ist sicher nicht sofort verständlich, warum ein Kraftstoff, der einmal eine gute Spitzenleistung vermittelt, nicht auch andererseits eine gute Beschleunigung erwarten lassen muß. Das sei erklärt. Ein Rennkraftstoff, der auf hohe Motor-Spitzenleistung ausgelegt ist, muß wegen der notwendigen Innenkühlung eine hohe Verdampfungswärme aufweisen. Muß ein Rennmotor nun mit solchem Kraftstoff kurzzeitig infolge Kurven in der Streckenführung mit geringer Belastung laufen oder wird er gar beim Abstoppen vor den Kurven oder bei Talfahrt geschoben, dann kann er so weit abkühlen, daß Kraftstoff im Verbrennungsraum niederschlägt und durch nasse Zündkerzen der Motor aussetzt. Mit solchen Versuchen bei wechselnder Drehzahl auf dem Prüfstand nähert sich der Kraftstoff-Fachmann bei der Wahl des Kraftstoffes weitgehend der Praxis des Rennens. Aus dem obenerwähnten Beispiel geht schließlich bereits hervor, daß der Rennkraftstoff nun nicht nur dem Motor, sondern mit dem Motor auch der jeweiligen Rennstrecke angepaßt sein muß. Bei der endgültigen Festlegung der Zusammensetzung eines Rennkraftstoffes muß demnach der topographische Charakter einer Rennstrecke, die Außentemperatur und Luftfeuchtigkeit und auch der Barometerstand – auf einer Rennstrecke am Meer ergeben sich andere Bedingungen als etwa auf dem Nürburgring – in Betracht gezogen werden, um die beste Leistung vom Treibstoff her zu erzielen. Vergasereinstellungen und Zündzeitpunkt-Regulierungen laufen hierzu parallel. Alles dies wird dann während des Trainings genau festgelegt – und am Rennsonntag sind dann alle langwierigen Versuche hinfällig, weil ausgerechnet anderes Wetter herrscht als an den vergangenen Trainingstagen. Da heißt es dann nach Fingerspitzengefühl oder nach anderen im Notizbuch vermerkten Erfahrungen zu handeln.
Also auch die Kraftstoff-Experten haben im Rennsport Sorgen – und nicht geringe sogar. Manch graues Haar ist bei der Festlegung eines richtigen Rennsprits gewachsen. Hier einige „freie" Rennkraftstoff-Rezepte:
Für den Mercedes-Rennwagen 3 Liter mit Kompressor wurden 1938 und 1939 und bei Starts in Argentinien 1951 gemischt

60% Methanol
22% Benzol
10% Äthanol
5% Petroläther
3% Toluol, Nitrobenzol und Rizinusöl.

Für einen Rennwagentyp der Auto Union wurden gemischt

30% Methanol
30% Äthanol
20% Benzol
10% Diäthyläther
8% Leichtbenzin
2% Toluol, Nitrobenzol und Rizinusöl.

Wie man sieht, sind diese Rennkraftstoffe recht unterschiedlich, und deshalb muß auch zusammenfassend gesagt werden, daß es bei einer freien Kraftstoffwahl keinen Universalkraftstoff geben kann. Für jeden Motor muß der Kraftstoff entsprechend der jeweiligen Konstruktion, Eigenart und Beanspruchung zusammengestellt werden.

Und wie ist es nun bei vorgeschriebenem Rennkraftstoff OZ 80?

Hier, wo von der Kraftstoffseite her die Leistung nicht beeinflußt werden kann – also in unserem Falle 2 –, hier muß vom Motoren-Konstrukteur auf technischem Gebiet der Weg zur Hochleistung allein gefunden werden. Er hat dem Motor die sogenannten „mechanischen Oktane" einzuhauchen. In der Hauptsache geschieht dies durch:

1. exakt erforschte Festlegung der Höhe der Verdichtung,
2. günstigste Gestaltung des Verbrennungsraumes,
3. zweckmäßigste und wirkungsvollste Kühlung von Verbrennungsraum und Zylinderkopf,
4. Anzahl der Zündkerzen (Doppelzündung) und deren richtige Anordnung im Verbrennungsraum,
5. Vergaser- und Zündeinstellung.

Im einzelnen wollen wir uns mit den Dingen um die „mechanischen Oktane" hier nicht befassen, denn das Kapitel der Rennkraftstoffe war Gegenstand der Behandlung.

Ein kleiner Wegweiser für die Zukunft mag aber noch am Schluß stehen: Im Sinne einer zweckdienlichen und für den Gebrauchsfahrzeugbau fruchtbringenden Weiterentwicklung des Rennsportes und seiner Technik wird es sein, wenn künftig auch Vorschriften hinsichtlich der Oktanzahl in die Rennformeln einbezogen werden.

Die OZ 80 für die Rennmaschinen ist sicher nur ein erster Schritt.

Bemerkung: Für die Klassen: Rennsportwagen, Seriensport- und Gran-Turismowagen besteht bereits 1954 die Vorschrift der Verwendung eines Kraftstoffgemisches OZ 80 (Maschinenmethode) oder OZ 90 (Kraftstoffmethode).

9. Rennzündkerzen

Kein Geringerer als Carl Benz hat in seinen Memoiren niedergelegt, daß ihm in der „Zündung das Problem der Probleme" begegnet sei. Dieser Satz kennzeichnet wohl am besten die besonderen Schwierigkeiten dieser Materie.

Es ist aus Platzgründen nicht möglich, in diesem Kapitel alle Faktoren, welche die Funktion der *Zündanlage* im Rennfahrzeug bestimmen, eingehend zu behandeln. Deshalb nur soviel: Es war schon ein langer Weg – der von der Glührohrzündung über die Niederspannungs-Abreißzündung führte – in der Entwicklung der Zündanlage zurückgelegt worden, als Robert Bosch 1902 den ersten Hochspannungs-Magnetzünder herausbrachte. Von welch eminenter Bedeutung die Hochspannungs-Magnetzündung für die Weiterentwicklung des Verbrennungsmotors war, zeigten jedoch erst die folgenden Jahrzehnte. Robert Bosch war schon um die Jahrhundertwende der Meinung, daß der Wert sportlicher Wettbewerbe für die technische Erprobung unbetritten sei. Viele Jahre lang war er selbst auf den Rennplätzen anwesend, um die mit Bosch-Erzeugnissen ausgerüsteten Fahrzeuge zu betreuen. Von jenem ersten Hochspannungs-Magnetzünder des Jahres 1902 bis zur modernen Zündanlage des Jahres 1955 war aber wiederum ein langer Weg zurückzulegen. Welche Anforderungen heute an eine Hochleistungszündanlage in einem Rennfahrzeug gestellt werden, mag daraus hervorgehen, daß bei einem modernen zwei-, drei- oder vierrädrigen Rennboliden je nach Motorenkonstruktion die Zündanlage bis zu 1000 Funken in der *Sekunde* liefern muß. Und jeder einzelne dieser Funken muß im richtigen, genau bestimmten Zeitpunkt zünden. Eine Präzision ohnegleichen wird in der konstruktiven und technischen Durchbildung heutiger Zündanlagen verlangt.

Bevor wir zum eigentlichen Inhalt dieses Kapitels, der Skizzierung der Probleme der Rennzündkerzen, kommen, noch ein Wort zu den verschiedenen Arten der Zündung. Die Kraftfahrzeugtechnik kennt die Magnetzündung und die Batteriezündung. Die Batteriezündung unterscheidet sich von der Magnetzündung dadurch, daß bei ihr nicht in einem Zündapparat Strom erzeugt, sondern daß der Strom aus der Batterie bezogen wird. Der niedergespannte Primärstrom wird in der Zündspule zu einem hochgespannten Sekundär- oder Zündstrom umgewandelt und der Zündkerze mittels Zündkabels zugeführt.

Nachdem die Magnetzündung ein halbes Jahrhundert lang in der Renntechnik das Feld beherrscht hat, macht sich in den letzten Jahren im Motorradrennsport ein verstärkter Zug zur Batteriezündung bemerkbar. Die im internationalen und nationalen Motorradrennsport jetzt oft vertretene Batteriezündung bringt den Vorteil, daß schon bei kleiner Drehzahl ein sehr kräftiger Funke geliefert wird. Dieser „heißere" und wirksamere Funke gewährleistet das sichere Anspringen der nicht immer leicht anzuschiebenden Rennmaschinen. Zum anderen besteht auch nicht die Gefahr, daß die Zündung bei hohen Drehzahlen aussetzt, denn sämtliche Rennmotoren, bei denen heute Batteriezündung verwendet wird, drehen 10000 und mehr Touren. Ein weiterer Vorteil der Batteriezündung ist der, daß sie weniger Motorkraft als die Magnetzündung verzehrt.

Der Pferdefuß der Batteriezündung ist das höhere Gewicht von Batterie und Zündspule gegenüber dem Rennmagnet. Je schwerer nun eine Rennmaschine an sich ist (also vorwiegend Rennmaschinen der größeren Klassen), um so weniger macht sich natürlich der Nachteil des Mehrgewichts der Batteriezündung bemerkbar. Schwierigkeiten macht bei den knapp bemessenen Rennmotorrad-Fahrgestellen verschiedentlich auch die Unterbringung der Batterie. Schließlich muß auch die begrenzte Arbeitsdauer der Batterie und ihr erhöhter Pflegebedarf berücksichtigt werden.

Wenden wir uns nun dem Kerzenproblem zu. Mit ihm kommt der einzelne Kraftfahrer und der einzelne Motorsportler schon mehr in Berührung.

Die Zündkerze ist eines der kleinsten, aber auch wichtigsten Zubehörteile am Kraftfahrzeug. In der allgemeinen Kraftfahrzeugtechnik spielt sie schon eine bedeutende Rolle, in den hochgezüchteten Motoren der Rennfahrzeuge hat die Zündkerze jedoch besonders große Aufgaben zu erfüllen.

Bis vor dreißig Jahren gab es in der ganzen Welt keine einheitliche Bezeichnung der Zündkerzentypen. Die von den verschiedenen Fabriken gewählten

65

Bezeichnungen gaben keinen Aufschluß über die Eigenschaften der betreffenden Kerze. Nur wenigen Eingeweihten, nämlich den Spezialisten der Zündkerzenfabriken, war es auf Grund ihrer Erfahrungen möglich zu sagen, welche Kerze für einen bestimmten Motor in Frage kam. Wie sich die Kerzen in bezug auf Verschmutzung oder Glühzündung in einem bestimmten Motor verhalten würden, wußten aber auch die Spezialisten nur von den Kerzen *ihres* Fabrikats. Bei Kerzen fremder Fabrikate mußten selbst die Spezialisten ihre Erfahrungen durch neue Versuche erweitern. Für den normalen Kraftfahrer war die Kerzenauswahl unter diesen Umständen ein Lotteriespiel.

Im Jahre 1924 beendete Robert Bosch die Ausarbeitung eines Verfahrens, das eine klare Einstufung der Zündkerzen in bezug auf ihre wichtigsten Funktionseigenschaften (wie Unempfindlichkeit gegen Glühzündung und gegen Verschmutzung) ermöglichte. Dieses Verfahren schuf den Begriff „Wärmewert" und gab damit die Grundlage für eine geregelte Kerzenauswahl. Der „Wärmewert" gibt den Grad der Wärmebelastbarkeit einer Zündkerze an. Eine Kerze hohen Wärmewertes erträgt eine höhere Wärmebelastung als eine Kerze niederen Wärmewertes. Je höher also der Wärmewert einer Kerze, desto höher der Widerstand gegen Glühzündungen, aber desto kleiner auch der Widerstand gegen Verschmutzung. Es liegt nun die Vermutung nahe, daß bei entsprechender Auswahl einer Kerze mit „richtigem" Wärmewert für einen bestimmten Motor das „Kerzenproblem" behoben sei. Das Finden des „richtigen" Wärmewertes allerdings wird durch einige Begleitumstände erschwert.

Bei Rennveranstaltungen hört der aufmerksame Zuschauer nun oft über den Streckenfunk beim Ausfall eines Teilnehmers die lakonische Durchsage: „XY ausgefallen wegen Kerzenschadens!" Und wie oft liest er diese oder eine ähnliche Meldung nach den Rennen in den Spalten der Tageszeitungen. Gewiß, durch den Einfluß der Fachpresse sind diese manchmal etwas leichtsinnig verfaßten Verlautbarungen schon etwas eingedämmt worden, aber trotzdem spukt der Begriff „Kerzenschaden" immer noch in den Hirnen der dem Motorrennsport als Laien Gegenüberstehenden herum. Es muß auch zugegeben werden, daß in vielen Fällen nicht die Streckenbeobachter oder die Berichterstatter der Tageszeitungen an solchen Mitteilungen schuld sind, sondern daß manchmal die Fahrer selbst die Zuflucht zur Ausrede „Kerzenschaden" nehmen und diese weitergeben. Und Außenstehende können die Angelegenheit selten genau feststellen.

Die Fachleute der Renndienste von Bosch und Isolator als unermüdliche Betreuer der Rennfahrer in allen Zündungsfragen können natürlich über solche Stegreif-Ausfallgründe sehr böse werden, wissen sie doch, daß die Zündkerze in den allerwenigsten Fällen tatsächlich schuld ist. Der Witz ist nur der, daß sich alle Fehler des Motors (z. B. durch falsche Vergasereinstellung, zerbrochene oder festgebackene Kolbenringe, ausgelaufene Zylinderbahnen, Kabelschäden, falsche Zündeinstellung, nicht richtig schließende Ventile, Nebenluft usw.) an der Zündkerze zeigen. Aber diese Fehler sind nicht auf die Kerze selbst zurückzuführen. Als der gute Onkel Doktor des Motors zeigt die Zündkerze aber die Krankheitssymptome auf. Die Zündkerze ist jedoch kein Zauberstab, mit dem man den Motor berühren und dadurch wieder gesund machen kann. Wenn die ursprünglichen Fehler am Motor nicht restlos beseitigt werden, dann versagt auch jede neue Kerze oder Kerzen mit anderen Wärmewerten. Nur vorübergehende Abhilfe kann eine je nach den Krankheitserscheinungen notwendige Kerze mit höherem oder niederem Wärmewert schaffen, aber völlig auskurieren können solche Experimente den kranken Motor nicht.

Wenn man auch normalen Zündkerzen im Gebrauchsfahrzeug eine vollgültige Lebensdauer von 15 000 bis 20 000 Betriebskilometern zuerkennt, so muß man bei Rennzündkerzen, die ja ganz anderen Beanspruchungen unterworfen sind, einen strengeren Maßstab anlegen. Von der Rennzündkerze, deren innerer Aufbau meist anders als derjenige einer normalen Kerze ist und für welche zum Teil auch andere Werkstoffe verwendet werden, wird verlangt, daß sie dauernd oder während langer Zeit mit Vollast gefahren werden kann, daß sie bei kurvenreichen Strecken, an Steigungen und Gefällen, beim plötzlichen Abstoppen und Schieben des Motors nicht verölt oder verschmutzt. Die Rennstrecke, die Länge der Rennen und das Wetter sind neben der Beanspruchung, welche der Motor an sich bringt, von außerordentlicher Bedeutung für die Belastung und die Auswahl der Zündkerze.

Strecken wie die Avus, Hockenheim oder Dessau, also bahnartige Rundkurse ohne Steigung und Gefälle, mit wenig Kurven, die zum Teil sogar mit Vollgas durchfahren werden können, machen den Zündkerzen-Leuten weniger Sorgen. Schwierigkeiten und Wechselbeanspruchung sind für die Rennzündkerze bei den sogenannten „schnellen" Kursen geringer, denn hier kommt es in erster Linie auf die Vermeidung von Glühzündungen an. Dieses Problem wird von den Zündkerzen-Ingenieuren spielend beherrscht. Schwieriger ist die Sache bei den kurvenreichen „langsamen" Kursen wie Nürburgring, Solitude, Sachsenring, Schotten und Schleiz, denn diese Strecken mit ihrem dauernden Wechsel von höchster Geschwindigkeit zum Schrittempo und dem unausbleiblichen Schieben des Motors in zahlreichen Kurven und Gefällen stellen höchste Anforderungen an die Rennzündkerze. Die konstruktiven Überlegungen der Zündkerzen-Ingenieure bei der Herstellung geeigneter Rennzündkerzen müssen sich also nicht nur auf die Vermeidung von Glühzündungen, sondern auch auf die Vermeidung von Verölung und Verschmutzung erstrecken.

Aus diesen Erläuterungen geht schon hervor, daß es – wie manche Zuschauer von Motorrennsport-Veranstaltungen annehmen – keine Einheits-Rennzündkerze für alle Strecken und für jedes Wetter gibt. Bei Regen- oder besonders kühlem Wetter muß eine Zündkerze mit niedrigerem Wärmewert gewählt werden als für heißes, trockenes Wetter. Sind die Witterungsverhältnisse bei Training und Rennen verschieden, dann muß auch hierauf Rücksicht genommen werden.

Natürlich gibt es auch im Zündkerzenbau noch einige Probleme, die ihrer vollen Aufklärung harren. So zeigt sich – besonders bei Zweitaktmotoren – hin und wieder eine Brückenbildung zwischen den Kerzenelektroden. Diese Erscheinung ist wissenschaftlich noch nicht einwandfrei geklärt, obwohl sich schon namhafte Wissenschaftler damit befaßt haben. Die Ursache zu dieser Brückenbildung kann mannigfacher Art sein. Fest steht, daß die Art des Öles, welches dem Kraftstoff beigemischt wird, die Brückenbildung zwischen den Elektroden besonders stark beeinflußt. Aber auch die Lage des Kerzensitzes im Zylinderkopf beeinflußt die Brückenbildung. Häufig tritt diese Brückenbildung nach längerer, höherer Beanspruchung des Motors und plötzlichem Gaswegnehmen auf. Diesen Brückenbildungen nur durch Werkstoffänderungen an den Kerzen zu begegnen brachte bisher nicht den gewünschten Erfolg.

Die Kerzen-Fachleute der Renndienstabteilungen erkennen am Kerzengesicht, ob die Rennzündkerze unter gesunden Motorverhältnissen ihren Dienst versehen hat. Solch eine Beurteilung setzt natürlich eine große Erfahrung voraus, wie sie eben nur die mit der Materie bestens vertrauten Experten und die erprobten Rennfahrer besitzen. Die vielseitigen Veränderungen, die eine Kerze im Betrieb durchmacht und am Kerzengesicht zeigt, lassen sich in vier Hauptgruppen einteilen, und zwar

1. normal arbeitende Zündkerze,
2. überhitzte Zündkerze,
3. verölte Zündkerze,
4. verrußte Zündkerze.

Jede Gruppe bietet sich selbstverständlich mit zahlreichen Variationen dar. Die nachfolgende Erläuterung soll einen kurzen Anhaltspunkt zur Beurteilung des Kerzengesichts geben.

Normales Kerzengesicht: Nach längerer Betriebsdauer ist der Isolatorfuß rost- bis rehbraun und ohne starke Verbrennungsrückstände. Je nach Betriebsdauer ist das Stahlgehäuse gering mit Ölkohle oder einer dünnen Rußschicht behaftet. Die Elektroden haben ein gesundes, rauhes Aussehen. Dieses Kerzengesicht zeigt sich nur bei einwandfreier Verbrennung im Motor.

Überhitzte Zündkerze: Der Isolatorfuß, anfangs hell und mit metallischen Schmelzperlen überzogen, zeigt nach längerem Betrieb graubraunen, teils stahlblau getönten, krustigen und festgebrannten Belag. Die Elektroden sind angefressen bzw. stark abgebrannt. Das Stahlgehäuse zeigt infolge Überhitzung Anlauffarben. Die Ursache der Überhitzung der Kerze liegt meistens in der Auswahl zu niedrigen Glühwerts. Undichter Kerzensitz (Dichtring vergessen), gestörte Kraftstoffzufuhr, Nebenluft und damit armes Gemisch, zuviel Frühzündung u. ä. können die Ursache sein.

Verölte Zündkerze: Isolierkörperfuß, Gehäuse sowie Elektroden sind mit einer feuchten, schwarzglänzenden Ölschicht überzogen. Die Ursache kann einmal am viel zu hohen Glühwert der Kerze liegen, zum anderen aber, und das ist meistens der Fall, liegen ernsthafte Motorschäden, z. B. gebrochene Kolben- und Ölabstreifringe, ausgelaufene Zylinder und Kolben, ausgeschlagene Ventilführungen, getriebeseitig defekte Wellenabdichtung beim Zweitakter usw. vor.

Verrußte Zündkerze: Isolatorfuß, Elektroden und Gehäuse sind mit einer samtartigen, trockenen Rußschicht überzogen. Hier kann der Kerzenglühwert zu hoch sein. Die bei der Verbrennung sich bildenden Rußteilchen schlagen auf die Kerze nieder. Die Kerze bleibt zu kalt, und die Rußteilchen verbrennen nicht. Aber auch ungeeigneter Kraftstoff, überlaufender Vergaser, nicht richtig eingestelltes Ventilspiel, Aussetzen der Zündanlage usw. können die Ursache sein.

Berücksichtigt werden muß, daß zur einwandfreien Bestimmung des Kerzenbildes die Zündkerze über eine gewisse Zeit (10- bis 15-km-Distanz) gearbeitet
haben muß und die Kerze nicht aus einem mit Motorkraft langsam auslaufen-
den Fahrzeug entnommen werden darf. Die Faustregel: „Gibt eine Kerze Glühzündungen, so nimm den nächsthöheren Wärmewert – verschmutzt die Kerze,
so nimm den nächstniederen Wärmewert!" gilt im großen und ganzen auch im
Motorrennsport, nur müssen hier die Begleitumstände genauer untersucht
werden.

Unter aufopferungsvoller Arbeit hat es das Porzellanwerk Neuhaus-Schierschnitz mit seiner Isolator-Rennzündkerzen-Abteilung verstanden, die Rennzünd-
kerzenfertigung und den Renndienst auszubauen, so daß die Isolator-Rennzündkerzen bei den Rennfahrern des Motorrad-, Automobil- und Motorboot-
rennsports gleichermaßen beliebt und begehrt sind. Der Motorrennsport, bei
dem die Werkstoffe einer Zerreißprobe bis zum äußersten unterzogen werden,
ist auch für die Zündkerze ein besonderes Prüffeld. Es war das Bestreben des
Isolator-Renndienstes von jeher, den Motorsportlern möglichst ruß- und öl-
unempfindliche Rennzündkerzen bei gleichzeitig hoher Glühfestigkeit anbieten
zu können. Aber nicht nur der Großteil der Rennfahrer aus der Deutschen
Demokratischen Republik benutzt Isolator-Rennzündkerzen, auch viele Spitzenfahrer aus dem Westen unserer Heimat sind zu treuen Anhängern unserer
Rennzündkerzen geworden.

10. Die Luft – der große Widerstand!

Über die Aerodynamik allein läßt sich nicht nur ein Buch schreiben, sondern
Bände, die in einem Bücherschrank einen beträchtlichen Platz beanspruchen
würden. Diese „Meter Aerodynamik im Bücherschrank" sind auch geschrieben
worden. Die wenigen Seiten dieses Kapitels über Dinge des Luftwiderstandes
im vorliegenden Werk über deutsche Renntechnik beschränken sich deshalb auf
grundsätzliche Hinweise.
Nehmen wir zunächst einmal die schnellen Zweiräder – einschließlich der-
jenigen mit Seitenwagen – vor das Brennglas der Aerodynamik.
Auch im Motorradbau läßt es sich nicht umgehen,

daß sich der Luftwiderstand im Quadrat
zur zunehmenden Geschwindigkeit erhöht.

Das ist das A und O „aerodynamischer Weisheit". Der Luftwiderstand eines
Fahrzeuges errechnet sich aus der Formel

$$W_L = 0{,}0048 \cdot c_w \cdot F \cdot (v \pm v_0)^2 \quad \text{in kg.}$$

In dieser Formel bedeutet c_w den Luftwiderstandsbeiwert, welcher sich nach
der Bauform des Fahrzeuges (von etwa 0,25 bis 0.9) richtet. Eine rechteckige
Platte hat z. B. einen c_w-Wert 1,27. F ist die projizierte Windfläche des Fahrzeuges in m². (F läßt sich auch annähernd aus der Formel $F = 0{,}9 \cdot S \cdot H$ er-
rechnen.) In unserer obigen Formel bedeutet weiter v die Geschwindigkeit des
Fahrzeuges in km/h und v_0 die Windgeschwindigkeit – ebenfalls in km/h –,

welche bei Gegenwind der Fahrzeuggeschwindigkeit hinzu-, bei Rückenwind abgerechnet werden muß. Welche Leistung vom Motor aufgebracht werden muß, um den Luftwiderstand zu überwinden, ergibt sich aus der Formel

$$N_L = \frac{W_L \cdot v}{270} \text{ in PS.}$$

Angesichts dieser doch bekannten Grundlagen (für uns sollen sie zunächst genügen) und der sich daraus ergebenden Überlegungen und Schlüsse – nämlich, daß sich u. a. bei einer gut ausgeklügelten, windschlüpfigen Verkleidung mit gleicher Motorleistung die Geschwindigkeit erhöhen wird – ist es recht verwunderlich, daß man sich im Rennmotorradbau erst in den letzten Jahren mit Verkleidungen befaßt hat. In diesem Zeitraum allerdings sehr leidenschaftlich und intensiv. Gut, an Maschinen zu Rekordzwecken waren stromlinienförmige Verkleidungen schon seit Jahrzehnten angebracht worden. Da setzte man dem Fahrer sogar stromlinienförmige Sturzhelme auf, sofern er nicht überhaupt mit in die Rekordverkleidung einbezogen wurde. Das ist doch ein Zeichen, daß die Bedeutung einer günstigen Formgebung von den Technikern und Wissenschaftlern natürlich auch für den Bau von schnellsten Motorrädern erkannt war und außer Zweifel stand. Aber warum fehlten zumindest Ansätze zu Verkleidungen bei den Rennmaschinen? Vielleicht lag es daran, daß man wegen der Kühlung der Motoren Bedenken hatte. Vielleicht glaubte man, daß die Bewegungsfreiheit oder das Sicherheitsgefühl der Fahrer durch Blechverkleidungen irgendwie beeinträchtigt würde. Die Aerodynamiker wußten, daß Körper in Stromform oft sehr empfindlich gegen Seitenwind sind. Oder die Rennleiter und Techniker hielten bereits damals bei den erreichten Geschwindigkeiten auf den Rennstrecken eine weitere, ausschlaggebende Steigerung durch aerodynamische Verkleidungen für kaum möglich. Ob dieser Grund oder jener oder alle Bedenken zusammen – kurz und gut, erst seit wenigen Jahren befaßt man sich mit luftwiderstandsverminderndem Blech an der Rennmaschine.

Aber dann ging eigentlich alles sehr, sehr schnell. Zunächst war es ja der Fahrer, der den Anstoß zu der kleinen Revolution in der äußeren Form gab. Er „machte sich lang" – nun, das tat er schon seit längerer Zeit bewußt und unbewußt auf schnellen Maschinen. Dann wurde seine Armhaltung enger, und demzufolge wurden die Lenker schmaler und schmaler und sind heute teilweise zu kurzen Griffstummeln geschrumpft. Die Beine folgten dem Beispiel der Arme. Es ergab sich die eng zusammengeduckte, schmale Kauerstellung des Fahrers. Von diesem Moment an kam man der Fahrerhaltung nun auch von der Blechseite her entgegen. Die schmaler werdenden Lenker erwähnten wir schon. Im Tank wurden winklige Aussparungen, in welche genau die Arme eingelegt werden konnten, und schalenförmige Vertiefungen für die Kniewinkel eingepreßt. Der Tank wuchs in die Länge und wurde selbst zum Stromkörper, zum „Bananentank". Die oft nur handflächengroße Windschutzscheibe – sie mußte ja sein, verursachte aber Luftwiderstand – wurde gewölbt, dann schräg gestellt, dann erhielt sie Ausläufer und wurde selbst Verkleidung, in die dann das vordere Startnummerschild an der Spitze des Bananentanks einbezogen wurde. Nun gleich weiter: das Hinterrad an den oberen Partien verkleidet, das Rennkissen stromlinienförmig verlängert oder in die Radverkleidung einbezogen, dann Verkleidung der Seitenpartien von vorderen Kotflügeln ausgehend. Dann kam die große Bugkanzel unter Einbeziehung des Vorderrades – es war geschafft! Die Metamorphose vom zerklüfteten Motorrad zum glattflächigen „Gespenst aus der Zukunft" war vollzogen. Eine Metamorphose, die nicht etwa in Jahrzehnten vor sich ging, sondern sich rasant und sprunghaft in kaum mehr als drei Jahren vollzog.

Diese Schnelligkeit in der Entwicklung der Motorradverkleidungen darf nun keinesfalls zu der Annahme verleiten, daß die sich ergebenden Probleme von den Aerodynamikern leicht und geradezu spielend gelöst wurden. Nichts kennzeichnet wohl besser das vorsichtige Tasten nach dem besten Weg als die Tatsache, daß an einem deutschen Rennmaschinentyp innerhalb einer Rennsaison nicht weniger als drei zum Teil sehr unterschiedliche Verkleidungen gefahren wurden. Dabei ist nicht erst während der Rennen laboriert worden. Da gingen schon in der Bauzeit sehr exakte Berechnungen, Modellversuche, Wollfädenproben und auch Windkanaluntersuchungen voraus. Alles das allein, um zu ermitteln, ob eine mehr oder weniger große Fläche Blech hier oder dort angebracht und dann so oder anders gewölbt sein mußte. Und Vorsicht war wirklich geboten! Denn es ist tatsächlich ein Unterschied, ob man mit einer stromlinienförmig verkleideten Rekordmaschine angeschoben wird und bei vollkommener Windstille mehrere Kilometer eine Gerade entlangrast... oder eine verkleidete Rennmaschine anschieben muß, dann aufspringen soll und das Geschoß auf zwei Rädern dann einige hundert Kilometer bei vielleicht böigen Seitenwinden und auf regennasser Strecke zentimetergenau durch unzählige Kurven dirigieren muß. Das hat natürlich – um nicht mißverständlich zu sein – keinesfalls etwas mit einer Unterbewertung der Leistung des Fahrers bei einer Rekordfahrt zu tun. Diese Gegenüberstellung soll nur andeuten, daß bei einer Maschine für Rennen hinsichtlich der Aerodynamik noch andere Momente zu beobachten sind als bei einem Rekordversuch.

Die warnende Skepsis der Verzögerer von Rennmaschinenverkleidungen war demnach doch nicht ganz grundlos. Seitenwindempfindlichkeit, Kühlungsfragen, eine Beeinträchtigung der Sicht, des Fahrgefühls waren ihre Argumente. Es ging jedoch darum, noch einige Kilometer schneller zu werden. Und deshalb wurden diese eben genannten Probleme auch gelöst! Sie wurden schnell, einigermaßen sicher, nicht aber leicht gelöst. Neugierig sind wir nun allerdings, in welcher Form – Form im wirklichen Sinne des Wortes – es im Falle Rennmaschine nun weitergehen wird.

Jetzt zu der Aerodynamik, zu dem Widerstand der Luft bei den schnellen Wagen.

Wenn auch in fast unbeholfen anmutenden Formen noch, aber immerhin – man gab schon 1921 damaligen Rennwagen stromlinienartige Aufbauten. Es waren aber nur sehr wenige Einzelerscheinungen, und sehr bald verschwanden auch diese wieder. Es war ein erster Anlauf gewesen. Dann kam der Mai 1932 und das Avusrennen in Berlin. Zum ersten Male startete ein deutscher Rennwagen mit Stromlinienkarosserie (diese sogar mit Kopfstütze!) zu einem Rennen auf dieser schnellen Strecke. Es war der Mercedes-Rennwagen von Manfred von

Brauchitsch. Der Sieg war der Lohn dieses Versuches. Und von diesem Tage ab war der Durchbruch erzielt.

Allerdings hatten die Rennwagenerbauer ähnliche Probleme zu lösen, wie wir sie bei den Rennmaschinen schon sahen. Vielleicht ist aber ein Automobil leichter stromgünstig zu verkleiden als ein Motorrad. (Vielleicht – vielleicht auch nicht!) Auf jeden Fall bietet ein Wagen der Luft, durch die er dahinjagt, eine größere Fläche als eine zweirädrige Maschine und damit einen größeren Widerstand. Wohl deshalb kamen aerodynamische Erkenntnisse im Automobilbau – auch die Serienautomobile folgten bald der „Stromlinie" der Rennwagen – schon frühzeitiger zur Anwendung als im Motorradbau.

Wie bei den Rennmaschinen möchte man – das ist eine Problemparallele – in der Wagentechnik das Fahrzeug in der Idealform (c_w-Wert bei etwa 0,1) karossieren. Diese bisher für ideal gehaltene Stromlinienform, der spindelartige Körper mit abgerundetem Bug und spitz zulaufendem Heck, läßt sich an einem Vierradfahrzeug aber leider nur annähernd anwenden und variieren. Vielleicht wird eines Tages eine noch günstigere Idealform genau erforscht, denn auch in der Aerodynamik sind Überraschungen zu erwarten. Der „Tropfen" ist eher im Motorradbau zu verwirklichen als an einem Wagen. (Daher das „Vielleicht – Vielleicht auch nicht" vorhin.) Ließe sich die ideale Form in Reinkultur übertragen, hätten die Aerotechniker einige Sorgen weniger. So aber bereitet das günstigste Wie doch beträchtliche Sorgen.

Es soll ein vierrädriges Fahrwerk mit Motor – nicht zu vergessen, mit Fahrer und evtl. auch Beifahrer – für die gestellte Aufgabe im Sport strömungsgünstigst verkleidet werden.

Die Lösungen können recht unterschiedlich sein. Im Falle eines Sportwagens gelten zwar auch für die Karosserie bestimmte Vorschriften (die im Kapitel 14 „Sportwagen-Renaissance" behandelt werden), aber trotzdem sind dem Formgestalter noch viele Wege offen. Noch bis 1939 verstand man unter einem Sportwagen stets einen offenen Zweisitzer, der in dieser Standardform viel Luftwiderstand bot. Es ist nämlich erstaunlich, welch großen negativen Einfluß der Stirnwiderstand einer ungünstig gestellten Windschutzscheibe und der Wirbelwiderstand dahinter hat. Selbst das Abdecken des Beifahrersitzes bringt dann wenig Gewinn. Eine Wende brachte in dieser Hinsicht der Sieg einer Sportwagenlimousine von BMW in einem bedeutenden Langstreckenrennen im Jahre 1940. Gerade mit diesem BMW-Limousinen-Beispiel läßt sich der Vorteil der geschlossenen Form sehr deutlich machen: Der Luftwiderstand der geschlossenen Sport-Limousine verhielt sich zu dem eines offenen Sportwagens vom gleichen Typ wie 1 : 1,6! Selbst durch Verfeinerungen – wie Kopfflossen, Abdecken usw. – läßt sich in ähnlichen Fällen das Verhältnis allenfalls auf 1 : 1,2 herabdrücken. So hielt nun in den letzten Jahren das Sport-Coupé, der geschlossene Sportwagen, seinen wohl unaufhaltsamen Einzug.

Was gibt es nun bei den Rennwagen für grundsätzliche Formlösungen im Hinblick auf den Luftwiderstand? Ab Beginn des Zeitraumes, welchen das vorliegende Buch behandelt, werden Rennwagen als Einsitzer (Monoposto) gebaut und gefahren. Das wollen wir in der Terminologie festhalten. Monoposti sind die Rennwagen alle – auch wenn es sich um Vollstromlinienwagen handelt.

Bild 27. Eine typische Vollstromlinienkarosserie bei einem Sportwagen

Diese Klarstellung erscheint wichtig und notwendig, da an den zwei Ausführungen des Mercedes-Formelrennwagens von 1954 verschiedentlich zwischen
einem „Monoposto" und einem „Vollstromlinier" unterschieden wurde. Beide
Verkleidungsformen sind Monoposto. Setzen wir zur Unterscheidung besser
„Rumpfkarosserie" und „Vollstromkarosserie". Mit diesen beiden Bezeichnungen sind auch gleichzeitig die zwei Grobformen von Rennwagenkarosserien
festgehalten.
Die Rumpfkarosserie – mit einem größeren Luftwiderstand – läßt die vier
Räder des Wagens frei. Sie ist leichter und vermittelt dem Fahrer auf Kurvenkursen die Möglichkeit eines haargenauen Ansteuerns der Kurven, da er die
gelenkten Vorderräder zum Anvisieren unmittelbar beobachten kann. Da die
Räder nicht verdeckt sind, werden Reifen und Bremsen durch den Luftstrom
meist ungehindert gekühlt.
Die Vollstromkarosserie unter Einbeziehung aller Räder in die Verkleidung
läßt auf schnellen und geraden Strecken infolge des geringeren Luftwiderstandes eine größere Spitzengeschwindigkeit zu (Bild 27). Weitere Verbesserungen werden noch durch verglaste Abdeckungen des Fahrersitzes erreicht.
Andererseits ist für den Fahrer die Übersicht geringer, und die Kühlung der
Bremsen und Reifen erfolgt nicht mehr zwangsläufig.
Angesichts des großen Luftwiderstandes bei den hohen Geschwindigkeiten der
Rennwagen liegt die Frage nahe, warum auch heute erst nur vereinzelt Voll-
stromkarosserien verwendet werden. Die Gründe dafür lassen sich aus den zwei
vorhergehenden Charakteristiken ableiten. Die traditionellen europäischen
Rennstrecken sind mit sehr wenigen Ausnahmen ausgesprochene Kurvenkurse,
wo die absolute Höchstgeschwindigkeit unter Ausnutzung der Vollstromkarosserie nur sehr selten und dann nur kurz erreicht wird und größerer Wert auf
gute Beschleunigung gelegt werden muß. In diesem Falle überwiegen die Vorteile der Rumpfkarosserie. Um auch hier ein praktisches Beispiel zu nennen, sei
darauf verwiesen, daß sich bei dem 6-Liter-Auto-Union-Rennwagen Vorteile
und Nachteile von einer die Räder des Wagens frei lassenden Rumpfkarosserie

73

und einer Vollstromlinie auf einer Beschleunigungsstrecke von etwa 1000 m
etwa aufhoben. Es ist interessant, daß damals die Rekorde mit diesem Wagen
über den stehenden Kilometer mit dem offenen, der Meilenrekord – über 1609 m
– dagegen mit verkleidetem Fahrzeug gefahren wurden. Also auch in Fragen
der Aerodynamik müssen sehr sorgfältige Überlegungen angestellt werden, und
auch auf diesem Gebiet läßt sich eine Grundregel für die Renntechnik erkennen:
Eine hervorragende Lösung einer Teilaufgabe allein braucht nicht unbedingt
vorteilhaft zu sein, sondern muß immer auf die Gesamtaufgabe und deren Ziel
abgestimmt sein.
Wenn ein Rennfahrzeug strömungsgünstig verkleidet wird, müssen dabei weitere
Zusammenhänge mit der Aerodynamik, also nicht allein der Luftwiderstand,
beachtet werden.
Es zeigte sich nämlich, daß bei Eindringen der Fahrzeuge in höher werdende
Geschwindigkeitsbereiche und bei Verwendung strömungsgünstiger Verkleidungen – beides steht in ursächlichem Zusammenhang – mehr und mehr der
Einfluß von Seitenkräften wuchs. Dies macht sich besonders bei Seitenwind bemerkbar, wo beim Schräganströmen Luftkräfte am Fahrzeug auftreten, die am
Bug unter Umständen ein stark abdrehend wirkendes Teilmoment hervorrufen,
während zu gleicher Zeit am Heck nur ein geringes rückdrehendes oder aber sogar ebenfalls abdrehendes Teilmoment vorhanden ist. Das in diesem Falle „in-
stabile" Fahrzeug hat dann das Bestreben, nach der Seite hin auszubrechen.
Diese Erscheinung ist bei plötzlichen seitlichen Windböen äußerst gefahrbrin-
gend, und der Aerodynamiker wird versuchen, ihr durch entsprechende Formgebung zu begegnen. Das läßt sich an einigen Anwendungsformen zeigen. So
hat eine Heckflosse eine stabilisierende Wirkung. Im Gebrauchsfahrzeug wurde
sie erstmals bei Tatra nach dem französischen Patent 769 381 des Jahres 1934
verwendet. Im Rennwagen wird die Heckflosse in abgewandelter Form zur
Kopfstütze. Sie verhindert dann gleichzeitig größere Wirbelbildungen hinter
Schulter und Kopf des Fahrers. Noch wirkungsvoller als eine Heckflosse ist für
die Sicherung der Seitenstabilität eines Fahrzeuges eine nach oben offene dü-
senartige Ausbildung des Heckteils des Fahrzeuges. Dies kann bei vollstrom-
verkleideten Rennwagen und bei Sportwagen vorgenommen werden durch eine
markante Profilierung der Hinterradverkleidungen, welche dann leitflächenartig
nach oben aus dem Karosseriekörper herausragen. Wenn dieses Düsenprinzip
noch in Verbindung mit der als Heckflosse ausgebildeten Kopfstütze zu zweck-
mäßiger Form gestaltet wird – wie z. B. am EMW-Rennsportwagen 1954 –, so
wird durch die sich ergebenden zwei nach oben offenen Düsen eine gute Seitenstabilität erreicht
Eine weitere Erscheinung der sich im Fahrzeugbau ergebenden modifizierten
Stromlinienform ist der Auftrieb. Es wird sich fast immer bei einem Wagen im
Längsschnitt eine Karosserieform nach Art des Flugzeugflügels ergeben. Da
läßt sich denken, daß dies einen Auftrieb bewirkt, der unter gewissen Umständen und bei großer Geschwindigkeit recht erheblich und wirksam werden kann.
Betrachten wir uns in diesem Zusammenhang Bild 28. Unter a ist ein Sport-
wagen skizziert, dessen Längsschnitt der Tragflächenform unter b entspricht.
Die Sogwirkung ist durch Pfeile angedeutet. Eine Umkehrung dieser Form wie

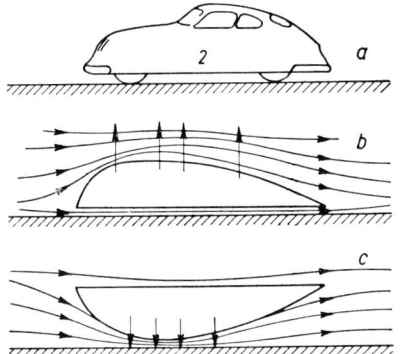

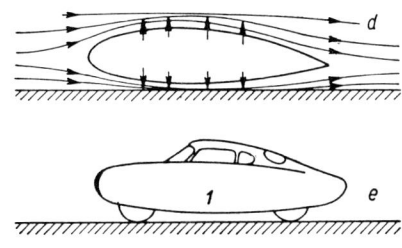

Bild 28. Darstellung zu den Auftriebs-
wirkungen von strömungsgünstigen
Karosserie-Formen

unter c läßt sich in der Praxis nicht ermöglichen und würde sicher auch eine
Vergrößerung des Anpreßdruckes und damit eine Erhöhung des Rollwider-
standes herbeiführen. Bei einer Längsschnittform wie unter d könnten sich Sog
und Druck unter Berücksichtigung des Venturi-Effektes zwischen Fahrbahn
und Fahrzeug nahezu ausgleichen. Die entsprechende Form des Sportwagens
unter a könnte dann die der Skizze unter e haben. Aber auch durch Kleinigkeiten läßt sich in diesen Auftriebsdingen schon viel erreichen. Man braucht
keineswegs gleich ganze Karosserien zu verwerfen, obwohl bei Vollstromliniern
mit hohen Geschwindigkeiten doch sehr sorgfältige Versuche vorgenommen
werden sollten. Bei Rumpfkarosserien von Rennwagen – wo der Auftrieb noch
gering ist – genügt beispielsweise und um auf die Kleinigkeiten zurückzukom-
men, ein waagerechtes, flaches Blech an der Seite mit einem entsprechenden
Anstellwinkel, um eine Verbesserung der Bodenhaftung zu erzielen. Außerdem
schützen diese Bleche – unmittelbar hinter den Vorderrädern angebracht –
den Fahrer vor Spritzwasser und Steinschlag. Diese 1951 aufgekommenen
„Regenflossen" sind in einigen Fällen nicht nur eine attraktive Spielerei!
Wir sehen, der Luftwiderstand bei einem schnellen Rennfahrzeug – ob Motorrad oder Wagen – ist eine von den Technikern sehr intensiv beachtete und be-
obachtete Größe und wirft als Teilgebiet noch andere Probleme aus der Aerodynamik auf. Und wenn heute auf den Autobahnen moderne Automobile mit
strömungsgünstigen Karosserien – die des IFA F 9 ist eine Karosserie mit
niedrigem c_w-Wert! – hohe Geschwindigkeiten bei geringem Kraftstoffverbrauch
entwickeln, so ist das nicht zuletzt der wissenschaftlichen Forschungsarbeit in
der Aerodynamik für die Renntechnik zu verdanken. Gerade auf diesem Gebiet
hat der Rennsport wertvolle Früchte für den Serienfahrzeugbau getragen.

11. Auch Gewicht frißt Leistung

Über den großen Widerstand der Luft ist im vorigen Kapitel gesprochen worden, nun wollen wir einmal die Sonde an den anderen großen Feind der Leistung
anlegen: das Gewicht!
Vom Anbeginn des Motorrennsports wurde dem Gewicht der Kampf angesagt,

und bis heute ist dieser Kampf nicht zum Erliegen gekommen. Damals wie heute lautet die Devise: hohe Motorleistung und geringstes Fahrzeuggewicht! Die Gültigkeit dieser Devise war im Rennsport natürlich auf die jeweils bestehende Rennformel, also die Bauvorschrift für Rennfahrzeuge, beschränkt.

Warum ist nun das Gewicht ein so großer Feind der Leistung? Bringt das Gewicht beim Kraftfahrzeug nicht auch zugleich Stabilität und damit Sicherheit und gute Straßenlage?

Um mit Spoerl zu sprechen, stellen wir uns doch einmal „janz dumm": Genauso, wie der Mensch zum Anheben einer Last von beispielsweise 20 kg einen höheren Kraftaufwand zu leisten hat als zum Heben von nur 10 kg, hat der Fahrzeugmotor gleichfalls für die Fortbewegung einer größeren Last eine entsprechend größere Kraft aufzubringen. Und wie der Mensch nur immer eine ganz bestimmte Last zu heben vermag, so kann auch der Motor nur bis zu einem Grenzbereich Leistung hergeben. Es ist also nicht gleich, ob ein Tourenwagen mit 50 PS Motorleistung ein Totgewicht von 20 Zentner oder ein solches von 40 Zentner fortzuschleppen hat. Beim Rennwagen spielt es erst recht eine Rolle, ob der 250-PS-Motor in einem Fahrzeug mit 600 kg oder 900 kg Gesamtgewicht steckt. Noch extremer liegt der Fall beim Rennmotorrad der kleinen Soloklasse. Ob z. B. eine 125-cm³-Maschine bei gleicher Motorleistung 150 oder 200 Pfund wiegt, ist ein himmelweiter Unterschied. Nicht nur in bezug auf die Höchstgeschwindigkeit, sondern auch beim Beschleunigen und beim Bremsen wirkt sich eine hohe Totlast ungünstig aus.

Diese Erkenntnis ist die Richtschnur der Fahrwerkspezialisten für die Erbauung stabiler und doch leichter Fahrgestelle. Das Sparen mit jedem Kilogramm, ja, mit jedem Gramm, ist von ihnen zur Maxime erhoben. Stets ist es für die Rennkonstukteure das erstrebenswerte Ziel, innerhalb der gegebenen Möglichkeiten für ein Rennfahrzeug das günstigste Leistungsgewicht zu erzielen.

Das sogenannte Leistungsgewicht spielt nicht nur im Rennsport, sondern auch in der allgemeinen Kraftfahrzeugtechnik eine große Rolle, hängt doch von ihm eine wesentliche Charakterisierung des Fahrzeugs ab. So prägnant die Begriffsbezeichnung „Leistungsgewicht" ist, so leicht ist sie auch zu erklären. Das Leistungsgewicht wird nach der Höchstleistung des Motors und dem Gewicht des leeren Fahrzeugs berechnet, indem man einfach dieses Gewicht durch die PS-Zahl dividiert. Zwei Beispiele: Ein Rennwagen mit einem Fahrzeuggewicht von 600 kg und einer Motorleistung von 300 PS hat ein Leistungsgewicht von 2 kg/PS (600 : 300 = 2 kg je PS); ein Rennmotorrad mit einem Fahrzeuggewicht von 130 kg und einer Motorleistung von 55 PS hat ein Leistungsgewicht von 2,4 kg/PS (130 : 55 = 2,4 kg pro PS). Bei der Berechnung des Leistungsgewichts darf nicht die sogenannte Literleistung (PS/L), sondern nur die effektive PS-Zahl des Motors in Ansatz gebracht werden. Bei der Beurteilung bzw. dem Vergleich des Leistungsgewichts verschiedener Fahrzeuge muß zudem berücksichtigt werden, daß das Leistungsgewicht mit *niedrigerer* Zahlenangabe gegenüber dem mit höherer Zahlenangabe das *günstigere* Leistungsgewicht darstellt (z. B.: 10 kg/PS günstiger als 20 kg/PS!). Es ist hier so ähnlich wie bei der Kamera, wo die *kleinen* Blendenzahlen ja auch die *großen* Blendenöffnungen bezeichnen.

76

Verschiedene Wege können eingeschlagen werden, um ein möglichst günstiges Leistungsgewicht zu erzielen. Man kann einerseits die Motorleistung ins Extreme steigern und dadurch das Leistungsgewicht beeinflussen, andererseits läßt sich ein günstiges Leistungsgewicht durch ausgeklügelten Leichtbau erreichen. Natürlich hat der erfahrene Rennkonstrukteur meist beide Möglichkeiten zugleich im Auge. Aber auch der Weg des Leichtbaues gabelt sich noch einige Male und läßt seine Anhänger auf verschiedenen Pfaden wandeln. Der Leichtbau innerhalb der Renntechnik kann einmal durch die Anwendung völlig neuer Konstruktionsprinzipien in bezug auf Rahmen- und Karosserieauslegungen in radikaler Weise Gewicht einsparen; er kann zum andern durch die weitgehende Verwendung von Leichtmetallen gefördert werden; weiter bringt auch die Anwendung besserer Stahlsorten und die dadurch mögliche Verkleinerung bestimmter Konstruktionsteile eine Ersparnis an Totlast; und viertens schließlich wird eine Verbesserung des Leistungsgewichts auch durch die meisterhafte Filigranarbeit des Ausbohrens aller möglichen Rahmen-, Triebwerk- und Karosserieteile erreicht. All diese verschiedenen Wege des Leichtbaues laufen aber im Endziel doch wieder zusammen und dienen der Erzielung des für den Renneinsatz erforderlichen günstigen Leistungsgewichts.

Bei den Rennwagen wird mit einem Ruck ganz bedeutend an Gewicht gewonnen, da an Stelle der schweren Kastenrahmen mit Längs-, Quer-, Zentral- und X-Trägern verschiedener Profilgebung leichte Spezialrohrrahmen verwendet werden, die zum Teil die Form der Kastenrahmen haben, zum Teil als Gitterrahmen in Fachwerk-Bauweise ausgebildet sind. Durch umfangreiche Verstrebung der Hauptspanten wird das ganze Trägersystem unerhört steif, die immer ungünstigen Biegekräfte werden weitgehend in Zug- und Druckkräfte aufgelöst, und der Materialaufwand – sprich: das Gewicht – ist geringer geworden. Alle Streben sind als dünne Stahlrohre ausgebildet und laufen in Knotenpunkten zusammen, wo sie regelrechte Kraftzentren bilden. Wichtig sind beim Gitterrahmen die Diagonalstreben in Längs- und Querrichtung, die dem Rahmen erst die gewünschte Verdrehungssteifigkeit geben. Die Rohrrahmen-Bauweise hat sich in der Rennwagentechnik allgemein durchgesetzt, aber auch bei Rennsport- und Sportwagen wird sie jetzt schon viel verwendet.

Da im Rennsport die Kostenfrage von untergeordneter Bedeutung ist und der erzielbare technische Fortschritt im Vordergrund steht, hat die Verwendung von Leichtmetallen in der Renntechnik eine große Verbreitung gefunden. Ein so konsequenter Leichtbau ohne wirtschaftliche Erwägungen wie im Rennsport ist natürlich in der Serienfabrikation nicht in vollem Maße durchzuführen, da die spezifisch leichteren Baumaterialien infolge ihres höheren Preises sonst zu einer untragbaren Preiserhöhung des Fertigproduktes führen würden. Fest steht jedenfalls, daß es so gut wie keine Bauteile gibt, die sich bei gleicher Festigkeit nicht leichter bauen ließen, denn die moderne Materialforschung kennt genügend Baustoffe, die eine namhafte Gewichtsersparnis zulassen würden. In der Renntechnik – und zum Teil auch schon in der allgemeinen Kraftfahrzeugtechnik – hat sich das Leichtmetall im Laufe der Jahrzehnte vom Kolben aus über den ganzen Motor ausgedehnt: Zylinderkopf, Nockenwellengehäuse, Zylinderblock mit eingesetzten Zylinderlaufbüchsen, Ölwanne. Aber nicht nur der Motorblock, auch die Getriebe- und Achsgehäuse sind fast immer aus Leichtmetall gefertigt. Des weiteren sind am modernen Rennwagen Felgen, Bremstrommeln, Streben, Sitzgestelle usw. aus Leichtmetall. Das alles trägt dazu bei, das Gewicht eines Rennfahrzeugs wesentlich zu vermindern. Schließlich darf auch nicht vergessen werden, daß heute jede Rennwagenkarosserie sowie die Kraftstoffbehälter aus Leichtmetall bestehen.

Wo in der Renntechnik nicht zum Leichtmetall gegriffen werden kann, weil seine Festigkeit für bestimmte Zwecke nicht ausreicht, da kann man auch durch die Verwendung besonders widerstandsfähiger Stahlsorten und der dadurch möglichen Verkleinerung der Dimensionen zu Gewichtseinsparungen kommen. Überlegt man sich, wieviel Schrauben, Bolzen, Flansche, Streben, Gestänge und Rohre durch hochwertige Stahllegierungen erleichtert werden können, dann weiß man, was auch hier zur Niederhaltung des Totgewichts gemacht werden kann. Wie die genaue Durchrechnung in einer Konstruktionsabteilung eines großen Automobilwerkes ergeben hat, ist es möglich, allein durch Verwendung von hochwertigerem Schraubenmaterial bei einem Zweiliter-Wagen nicht weniger als 40 kg an Gewicht einzusparen, also etwa 4% des Totgewichts.

Und wo letzten Endes auch die leichteren Baustoffe nicht mehr helfen bzw. ihre Anwendung erschöpft ist, da wird dann der vierte Grad des Leichtbaues im Rennsport angewendet: das ,,Schweizerkäse''-System in Vollendung. Als einmal eine junge Dame im Fahrerlager des Sachsenringes einen Blick unter die Haube und den Fahrersitz eines Rennwagens tun konnte, da war sie der Meinung, ein Rennwagen bestünde nur aus Blech und Löchern. Wenn es sich auch nicht ganz so verhält, wie die junge Dame annahm, so ist für den Außenstehenden der Eindruck doch gewaltig, wenn er ein Rennwagen-Fahrgestell nach Abnahme der Leichtmetallhaut eingehend betrachten kann. Da gibt es kaum eine Stelle am Fahrwerk, die nicht durch gewissenhaftes Ausbohren zur Gewichtsersparnis beiträgt. Rahmenrohre und Traversen, Verstrebungen und Schellen, Armaturenbrett und Fahrersitz, Brems- und Schalthebel, Pedale und Bremstrommeln, Karosseriestützen und Motorhalterungen, Felgen und Gestänge ... alles ist sorgfältig durchlöchert, mit großen und kleinen und kleinsten Öffnungen, manchmal wie bildhafte Filigranarbeiten zusammengestellt (Bild 29). All diese Maßnahmen in ihrer Gesamtheit haben es möglich gemacht, daß die modernen Rennwagen der Formel I nicht mehr als 650 bis 700 kg wiegen.

Aber sprechen wir nicht nur von den Rennwagen. Betrachten wir uns auch einmal den Leichtbau beim Rennmotorrad.

Auch bei den Rennmotorrädern versucht man, durch besondere Rahmenkonstruktionen das Fahrzeuggewicht von vornherein so niedrig wie möglich zu halten. Allgemein herrscht der leichte Rohrrahmen (als Ein- oder Doppelrohrrahmen) vor, jedoch werden auch Zentralbrückenrahmen verwendet, die in Schalenbauweise zusammengefügt sind. Auch der superleichte Gitter-Fachwerk-Rahmen mit Knotenblech-Versteifung hat schon Eingang in die Motorradrenntechnik gefunden.

Der raffinierte Leichtbau vermittels Leichtmetallen wird im Motorradrennsport genauso intensiv betrieben wie im Automobilrennsport. Auch bei den Rennmotorrädern sind fast ausnahmslos Zylinder und Zylinderkopf sowie

Kurbel-, Nockenwellen-, Getriebe- und Kardangehäuse aus Leichtmetall. Das gleiche gilt für Ölwannen. Kolben und Pleuel sind natürlich nicht nur wegen der Verringerung des Gesamtfahrzeuggewichts aus Leichtetmall, sondern auch aus Gründen der Drehzahlerhöhung.

Im Fahrwerkbau hat sich das Leichtmetall ebenso wie im Motorenbau den dominierenden Platz erobert. Rahmenteile und Gabelholme, Kraftstoff- und Ölbehälter, Felgen und Bremstrommeln, Schutzbleche und Streben, Achsfäuste und Gabelbrücken, Lenker und Armaturen, Vergaser und Sitzbankunterteil, Nummernschild und Verkleidung werden aus Leichtmetall hergestellt. Streben, Halterungen und selbsttragende Leichtmetall-Bauteile erhalten durch besondere Profilgebung die erforderliche Steifheit.

Auch das Hohlbohren von Schrauben, Bolzen, Achsen und Rasten aus hochwertigstem Stahl bringt eine gewisse

Bild 29. Raffinierter Leichtbau am Vorkriegsrennwagen von Mercedes-Benz

Einsparung an Totlast. Wenn auch eine Straßenrennmaschine nie in dem Maße wie eine Sandbahnmaschine erleichtert werden kann, so wiegt doch im Fahrgestellbau für Maschinen des Straßenrennsports ein überflüssiges Gramm noch schwerer als im Automobilrennsport. Deshalb werden auch bei der Straßenrennmaschine nicht nur durch das Hohlbohren von Bolzen usw., sondern auch durch das Ausbohren verschiedener Trieb- und Fahrwerkteile Gramm und Kilogramm geholt. Felgen und Bremstrommeln, Rahmenverstrebungen und Schutzblechhalterungen, Zahnräder und Kupplungsscheiben, Brems- und Schalthebel, Rasten und Lenkungsdämpfer werden genauso beharrlich wie im Wagenrennsport dem „Schweizerkäse"-System unterworfen.

Man bezeichnete früher – auch im Ausland – den deutschen Motorradbau gern als Heimstätte für „schwerfällige" Maschinen, das soll heißen, daß die robusten deutschen Maschinen wohl zuverlässig und gebrauchshart, aber in ihren Fahrgestell-Auslegungen im Verhältnis zur Motorleistung in den meisten Fällen zu schwer gewesen seien. Wenn das auch für den Serienbau mit einiger Berechtigung zutraf, so doch für die deutschen Rennmaschinen weit weniger.

Als bei der Abnahme zur Englischen Tourist-Trophy im Jahre 1939 zum erstenmal vor einem Rennen sämtliche teilnehmenden Maschinen offiziell ausgewogen wurden, gab es eine große Überraschung, als die deutsche Zweizylinder-Kompressor-BMW-Rennmaschine mit ihrem sperrig wirkenden Boxermotor 137,1 kg auf die Waage brachte und damit mit Längen die leichteste Maschine der Halbliterklasse war. Das war natürlich ein Erfolg des konsequent durchgeführten

Leichtbaues. Man muß dabei bedenken, daß ein Mehrzylinder-Kompressor-motor nie so leicht wie ein Einzylinder-Saugmotor zu bauen ist. An der BMW-Rennmaschine war zudem nichts Provisorisches enthalten, die mechanische Ausführung und die Ausstattung waren vorbildlich, galt doch die BMW als schönste Rennmaschine der Vorkriegszeit.

Die nicht überladenen Einzylinder-Norton-Werksrennmaschinen wogen 15 kg mehr, die Einzylinder-Velocette mit 154,5 kg sogar 17 kg. Als schwerste Ma-schine der damaligen TT erwies sich die englische Vierzylinder-Kompressor-AJS mit 183,5 kg.

Nur vier Maschinen von Privatfahrern und Leichtgewichtsfanatikern der 350-cm³-Klasse konnten die 137,1 kg der 500er BMW unterbieten! Die 350-cm³-Norton-Werksrennmaschinen wogen 140 kg, die Werks-Velocettes so-gar 149 kg. Die wassergekühlten DKW-Ladepumpenmaschinen wogen zwi-schen 150 und 153,5 kg. Die schwerste Maschine war die Kompressor-NSU mit 165 kg.

In der Viertelliterklasse waren die Rudge-Maschinen mit 107,5 kg die leichtesten und die DKW-Maschinen mit 145 kg die schwersten Apparate. Die 250er Benelli wog 132 kg, während die Guzzi-Kompressor-Rennmaschine 138,8 kg auf die Waage brachte.

Heute bewegen sich die Rennmaschinen der vier verschiedenen Soloklassen – nicht nur im deutschen, auch im internationalen Maßstab! – ungefähr in fol-genden Gewichtsgruppen:

125-cm³-Rennmaschinen etwa   75 bis 100 kg,
250-cm³-Rennmaschinen etwa   80 bis 115 kg,
350-cm³-Rennmaschinen etwa 100 bis 135 kg,
500-cm³-Rennmaschinen etwa 125 bis 150 kg.

Welchen Fortschritt der Leichtbau in den letzten Jahren gemacht hat, können wir an einer kleinen Gewichtsstatistik erkennen, die über die berühmte Renn-max von NSU verfaßt wurde:

NSU-Rennmax 250 cm³	1952	1953	Frühjahr 1954	Sommer 1954
Gewicht..............	127,0	121,0	117,2	115,0 kg

Während die Rennmax in dieser Zeit um 12 kg leichter wurde, hat sie im glei-chen Zeitraum 7 PS an Motorleistung zugenommen. Hier sind also die zwei ver-schiedenen Wege im Endziel wieder zusammengelaufen. Bei 115 kg Fahrzeug-gewicht und 34 PS Motorleistung hat die Rennmax ein Leistungsgewicht von 3,3 kg/PS.

Die bisher leichtesten Rennmaschinen der mittleren Soloklassen baute die Auto-Union. Mit 80 kg für die 250-cm³-Zweizylinder und 85 kg für die 350-cm³-Drei-zylinder stellte AU-DKW nicht nur im deutschen, sondern auch im europäischen Rahmen einen Leichtgewichtsrekord auf.

Die bisher schwerste deutsche Rennmaschine war die 500er Zweizylinder-Kom-pressor-NSU. Sie wog trocken 206 kg, hatte dafür aber 98 PS Motorleistung, so daß sie trotz ihres hohen Fahrzeuggewichts auf das beachtlich gute Leistungs-gewicht von 2,1 kg/PS kam.

Zweifellos wird sich die Bedeutung des Leichtbaues sowohl in der Renntechnik als auch in der allgemeinen Kraftfahrzeug-Entwicklung in Zukunft noch vertiefen, denn niedriges Fahrzeuggewicht bringt nicht nur eine Erhöhung der Höchstgeschwindigkeit sowie bessere Beschleunigung und Bremswirkung, sondern wirkt sich auch auf die Straßenlage und den Kraftstoffverbrauch günstig aus.

12. Die Leistung muß auf den Boden!

Was nützen einem Rennwagen mehrere hundert PS Motorleistung, wenn es ab einer bestimmten Grenze nur sehr schwer möglich ist, diese Leistung über Fahrwerk und Reifen auf die Fahrbahn zu bringen und in gewünschte Geschwindigkeit und Beschleunigung umzuwandeln? Sehr wenig – das wird der Leser mit Recht antworten. Sehen Sie, da kam es doch innerhalb der 750-kg-Formel vor, daß bei dem Start der Rennwagen mit ihren Kompressormotoren von 500 und 600 PS bei etwas harter Betätigung der Kupplung die Antriebsräder von solchen Wagen durchrissen und das Fahrzeug zunächst mit drehenden Rädern stehenblieb. Ähnlich geht es bei den Rädern der Lokomotive eines „startenden" D-Zuges. Kraft war auch bei dem Rennwagen – überreichlich – da, sie konnte nur nicht so schnell wirksam werden. „Er konnte vor Kraft nicht laufen" – so könnten wir dazu sagen. Im nächsten Kapitel ist bei der Beschreibung des damaligen Auto-Union-Rennwagens ein Fahrleistungsdiagramm enthalten, aus dem ersichtlich ist, daß es bei weniger griffiger Fahrbahn selbst im 5. Gang noch möglich war, die Antriebsräder durch Gasgeben zum Durchdrehen zu bringen.
Letzten Endes erklärt sich damit auch das vermeintliche Rätsel um die Rekord-Rundenzeiten heutiger Rennwagen mit Motorleistungen von „nur" 200 bis 300 PS. Diese Kraft wird mit heutigen Fahrwerken fast verlustlos auf den Boden gebracht. Auf kurvenreichen Rennstrecken kommt dann noch hinzu, daß die Leistung eines Motors um so kürzer in Anspruch genommen werden kann, je höher seine PS-Zahl ist.
Mit anderen Worten: Eine optimale Ausnutzung der Motorleistung muß im Rennwagen (im Sportwagen natürlich ebenfalls) zum Zwecke der Erzielung höchster Rundengeschwindigkeiten durch ausgezeichnete Bodenhaftigkeit erreicht werden.

> Bodenhaftigkeit aber ist wiederum nur eine Teilvorstellung im großen Begriff, *Straßenlage*, die sich außerdem zusammensetzt aus Stoßaufnahme, Schwingungsdämpfung, Neigungsverhalten, Lenkungsreaktion und Spurhaltung.

Wir gebrauchen hierfür aber nun besser den Ausdruck „Fahreigenschaften" an Stelle der zwar allgemein gebräuchlicheren „Straßenlage". Bei der Behandlung der Rennformeln wurde schon erwähnt, daß es ab 1934 mit Inkrafttreten der 750-kg-Formel notwendig war, die Fahreigenschaften der Rennwagen mit den nun plötzlich ungemein leistungsstarken Motoren ganz grundlegend und entscheidend zu verbessern. Zu diesem Zweck griffen die Konstrukteure teilweise in das große Repertoire diesbezüglich in der Serienfertigung gemachten Erfahrungen – eine Erstmaligkeit und ein kleines Kuriosum in der Renntechnik. Die Fahreigenschaft läßt sich von der konstruktiven Seite her innerhalb der Gesamtkonzeption des Fahrzeuges durch folgende Faktoren beeinflussen:

> Schwerpunktlage und Gewichtsverteilung, Triebwerkanordnung und Kraftübertragung, Radaufhängung, Federungsanordnung und -charakteristik in Verbindung mit der Abstimmung der Schwingungsdämpfung, Spurweite, Radstand, Stabilität und Steifheit des gesamten Fahrwerks bis zu Rädern, Felgen und Reifen – ja, sogar Aufbau und Profilierung des Reifens sind maßgeblich beteiligt.

Von einigen Dingen davon sei nun kurz die Rede.
Es ist nahezu eine Binsenwahrheit, daß eine recht niedrige Lage des Schwerpunktes günstige Auswirkungen hat. Diese Auswirkungen werden besonders bei schnellem Kurvenfahren in bezug auf die Seitenneigung spürbar. Da die Techniker im Rennwagenbau auch in anscheinenden Kleinigkeiten sehr pedantisch sind, widmen sie beispielsweise der Frage, ob eine Tieferlegung des Schwerpunktes um nur 2 bis 3 cm möglich ist, nächtelange Überlegungen. Sie konstruieren um, wagen neue Ideen – wegen nur weniger Zentimeter. Damit der Fahrer, der ja auch Gewicht bedeutet und die Gesamtschwerpunktlage mit bestimmt, tiefer sitzt, wird eine Gelenkwelle nicht mehr unter dem Sitz, sondern seitlich davon zur Hinterachse geführt. Auch die seitlich geneigte, also nicht mehr senkrechte Unterbringung eines Reihenmotors bringt (neben der damit außerdem erzielten Verringerung der Querschnittsfläche der Karosserie – siehe Luftwiderstand!) eine Tieferlegung des Schwerpunktes. Auch wenige Zentimeter sind eben wichtig! Natürlich spielt auch die Gewichtsverteilung eine sehr große Rolle. Das heißt, daß der Schwerpunkt nicht nur recht tief liegen soll, sondern daß er auch möglichst etwa in der Mitte des Rennwagens liegen soll. Der Achsdruck wird demnach vorn und hinten nahezu gleich sein müssen. Deshalb trennt man z. B. das Getriebe von dem vorn im Fahrwerk liegenden Motor und vereinigt es mit dem Hinterachsantrieb zu einem Aggregat. So wird Gewicht gleichmäßig verteilt. Deshalb – als Folgerung – wird es auch in absehbarer Zeit keine vorderradangetriebenen großen Rennwagen geben, denn: Stellen Sie sich vor – Start! PS werden frei und auf die Hinterräder übertragen. Der Wagen wird sich förmlich aufbäumen, und es ergibt sich in jedem Falle eine dynamische Radbelastung an der Hinterachse, welche unter Umständen das eingangs erwähnte Durchreißen der angetriebenen Hinterräder ausschließen kann. Bei Vorderradantrieb hingegen – nun, Sie werden spüren, was gesagt werden soll. Vielleicht kommt aber der Vierradantrieb. (Es hat ihn sogar in einer Porsche-Rennwagenkonstruktion bereits gegeben.) Auch der große Kraftstoffvorrat im Tank stellt Gewicht dar. Der Konstrukteur wird demnach den Tank nicht an einer x-beliebigen Stelle im Rennwagen unterbringen, denn durch die Abnahme des Brennstoffvorrates während eines Rennens verändert sich ja auch dessen Gewicht und kann eine wohlausgeklügelte Gewichtsverteilung in Unordnung bringen. Der Kraftstoffbehälter wird zweckmäßig – wenn es sich machen läßt – in der Mitte

des Wagens untergebracht sein. Als man vor 20 Jahren noch 250 Liter (! – und die mußten noch bei Tankaufenthalten ergänzt werden) in das Rennen mitnahm – runde 250 kg –, unterteilte man die Tanks sogar durch sogenannte Schotten, um ein Hin- und Herwiegen der Flüssigkeit und damit stetige Veränderungen der Schwerpunktlage bei den Beschleunigungen und beim Bremsen weitgehend zu verhindern. So wichtig ist Gewichtsverteilung.

Ob Heckmotor oder herkömmliche Motorunterbringung vorn, spielt natürlich in diese Zusammenhänge hinein. Das Für oder Wider bei einer gut abgewogenen Gewichtsverteilung und bei Berücksichtigung anderer technischer Einzelheiten im großen Rennwagen dürfte aber mehr von der psychologischen Einfügung des Fahrers entschieden werden.

Bei der Federung und Dämpfung der Schwingungen haben sich recht große Wandlungen mit Beginn der 750-kg-Formel 1934 vollzogen. Jeder Rennwagen hatte bis dahin starre Achsen. Betrachten wir nochmal Bild 14 im Bremsenkapitel. Da sehen wir das in dieser Hinsicht für diese damalige Rennwagen-Ära Typische: Starrachse, Blattfedern und Reibungsstoßdämpfer. Zur Ausnutzung der hohen Motorleistung – die Leistung muß auf den Boden – waren damals mit Beginn der neuen Rennformel auch neue Wege im Fahrwerkbau zu beschreiten. Urplötzlich war im Rennwagen die Einzelradaufhängung der Vorderräder an Querlenkern (Mercedes-Benz) bzw. im gleichen Prinzip an Kurbelarmen (Auto-Union) da. Die Aufgaben der eigentlichen Radführung und die der Federung wurden damit getrennt. Eine Verbesserung der sogenannten Straßenlage war erreicht. Bei der Hinterachse nun ist man sich selbst heute noch nicht recht im klaren: ob starre Achse, Pendelachse oder Doppelgelenkachse! Die starre Hinterachse vermittelt bei sportlichem Fahren – und nur von solchem wird hier gesprochen – einen guten Kontakt des Fahrers zu dem Verhalten des Fahrzeuges in Kurven, bei Schleuderbewegungen usw. (Warum und wodurch, gehört vielleicht nicht in diesen Rahmen.) Der Kontakt des Fahrers zum Fahrzeugverhalten ist gut – der Kontakt der Antriebsräder mit dem Boden jedoch schlecht und durch Stoßdämpferexperimente kaum zu verbessern. Das hängt unter anderem damit zusammen, daß das Gewicht der unabgefederten Massen – zu dem ja bei der starren Hinterachse auch das Differential und ein Teil des Gewichtes der Gelenkwelle zählt, recht hoch ist. Bei der Pendelachse hingegen liegt das Differential im Rahmen fest und gehört zu den abgefederten Massen. Der Nachteil der Pendelachse ist die große Sturz- und Spurveränderlichkeit der Räder beim Durchfedern. Einmal ergibt dies durch seitliches Gleiten und Querverformungen der Reifen einen höheren Verschleiß (zwar auch eine gewisse, aber unkontrollierbare Schwingungsdämpfung), am ausschlaggebendsten ist aber die Beeinträchtigung der festen Bodenhaftung durch eben die Spurveränderungen. Besonders auf nasser Strecke, gerade dann, wenn man eine besonders gute Haftung mit der Straße braucht. Die Konstrukteure sannen nach einer Zwischenlösung und besannen sich der Doppelgelenkachse, auf ein Patent (DRP 82 789) des Franzosen Baron de Dion. Die De-Dion-Hinterachse hielt ihren Einzug im Rennwagenbau. Wenn eben schon das Wort Zwischenlösung fiel, so ist damit fast die Wirkungsweise schon erklärt. Wie bei der Starrachse sind die Räder durch ein Tragrohr fest miteinander verbunden, werden parallel geführt

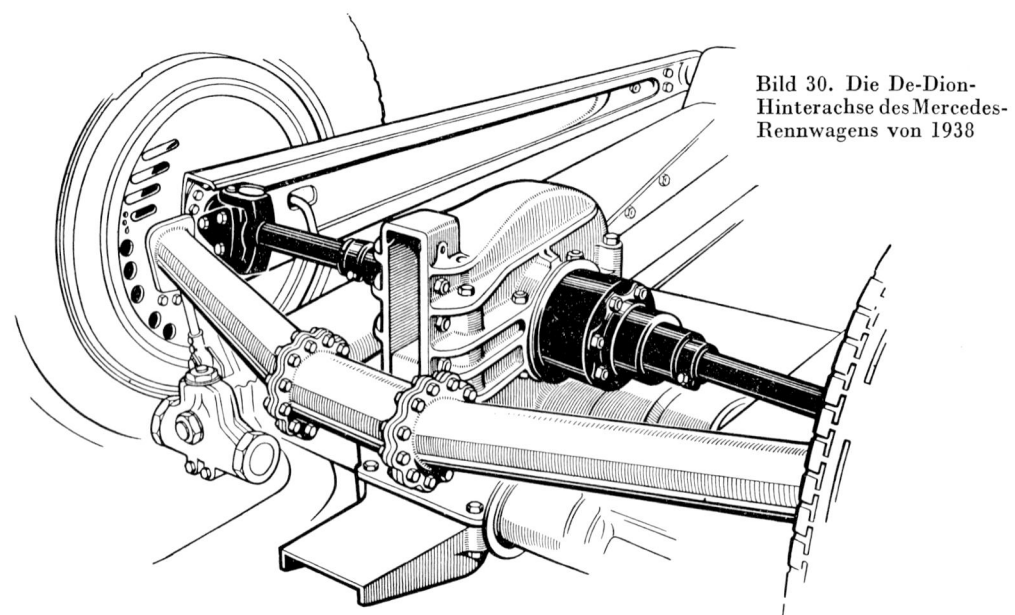

und unterliegen keinen wesentlichen Spurveränderungen. Differential und Antrieb gehören zu den abgefederten Massen. Bei der zwangsweisen Parallelführung der Räder und dem festliegenden Differential sind für die Antriebswellen
zwei Gelenke erforderlich. Größere Unterschiede zwischen den einzelnen Konstruktionen bestehen fast nur in der Ausführung und Lösung der hier erforderlichen gesonderten Längs- und Seitenführung der Achse bzw. der Räder. Eine
geradezu klassische Lösung zeigt die in Bild 30 dargestellte Doppelgelenkachse
des Mercedes-Rennwagens: Die Schub- und Zugkräfte werden von Streben aufgenommen, und die Seitenführung erfolgt durch einen Gleitstein in einer Gleit-
bahn am Differential. Die Federung erfolgt durch Torsionsstäbe.
Damit sind wir bei der Federung angelangt. Die Blattfeder ist im Rennwagenbau nur noch selten zu finden. Einer der größten Nachteile der Blattfeder ist ihr
hohes Gewicht, welches zum Teil noch zu den unabgefederten Massen gehört.
Durch die übereinanderliegenden und aufeinanderreibenden Federlagen ist eine
gewisse Eigendämpfung vorhanden. Diese Eigendämpfung, die natürlich kein
Nachteil ist, hat allerdings die Schraubenfeder nicht. Die Schraubenfeder ist
jedoch wesentlich leichter als die Blattfeder, und auch ihr Raumbedarf im Fahrwerk ist kleiner, so daß sich eine günstige konstruktive Unterbringung erreichen
läßt. Eigentlich ist die Schraubenfeder nichts anderes als ein gewickelter Torsionsstab, das Federelement also, welches ab 1934 in deutschen Rennwagen angewendet wurde und heute als bisher fortschrittlichste Lösung kaum mehr fort-
zudenken ist. Der Raumbedarf einer Torsionsfederung ist minimal. Sie läßt
sich sogar in Rahmenrohren unterbringen, und ihr gesamtes Gewicht gehört zu
den abgefederten Massen.
Man kann nicht von der Federung sprechen, ohne die Schwingungsdämpfung zu
erwähnen. Jede Feder gibt die Energie, welche sie bei einem Stoß aufnimmt,

fast restlos wieder ab. Es leuchtet ein, daß deshalb ohne Dämpfung dieser Energie, dieser Schwingungswellen, keine guten Fahreigenschaften erreicht werden können. Die von der Feder zunächst aufgefangene Energie muß unmittelbar im Stoßdämpfer vernichtet werden. Die modernen hydraulischen Teleskop-Stoßdämpfer mit langem Hub erfüllen diese Aufgabe gut. Früher wurden große, mehrscheibige Reibungsstoßdämpfer verwendet. Natürlich müssen die Stoßdämpfer sehr sorgfältig auf die Charakteristik der Federung abgestimmt werden. Eine solche Einstellung der Dämpfer läßt sich übrigens nirgendwo besser vornehmen als auf regennasser, glatter Straße. Hier macht sich jede kleine Änderung vorteilhaft oder negativ sofort bemerkbar.

Noch ein Wort zum Rahmen. Von sehr entscheidender Bedeutung für das Fahrverhalten eines Rennwagens ist die absolute Verwindungssteifigkeit des Rahmens bei den außerordentlich großen Beanspruchungen, welche im Rennen auftreten. Diese Verwindungssteifigkeit soll aber andererseits nicht mit hohem Gewicht des Rahmens erkauft werden. Wie man solche Fragen heute löst, zeigt Bild 31. Ein solcher moderner Gitterrahmen ist außerordentlich steif und leicht. Ungünstige Biegekräfte sind fast ausschließlich in Zug- und Druckkräfte aufgelöst worden. In eigentlichen Kraftzentren laufen alle Rohrstreben zusammen. Diese Rahmen-Konstruktion aus dünnen Rohren hochwertigen Stahls kann im Gewicht sehr niedrig gehalten werden. Es gibt heute solche Gitterrahmen für Rennwagen, die keine 50 kg wiegen.

Sehen Sie, all' solche Überlegungen gelten dem Thema „Die Leistung muß auf den Boden!" Immer muß aber darauf hingewiesen werden, daß nicht allein mit ausgezeichneten Detaillösungen der beste Effekt hinsichtlich Fahreigenschaft erzielt wird, sondern daß nur einer wohldurchdachten und in allen Einzelfragen sorgfältigst abgestimmten Gesamtlösung eines Rennwagen-Fahrwerks ein Erfolg beschieden sein wird.

Auch im Motorradrennsport erkannte man in den letzten zwei Jahrzehnten immer mehr, welch große Bedeutung der Fahrwerkbau hat, denn nur ein gutes

Bild 31. Eine demonstrative Darstellung eines modernen Gitterrahmens (Mercedes-Formelrennwagen 1954). Die Biegekräfte sind in Zug- oder Druckkräfte umgewandelt, die Rohrstreben laufen in Kraftzentren zusammen. Beachtenswert die Lagerung des Kraftstofftanks

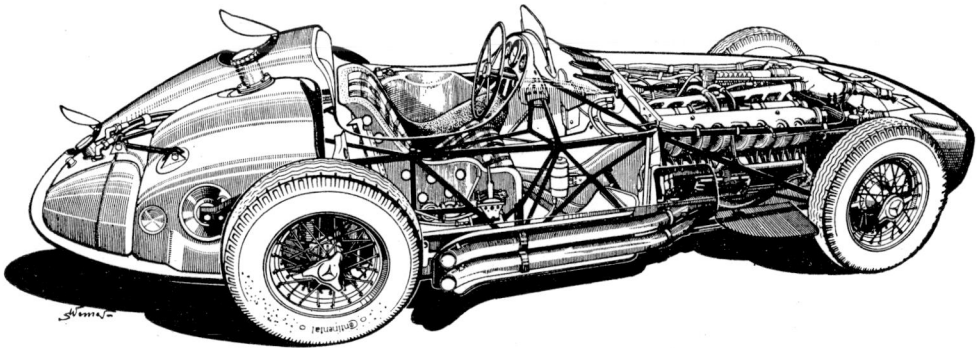

Fahrgestell ermöglicht die volle Ausnutzung der Motorleistung. Man kann den Rennmaschinen-Fahrwerkbau in drei große Epochen einteilen:

1. die Epoche des Starrahmens,
2. die Epoche der Teleskop-Allradfederung,
3. die Epoche des Schwingen-Fahrgestells.

Die erste Epoche hat am längsten gedauert, nämlich vom Anbeginn des Motorradrennsports bis in die Mitte der dreißiger Jahre. Bis zu jenem Zeitpunkt wurde der starre Motorradrahmen nur durch die Vorderradgabel abgefedert, die vorwiegend als Parallelogramm- oder Blattfedergabel ausgebildet war. Danach trat die Teleskopfederung das Erbe des Starrahmens und der Parallelogrammgabel an und beherrschte das Feld bis zum Wiederaufblühen des Motorrennsports nach dem zweiten Weltkrieg. Seit mehr als fünf Jahren hat sich nun die Schwingenbauweise in der Motorradrenntechnik durchgesetzt. Neben der Doppelschwinge (Schwingrahmen und Schwinggabel) wird aber auch heute noch zur Abfederung des Vorderrades die Teleskopgabel zum Hinterrad-Schwingrahmen verwendet.

Als im Jahre 1935 BMW zum Hockenheimring-Rennen mit einer Teleskop-Vorderradgabel und ein Jahr später Norton zum Großen Preis der Schweiz mit einer Teleskop-Hinterradfederung erschienen, wurde die Epoche des modernen Motorrad-Fahrwerkbaus eingeleitet. Nicht etwa, daß Norton 1936 die überhaupt erste Hinterradfederung gezeigt hätte – nein, Versuche mit Hinterradfederungen waren schon Jahrzehnte vorher unternommen worden, und auch bereits ein Jahr zuvor – 1935 – konnte eine hinterradgefederte Maschine, die italienische Zweizylinder-Moto-Guzzi, als erste nichtbritische Maschine die Senior-TT im schwersten Rennen der Welt auf der Isle of Man gewinnen. Aber Norton war als eine den Motorrennsport der Welt fast ein Jahrzehnt beherrschende Marke das erste bedeutende Werk gewesen, daß die Vorteile einer gut und einfach konstruierten Hinterradfederung klar erkannt hatte (wie dies ein Jahr zuvor bei BMW in bezug auf die Teleskop-Vorderradgabel geschah) und konsequent an der Entwicklung der Hinterradfederung arbeitete. Und wieder konnten die Norton-Maschinen dank der hervorragenden Straßenlage des allradgefederten Fahrgestells eine paar Jahre lang ihre Überlegenheit halten, obwohl schon damals die Norton-Einzylinder in der motorischen Leistung den Mehrzylinder- und Kompressormotoren von BMW, Husquarna, Gilera und Moto-Guzzi nicht gewachsen war. Es hatte sich gezeigt, daß die Leistung der hochgezüchteten Motoren in Starrahmenmaschinen gar nicht mehr verlustfrei auf die Straße gebracht werden konnte. 1937 wurden auch die deutschen DKW- und BMW-Fabrikmaschinen mit Hinterradfederungen ausgerüstet, und im Sommer 1939 kam auch NSU als letztes Werk, das auch als letztes den Kompressormotor übernommen hatte, mit einer Hinterradfederung für die Werksrennmaschine heraus. Und in den letzten beiden Vorkriegsjahren war der Siegeszug der DKWs und der mit Teleskop-Vorder- und Hinterradfederung ausgestatteten, vollendeten BMW-Maschinen nicht aufzuhalten. Seine Krönung fand dieser Siegeszug mit den deutschen Siegen in der englischen Tourist-Trophy von 1938 und 1939.

Groß sind die Anforderungen, die an eine gute Hinterradfederung gestellt werden. Als erstes soll die Federung möglichst keine Gewichtserhöhung der Maschine bringen; zweitens sollen Radaufhängung und -führung unbedingt sicher und verschleißfest sein; drittens soll sie gut gedämpft und mit der Vorderradfederung richtig abgestimmt sein, und schließlich dürfen Hinterradfederungen keinen übermäßigen technischen und finanziellen Aufwand bedingen, sollen sie – nach der Erprobung in der Rennmaschine – für die Serienmaschine Zweck haben.

Es war und ist für die Konstrukteure nicht ganz leicht, aus diesen Hauptforderungen heraus die bestmögliche Kompromißlösung zu finden. Die beiden Grundformen der Hinterradfederung sind das Schwingrad und der Schwingrahmen. Als Zwischenlösung kam hinzu die Hinterradfederung mit Starrgabel und zusätzlicher Schwinggabel, die sich aber ebensowenig wie die Federnabe im Motorrad-Fahrwerkbau durchsetzen konnte.

Die Konstruktionen der Schwingradfederungen, vertreten durch die Vorkriegsrennmaschinen von BMW, NSU, Norton, Benelli und die Einbaufederungen von Illichmann und Jurisch, weisen neben ihren Vorteilen aber einen wesentlichen Nachteil auf: Infolge der senkrecht oder nur etwas nach vorn geneigt stehenden Führungsbolzen und -zylinder schwingt das Rad nicht kreisbogenförmig, sondern geradlinig senkrecht. Durch das geradlinige Schwingen des Rades verändert sich der Abstand zum Antrieb aber dauernd, die Kette wird somit beim Schwingen des Rades fortwährend abwechselnd gestreckt und gestaucht, was zwangsläufig zu einem stärkeren Kettenverschleiß führt. Diese zusätzliche Kettenbelastung kann zwar durch nach vorn geneigt stehende Führungsbolzen und -zylinder gemildert, keineswegs aber beseitigt werden. Die Kettenstreckung setzt also bei der Geradweg-Hinterradfederung dem Federungshub die Grenze (Bild 32). Bei Maschinen mit Kardanantrieb besteht diese

Belastung nicht, da ja die Kreuzgelenke eine Winkelbewegung gestatten und eine Schiebemuffe auf dem Wellenende die Längenänderungen ausgleicht. Aber auch hier ist der Federungshub beschränkt.

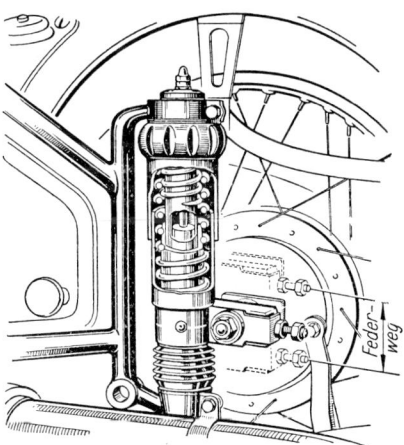

Hinterradfederungen vermittels starrer Hintergabel und zusätzlicher Schwinggabel finden wir unter anderem an den Vorkriegsrennmaschinen von DKW. Die bei diesem Federungssystem übliche Hilfsgabel, in den meisten Fällen direkt hinter dem Getriebe angelenkt, ermöglicht ein kreisbogenförmiges Schwingen des Hinterrades. Die Konstruktion dieser Hinterradfederungen ist allerdings etwas komplizierter und auch schwerer als die anderen Formen der Hinterradfederung.

Bild 32. Schnittbild einer Teleskop-Hinterradfederung

Bild 33. Eine moderne Federbein-Hinterradschwinge

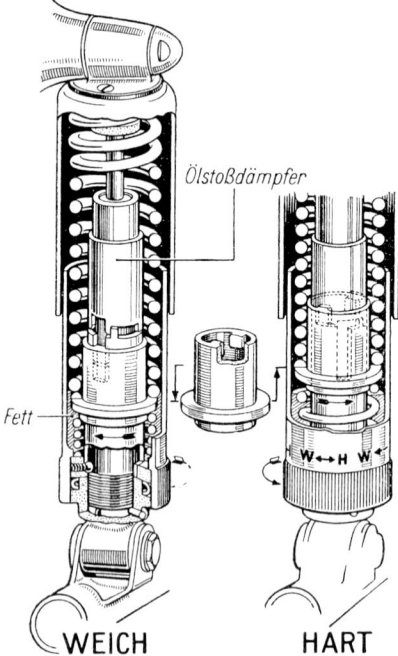

Ölstoßdämpfer

Fett

WEICH   HART

Bild 34. Schnittbild moderner Federbeine

Auf dem Gebiete der Schwingrahmen-
Federung waren in den letzten Vorkriegsjahren Velocette, Moto-Guzzi und
Gilera die Vorkämpfer. Seinen Durchbruch erzielte der Schwingrahmen aber
erst in den Jahren 1947/48 durch das
von Norton übernommene McCandless-
Fahrgestell, das als „Federbett"-Rah-
men weltberühmt wurde.
Natürlich hat auch der Schwingrahmen
im Laufe der Zeit gewisse Veränderungen durchgemacht. Allen Schwing-
rahmenfederungen ist gemein, daß die
gesamte – meist hinter dem Getriebe
angelenkte – Hintergabel schwingt. Das
Auf- und Abschwingen des Rades erfolgt
also kreisbogenförmig. Eine Kettenstreckung und -stauchung findet also
nicht mehr statt. Zur Abstützung der
schwingenden Hintergabel gegenüber
dem Hauptrahmen wurden die verschiedensten Federungsarten verwendet: Schraubenfedern als Federbeine
und als Zugfedern unter dem Motorgehäuse bzw. in Parallelarmen zur
Hintergabel, aufrechtstehende Blattfedern, Auslege-Blattfedern – gekapselt
und ungekapselt. Heute behauptet sich
überall der Schwingrahmen mit Feder-
beinabstützung, dessen klare Linie,
verbunden mit der Vereinfachung des
Rahmens und dem Wegfall von Gleitflächen sowie der Möglichkeit großer
Federwege gegenüber der Geradweg-
Hinterradfederung bedeutende konstruktive Fortschritte brachte (Bilder 33
und 34).
Auch bei der Vorderradfederung wird
der Teleskopgabel durch die Schwinghebelgabel der Platz streitig gemacht.
Die Konkurrenz ist bereits so stark, daß
jetzt schon fast alle Motorradwerke
Serientypen mit Schwinghebelgabeln
herausbringen. Im Rennmaschinenbau
beherrscht die Schwinghebel-Vorderradgabel mit 4 : 1 das Feld. Noch nicht

88

Bild 35. Vorderrad-Schwinghebelgabel
nach dem Earles-Prinzip

entschieden ist der Streit, ob lange oder
kurze Schwinge. Beide Systeme haben ihre
Vor- und Nachteile. Allgemein macht sich
im Augenblick eine Tendenz zur langarmi-
gen Schwinge mit Federbein-Abstützung
bemerkbar. Ob diese langarmige Vorder-
radschwinge jedoch die endgültige Lösung
ist oder ob das größere Trägheitsmoment
um die Steuerachse kürzere Schwingarme
geraten erscheinen läßt, werden die Rennerfahrungen der nächsten Jahre zeigen
(Bild 35).

Man wird also auch in Zukunft beim Motorrad – sowohl bei der Rennmaschine
als auch beim Serienmodell – dem Fahrwerkbau große Aufmerksamkeit schenken müssen, denn die sichere Übertragung der hohen Motorleistung auf den
Boden ist heute im Motorradbau das Primäre. Wir sagten bereits im Kom-
pressor-Kapitel, daß das Motorrad als Einspurfahrzeug gegenüber dem Automobil anderen physikalischen Gesetzen unterliegt, die aufs engste mit dem Verhalten des angetriebenen und des gelenkten Rades auf der Fahrbahn zusammen-
hängen. Die Antriebs- und Bremskräfte sowie die für Spurhaltung und für
Sicherheit entscheidenden Führungskräfte verlangen eine feste Haftung der
Reifen am Boden. Erst das gutliegende, durch vorzügliche Federung und er-
müdungsfreie Sitzposition sowie gute Bremswirkung erhöhte Fahrsicherheit
bringende Fahrwerk im Verein mit dem schnellen und zuverlässigen Motor ergibt optimale Fahrleistungen.

Noch deutlicher als beim Rennsport treten die Probleme des Motorrad-Fahr-
werks bei reinen Rekordfahrten zutage. Es gibt heute schon 500-cm³-Saug-
motor-Rennmaschinen, die 250 km/h Höchstgeschwindigkeit erreichen. Demgegenüber steht der absolute Motorrad-Weltrekord seit 1951, aufgestellt von
Wilhelm Herz auf einer vollstromlinienverkleideten 500-cm³-NSU-Kompres-
sormaschine, „nur" auf 290 km/h, nachdem Ernst Henne auf der BMW-Strom-
linien-Rekordmaschine bereits 1937 die Rekordmarke auf 280 km/h hinauf-
geschraubt hatte. Die Erhöhung des absoluten Motorrad-Weltrekords über
290 km/h hinaus oder das Überspringen der Rennsport-Leistungsgrenze von
250 km/h ist weniger eine Frage der Motorleistung als vielmehr eine Frage der
Fahrwerksleistung. Einen Motorrad-Rekordmotor für eine Leistung von
400 km/h zu bauen ist heute bestimmt keine Unmöglichkeit, aber diese
400 km/h auch zu fahren ist bei den zur Zeit bestehenden Formen des Fahrwerks und der Stromform-Karosserien des Einspurfahrzeugs kaum möglich. Es
kommt hinzu, daß die Straßenlage eines Motorrades – besonders natürlich von
Renn- und Rekordmaschinen – nicht rechnerisch, sondern experimentell zu ermitteln ist.

All diese Momente zeigen, daß die Arbeit am Motorrad-Fahrwerk noch nicht beendet ist und daß bei der Weiterentwicklung der Fahrgestelle der Motorrennsport immer noch eine große Aufgabe zu erfüllen hat.

13. Beschreibung der deutschen Vorkriegsrennwagen

a) Die Entwicklung von Rennwagen bei der Auto Union

Es mag pedantisch sein, aber... die Auto Union schrieb sich ohne Bindestrich!
Die Auto Union A.G., der sächsische Automobilkonzern, war 1932 durch die
Verschmelzung der vier Werke Horch-Zwickau, Wanderer-Chemnitz, Audi-
Zwickau und DKW-Zschopau entstanden. In dem erbitterten, typisch kapita-
listischen Wirtschaftskampf dieser Jahre wurde zum Zwecke eines besseren
Absatzes sofort auch die Beteiligung im Grand-Prix-Sport der Rennwagen vorgesehen. Unter Zugrundelegung der ab 1934 in Kraft tretenden 750-kg-Formel
wurde beschlossen, ab diesem Jahre mit einem Rennwagentyp aufzuwarten.
Man war sich dabei im klaren, mit der Daimler-Benz A.G. (mit Bindestrich!)
auf Grund deren jahrzehntelanger Beteiligung im Rennsport und den daraus
erwachsenen Erfahrungen den gefährlichsten Gegner im eigenen Lande zu
haben.
Schon im Sommer 1932 wurden die Projektierungsarbeiten für einen Rennwagen von Prof. Dr. ing. h. c. Porsche und einem Mitarbeiterstab, dem u. a.
auch der Rennfahrer Adolf Rosenberger angehörte, aufgenommen. Bereits
dieses erste Projekt war ein Heckmotorwagen und diese charakteristische Anordnung des Motors wurde bis 1939 für sämtliche von der Auto Union gebauten
Rennwagentypen beibehalten. In diesem Zusammenhang sei auch gleich erwähnt, daß selbst nach Auflösung des Mitarbeiterverhältnisses von Prof.
Porsche auch für den Rennwagen der 3-Liter-Formel ab 1938 außer der Heck-
motor-Anordnung noch die Bauweise des Motors (die typische V-förmige
Zylinderanordnung), die Konstruktion der Vorderachse (querliegende Drehstabfedern, Kurbelarme) und des Rahmens usw. im wesentlichen beibehalten
wurde. Die „Uraufführung" des ersten Rennwagens der Auto Union – des sogenannten P-Wagens – erfolgte am 6. März 1934 auf der Avus, wobei drei neue
Rekorde aufgestellt wurden.
Aus einer kurzen Datenzusammenstellung ergeben sich die in den einzelnen
Bau- bzw. Einsatzjahren entwickelten Rennwagentypen nach Tabelle 5. Hier
sind auch die Daten der speziell für Rekordzwecke oder auch ausschließlich für
das Avus-Rennen entwickelten Fahrzeuge enthalten, die anschließend nicht
ausführlich behandelt werden. Die Konzentration der Beschreibung erstreckt
sich auf die Grand-Prix-Typen. Sämtliche Rennwagen wurden im Werk Horch
in Zwickau hergestellt (Bilder 36 bis 46).
Erwähnenswert und wenig bekannt ist, daß von der Auto Union für 1940 ein
zusätzlicher Einsatz eines 1,5-Liter-Rennwagens vorgesehen war. Diese Entwicklung konnte jedoch durch den Krieg nicht abgeschlossen werden. Lediglich
hinsichtlich des nahezu fertigen Motors können folgende Angaben – bei denen

90

Bild 36. Der erste Grand-Prix-Rennwagen der Auto Union
im Baujahr 1934 mit 4,36-Liter-Motor

Bild 37. Vorderachse, Bremse und Reibungsstoßdämpfer im
weiterentwickelten 16-Zylinder-Rennwagen von 1936/37

Bild 38. Die erste Ausführung der Hinterachse des Auto Union-Rennwagens mit obenliegender Quer-Blattfeder im Baujahr 1934

Bild 39. Ventilsteuerung im 16-Zylinder-Rennwagen durch eine obenliegende Nockenwelle

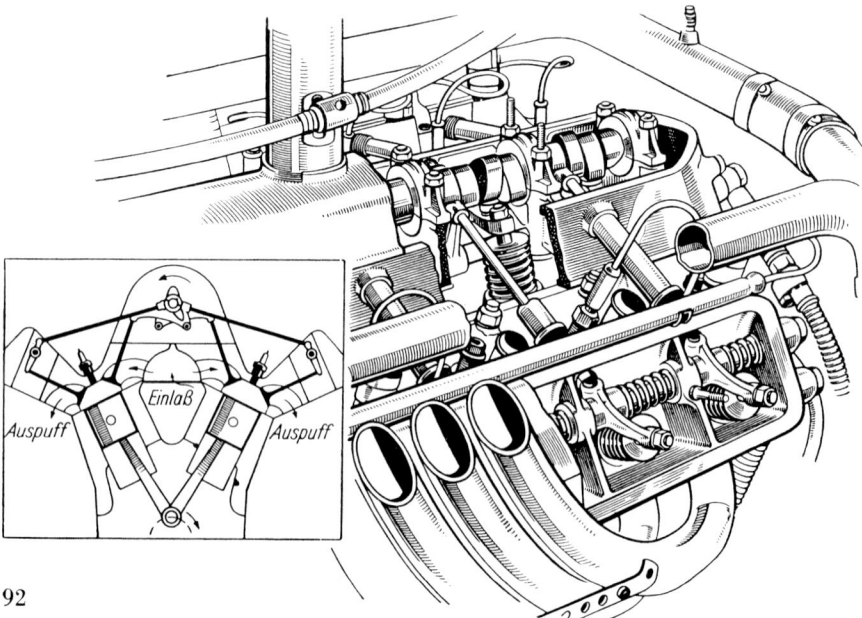

ein Vergleich mit denen des 1939 eingesetzten 1,5-Liter-Mercedes-Rennwagens auf S. 115 höchst aufschlußreich ist – gemacht werden:

1,5-Liter-Rennwagenmotor der Auto Union

Bauform	12-Zylinder-V-Motor
V-Winkel	60°
Hubraum	1482 cm³
Zylinderinhalt	123,5 cm³
Hub	56 mm
Bohrung	53 mm
Kolbenfläche	265 cm²
Pleuellänge	130 mm
Zylinderabstand	76 mm
Hauptlager-Durchmesser	55 mm
Pleuellager-Durchmesser	55 mm
Leistung	327 PS bei 8500 U/min
max. Drehmoment	30 kgm bei 5000 U/min
mittl. eff. Druck	23,4 kg/cm² bei 8500 U/min
	25,5 kg/cm² bei 5000 U/min
mittl. Kolbengeschwindigkeit	15,9 m/s
Kolbenflächenleistung	1,25 PS/cm²
Aufladung	durch zwei Zentrifugalkompressoren
Ladedruck	1,90 atü

Für die Motoren der Grand-Prix-Rennwagen während der 750-kg-Formel und für den Motor des 3-Liter-Wagens sind die entsprechenden Daten in der Tabelle 6 zusammengestellt. Die Motordaten der Rekord-Typen sind darin nicht enthalten.

Aus dieser Tabelle wird ersichtlich, daß die Rennwagenmotoren zunächst auf Verschleißfestigkeit (mittl. Kolbengeschwindigkeit) und Elastizität (ansteigendes Drehmoment bei fallender Drehzahl) und ansprechende Leistung bei relativ niedriger Maximaldrehzahl ausgelegt waren.

Der Aufbau des 16-Zylinder-Motors ist in Bild 39 im Querschnitt dargestellt. Jeder Zylinder besaß ein Einlaß-Ventil von 35 mm Durchmesser und ein Auslaß-Ventil von 32 mm Durchmesser. Die Ventile wurden — eine einfache Konstruktion des Steuerungsbetriebes! – von einer einzigen Nockenwelle gesteuert, wobei die Einlaß-Ventile über Kipphebel direkt und die Auslaß-Ventile über Schlepphebel, Stoßstangen und Kipphebel betätigt wurden. Die Ventilerhebung betrug 10 mm. Die Zylinderköpfe mit den halbkugeligen Verbrennungsräumen und eingepreßten Ventilsitzen aus Spezialbronze waren aus Silumin gegossen. Der Antrieb der Nockenwelle erfolgte am hinteren Ende des Motors mittels einer senkrecht stehenden Königswelle, welche gleichzeitig über eine Lamellen-Kupplung den Kompressor und zwei Zündmagnete antrieb. Das Kurbelgehäuse war gleichfalls aus Silumin gegossen. Es wurden für die einzelnen Zylinder, welche um die Pleuelbreite von 16 mm gegeneinander versetzt waren, nasse Stahl-Laufbüchsen verwendet. Kurbelgehäuse und Zylinderköpfe bzw. das Nockenwellengehäuse bildeten einen Kanal, durch welchen der

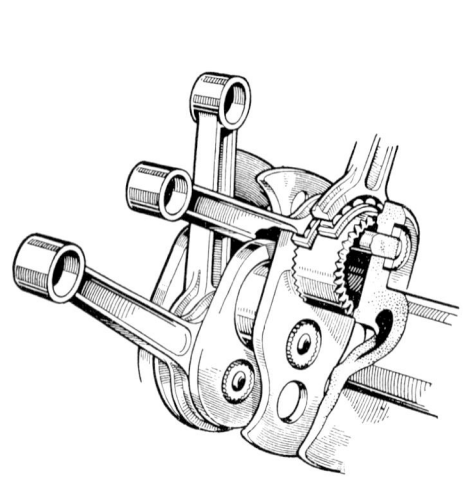

Bild 40. Teilstück der zusammengesetzten, verzahnten Kurbelwelle im 12-Zylinder-Motor 1938/39

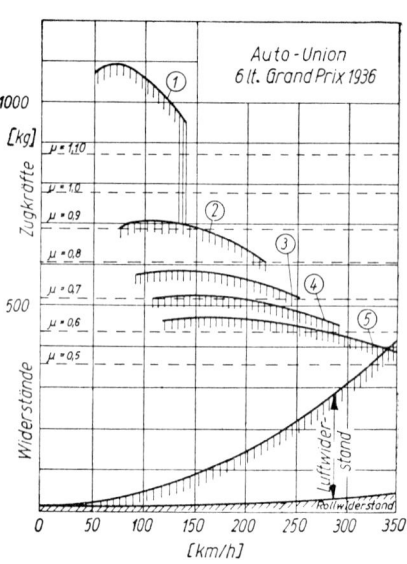

Bild 41. Fahrleistungsdiagramm

Bild 42. Der 3-Liter-12-Zylinder-Rennwagen Baujahr 1938/39

Flügelkompressor das Kraftstoff-Luft-Gemisch in die Einlaßkanäle der einzelnen Zylinder drückte.

Demgegenüber besaß der 3-Liter-Motor mit 12 Zylindern zwar den gleichen prinzipiellen Aufbau, jedoch standen hier die Zylinder in einem weiteren V-Winkel von 60°, und die Betätigung der Ventile erfolgte hier durch drei Nockenwellen – siehe Schema-Darstellung in Bild 44 –, von denen die zwei äußeren durch Seitenwellen von der mittleren Nockenwelle mit angetrieben wurden. Die Ventilerhebung bei diesem Motor betrug nur 8 mm bei einem Durchmesser von 34 mm für das Einlaß-Ventil und von 31 mm für das Auslaß-Ventil.

Zu den von der Auto Union verwendeten Kompressoren ist zu sagen, daß man stets die Anordnungs-Reihenfolge Vergaser-Kompressor-Motor (also „nasse" Kompressoren) anwendete. Die eingebauten Roots-Kompressoren, die, wie wir wissen, Flügelgebläse sind, hatten die Vorteile eines außerordentlich raschen Folgens gegenüber den Drehzahlschwankungen, absoluter Verschleißfestigkeit bei Fortfall einer Schmierung. Sie waren jedoch nicht in der Lage, mehr als 1 atü Ladedruck abzugeben. Am 6-Liter-Motor wurden zwei verschiedene Kompressortypen gefahren, welche sich lediglich hinsichtlich ihrer Abmessungen, nicht aber im Prinzip und auch nicht im Wirkungsgrad unterschieden. Die Gehäuse waren aus Silumin gegossen und die Flügel aus geschmiedetem und vergütetem ZNC-Stahl aus dem vollen mit größter Präzision gearbeitet. Im 3-Liter-Rennmotor wurde versuchsweise die einstufige Aufladung der vorhergegangenen großen Typen durch einen im Verhältnis kleineren Roots-Kompressor angewendet. Bald aber kam man davon ab und wählte die zweistufige Aufladung in zwei fast gleich großen Druckstufen zweier stehender, hintereinander arbeitender Gebläse unterschiedlicher Größe. Hierbei liefen die Kompressoren mit etwa 1,63facher Motordrehzahl.

Für die einstufige Aufladung des 3-Liter-Motors wurden zuerst zwei, dann drei übereinanderliegende Horizontal-Vergaser (Solex) angebaut. 1938 wurde dann für die Zweistufen-Aufladung ein schwimmerloser Registervergaser mit vier übereinanderliegenden, horizontalen Luftdüsen mit je zwei Kraftstoffdüsen entwickelt. In den ersten 6-Liter-Motoren wurde ein Doppel-Horizontalvergaser verwendet.

Eine Betrachtung der Kurbelwellen der Rennmotoren ist interessant. Für den 16-Zylinder-Motor von 1934 war die Kurbelwelle aus einem Stück unter Verwendung von hochwertigem Einsatzstahl geschmiedet und zehnmal in Bleibronze gelagert. Die Pleuel waren geteilt und ebenfalls in Bleibronze gelagert. Der 16-Zylinder-Motor von 1936 hatte dann bereits ungeteilte Pleuel, die in Leichtmetallkäfigen rollengelagert waren mit je zwei Reihen von 28 Rollen 5,5 × 5,5 mm. Die Kurbelwelle war demnach in den Kurbelzapfen durch 8 Verzahnungen geteilt. Im 12-Zylinder-Motor von 1938 – dem 3-Liter – war die Kurbelwelle anfangs wie im 6-Liter-Motor bleibronzegelagert, die Pleuel rollengelagert. Dann verließ man diese Gleitlagerung und lagerte nunmehr die Kurbelwelle in Wälzlagern von je 24 Rollen von 7 mm Durchmesser und 11 mm Länge. Diese Kurbelwelle war somit an den Hauptlagern und den Pleuellagern geteilt, wobei der Schluß der Verzahnungen jeweils durch eine zentrale Verschraubung erfolgte (siehe hierzu Bild 40).

Bild 43. Frontansicht des Rennwagens 1938/39

Das Schmiersystem war verhältnismäßig einfach. Eine von der Kurbelwelle durch Schneckenrad-Übersetzung 1 : 5 angetriebene Saugpumpe mit einer Förderleistung von etwa 30 Litern pro Minute pumpte aus der Ölwanne des Motors das Schmieröl durch den im Kühlluft-Einlaß liegenden Ölkühler zum Öltank im Bug des Fahrzeuges, von wo es durch eine Druckpumpe zu den Hauptlagern, den Nockenwellenlagern, Kipphebelwellen und den Zahnradtrieben gefördert wurde. Die Pleuel des 16-Zylinders wurden durch den hohlen Kurbelzapfen von der Druckölzuführung des Hauptlagers aus mit Schmieröl versorgt. Im 12-Zylinder – wo dann zwei Saugpumpen und eine Druckpumpe arbeiteten – erfolgte die Schmierung der Pleuellager aus Nuten in den Wangen der Kurbelwelle unter Zuführung durch Spritzdüsen.

Der gesamte Triebwerksblock Motor-Hinterachsantrieb-Getriebe war in vier Punkten auf einem Rahmen-Querrohr und einer hinteren Kasten-Traverse gelagert.

An den Fahrwerken der Rennwagen der Auto Union waren bereits in der ersten Ausführung 1934 bemerkenswerte und vollkommen neue Konstruktionstendenzen aufgetaucht, weshalb ein intensiveres Eingehen auf Fahrwerks-Einzelheiten interessant und aufschlußreich ist.

In sämtlichen Grand-Prix-Typen bis 1939 ist die Konstruktion der Vorderachse von Prof. Porsche bis auf kleine Veränderungen grundsätzlich beibehalten worden. Hier waren die Vorderräder einzeln an einem Kurbelarm-Parallelogramm aufgehängt und durch Torsionsstäbe (von 16 mm Durchmesser im 6-Liter-Fahrwerk) über die unteren Kurbelarme abgefedert. Die oberen Kurbelarme arbeiteten bis 1937 auf

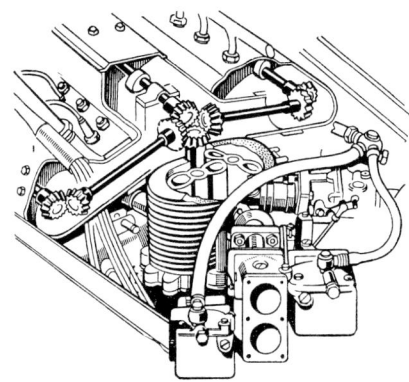

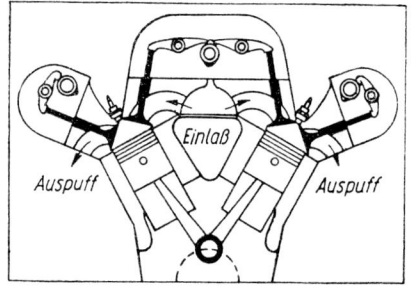

Bild 44. Ventilsteuerung und Nockenwellenantrieb im 12-Zylinder-Motor

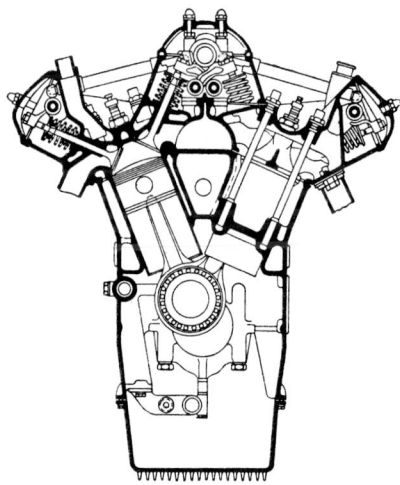

Bild 45. Querschnittzeichnung durch den 3-Liter-Motor

mehrscheibige Reibungsstoßdämpfer. Letztere wurden im 3-Liter-Wagen durch hydraulische Stoßdämpfer ersetzt, welche dann durch einen Hebel mit den unteren Kurbelarmen verbunden waren. In diesem Wagen von 1938 waren auch die Kurbelarme von 95 mm auf 140 mm verlängert und der Federweg bzw. die spezifische Federung jedes Vorderrades auf 24 mm/100 kg gegenüber den früheren 16 mm/100 kg erhöht worden. Der Torsionsstab lag jeweils quer in einem vorderen Querrohr des Rahmens.

In der Abfederung und Radführung der Hinterräder sind drei verschiedene Baustufen festzustellen und zwar:

a) Die Pendelachse mit Quer-Blattfederung im Grand-Prix-Wagen 1934/35
b) Die Pendelachse mit Torsionsstabfederung im Grand-Prix-Wagen 1936/37
c) Die Doppelgelenkachse mit Torsionsstabfederung im Grand-Prix-Wagen 1938/39

Bei der Baustufe a) wurden die Seitenkräfte von den Achsrohren auf Kugelschalen der Pedelachse am Gehäuse des Hinterachsantriebes übertragen, während die Schub- und Zugkräfte über beiderseitige Längslenker durch je einen Kugelbolzen am Rahmen aufgenommen wurden.

In der Ausführung b) lagen die Torsionsstäbe von 24 mm Durchmesser in den Längsrohren des Rahmens und hatten an ihren rückwärtigen Enden die Reibungsstoßdämpfer, welche wiederum durch einen Lenkhebel, der gleichzeitig die Federkräfte übertrug, auf die Bewegungen der Räder reagierten.

Die Hinterachskonstruktion c) führte zwar eine weitere Verbesserung der Bodenhaftung herbei, hatte jedoch ein größeres Gewicht und war infolge des

Bild 46. Motor, Hinterachse und Getriebe des Grand-Prix-Rennwagens der 3-Liter-Formel

Vorhandenseins von vier notwendigen Wellengelenken und 12 weiteren Kugelgelenken recht kompliziert. Bei dieser Doppelgelenkachse ging das Tragrohr unter dem Hinterachsantrieb hindurch, die Seitenkräfte wurden durch die Kugelgelenke – die Porsche-Gelenke von 1934 wurden in allen Hinterachsen beibehalten – aufgefangen und die Schub- und Zugkräfte wiederum durch Längslenker. Die Federung durch die Längs-Torsionsstäbe war mit einer spezifischen Federung von 32 mm/100 kg gegenüber der 1937er Konstruktion von 23 mm/ 100 kg noch weicher ausgelegt. Deren Schwingungsdämpfung erfolgte durch kombinierte Hydraulik- und Reibungs-Stoßdämpfer.

Die Erwähnung der Kraftübertragung erfolgt erst an dieser Stelle, da sie mit der Hinterachskonstruktion eine organische Einheit bildete. Die Motoren der einzelnen Typen waren in ihrer Längsachse etwa um 2,5° nach hinten geneigt, um die Kupplungswelle unter der Hinterachse hindurch zu dem hinter dem Differential liegenden Getriebe führen zu können. Das Gehäuse des Getriebes war aus Siluminguß und das des Hinterachsantriebes aus Stahlguß. Sämtliche, auf Bleibronze-Büchsen laufenden Schalträder des Fünfgang-Getriebes befanden sich in ständigem Eingriff mit den Stirnrädern der Treibwelle, wobei der 2. und 3. Gang und der 4. und 5. Gang durch Klauen paarweise geschaltet wurden. Als Getriebeabstufung wurde u. a. verwendet: I. 1 : 2,00; II. 1 : 1,292; III. 1 : 1,078; IV. 1 : 0,965 und im V. 1 : 0,863. Für den Hinterachsantrieb mit der ausnahmslos gebrauchten Klingelnberg-Palloid-Verzahnung des Teller- und Kegelrades waren die Abstufungen 10 : 33 und 12 : 36 die gebräuchlichsten.

In einem früheren Kapitel dieses Buches wurde auf die Wichtigkeit guter Bremsen hingewiesen. Um im Auto-Union-Rennwagen die benötigten Bremsleistungen zu erzielen, wurde großer Wert auf eine ausreichende Dimensionierung gelegt. In die Leichtmetall-Bremstrommeln von 400 mm Durchmesser und 50 mm für die Backenbreite waren Stahlgußringe eingepreßt. Während im 6-Liter-Wagen noch eine Zweibacken-Bremse mit 2 voneinander unabhängigen Hydrauliken eingebaut war, erhielt der 3-Liter-Wagen 1938 für jede Bremse vier in der Wirkung selbstverstärkende Bremsbacken mit vier Radbremszylindern.

Das Lenkrad von etwa 45 cm Durchmesser war auf einem kerbverzahnten Lenkspindelstock mittels Schnappverschlusses abnehmbar aufgesetzt. Die Lagerung der Lenkspindel im Lenkgehäuse erfolgte auf Kegelrollenlagern.

Den Rahmen des Fahrwerks bildeten 2 Längsrohre von 75 mm Durchmeser, welche durch ein vorderes Ovalrohr und zwei weitere Querrohre durch Schweißen verbunden waren. Eine hintere kastenförmige Traverse war mit den Längsrohren verschraubt. Im Rennwagen von 1934 wurden die Längsrohre gleichzeitig als Leitung für den Kühlwasserumlauf benutzt, jedoch wiesen die Schweißnähte nicht die notwendige Dichtigkeit auf. Im 6-Liter-Wagen wurde deshalb diese zur Gewichtsverminderung vorgesehene Ausführung durch gesonderte Gewebeschläuche für den Wasserumlauf ersetzt und das vordere Ovalrohr auf 100 bis 105 mm Durchmesser verstärkt. Diese Rahmenkonstruktion aus Chrom-Molybdän-Rohren wurde auch für den 3-Liter-Typ beibehalten, da in diesem durch höheres Gewicht und einen größeren Kraftstofftank für 280 Liter (gegenüber 210 Liter im 6-Liter-Wagen) auch die Belastungen und Beanspruchungen gestiegen waren.

Tabelle 5. Zahlen-Übersicht über die von der Auto Union gebauten Rennwagentypen

	1. Baujahr 1934	2. Baujahr 1935 (Rekord-Fahrzeug)	3. Baujahr 1936/37
Lage des Motors	Heck	Heck	Heck
Bauweise	V-Anordnung	V-Anordnung	V-Anordnung
V-Winkel	45°	45°	45°
Zahl der Zylinder	16	16	16
Hubraum	4360 cm³	4950 cm³	6010 cm³
Leistung	295 PS b.4500 u/min	375 PS b.4800 u/min	520 PS b.5000 u/min
Trockengewicht	825 kg	875 kg	825 kg
Gewicht fahrfertig mit Fahrer	1090 kg	1030 kg	1140 kg
Leistungsgewicht	2,8 kg/PS	2,34 kg/PS	1,52 kg/PS
Radstand	2800 mm	2800 mm	2900 mm
Spurweite	1390 mm	1390 mm	1420 mm
Länge	4500 mm	4550 mm	3920 mm
Breite	1660 mm	1705 mm	1690 mm
Höhe	1160 mm	1210 mm	1020 mm
Höchstgeschwindigkeit	280 km/h	325 km/h	340 km/h

	4. Baujahr 1937 (Rekord-Fahrzeug)	5. Baujahr 1938/39	6. Baujahr 1938 (Rekord-Fahrzeug)
Lage des Motors	Heck	Heck	Heck
Bauweise	V-Anordnung	V-Anordnung	V-Anordnung
V-Winkel	45°	60°	45°
Zahl der Zylinder	16	12	16
Hubraum	6010 cm³	2990 cm³	6330 cm³
Leistung	520 PS b.5000 U/min	485 PS b.7000 U/min	545 PS b.5000 U/min
Trockengewicht	915 kg	850 kg	930 kg
Gewicht fahrfertig mit Fahrer	1070 kg	1220 kg	1250 kg
Leistungsgewicht	1,75 kg/PS	1,76 kg/PS	1,71 kg/PS
Radstand	2900 mm	2800 mm	2900 mm
Spurweite	1420 mm	1390 mm	1390 mm
Länge	5520 mm	4200 mm	5520 mm
Breite	1835 mm	1660 mm	1750 mm
Höhe	1060 mm	1060 mm	1070 mm
Höchstgeschwindigkeit	410 km/h	340 km/h	440 km/h

In diesem Zusammenhang gleich noch einige Daten bzw. Zahlenangaben. Da soeben von der unterschiedlichen Größe der Kraftstoffbehälter die Rede war, sei erwähnt, daß der 6-Liter-Motor bei einem Verbrauch von 350 bis 400 g/PSh im Rennbetrieb je nach Rennstrecke „nur" 65 bis 80 Liter je 100 Kilometer schluckte. Das „nur" deshalb in Anführungsstrichen, weil für den hubraummäßig um 50% kleineren 3-Liter-Motor Verbrauchswerte von 500 bis 600 g/PSh – also etwa 80 bis 115 Liter für 100 Kilometer im Fahrbetrieb – gemessen wurden.

Der Leser mag sich weiterhin einmal auf das Kapitel „Die Leistung muß auf den Boden" entsinnen. Im Hinblick auf die dort gemachten Ausführungen ist das Fahrleistungsdiagramm des 6-Liter-Rennwagens in Bild 41 recht aufschlußreich. In diesem Diagramm sind die Widerstände aus Rollwiderstand und Luftwiderstand in der unteren ansteigenden Kurve eingetragen. Die abfallenden oberen Kurven stellen die Werte der Zugkräfte in den einzelnen Gängen dar. Die waagerechten gestrichelten Linien schließlich sind die Darstellungen der Haftreibungsgrenzen bei unterschiedlichem Straßenbelag und je nach Reifenprofil (Beton etwa 1,05, nasse Straßendecke etwa 0,5). Aus dem Diagramm wird ersichtlich, daß selbst bei ausgezeichneter Straßenoberfläche, guter Profilierung der Reifen und unter Berücksichtigung der dynamischen Radbelastung bei dem Beschleunigungsvorgang die Zugkraft des 1. Ganges (über 1000 kg) praktisch überhaupt nicht zu verwerten, also auf die Straße zu bringen war. Im 6-Liter-Typ 1936 wurde deshalb auch dieser Gang zum Anfahren nicht mehr benutzt. Aber auch noch im 5. Gang konnten – wie aus dem Diagramm ersichtlich – bei nasser Straßendecke (Haftreibungsgrenze 0,5) die Antriebsräder noch zum Durchdrehen gebracht werden!

Noch etwas anderes wird aus dem Diagramm ersichtlich. Die Linie der Zugkraft des 5. Ganges schneidet in einem Punkt die ansteigende Widerstandskurve. Dieser Punkt entspricht der Höchstgeschwindigkeitsgrenze auf ebener Fahrbahn bei Windstille. Er liegt bei dem Wert von

340 km/h.

Die Rennwagen der Auto Union siegten in den Jahren 1934 bis 1939 in 54 Rennen 32 mal und erzielten in diesem Zeitraum 23 Klassenrekorde und 15 Weltrekorde.

Tabelle 6. Motor-Daten der Grand-Prix-Rennwagen der Auto Union

	1. 1934	3. 1936/37	5. 1938/39
Bauform	16-V	16-V	12-V
V-Winkel	45°	45°	60°
Hubraum	4360 cm³	6010 cm³	2990 cm³
Zylinderinhalt	272,5 cm³	375 cm³	249 cm³
Hub	75 mm	85 mm	75 mm
Bohrung	68 mm	75 mm	65 mm
Kolbenfläche	580 cm²	707 cm²	399 cm²
Pleuellänge	164 mm	168 mm	168 mm
Zylinderabstand	86 mm	86 mm	86 mm
Hauptlager-Durchmesser	62 mm	70 mm	70 mm
Pleuellager-Durchmesser	58 mm	68 mm	66 mm
Leistung PS bei U/min	295—4500	520—5000	485—7000
max. Drehmoment kgm bei U/min	54—2700	87—2500	56—4000
mittl. eff. Druck bei max. Drehzahl	13,6 kg/cm²	15,6 kg/cm²	20,8 kg/cm²
mittlere Kolbengeschwindigkeit	11,3 m/s	14,1 m/s	17,5 m/s
Kolbenflächenleistung	0,51 PS/cm²	0,73 PS/cm²	1,22 PS/cm²
Aufladungsart	1 Roots-Kompr.	1 Roots-Kompr.	2 Roots-Kompr.
Ladedruck	0,60 atü	0,95 atü	1,67 atü

b) Die Formel-Rennwagen Mercedes-Benz in den Jahren 1934 bis 1939

Es ist hinreichend bekannt, daß das nazistische Regime aus Prestigegründen den Automobilrennsport durch finanzielle Zuschüsse forcierte und die Entwicklung von Rennwagen förderte, um auch auf diesem Gebiet die Ausschließlichkeitsbestrebungen zu verwirklichen. Allerdings wird die Höhe der nach einem Erfolgsschlüssel aufgeteilten nazistischen Subventionen meist überschätzt. Die staatlichen Zuwendungen deckten lediglich ungefähr etwa 10 bis 15% der Kosten der Rennbeteiligung.

Daß die einzelnen Werke – die Daimler-Benz A.G. und die damalige Auto Union A.G. – den Anstoß zum Bau von Rennwagen für die ab 1934 geltende 750 kg-Formel nicht erst durch den Nazismus erhielten, geht daraus hervor, daß sowohl in Untertürkheim als auch in Zwickau bereits 1932 – sofort nach der Bestätigung der dann von 1934 bis 1937 geltenden Formel durch die damalige A.I.A.C.R. im Oktober 1932 – die Planungen von neuen Rennwagenkonstruktionen eingeleitet wurden.

Für die Daimler-Benz A.G. hatten innerhalb der Jahre bis 1933 hauptsächlich die von Prof. Porsche entwickelten Mercedes-Modelle der ,,S"-Reihe an den Rennveranstaltungen teilgenommen. Nachdem der 1923 von Porsche entwickelte 130/150-PS-2-Liter-8-Zylinder-Kompressor der letzte ausgesprochene Mercedes-Rennwagen war (die ,,S"-Typen waren Sportwagen), galt es demnach für das Untertürkheimer Werk, völlig neu zu konstruieren. Auf eine ,,Überarbeitung" der ,,S"-, ,,SS"- und ,,SSK"-Wagen konnte begründeterweise nicht zurückgegriffen werden. Folglich konnte nur die Anwendung grundlegend neuer Konstruktionstendenzen zum Erfolg führen. Diese zunächst als nachteilig empfundene Notwendigkeit erwies sich in der Folge als durchaus positiv, da sich die völlig neuen Konstruktionen den bisher erfolgreichen ausländischen Rennwagen – Alfa Romeo, Maserati, Bugatti – welche in ihrer Auslegung der neuen Formel etwa entsprachen und nicht grundlegend, sondern nur in Details verbessert wurden – auf Anhieb überlegen erwiesen.

Da sich Dr. Hans Nibel bereits seit 1931 mit einem Rennwagen-Projekt beschäftigt hatte, wurde ihm die Entwicklung der Formel-Rennwagen für 1934 übertragen, und er nahm ab Februar 1933 die Entwurfsarbeiten für den

Mercedes-Benz W 25

in Angriff. Unter der Mitarbeit von Max Wagner, Albert Hees und weiterer Spezialisten erfolgte Planung, Konstruktion und Fertigung. Im März 1934 war dieser Typ fertig (Bild 47).

Dieses Rennfahrzeug wies hinsichtlich seines Fahrwerks neue Gesichtspunkte auf. Sämtliche Räder waren einzelgefedert, und zwar vorn durch Schraubenfedern und hinten durch Blattfedern. Das Getriebe war an der Hinterachse mit dem Hinterachsantrieb verblockt. Der Wagen hatte Öldruckbremsen. Der 8-Zylinder-Reihenmotor von 1934 mit einem Gesamthubraum von 3,3 Litern bei einer Bohrung von 78 mm und einem Hub von 88 mm wartete mit einer Bremsleistung von 280 PS auf. Jeder der acht Stahl-Zylinder hatte zwei Einlaß- und zwei Auslaß-Ventile, welche von zwei obenliegenden Nockenwellen gesteuert wurden. Der Kurbeltrieb war rollengelagert. Vom vorderen Ende der

102

Bild 47. Der Mercedes-Rennwagen W 25 der Jahre 1935 bis 1936

Kurbelwelle wurde über eine Lamellen-Kupplung ein Flügel-Kompressor (Roots) über Kegelräder angetrieben. Im Gegensatz zu der ansonsten gebräuchlichen Anordnung wurde hier vom Kompressor reine Luft angesaugt und dann erst im unter Kompressordruck stehenden Vergaser die Gemischbildung vollzogen. Diese Anordnung Kompressor-Vergaser-Motor war seit 1922 die typische der Mercedes-Kompressormotoren gewesen und wurde auch bis 1936 beibehalten.

Diese erste Grundkonstruktion des Rennwagens W 25 bzw. des W 25 E setzte sich auch in den Jahren 1935 und 1936 fort, ohne daß wesentliche Veränderungen vorgenommen wurden. Der Hubraum des 8-Zylinder-Reihenmotors aber würde von den ursprünglichen 3,3 Litern auf 3,7 Liter, dann auf 4 Liter und über 4,5 Liter bis auf 4,75 Liter stetig vergrößert. Die Dimensionen betrugen im

B-Motor 82 mm Bohrung und 94,3 mm Hub, im C-Motor 82 mm Bohrung und 102 mm Hub. Parallel zu der Vergrößerung des Hubraums durch die Verwendung anderer Kurbelwellen erhöhte sich die Leistung bis auf fast 500 PS. Bild 48 zeigt den Motor des W 25, wobei der Kompressor, die verrippte Druckleitung zu den zwei Doppelvergasern und diese selbst, die Nockenwellengehäuse und die Zündkabelleitung zu den zwischen den Ventilen sitzenden Zündkerzen sichtbar sind.

Nach dem Tode von Dr. Nibel im November 1934 entstand unter der Federführung von Max Sailer für das letzte Geltungsjahr der 750-kg-Formel, für 1937, ein hinsichtlich des Fahrwerks fast völlig neuer Typ, der

Mercedes-Benz W 125.

Für diesen Wagen (Bilder 49 und 50) behielt man die bisherige Motorkonstruktion als Reihen-Achtzylinder bei, jedoch vergrößerte man abermals den Hubraum, so daß der Motor nun bei einem Hub von 102 mm und 94 mm Bohrung 5660 cm³ aufwies und bei 6000 U/min in seinem letzten Entwicklungsstadium

Bild 48. Mercedes-Rennwagenmotor im Typ W 25

Bild 49. Der Rennwagen W 125

646 PS abgab. Das entspricht immerhin dem Optimalwert von 1.29 kg/PS Leistungsgewicht für den trockenen Wagen! Es ist eine feststehende Tatsache, daß es bei Festlegung der 750-kg-Formel für vollkommen ausgeschlossen gehalten wurde, jemals bei diesem Gewichts-Limit solch großvolumige Hochleistungsmotoren einzubauen. In diesem 5,6-Liter-Rennmotor wurde die bisher charakteristische Kompressoranordnung erstmals in einem Mercedes-Rennwagen auf die Reihenfolge Vergaser-Kompressor-Motor umgestellt. Ein solches somit „nasses" Gebläse ermöglichte durch die Abkühlung der angesaugten Luft, durch die Kraftstoffverdampfung und die Abdichtung durch den Kraftstoff im Gebläse selbst sowie der nunmehr möglichen Verwendung einfacherer Saugvergaser eine bessere Füllung der Zylinder und damit die höhere Leistung. In der Versuchsabteilung wurde von Ing. Scherer für den W-125-Motor ein Schieber-Vergaser mit einer besonders großen Düse hinter den zwei Normal-Düsen entwickelt, mit dem die genannte PS-Zahl erreicht wurde. Allerdings stieg damit der Verbrauch rapide an und belief sich bei Verwendung von Alkoholtreibstoff auf ungefähr 900 Liter je Stunde im Rennbetrieb bei Höchstbelastung! Nachstehende Tabelle mag die unterschiedlichen Leistungen bei Verwendung von Benzin-Benzol-Gemisch 50/50, Alkoholtreibstoff und bei Alkoholtreibstoff und Verwendung der Schiebervergaser von Scherer aufzeigen:

U/min	Gemisch 50/50 PS	Alkohol PS	Alkohol Schiebervergaser PS
1500	147	163	170
2000	224	238	248
3000	360	390	406
4000	452	492	525
5000	515	555	610
5500	534	572	625
5800	545	568	646

Noch bedeutungsvoller als diese nunmehr ausgereifte Motorkonstruktion waren jedoch die ganz entscheidend verbesserten Fahreigenschaften durch eine Neukonstruktion des Fahrwerks. Bei der sich ergebenden Motorleistung bzw. bei dem niedrigen Leistungsgewicht war eine grundlegend neue Fahrwerksauslegung zur unumgänglichen Notwendigkeit geworden, um die Leistung überhaupt möglichst weitgehend auf den Boden zu bringen und dem Fahrer ein weitgehendes Fahr- und Sicherheitsgefühl zu vermitteln. Es ist in Fachkreisen nicht unbekannt geblieben, daß der W 25 z. B. beträchtliche Übersteuerungsmerkmale aufwies. Im W 125 waren diese nun fast völlig ausgeschaltet worden. Der Radstand dieses Fahrwerks betrug 2500 mm und die Spurweite vorn und hinten 1400 mm. Die Vorderräder, welche an ungleich langen Querlenkern aufgehängt waren, wurden vermittels eigenreibungsfreier Schraubenfedern ausgesprochen weich – gegenüber der bisher allgemein verwendeten harten Federung – abgefedert. Der Federweg war mit 146 mm um mehr als die Hälfte größer als bei dem schon als weich bezeichneten W 25. Im W 25 waren die

Bild 50. Mercedes-Rennwagen im Jahre 1937 (Typ W 125)

Hinterräder durch Blattfedern abgefedert. Im W 125 wurde eine Doppelgelenkachse verwendet, wobei deren Tragrohr neben der Parallelführung der Hinterräder gleichzeitig über einen Gleitstein im Achsantriebsgehäuse die Seitenkräfte
aufnahm. Die Schub- und Zugkräfte wurden durch Längsstreben aufgenommen,
und die Abfederung erfolgte durch längsliegende Torsionsstäbe. Diese Konstruktion – siehe Bild 56 – bewährte sich derart hervorragend, daß sie unverändert für das Fahrwerk des zu gleicher Zeit für die neue Formel ab 1938 vor-
bereiteten 3-Liter-Wagens übernommen wurde. Mit dem W 125 wurden Geschwindigkeiten über 300 km/h erreicht.
Selbstverständlich war es der FIA bei Festlegung der 3-Liter-Formel für die
Jahre ab 1938 darum zu tun, diese eben genannten Geschwindigkeiten nunmehr
herabzudämmen. Es war jedoch bereits im ersten Formeljahr 1938 festzustellen,
daß dieser Zweck durch die vorgenommene Hubraumfestlegung nicht erreicht
war, ja, daß die deutschen Rennwagen mit 3-Liter-Motoren größtenteils die
innerhalb der 750-kg-Formel mit 6-Liter-Motoren aufgestellten Strecken- und
Rundenrekorde überboten.
Für die 3-Liter-850-kg-Formel bauten bei der Daimler-Benz A.G. die Konstrukteure Sailer und Wagner unter Einwirkung des von Fritz Nallinger
geleiteten Versuchs- und Entwicklungswerkes den

Mercedes-Benz W 163.

Für diesen Rennwagen (Bilder 51 und 52) wurde ein in der Bauform von
den bisherigen Auslegungen völlig abweichender Motor gebaut. Es war ein

107

Bild 51. Baujahr 1938

Bild 52. Der Typ W 163

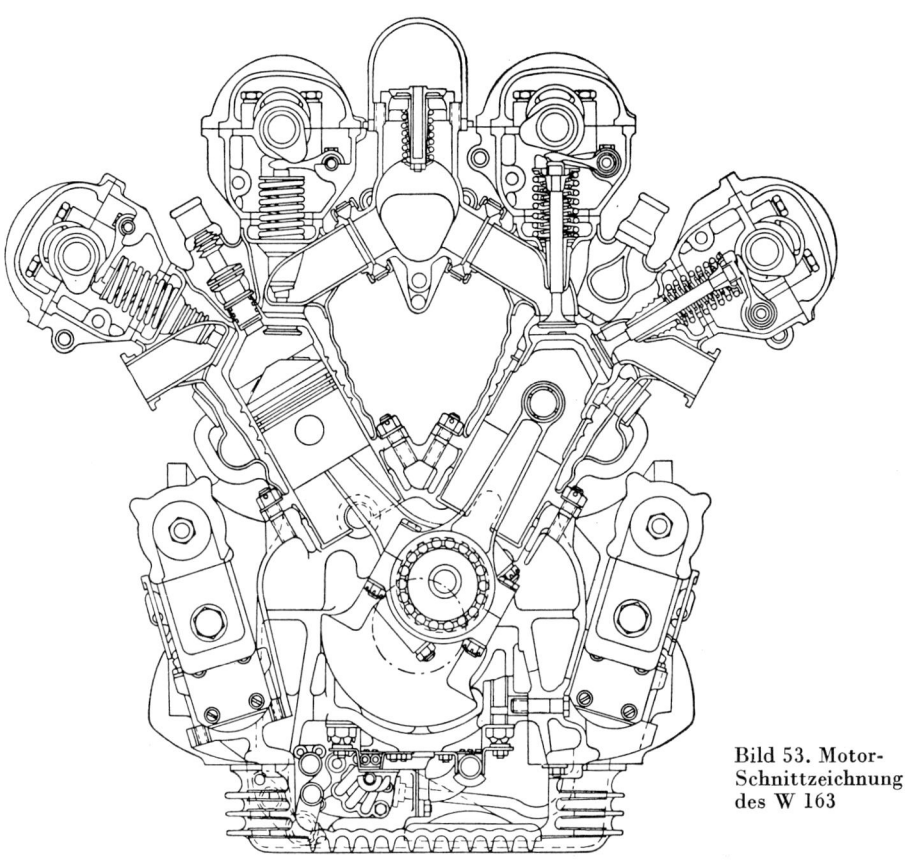

Bild 53. Motor-
Schnittzeichnung
des W 163

12-Zylinder-Motor in V-Form. Einmal wählte man diese vielzylindrige Bauweise,
um eine möglichst große Kolbenfläche zu erzielen. Dabei sollte aber der Motor
kurz bauen und im Fahrwerk nicht hoch aufragen. Daher die V-Bauweise, bei
welcher der höchste Punkt des Motors nur etwa 75 cm über dem Boden lag.
Der Aufbau dieses 2962-cm³-Motors ist in Bild 53 wiedergegeben. Die Bohrung
betrug 67 mm und der Hub 70 mm; die mittlere Kolbengeschwindigkeit
18,2 m/s. Bei einer Tourenzahl von 7800 U/min wurden maximale 480 PS
erzielt. Der mittlere Arbeitsdruck hatte den Wert von 19 kg/cm². Während die
normalen Drehzahlen bei 5000 bis 7000 U/min lagen, hielt der Motor jedoch
auch eine kurzzeitige Überdrehung bis 10000 U/min schadlos aus. Jeder Zylinder besaß 4 Ventile (2 Einlaß- und 2 Auslaß-Ventile), die von vier obenliegenden, durch Zahnradtrieb angetriebenen Nockenwellen betätigt wurden.
In seiner ersten Ausführung war dieser Motor mit zwei Parallel-Kompressoren
ausgerüstet. Den Motor mit dieser Anordnung zeigt Bild 54. Diese Ausführung
mit den zwei in einem Laderkanal arbeitenden Flügelkompressoren erforderte

Bild 54. Der Motor des W 163

einen Kraftaufwand für die Lader von 160 PS, weshalb man später die zwei
Parallelkompressoren durch ein Zweistufengebläse mit einem Überladedruck
von 2,86 atü ersetzte. Besonders erwähnenswert ist das Schmiersystem für
diesen Motor. Dasselbe wies neun Ölsaugpumpen und die gleiche Anzahl Druck-
pumpen auf. Die Kurbelwelle, deren Lager jeweils eine genau gleiche Ölmenge
zugeführt erhielten, die Nockenwellen und die Kompressoren wurden durch
getrennte Schmiersystem mit Öl versorgt.

Da sich das Fahrwerk im W 125 bewährt hatte, wurde es fast unverändert für
den W 163 übernommen. Die Aufhängung der Vorderräder an Dreieckslenkern
und die Abfederung durch sich am Rahmenquerrohr abstützende Schraubenfedern zeigt anschaulich Bild 55. Die Hinterachse ist in Bild 56 aufgenommen.
Hier sind noch weitere technische Einzelheiten sichtbar: die Gleitsteinführung
des De-Dion-Tragrohres, die Anlenkung des rechten hydraulischen Stoßdämp-
fers und des längsliegenden Torsionsstabes, die sorgfältig verrippten und

110

belüfteten Bremsen, die in einem Kugelbolzen gelagerte echte Schubstrebe, die neben dem Fahrersitz zum hintenliegenden Getriebe führende Kardanwelle usw. Die doppeltwirkenden Bremsen dieses Typs waren durch besondere Ausbildung der Kühlluftführung verbessert und noch wirksamer geworden. Sie dürfen mit einem gewissen Recht als die besten Rennwagenbremsen der Jahre 1938/39 bezeichnet werden.

Um eine ausgeglichene Gewichtsverteilung herbeizuführen, wurde außer dem Hecktank ein weiterer, unmittelbar vor dem Fahrersitz liegender Tank mit 180 Liter Fassungsvermögen vorgesehen. Da trotzdem durch die Abnahme des Brennstoffvorrates während der Rennen unterschiedliche Achsdrücke entstanden, sollte ein Ausgleich durch während der Fahrt verstellbare Stoßdämpfer erreicht werden. Versuche hiermit wurden durchgeführt.

Bild 55. Röntgendarstellung des W 163

Bild 56. Die Hinterachskonstruktion des Mercedes-Rennwagens von 1938/39 (W 163)

Das Fünfgang-Getriebe war an der Hinterachse angeordnet. Mit der Nürburg-ring-Übersetzung wurden folgende Höchstgeschwindigkeiten erreicht:

I. Gang 94 km/h
II. „ 174 „
III. „ 213 „
IV. „ 251 „
V. „ 310 „

Damit wurden die Geschwindigkeiten des im Hubraum fast doppelt so großen W 125 erreicht und übertroffen, denn neben anderen internationalen Klassen-rekorden Klasse D wurden über die Meile mit fliegendem Start (und bei einer Rekordverkleidung des Wagens)

gefahren.   399,6 km/h

Bild 57. Mercedes-Benz 1,5 Liter 1939

Bild 58. Mercedes-Benz 1,5 Liter 1939

Der „kleine" Mercedes-Rennwagen M 165

Die bis 1934 sehr erfolgreichen italienischen Rennwagenkonstrukteure waren
kurz vor Ausbruch des zweiten Weltkrieges infolge der eindeutigen Überlegenheit deutscher Formel-Rennwagen hinsichtlich ihrer Konstruktionen in die
Rennwagenklasse bis 1,5 Liter ausge-
wichen. Am 11. September 1938 beschloß
dann die Oberste Italienische Sport-
behörde, das nächste Tripolis-Rennen am
7. Mai 1939 nur für diese kleine Rennwagenklasse auszuschreiben.
Unmittelbar darauf – im September 1938 –
ging die Daimler-Benz A.G. an die Projek-
tierung und den Bau von zwei 1,5-Liter-
Rennwagen, welche unter Hans Sailer in
einem unwahrscheinlich kurzen Zeitraum
entstanden. Sie belegten in dem Tripolis-
Rennen am 7. Mai 1939 die beiden ersten
Plätze. Gesamtansichten des 1,5-Liter-
Mercedes zeigen die Aufnahmen Bild 57
und 58.

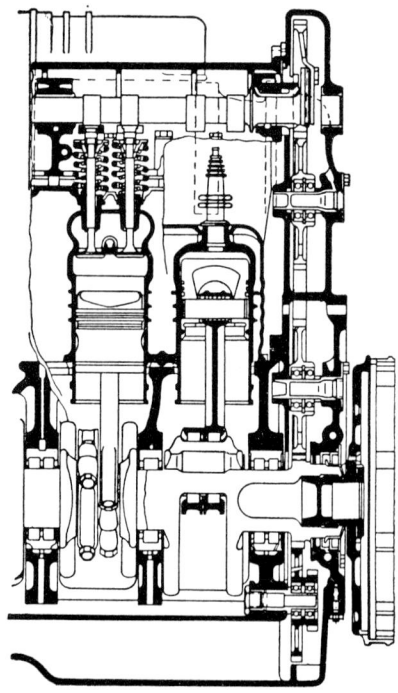

Bild 59. Längsschnitt des Motors M 165

Der 1,5-Liter-Motor war ebenfalls in V-Form gebaut und hatte acht Stahl-
zylinder mit aufgeschweißten Wassermänteln. Jeder Zylinder hatte in
gleicher Auslegung wie im W 163 zwei Einlaß- und zwei Auslaß-Ventile,
die von vier obenliegenden Nockenwellen gesteuert wurden. Dieser Motor war

114

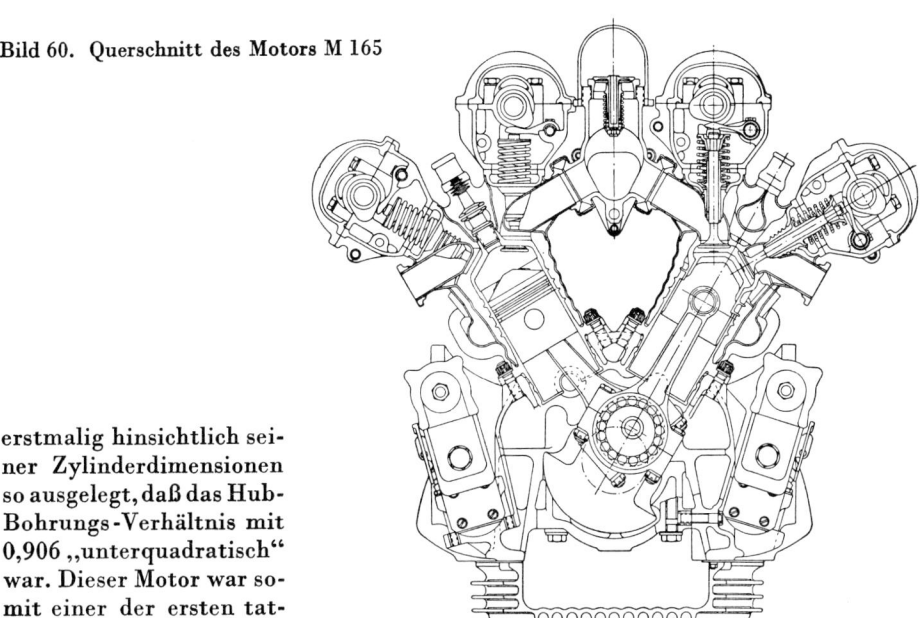

Bild 60. Querschnitt des Motors M 165

erstmalig hinsichtlich seiner Zylinderdimensionen so ausgelegt, daß das Hub-Bohrungs-Verhältnis mit 0,906 „unterquadratisch" war. Dieser Motor war somit einer der ersten tatsächlichen Kurzhubmotoren überhaupt. In Bild 59 ist eine Teil-Längsschnittzeichnung und in Bild 60 eine Querschnittzeichnung wiedergegeben. Folgende Motordaten können genannt werden:

1,5-Liter-Rennwagen Mercedes-Benz M 165

Bauform	8-Zylinder-V-Motor
V-Winkel	90°
Hubraum	1490 cm³
Zylinderinhalt	185 cm³
Hub	58 mm
Bohrung	64 mm
Kolbenfläche	256 cm²
Pleuellänge	143 mm
Zylinderabstand	96 mm
Hauptlager-Durchmesser	55 mm
Pleuellager-Durchmesser	48 mm
Leistung	270 PS bei 7800 U/min
max. Drehmoment	25 mkg bei 6500 U/min
mittl. eff. Druck	20,8 kg/cm² bei 7800 U/min
	21,2 kg/cm² bei 6500 U/min
mittl. Kolbengeschwindigkeit	15,0 m/s
Kolbenflächenleistung	1,06 PS/cm²
Aufladung	durch zwei Roots-Kompressoren
Ladedruck	2,45 atü

115

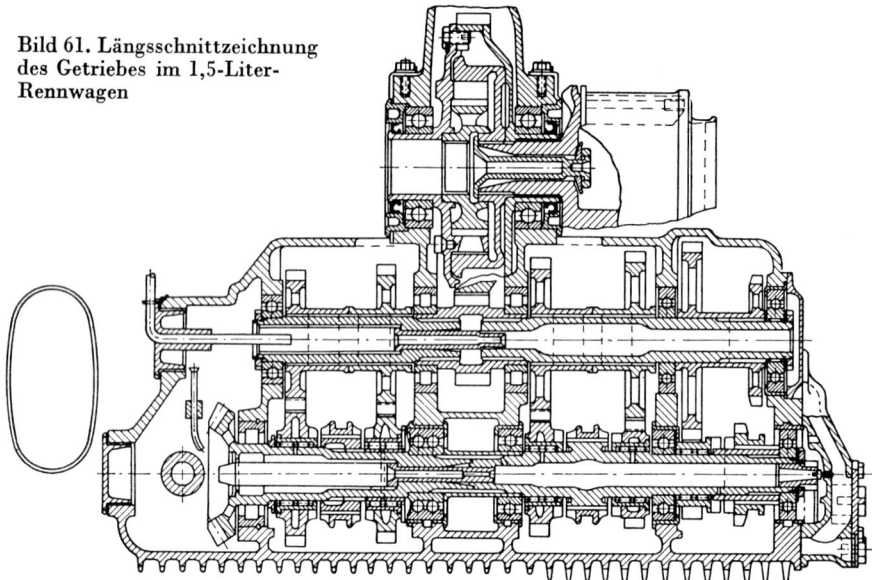

Bild 61. Längsschnittzeichnung
des Getriebes im 1,5-Liter-
Rennwagen

Auch dieser Motor konnte kurzzeitig bis zu 10 000 U/min überdreht werden.
Das Kraftstoff-Luft-Gemisch wurde durch zwei Doppelvergaser angesaugt und
durch ein Zweistufen-Flügelgebläse in die Zylinder gedrückt. Folgende Brenn-
stoff-Zusammensetzung wurde im Motor M 165 gefahren:

86,0% Methylalkohol	4,4% Benzin
8,8% Azeton	0,8% Schwefeläther

Die Leistung des nach hinten geneigten und schräg zur Längsachse im Rahmen
aufgehängten Motors wurde durch die links seitlich am Fahrersitze vorbei-
führende Gelenkwelle auf das mit dem Hinterachsantrieb verblockte Fünfganggetriebe übertragen. Das Getriebe war ähnlich wie im W 163 aufgebaut
und lag an der Hinterachse quer im Rahmen. Die Zeichnung in Bild 61 zeigt
die Konstruktion dieses Getriebes. Die Getriebeabstufungen waren: I. 1 : 2,75;
II. 1 : 1,82, III. 1 : 1,37; IV. 1 : 1,12; V. 1 : 1.
Die Fahrwerkskonstruktion zeigte die nahezu unveränderten Merkmale der
bewährten W 125- und W 163-Typen. An Dreieckslenkern aufgehängte Vorderräder mit Einzelrad-Schraubenfederung, wobei die oberen Querlenker organisch
mit je einem hydraulischen Stoßdämpfer verbunden waren. Die Doppelgelenk-
Hinterachse war drehstabgefedert, wobei die Seitenführung durch einen in
einer Führung des Hinterachsantriebes gleitenden Gleitstein (wie W 163) am
Tragrohr erfolgte. Die Schub- und Zugkräfte wurden durch Längslenker aufgenommen.
Brennstofftanks waren fast genau im Fahrzeugschwerpunkt seitlich des Fahrersitzes angebracht. Der Haupttank lag jedoch unmittelbar vor dem Fahrersitz.
Der M 165 erreichte eine Höchstgeschwindigkeit von etwa

280 km/h.

116

14. Die deutschen Vorkriegs-Rennmotorräder

Wie bereits im Vorwort zum Ausdruck gebracht, setzt unsere Betrachtung der deutschen Renntechnik und die Beschreibung der deutschen Rennfahrzeuge ungefähr mit den Jahren 1934/35 ein, umfaßt also den Zeitraum der letzten zwei Jahrzehnte. Aus diesem Grunde finden die deutschen Rennmarken, die seit jener Zeit keinen werkseitigen Einsatz mehr betrieben und auch keine Rennmaschinen für Privatfahrer herstellten, in unserer Betrachtung keine Berücksichtigung. Dies trifft besonders für die Fabrikate Bücker, Hercules, Victoria, Ardie, UT u. a. zu, von denen wohl in der Mitte der dreißiger Jahre noch einzelne Rennmaschinen in Privatbesitz waren, die aber keinen wesentlichen Einfluß auf die deutsche Renntechnik jener Zeit mehr ausübten. Verschiedene deutsche Rennmarken waren überhaupt vollkommen von der Bildfläche verschwunden. So kam es, daß vor zwei Jahrzehnten folgende fünf Werke die Stützpunkte der deutschen Renntechnik auf dem Motorradsektor bildeten: Imperia, Horex, BMW, NSU und DKW.

a) Imperia

Eine von jenen deutschen Motorradfabriken, die in ihren Rennmaschinen ausländische Motoren verwendeten, war das Imperia-Werk in Bad Godesberg. In den Imperia-Rennmaschinen für die 350- und 500-cm³-Klasse wurden die bekannten englischen Rudge-Motoren eingebaut. Diese Stößelstangenmotoren waren mit dem Vierventilkopf mit radial bzw. halbradial angeordneten Ventilen ausgestattet. Die Rudge-Motoren, mit Doppelschwimmer-Vergaser versehen, waren immer sehr schnell gewesen, aber doch etwas empfindlich, wenn sie in einem scharfen Rennen längere Zeit im Drehzahl-Grenzbereich gefahren wurden. Die Imperia-Rennabteilung brachte den Vierventilern Standfestigkeit bei, obwohl die Motoren in der Leistung den Rudge-Werksrennmotoren nicht nachstanden. Ausschlaggebender für die seinerzeitigen Erfolge der Imperia als die Motorleistung war aber wohl die ausgezeichnete Straßenlage der verhältnismäßig leichten (Starrahmen-) Maschinen. Die in den Jahren 1930 bis 1934 allgemein bewunderte Straßenlage der Imperia-Rennmaschinen war einmal auf die sehr günstigen Rahmenabmessungen und das leichte Gewicht, zum anderen aber auf die hervorragende Gabel zurückzuführen. Die seitlich durch besondere Streben stark versteifte Gabel besaß als interessantes Merkmal ein neuartiges Federelement: Beim Durchfedern der Gabel wurde erst ein weiches Gummiband gespannt und nach Zurücklegen eines gewissen Federweges ein zweites, härteres Band dazugeschaltet, um das Durchschlagen zu verhindern. Mit diesen Maschinen konnte Imperia mehrere deutsche Meisterschaften in der Solo- und Gespannklasse erringen.

Bereits 1934 wollte Imperia in den Kampf der 350-cm³-Klasse, die fast ausnahmslos OHV- und OHC-Motoren vorbehalten war, mit einer Rennmaschine mit grundsätzlich neuem Aufbau eingreifen. Die Fertigstellung dieser neuen Rennmaschine verzögerte sich jedoch. Das Rätselraten um die neue Konstruktion, das sich besonders in der Rennpause des Winterhalbjahres 1934/35 verdichtet hatte. wurde erst beendet, als das Godesberger Werk zu Beginn der Rennsaison 1935 den Schleier des Geheimnisses lüftete und die neue 350er Imperia-Kompressor-Rennmaschine vorstellte.

Sie präsentierte sich als ein Doppelkolben-Zweitakter nach der Junkers-Bauart: gegenläufige Kolben und zentral liegender Verbrennungsraum. Die beiden Kurbelwellen wurden durch eine federgespannte Doppelrollenkette gekuppelt; die Spannung der Kette erfolgte jedoch im Gegensatz zu dem bekannten Weller-Antrieb von innen. Der untere Kolben steuerte die tangential einmündenden Einlaßschlitze, der nur unmerklich voreilende obere Kolben die entsprechend geformten Auslaßschlitze. Das Gasgemisch des Saugvergasers wurde durch ein Kapselgebläse ähnlich dem Zoller-Gebläse mit sehr sauber geführten Leitschaufeln einem Aufnehmer zugeführt und von hier in den Zylinder gedrückt. Der Läufer des Gebläses saß unmittelbar auf dem Kurbelzapfen der oberen Welle. Die Kurbelgehäuse waren sehr klein gehalten. Da bei dieser Zweitakt-Rennmaschine auf Wasserkühlung verzichtet wurde und man sich auf die Luftkühlung beschränkte, um der auftretenden Wärmemengen Herr zu werden, waren Zylinder und Kompressorgehäuse gut verrippt. Die Auspuffrohre gingen wie bei den DKW-Rennmaschinen in gerader Form nach hinten. Bei Alkoholbetrieb soll der Motor bei etwas über 5000 U/min die damals phantastische Leistung von 40 PS abgegeben haben. Allerdings wurde diese Motorleistung bei der durch die internationalen Bestimmungen notwendig werdenden Umstellung auf Benzin/Benzol-Betrieb nicht mehr erreicht (Bild 62).

Das Fahrgestell dieser Imperia-Kompressor-Rennmaschine war als Starrrahmen mit kurzem Radstand ausgebildet. Der Einrohrrahmen erhielt durch stark angebohrte Knotenbleche einen geschlossenen Unterzug. Als Vorderradgabel wurde eine normale Parallelogrammgabel verwendet. Die Räder hatten 20- und 21-Zoll-Felgen und die Innenbackenbremsen 200 mm Durchmesser.

Trotz wiederholter Startversuche konnte die neue Imperia-Kompressor-Rennmaschine nicht zu einem durchschlagenden Erfolg kommen. Die Kinderkrankheiten machten dieser genialen Konstruktion außerordentlich zu schaffen. Noch in der Rennsaison 1935 wurde die Maschine wieder zurückgezogen und sollte überarbeitet werden.

Bild 62. Imperia-Gegenkolben-Rennmotor 350 cm³

Aber kurz darauf schloß das Godesberger Werk für immer seine Pforten, denn der finanzielle Aufwand für die Rennmaschine und einen zu gleicher Zeit im Versuch laufenden Stromlinien-Rennsportwagen hatte dem kleinen Werk den Todesstoß versetzt.

b) Horex

Nachdem Horex bereits in der Mitte der zwanziger Jahre mit einer Viertellitermaschine im Motorradrennsport vertreten war, erlebte diese Marke in den Jahren 1934 bis 1936 einen neuen sportlichen Höhepunkt. Waren vor dieser Zeit die Horex-Rennmaschinen meistens als Solomaschinen eingesetzt worden, so erfolgte in der Mitte der dreißiger Jahre der Einsatz der großen Zweizylindermaschinen des Homburger Werkes ausschließlich in den Seitenwagenklassen. Dieser erfolgreiche Einsatz führte 1935 zur deutschen Meisterschaft in der großen Gespannklasse.

Man könnte der Auffassung sein, daß die Entwicklung des klassischen Parallel-Zweizylinder-Motors mit vertikaler Anordnung englischen Ursprungs sei, schon allein deshalb, weil sich diese Konstruktionen heute einer großen Beliebtheit erfreuen und England in vielen Dingen des Motorradbaues fortschrittlich war. Das stimmt jedoch nicht, wenn man auch festhalten muß, daß der ,,Vertical Twin" durch die zahlreichen englischen Konstruktionen – Triumph-TEC, AJS, Matchless/BSA, Norton, Ariel usw. – erst zur eigentlichen Blüte gebracht wurde.

Schon im Jahre 1932 brachte das Horex-Columbus-Werk in Bad Homburg vor der Höhe den ersten stehenden Parallel-Zweizylinder-Motor mit obenliegender Nockenwelle heraus, der als 600- und 800-cm³-Modell in die Serie ging.

Diese rein deutsche Entwicklung erregte nicht nur durch die Klarheit und Formschönheit ihres konstruktiven Aufbaues, sondern vor allem durch ihre für damalige Maßstäbe erstaunliche Leistung das Aufsehen der Fachwelt.

Horex ging bewußt diesen Weg, weil man klar erkannte, daß das hier angewandte Prinzip zweier nebeneinanderstehender Zylinder mit über den Zylinderköpfen angeordneter Nockenwelle ein kompaktes und doch einfaches Aggregat bildet, geringe Baubreite erfordert und doch einwandfreie Kühlung aller wärmebeanspruchten Teile gewährleistet, entgegen einer eventuellen Längsreihen-Anordnung der Zylinder (Bilder 63 und 64).

Die zwei Horex-Zweizylinder-Modelle ,,S 6" und ,,S 8" waren also zuerst als Serientypen entwickelt worden und erfuhren erst später auf Grund der ausgezeichneten Motorleistung ihre Umwandlung in Rennmaschinen. Dies war wieder einmal eine der im Rennsport öfter vorkommenden Wechselwirkungen von der Serie auf den Sport und vom Sport auf die Serie. Berücksichtigt werden muß im Falle Horex noch, daß der Renneinsatz dieses Werkes in der damaligen Zeit nicht mit dem anderer Werke verglichen werden kann, denn Horex besaß damals keine ausgesprochene Rennabteilung.

Um das Hubraumlimit der großen Gespannklasse besser ausnutzen zu können, erhielt die ,,S 8" für den Renneinsatz an Stelle des 800-cm³-Motors einen solchen von 1000 cm³, denn jeder Zylinder hatte 80 mm Bohrung und 99 mm Hub (= 996 cm³). Die Verdichtung betrug 1 : 8,5 bei Benutzung des für

Bild 63. Der 600- bzw. 800-cm³-Zwei-
zylinder-OHC-Horex-Motor von 1932

Bild 64. Und das ist der 500-cm³-Zwei-
zylinder-OHC-Horex-Motor von 1952

Straßenrennen vorgeschriebenen Ben-
zin/Benzol-Rennkraftstoffs. Bei etwa
7800 U/min gab der 1000er Motor
58 PS ab.

Wie die große Horex hatte auch der
kleinere Bruder mit 600 cm³ den
Zweivergaser - Zweizylinder - Motor
mit obenliegender Nockenwelle. Der
Nockenwellenantrieb erfolgte durch
eine federgespannte Kette, die von
einem Leichtmetallkasten abgedeckt
wurde. Ventiltrieb völlig gekapselt.
Jeder Zylinder wurde mit vier Steh-
bolzen auf dem Kurbelgehäuse festgehalten. Hubraum 597 cm³ bei 65 mm
Bohrung und 90 mm Hub je Zylinder.
Verdichtungsverhältnis 1 : 9,5. Leistung 42 PS bei etwa 7500 U/min.

Die Fahrgestelle beider Maschinen-
typen waren gleich und entsprachen
im wesentlichen denen der Serien-
modelle. Der offene Einrohrrahmen
hatte keine Hinterradfederung. Als
Vorderradgabel wurde eine normale
Parallelogrammgabel mit zentraler
Druckfeder verwendet. Wie bei fast
allen Gespannmaschinen war die Gabel
durch zusätzliche Seitenstreben besonders versteift (Bild 65).

1936 wurden Versuche mit einem
600-cm³-Kompressormotor gemacht,
die zu einer weiteren Steigerung der
PS-Leistung führten. Dem Twin wurde
ein vor dem Motor in Kurbelgehäuse-
höhe liegender Roots-Kompressor angeflanscht, der durch eine Rollenkette
von der Kurbelwelle aus angetrieben
wurde. Auf der Seite des Kompressor-
antriebs erhielt die Kurbelwelle ein
besonderes Außenlager. Sonst waren
außer der Verlegung einiger Kabel und
Leitungen sowie des Kompressor-
Zuführungsrohres keine baulichen
Veränderungen am Motor notwendig.
Am Fahrwerk mußte allerdings infolge
des angeflanschten Kompressors der

Bild 65. Braun/Badsching auf dem kompressorlosen 800er Horex-Twin

vordere Rahmenteil geändert werden. Weiterhin machte sich durch den erhöhten Benzinverbrauch die Anbringung eines besonders fassungsreichen Kraftstoffbehälters notwendig. Gabel, Hinterrahmen, Räder, Bremsen usw. entsprachen den kompressorlosen Horex-Rennmaschinen. Das Hub/Bohrungs-Verhältnis war ebenfalls der kompressorlosen 600er gleich, die Verdichtung betrug allerdings mit Aufladung 1 : 11. Damit wurden bei 8500 U/min 48 PS aus dem Kompressor-Twin herausgebremst.

Trotz der höheren PS-Leistung war die Kompressormaschine leider nicht so erfolgreich – in der Gesamtheit ihres rennsportlichen Einsatzes gesehen – wie die „Säuglinge" des gleichen Stalles. Nach 1936 nahm das Horex-Werk überhaupt keinen fabrikseitigen Einsatz im Motorradrennsport mehr vor. Nur noch einzelne Privatfahrer steuerten rennmäßig frisierte Horex-Maschinen. Nach dem zweiten Weltkrieg trat das Homburger Werk im Motorradrennsport dann wieder mit einigen Neukonstruktionen im verstärkten Maße in Erscheinung.

Technische Tabelle der Horex-Zweizylinder (1934/36)

	1000 cm³ ohne Kompressor	600 cm³ ohne Kompressor	600 cm³ mit Kompressor
Hub/Bohrung	99/80 mm	90/65 mm	90/65 mm
Hubraum	996 cm³	597 cm³	597 cm³
Verdichtung	1 : 8,5	1 : 9,5	1 : 11
Drehzahl	7800 U/min	7500 U/min	8500 U/min
Leistung	58 PS	42 PS	48 PS
Gewicht (Solomaschine, trocken)	170 kg	165 kg	170 kg

c) BMW

Als im Jahre 1923 die Bayerischen Motoren-Werke in München mit ihrem ersten Zweizylinder-Kardan-Modell an die Öffentlichkeit traten, wurde eine neue Epoche im Motorradbau eingeleitet. Ihrer Zeit weit vorauseilend, hatten die Münchener Ingenieure mit der BMW ein Fahrzeug geschaffen, das gewissermaßen von außen nach innen konstruiert worden war: klare Linie der gesamten Maschine und sorgfältige Durcharbeitung der Details. An dieser Maschine wirkte nichts provisorisch. Es waren keine Fahrräder mehr, denen man irgendwie einen Motor, ein Getriebe und sonst noch einiges angehängt hatte.

Bis auf den heutigen Tag hat sich die vor mehr als 30 Jahren begonnene Konstruktionsrichtung des querliegenden, geschlossenen Zweizylinder-Boxer-Motors mit Kardanantrieb für Hochleistungsmaschinen erhalten. Die BMW war ihrer Auslegung nach mit dem sauberen, glattflächigen Mehrzylindermotor, dem Kardanantrieb und den klaren Fahrgestellinien ein Automobil auf zwei Rädern und doch ein richtiggehendes Motorrad: schnell, wendig und zuverlässig.

Nach vorübergehendem rennsportlichem Einsatz in der Viertelliterklasse mit einer 250-cm³-Einzylindermaschine erstreckte sich die BMW-Rennbeteiligung in den zwanziger Jahren hauptsächlich auf die Soloklassen der 500-, 750- und 1000-cm³-Maschinen. Daneben waren BMW-Maschinen selbstverständlich auch in den Gespannklassen vertreten. Durch die erfolgreichen Weltrekordfahrten und die damit verbundenen langwierigen Versuche hinsichtlich Höherentwicklung von Motor, Fahrwerk und Stromlinien-Verkleidung schränkte BMW den werkseitigen Renneinsatz anfangs der dreißiger Jahre etwas ein, die besten deutschen Privatfahrer jedoch fuhren in den großen Klassen die BMW-Maschinen unentwegt weiter zu Sieg und Platz.

Obwohl die Weltrekordangriffe mit ihrer Arbeit, den Erfolgen und den Schwierigkeiten weitergingen, beteiligte sich die BMW-Rennabteilung ab 1934 wieder stärker am Straßenrennsport. Die in den großen Soloklassen startenden Maschinen unter dem blau-weißen Firmenzeichen hatten zu jener Zeit noch den markanten Doppelrohr-Starrahmen in Dreieckform. Die Abfederung des Vorderrades erfolgte mittels Blattfedergabel. Dem der Rahmenform angepaßten Kraftstoffbehälter war ein Zusatztank aufgesetzt. Innenbackenbremsen. Die Hinterbremse war in einem großen Leichtmetallgehäuse ins Hinterrad verlegt worden und stellte damit den ersten Versuch einer Vollnabenbremse dar. Die Schaltung des Vierganggetriebes erfolgte durch einen am Tank geführten Handschalthebel. Rennkissen als Sattelverlängerung für Langliegend-Position. Manche BMW-Fahrer benutzten den „Henne"-Lenker auch im Straßenrennsport, obwohl sich dieser Lenker, der an beiden Seiten senkrecht nach unten gezogen war, vorwiegend für Rekordfahrten und schnelle Geradeaus-Strecken (Avus) eignete.

Die Motoren waren der BMW-Tradition gemäß querliegende, luftgekühlte Zweizylinder, die mit dem Getriebe zu einem Block vereinigt waren. Ventilbetätigung durch Stoßstangen. Ventiltrieb mit den Haarnadelventilfedern völlig gekapselt. Der Kompressor (Saugvergaser-Anordnung) lag über dem Motor bzw. Getriebe und wurde durch eine in Öl laufende Kette von der Kurbelwelle aus

Bild 66. 500-cm³-BMW-Stoßstangen-Rennmotor mit Kompressor 1934

angetrieben. Bereits 1934 gab die Halbliter-BMW-Kompressormaschine 50 PS ab (Bild 66).

Durch die erfolgreichen Weltrekordfahrten – in den Jahren von 1929 bis 1934 stieg der absolute Motorradweltrekord von 207,700 km/h auf 246,300 km/h! – war BMW das schnellste Motorrad der Welt geworden. Das verpflichtete. Mit ihren 50 PS und 200 km/h Höchstgeschwindigkeit war die Halbliter-BMW-Straßenrennmaschine auch das schnellste *Renn*fahrzeug Deutschlands auf zwei Rädern. Der Ehrgeiz der Münchener ging aber weiter, BMW sollte auch die schnellste (besser gesagt: erfolgreichste) Straßenrennmaschine im internationalen Maßstab werden. Die Motorleistung war schon da, um der BMW das Prädikat der schnellsten Straßenrennmaschine Europas zu verleihen; jedoch das hohe Fahrzeuggewicht und die auf kurvenreichen Kursen ungenügenden Fahreigenschaften haben manchen Erfolg im Straßenrennsport vereitelt.

Diese Tatsache führte dazu, daß man die Rennbeteiligung etwas einschränkte und sich in der Münchener Rennabteilung der Neukonstruktion einer Halbliterrennmaschine hingab.

Zum Hockenheimringrennen im August 1935 kam BMW mit der neuen 500-cm³-Rennmaschine, die in der gesamten Motorsportwelt natürlich großes Aufsehen erregte, erstmals heraus. Wenn auch die Münchener Grundtendenz – querliegender Boxer-Motor und Kardanantrieb – beibehalten wurde, so war es doch eine vollkommen neue Rennkonstruktion, die damit auf den deutschen und internationalen Pisten erschien.

Der Doppelrohrrahmen – noch als Starrahmen – lehnte sich streng an das bekannte Serienmodell „R 5" an, der gutgeformte Satteltank gab der Maschine auch als Rennfahrzeug ein sehr gefälliges Aussehen. Die Rennmaschine besaß natürlich keinen Schwingsattel, sondern einen normal abgefederten Sattel. Als Sattelverlängerung war ein sehr breites und bequemes Rennkissen angebracht. Ein schmaler Lenker mit Innenzughebeln, großen Griffen und Drehzahlmesser fand Verwendung. Als Vorderradgabel wurde erstmals im Rennsport eine öl-gedämpfte Teleskopgabel benutzt, deren Ölstoßdämpfer durch Handhebel verstellbar waren. Die Räder waren mit 20- und 21-Zoll-Felgen ausgestattet und besaßen Leichtmetall-Vollnabenbremsen.

Der Motor war noch glatter geworden, als man das von den bisherigen verschiedenen BMW-Modellen schon gewohnt war. Die obenliegenden Nockenwellen wurden jetzt durch Königswellen angetrieben, deren Verkapselung der oberen Kegelradpartie mit in den Zylinderkopfdeckel einbezogen war. Der Kompressor lag nicht mehr über dem Motor, sondern war an die Stirnseite des Motors gewandert. Die langen Kompressor-Zuführungsrohre wirkten gewissermaßen als Ausgleichskammern. Die Saugvergaser-Anordnung war beibehalten worden. Das Getriebe hatte linksseitige Fußschaltung erhalten und war mit einem kleinen Hand-Hilfshebel auf der rechten Seite versehen. Fußbremse rechts. Nachdem BMW jahrelang nur glatte Auspuffrohre an den Rennmaschinen verwendet hatte, wurden bei diesem neuen Rennmodell Versuche mit Auspufftüten gemacht (Bild 67).

1937 erhielt die 500er BMW eine weiterentwickelte Vorderradgabel und eine Teleskop-Hinterradfederung. Die Kardanwelle wurde mit Kreuzgelenken versehen. Durch die Hinterradfederung wurden die Fahreigenschaften der BMW

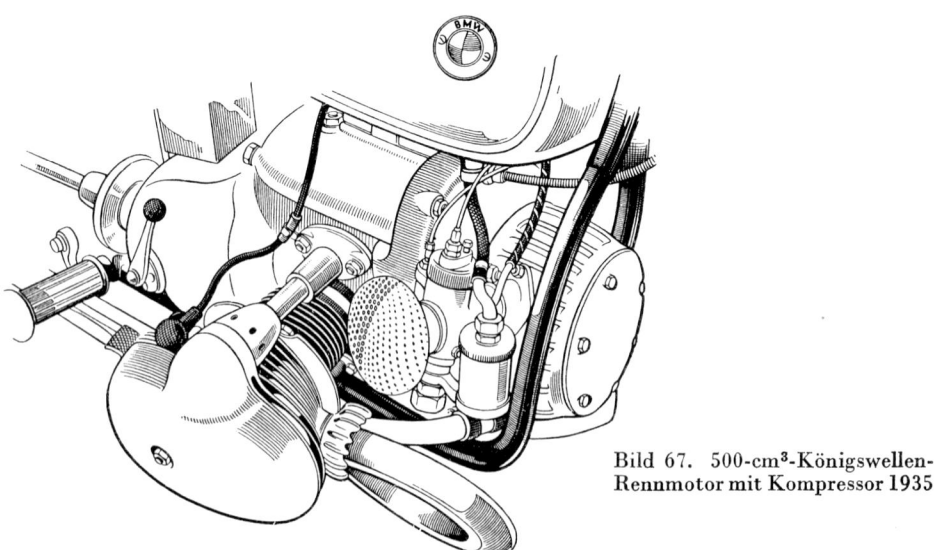

Bild 67. 500-cm³-Königswellen-
Rennmotor mit Kompressor 1935

natürlich stark verbessert. Auch der Motor wurde in Details verfeinert. Nach wie vor erhielten die vier obenliegenden Nockenwellen von einem in einer Flucht liegenden Königswellenstrang ihren Antrieb. Der Königswellenstrang stand wiederum über Schraubenräder, in Fahrtrichtung liegender Zwischenwelle und Kette mit der Kurbelwelle in Verbindung. Auch der Bosch-Rennmagnet wurde durch Kette angetrieben.

Ventilgrößen standardmäßig. Einlaßventile aus „Wolfram 5" gefertigt. Auslaßventile aus austenitischem Stahl mit hohlen Schäften und Natriumfüllung. Gesenkgeschmiedete Mahle-Kolben aus EC 124. Kompressionsverhältnis zwischen 1 : 4,8 und 1 : 5 für Benzin/Benzol (Bilder 68 und 69).

Ladedrücke bei 3000 U/min = 1,8 Atm., bei 6000 U/min = 2,1 bis 2,2 Atm., bei 7000 U/min = 2,2 bis 2,3 Atm. Spezifischer Verbrauch: 400 cm³ je PS und Stunde bei 7000 U/min. Als Vergaser fand ein Amal-Renn-Nadelvergaser Verwendung.

Mit 60 PS bei 7000 U/min erreichte die 500-cm³-Kompressor-BMW rund 210 km/h Höchstgeschwindigkeit und war damit die schnellste Vorkriegs-Straßenrennmaschine Europas. Sie war aber nicht nur die schnellste, sondern durch die Erringung zahlreicher Grand-Prix-Siege, der Europa-Meisterschaft und der Trophäe der englischen Senior-TT in den Jahren 1937 bis 1939 tatsächlich auch die erfolgreichste Rennmaschine der Halbliter-Soloklasse. Erst in den allerletzten Sportmonaten – im Sommer 1939 – konnte der BMW dieser Rang durch die italienische Vierzylinder-Kompressor-Gilera abgelaufen werden.

Bild 68. Teleskop-Hinterradfederung und Vollnabenbremse an der BMW-Rennmaschine von 1937

Bild 69
BMW-Kompressor-Rennmaschine 1939

125

Bild 70. BMW-Privatfahrer-Rennmaschine RS 39

Bild 71. BMW-Rennsport vom Typ RS 39 von der Kardanseite. Die Maschine ist nachträglich mit Vollnabenbremsen und Sitzbank versehen worden

Als käufliche Rennmaschine für den Privatfahrer brachte BMW im Frühjahr 1939 nach den vorangegangenen 500er Supersport- (SS-) Modellen der Typen R 5 und R 51 eine Rennsport- (RS-) Maschine heraus. Das Fahrwerk der RS entsprach der normalen R 51 (Teleskop-Vorderradgabel und Teleskop-Hinterradfederung), die Ausstattung jedoch war der Werksrennmaschine gleich (20- und 21-Zoll-Räder, 22-Liter-Kraftstoffbehälter mit schmaler Knieschlußpartie, Rennlenker, Drehzahlmesser, Kinnauflage auf dem Tank, Sattel-Rennkissen, Felgen, Schutzbleche, Kraftstoffbehälter und Lenkerarmaturen aus Leichtmetall). Die Bremsen waren nicht als Vollnabenbremsen ausgebildet, jedoch hatte man – um den sinkenden Reibungswerten bei großer Wärmeentwicklung entgegenzuwirken – auf die Bremstrommeln verrippte Stahlringe aufgezogen. Diese verbesserten die Kühlung und versteiften die Trommeln wesentlich.
Als ausgesprochener Rennmotor erhielt der RS-Motor Rennkolben und -ventile. Selbstverständlich waren auch die Ventilzeiten gegenüber den normalen Sportmotoren geändert worden. Steuerung der Ventile wie bei den Serienmaschinen durch Stoßstangen. An Stelle der Batteriezündung der alten SS-Modelle war die RS mit einem Bosch-Rennmagneten vom Typ FJ 2 R 48 ausgerüstet. Die Steuerkette der serienmäßigen R 51 wurde durch schrägverzahnte Stirnräder als Antrieb für die Nockenwelle ausgewechselt. Um der durch die höhere Leistung entsprechend größeren Wärmemengen Herr zu werden, wurden die Zylinder besonders sorgfältig verrippt. Die Form der Kühlrippen ähnelte der Ausführung der R 66.
Das Getriebe besaß einen Spezial-Rennsatz. Fußschalthebel in Anlage und Form so wie bei der Kompressormaschine. Für Straßenrennen wurde ein Kardan 35 : 9 verwendet, für Bergrennen ein Kardan 35 : 8.
Bei 36 PS Motorleistung erreichte die RS eine Höchstgeschwindigkeit von 175 km/h. Das Trockengewicht der Maschine betrug 148 kg (Bilder 70 und 71).

d) NSU

Als Gottlieb Daimler 1885 mit dem ersten Motorrad der Welt im atemberaubenden Tempo von 12 km/h seine Cannstatter Mitbürger erschreckte, ahnte er selbst wohl kaum, welch gewaltige Ausbreitung seine Erfindung einmal nehmen würde. 1893 brachten Hildebrand und Wolfmüller in Würzburg das erste deutsche serienmäßige Motorrad heraus, aber erst durch die gelungenen Konstruktionen der Neckarsulmer Fahrradfabrik – noch früher nannte sich dieses Werk Neckarsulmer Strickmaschinen-Union – konnte sich das Motorrad um die Jahrhundertwende die Gunst des Publikums in Deutschland erwerben. NSU stellte 3 und 1,5 PS starke Motorräder her, die mit ihren 70- und 40-km/h-Tempis den „nervenstarken Fahrern" vor mehr als einem halben Jahrhundert Befriedigung brachten.
Schon in der Zeit vor dem ersten Weltkrieg war NSU mit den verschiedensten Modellen eine erfolgreiche Rennmarke. Unzählige Siege im In- und Ausland wurden bei Straßen-, Berg- und Bahnrennen errungen. Auch in den zwanziger Jahren beteiligte sich NSU am Motorradrennsport. Um 1930 kam der englische Konstrukteur William Moore nach Neckarsulm und übernahm die Rennabteilung.

Seine den NSU-Rennmaschinen einverleibten Ideen waren teilweise neu, teilweise schon bewährt in anderen Rennkonstruktionen. Die Verpflichtung des Konstrukteurs Moore brachte in den dreißiger Jahren eine sehr starke NSU-Rennbeteiligung mit sich.

In den Jahren 1934 bis Sommer 1938 wurden von NSU nur Einzylindermaschinen ins Rennen geschickt. Die Beteiligung erstreckte sich auf die Soloklassen 350 und 500 cm³ sowie die Gespannklassen 600 und 1200 cm³. Alle vier Modelle waren in ihrem äußeren Aufbau gleich und unterschieden sich nur durch die vom Hubraum – 350, 500, 600 und 700 cm³ – bedingten Abmessungen und Leistungsdaten.

Die Fahrgestelle bestanden aus verwindungssteifen, geschlossenen, mit Muffen hartverlöteten Einrohrrahmen, die bei niedrigstem Gewichtswert eine gute Straßenlage der Maschinen ergaben. Zur Abfederung des Vorderrades wurde eine leichte Parallelogrammgabel benutzt. Bereifung auf dem Hinterrad 3,25 × 20′, auf dem Vorderrad 3,00 × 21′. Kraftstoffbehälter, Öltank und Lenker aus Leichtmetall. Als Felgen werden teilweise Stahlfelgen, teilweise Leichtmetallfelgen verwendet. Zügige, großdimensionierte Innenbackenbremsen, jedoch keine Vollnaben. Durch vollendete Filigranarbeit wurde eine weitgehende Erleichterung des Fahrwerks erreicht. So waren die Handhebel für Steuerungs- und Stoßdämpfer, Streben, Schellen und Knotenbleche sorgfältig angebohrt. Auch die Satteldecke wurde durchlöchert, allerdings weniger des Gewichtes wegen, sondern um eine rutschsichere Sitzposition zu erzielen. Für Gespannrennen hatten die Maschinen durch seitliche Streben versteifte Vorderradgabeln.

Die Motoren wurden von Jahr zu Jahr in Details verbessert, behielten aber stets ihre ursprüngliche Form. In allen Hubraumklassen, die von NSU besetzt wurden, kam der zuverlässige Einzylindermotor mit obenliegender Nockenwelle und Königswellenantrieb zum Einsatz (Bild 72). Zylinder und Zylinderkopf wurden durch lange, durchgehende Bolzen auf dem Kurbelgehäuse festgehalten. Bis über die Mitte der dreißiger Jahre verwendete man an den NSU-Rennmaschinen nur Grauguß-Zylinder und -Zylinderköpfe, erst später machte man Versuche mit Leichtmetallzylindern. Die Schmierung des Rennmotors wurde so gestaltet, daß der Ölsumpf die innenliegende Schwungscheibe nicht mehr störte. Man hatte die Ölzuführung zu den wichtigen Punkten geteilt und konnte jede Zuführung einzeln regeln, so daß jede Schmierstelle die Ölmenge erhielt, die sie für die betreffende Anforderung benötigte. Benzin- und Ölleitungen flexibel. Der Vergaser wurde als Fallstromvergaser ausgebildet. Königswellen-Ventiltrieb bis auf die freiliegenden Haarnadelventilfedern völlig gekapselt. Die Verwendung von

Bild 72. NSU-Königswellen-Rennmaschine mit Einnocken-Zylinderkopf, Baujahr 1936

Haarnadelventilfedern mit ihren gut gekühlten Federschlaufen hat neben der Erhöhung des Stehvermögens – geringe Auflageflächen der Federenden am Kopf, also geringer Wärmeübergang, geringere Neigung zum Flattern und eindeutige Biegebeanspruchung normaler Schraubenfedern – zweifellos auch eine thermische Entlastung des Kopfes mit sich gebracht, da ja eine Haarnadelfeder den kühlenden Fahrwind erheblich weniger abschirmt. Ölpumpe, Primärkette und Magnetantrieb waren ebenfalls gekapselt und gaben dadurch dem ohnehin übersichtlichen Einzylindermotor noch glattere Linien. Als Getriebe wurde ein von NSU selbst hergestelltes, getrennt angeordnetes Vierganggetriebe mit Rennsatz verwendet, das selbstverständlich Fußschaltung aufwies.

1935 wurden von der NSU-Rennabteilung für die 350-, 500- und 600-cm³-Werksrennmotoren als Leistungsdaten folgende Werte angegeben: 350 cm³ = 26 PS, 500 cm³ = 37 PS, 600 cm³ = 41 PS. Dabei waren Verdichtung und Drehzahl bei den Motoren der drei verschiedenen Größenordnungen ungefähr gleich (Verdichtung 1 : 9, 6000 U/min).

1937 erhielten die 350er und 500er Motoren den neuen Doppelnocken-Zylinderkopf, der eine noch bessere Einstellung der Nocken gestattete. Die Nockenform wurde geändert, so daß sich auch eine Verbesserung der Füllung bei hohen Drehzahlen ergab. Die Königswelle war etwas schlanker geworden. Verschiedentlich

Bild 73. Doppelnocken-Rennmotor der 350-cm³-NSU von 1937

Bild 74. Gesamtansicht der 1937er Zweinockenwellen-NSU

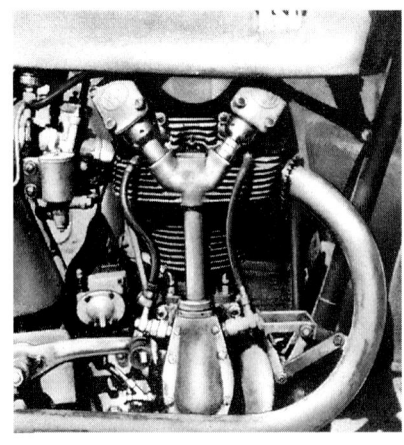

Bild 75. Dieser Zweinocken-Zylinderkopf mit gegabelter Königswelle an einem 1937er NSU-Modell wurde 1947 eingesetzt

wurden Leichtmetall-Zylinder mit eingezogener Laufbuchse verwendet. Der 350-cm³-Werksrennmotor hatte zu jener Zeit eine Leistung von 35 PS (Bilder 73 bis 75).

Neben den Werksrennmaschinen stellte die NSU-Rennabteilung für die Privatrennfahrer käufliche Rennmaschinen her, die im Aufbau grundsätzlich den Fabriksrennmaschinen entsprachen, aber selbstverständlich nicht deren Leistung aufwiesen. Folgende technischen Daten der NSU-Privatfahrer-Rennmaschinen sind von Bedeutung:

Type 351 SS-Renn

Zylinderzahl	1
Bohrung	71 mm
Hub	88 mm
Hubvolumen	346 cm³
Arbeitsweise	Viertakt
Steuerung	Königswelle, Kipphebel, schräghängende Ventile
Steuerzeiten	EA 50 bis 55° v. o. T.
	EE 60 bis 65° n. u. T.
	AA 75 bis 80° v. u. T.
	AE 45 bis 50° n. o. T.
Leistung	25 PS bei $n = 6800$
Vorzündung	48° Kurbelwinkel bei Nieder- und Hochverdichtung
Anwärmkerze	W 225 G 1 oder 175 T 1
Rennkerze	W 44 G 4 oder W 480 G 1
Vergaser	Amal-TT, 28,6 mm Durchmesser
Gasschieber	6
Nadelstellung	4
Düsenstock	
bei Niederverdichtung	109
bei Hochverdichtung	113
Verdichtungsverhältnis	
bei Niederverdichtung	1 : 9 bis 1 : 9,4
bei Hochverdichtung	1 : 12,5 bis 1 : 12,7
Kraftstoff	
bei Niederverdichtung	Benzin/Benzol 50/50%
bei Hochverdichtung	Alkohol-Spezialrennkraftstoff
Kraftstoffbehälterinhalt	etwa 19 Liter
Ölbehälterinhalt	etwa 5 Liter

Type 500 SS-Renn

Zylinderzahl	1
Bohrung	80 mm
Hub	99 mm
Hubvolumen	494 cm³

Arbeitsweise	Viertakt
Steuerung	Königswelle, Kipphebel, schräghängende Ventile
Leistung	30 PS bei $n = 6000$ U/min
Vergaser	Amal-TT, 28,6 mm Durchmesser
Gasschieber	5
Nadelstellung	3
Verdichtungsverhältnis	
bei Niederverdichtung	1 : 8,5
bei Hochverdichtung	1 : 12,2

Die Angaben bezüglich Steuerzeiten, Vorzündung, Kerzen, Rennkraftstoff, Kraftstoff- und Ölbehälterinhalt entsprechen denen der Type 351 SS-Renn.

Type 600 SS-Renn

Zylinderzahl	1
Bohrung	80 mm
Hub	118 mm
Hubvolumen	593 cm^3
Arbeitsweise	Viertakt
Steuerung	Königswelle, Kipphebel, schräghängende Ventile
Leistung	35 PS bei $n = 6000$ U/min
Vergaser	Amal-TT, 29,4 mm Durchmesser
Gasschieber	6
Nadelstellung	4
Verdichtungsverhältnis	
bei Niederverdichtung	1 : 8,5
bei Hochverdichtung	1 : 12,2

Die Angaben bezüglich Steuerzeiten, Vorzündung, Kerzen, Düsenstock, Rennkraftstoff, Kraftstoff- und Ölbehälterinhalt entsprechen denen der Typen 351 und 500 SS-Renn.

Diese käuflichen Einzylinder-NSU-Rennmaschinen waren bei den in- und ausländischen Privatfahrern der Lizenz- und Ausweisklasse außerordentlich beliebt. Sie waren in großer Stückzahl in den einzelnen Hubraumklassen vertreten. Besonders auf kurvenreichen Rennstrecken wurden die NSU-Rennmaschinen erfolgreich eingesetzt. Nicht zu Unrecht sprach man in jener Zeit von der NSU als der deutschen Norton. Zuverlässigkeit und Handlichkeit zeichneten die NSU-Rennmaschinen besonders aus. Verschiedene Landes- und Europa-Meisterschaften in den Solo- und Gespannklassen konnte NSU mit den Einzylindermaschinen erringen.
In den letzten Vorkriegsjahren zeigte sich jedoch immer deutlicher, daß der gute alte „unblown single", der nicht überladene Einzylinder gegen die übermächtige Kompressor- und Ladepumpen-Konkurrenz trotz raffiniertester

Verfeinerung nicht mehr aufkam. Man entschloß sich deshalb 1937 auch bei NSU, ein Kompressor-Modell zu bauen und in die Rennen zu schicken. Die Versuche nahmen längere Zeit in Anspruch, als man dachte, und so kam die neue NSU-Kompressor-Rennmaschine erstmals beim Großen Preis von Europa im August 1938 auf dem Sachsenring zum Einsatz. Diese Kompressormaschine wurde als 350-cm³-Zweizylinder gebaut. Die Mehrzylinderbauweise lag auf der Hand, denn die Rotationsgebläse, wie sie im Motorradrennsport verwendet werden, liefern ununterbrochen Gas; beim Einzylinder öffnet aber nur jede zweite Umdrehung das Einlaßventil für einen Takt. Die Stauung des unter Druck zugeführten Kraftstoff-Luft-Gemisches wird also zu stark. Um dem abzuhelfen, kann man beim Einzylinder einen Druckspeicher anbringen. Die Einzylinder-Kompressor-Rennmaschinen der italienischen Moto-Guzzi z. B. waren vor dem Kriege mit solch großen Ausgleichskammern zwischen Kompressor und Zylinder ausgestattet. Diese Druckspeicher füllten den gesamten Platz zwischen dem Kraftstoffbehälter und dem liegenden Zylinder aus. In der Fachsprache nannte man diese Guzzi-Ausgleichskammern damals den ,,Riesen-Pelikan-Kropf".

Man braucht aus diesem Grunde beim Viertaktrennmotor für den Kompressorbetrieb wenigstens zwei Zylinder (Gilera und AJS hatten auch Vierzylinder-Kompressormaschinen entwickelt!). Berücksichtigt man ferner, daß beim Viertaktrennmotor die Ventilüberschneidung ziemlich groß ist, dann bleiben beim Mehrzylinder nur noch verhältnismäßig wenig Grad Kurbelwinkel, während deren das vom Kompressor zugeführte Kraftstoff-Luft-Gemisch gespeichert wird. Diese Aufgabe war bei der NSU-Kompressor-Rennmaschine den langen Zuführungsrohren zwischen Kompressor und Einlaßventil zugedacht, ebenso, wie dies bei den BMW-Kompressor-Rennmaschinen der Fall war.

Der Parallel-Zweizylindermotor der 350-cm³-NSU war mit zwei obenliegenden Nockenwellen ausgestattet, die von je einer Königswelle angetrieben wurden. Die Zylinder waren aus Grauguß, die Zylinderköpfe aus Leichtmetall. Steuerungsteile völlig gekapselt. Motor und Getriebe bildeten einen Block, in den auch der Ölbehälter einbezogen war. Das breit ausladende und stark verrippte Kurbelgehäuse mit dem Ölbehälter vorn wurde gut vom Fahrwind gekühlt (Bild 76). Die auf Rollen laufende Kurbelwelle des Motors lag quer zur Fahrtrichtung. Kraftübertragung zum Getriebe durch eine im Ölbad laufende Kette. Auch bei diesem 350-cm³-Kompressormotor war man bei NSU der Langhub-Auslegung treu

Bild 76. Der erste NSU-Zweizylinder-Kompressormotor 1938

geblieben. Bei etwa 8000 U/min gab der Kompressor-Zweizylinder über 50 PS ab. Die Höchstgeschwindigkeit von 195 km/h war für Vorkriegsverhältnisse äußerst beachtlich.

Das Fahrwerk mit dem neuen Doppelrohrrahmen war als Starrahmen ausgebildet, hatte also noch keine Hinterradfederung. Die NSU-Rennabteilung hatte damals von der Vervollkommnung des Fahrwerks abgesehen, um Zeit für die Durchbildung und Standfestigkeit des Motors zu haben. Erst zur englischen Tourist Trophy 1939 wurde die erste hinterradgefederte NSU-Rennmaschine eingesetzt. Die Abfederung des Vorderrades übernahm eine Parallelogrammgabel. Große Bremsen, aber keine Vollnaben. 20- und 21-Zoll-Räder. Der Leichtmetall-Kraftstoffbehälter hatte ein Fassungsvermögen von 26 Liter.

Jede Rennmaschinen-Neukonstruktion macht ihre Kinderkrankheiten durch. Auch die Kompressor-NSU blieb davon nicht verschont. Ende 1938 war sie aber „fit". Trotzdem war der Einsatz dieser NSU-Rennmaschine im Jahre 1939 kein glücklicher. Die am Kompressor vorgenommenen Änderungen bedingten andauernde Versuche, und so ergaben sich im Rennen immer neue Schwierigkeiten. Erst in der Nachkriegszeit konnte diese Maschine zeigen, was wirklich in ihr steckte.

Auch für die 250- und 500-cm³-Klasse hatte NSU Rennmaschinen gleichen Aufbaues in Vorbereitung, jedoch kamen diese im letzten Vorkriegsjahr nicht mehr zum Einsatz.

e) DKW

Vier Jahrzehnte liegen die Pläne zurück, in Zschopau einen „**Dampf-Kraft-Wagen**" zu bauen. Der unglückselige erste Weltkrieg mit seinen verheerenden Folgen bereitete diesen Plänen, wie so vielen anderen auch, ein Ende. Die Abkürzung DKW blieb jedoch bestehen. Ing. Rasmussen übernahm seine eigene Wortschöpfung auch auf seine neue Konstruktion – den Zweitakt-Spielzeugmotor von 25 cm³ – und nannte sie „**D**es **K**naben **W**unsch". Aus diesem Spielzeugmotor wurde bald der erste Fahrradhilfsmotor der Welt, der von den Zschopauern die Bezeichnung „Das kleine Wunder" erhielt. „Das kleine Wunder" mauserte sich, wuchs sich zu einem 1,5-PS-Motorrad aus und setzte sich gegen die bestehende Zwei- und Viertaktkonkurrenz durch. „Das kleine Wunder" – sprich: DKW – wurde populär beim „kleinen Mann".

Es blieb nicht aus, daß sich DKW in der Zeit des wiedererwachenden sportlichen und technischen Interesses nach dem ersten Weltkrieg bald an Motorradrennen beteiligte. Obwohl die anfangs der zwanziger Jahre in sportlichen Veranstaltungen eingesetzten Zschopauer Zweitaktschnurrer von 150 cm³ kaum als Rennmaschinen anzusprechen waren, behaupteten sie sich doch auf Anhieb in den kleinen Klassen. Ihre Abstammung vom alten Reichsfahrtmodell konnten die an den Start gebrachten kleinen DKW-Maschinen alle nicht verleugnen, waren es doch praktisch Serienmaschinen, die nur in ihrer äußeren Aufmachung und der mehr oder weniger zweckvollen Erleichterung auf den Rennbetrieb abgestimmt waren. Der luftgekühlte Dreikanal-Zweitaktmotor war weit vorn und hochliegend im Rahmen untergebracht, so daß der Zylinderkopf unmittelbar

hinter dem Steuerkopf lag. Ein Keil-
riemen übertrug die Kraft des Motors
auf eine Riemenfelge am Hinterrad, die
gleichzeitig als Bremsfelge ausgebildet
war. Das fahrradähnliche Fahrgestell
mit Tretkurbeln war lediglich durch
eine mit horizontalen Druckfedern ausgestattete Pendelgabel abgefedert. Ein
großes Auspuffrohr sorgte für den
„schnellen" Krach. Trotz der uns heute

Bild 77. Die erste DKW-Rennmaschine

primitiv anmutenden Ausführung konnten die DKW-Maschinen jedoch in
ihren Klassen große Leistungen erzielen (Bild 77).
Es zeigte sich aber bald, daß nach dem ersten Zweitakter-Ansturm die Viertakter wieder an Boden gewonnen hatten. Besonders die englischen, französischen und schweizerischen Fabrikate mit ihren kopfgesteuerten Spezialrennmaschinen rückten wieder mehr in den Vordergrund, und das nicht nur im Ausland, sondern auch bei Veranstaltungen in Deutschland. Aber die DKW-Ver-
suchsabteilung ließ in diesem technischen Wettstreit der Systeme nicht locker.
Ab 1923 wurden die verbesserten Reichsfahrtmodelle mit einem wassergekühlten Motor versehen, dessen Kühler wie zwei kleine Packtaschen über das obere
Rahmenrohr bzw. den Tank gehängt war. Im übrigen waren die verwendeten
Motoren immer noch normale Dreikanal-Zweitakter mit Nasenkolben und Kur-
belgehäuse-Vorkompression. Allerdings unterschieden sie sich durch höhere
Verdichtung und größere Schlitze sowie sorgfältigste Vergaser- und Zündeinstellung von den Serienmotoren. Die durch vorstehende Maßnahmen auf 5 bis
6 PS Motorleistung – und damit auf etwa 30 PS Literleistung – gebrachten
Rennmotörlein brauchten damals unbedingt eine Wasserkühlung, um der auftretenden Wärmemengen Herr zu werden. Heute erreichen *luft*gekühlte Zwei-
takt-Motorrad-Rennmotoren Literleistungen von 120 bis 140 PS.
Um durch verbesserte Füllung zu höheren Leistungen zu gelangen, versah man
1926 den 175-cm³-Rennmotor mit einer zusätzlichen Ladepumpe, da ja der
normale Nasenkolben-Dreikanal-Zweitakter der lediglich durch Vergrößerung
der Steuerschlitze erfolgenden Leistungssteigerung bei bestimmten Drehzahlen
eine Grenze setzt.
Diese erste Ladepumpen-Konstruktion, als ein dem Hauptkolben gegenläufiger
Hilfskolben mit großer Bohrung und kleinem Hub ausgebildet, konnte die ursprüngliche Fördermenge der Kurbelgehäusepumpe um etwa zwei Drittel erhöhen.
Die Ladepumpe hatte damit ihre Bewährungsprobe in den DKW-Rennmotoren
bestanden. Sie wurde in den folgenden Jahren nicht nur im 175-cm³-Motor
verwandt, sondern auch in die Viertellitermotoren der Rennmaschinen übernommen. Durch Vervollkommnung der Renn„frisur" (Verbesserung der Pum-
penanordnung, der Gasführung, der Wärmeableitung und des Triebwerks)
hatten die DKW-Rennmaschinen vom Typ ARe und ORe in der Spanne vom
Beginn bis zum Ende ihres Einsatzes in der Leistung eine Steigerung um fast
das Dreifache zu verzeichnen. Ende der zwanziger Jahre baute man in Zschopau

Bild 78. 175-cm³-DKW-Rennmotor mit Ladepumpe unter dem Kurbelgehäuse

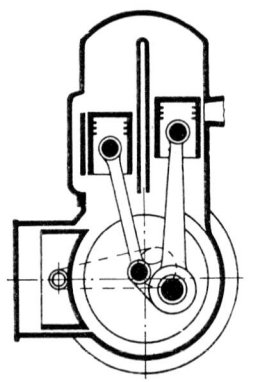

Bild 79. Prinzipskizze des DKW-Zweitakt-Rennmotors Typ UL 250

auch einen Halbliter-Zweizylinder-motor, der ebenfalls als Nasenkolben-Dreikanal-Zweitakter mit doppelt-wirkender Hilfspumpe ausgebildet war (Bild 78). Die Leistung dieses 500-cm³-Motors betrug 30 PS (Literleistung also 60 PS). Alle diese DKW-Nasenkolben-Ladepumpen-Rennmotoren waren verhältnismäßig schnell und zuverlässig. Aber in der Renntechnik gibt es keinen Stillstand, stets wird nach neuen Lösungen gesucht, immer ist das Bessere der Feind des Guten. Was uns an technischen Schöpfungen gestern noch begeistert hat, ist heute schon veraltet und wird morgen als fossil angesehen. So stand auch der Rennzweitakter vom Anbeginn seines Erscheinens in einem dauernden Umwandlungsprozeß.

Anfangs der dreißiger Jahre – zum Teil auch schon früher – erkannte man, daß der Dreikanal-Zweitakter trotz aller renntechnischen Maßnahmen sich in der Leistung nicht beliebig hochtreiben ließ, da infolge des länger geöffneten Auspuffschlitzes die Füllung von einer bestimmten Drehzahlgrenze ab rasch absinkt. Soll eine Auf- bzw. Überladung beim Zweitakter vollen Nutzen haben, dann muß bei ihm eine zusätzliche Steuerung der Schlitze und damit ein unsymmetrisches Steuerdiagramm zur Verfügung stehen.

1933 tauchten die ersten DKW-Doppelkolben-Rennzweitakter in der Viertelliterklasse auf. Der Doppelkolben-U-Motor war nichts Neues, Puch verwendete dieses Prinzip schon seit längerer Zeit für seine Zweitaktmotoren, aber DKW ging einen Schritt weiter und versah das Triebwerk mit angelenkten Pleuelstangen im Gegensatz zu den einfachen Puch-Gabelpleueln. Bei diesen ersten DKW-Doppelkolben-Rennzweitaktern wurde eine vornliegende, separate Ladepumpe verwendet. Aus zwei Amal-TT-Vergasern wurde das Frischgas, von den durch Unter- und Überdruck betätigten Membranzungen gesteuert, in das Lade-

136

pumpengehäuse hineingesaugt und dann dem vorderen Arbeitszylinder zu-
gedrückt (Bild 79). Da bei diesen Motoren die Einlaßsteuerung des Frischgases
nicht in das Kurbelgehäuse erfolgte und dementsprechend das Triebwerk nicht
mehr vom Kraftstoff-Öl-Gemisch umspült wurde, war eine getrennte Frischölschmierung durch Pumpe vorgesehen. Wasserkühlung, abnehmbarer Bronze-
Zylinderkopf, Spezialrennmagnetzünder, angeblocktes Dreiganggetriebe mit
Fußschaltung, große Tanks und Kühler. Bis zum Jahre 1936 waren die DKW-
Rennmaschinen mit dem leichten Doppelrohr-Starrahmen ausgerüstet. Zur Abfederung des Vorderrades wurde größtenteils eine Parallelogrammgabel mit
Gummibandfederung verwendet.
Neben der 250-cm³-Maschine mit Membransteuerung wurde in den Jahren 1934
bis 1936 für die 175er Klasse auch eine 175-cm³-Maschine gleichen Aufbaues ein-
gesetzt. Hatte die Viertelliter-Membranmaschine eine Leistung von 25 PS, so
betrug diese beim 175er Modell etwa 17 PS. Die Höchstdrehzahl lag bei beiden
Modellen etwa bei 5500 U/min.
Während bei der 175-cm³-Maschine die Membransteuerung weiter beibehalten
wurde, verließ man dieselbe bei der Viertellitermaschine nach 1934 wieder. Die
Membran-Einlaßsteuerung brachte wohl hohen Füllungsgrad, war aber mate-
rialmäßig schwer beherrschbar. Die Idee der Membransteuerung stand und fiel
damit, daß die Membranzungen stets dicht anlagen. Auch Brüche der Membran-
blättchen kamen oft vor. Um diese Schwierigkeiten zu vermeiden, wurde 1935
aus der URe 250 die UL 250 entwickelt, ebenfalls ein wassergekühlter Doppelkolben-Zweitakter. Man ließ das aus zwei Vergasern angesaugte Frischgas
durch die Unterkante des Auslaßkolbens – die zwei Amal-TT-Vergaser waren
am Auslaßzylinder angeflanscht – steuern, benutzte also wieder das Kurbelgehäuse als Pumpenraum. Die zur Erhöhung der Kurbelgehäuse-Fördermenge

Bild 80. 500-cm³-Rennmaschine, mit der Bernd Rosemeyer im Jahre 1934 viele Siege errang

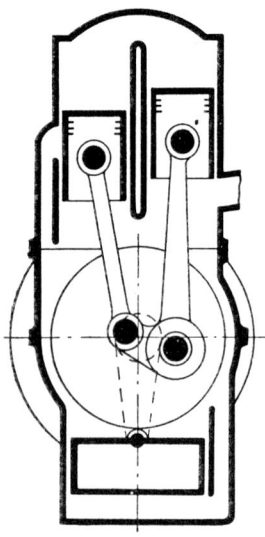

Bild 81.
Prinzipskizze des DKW-
Zweitakt-Rennmotors
Typ UL 500

wirkende große Kolbenpumpe war nicht mehr als gegenläufiger Hilfskolben zu den Hauptkolben ausgebildet, sondern war im rechten Winkel dazu – vorn liegend – angeordnet. Die Leistung (21 PS bei 5000 U/min) war zwar nicht mehr so hoch wie beim Membranmotor, dafür gab es aber ein Plus an Zuverlässigkeit (Bilder 80 bis 83).

1936 mußte man aber doch wieder eine Anleihe beim Membranmotor machen, da die UL-Maschinen nicht mehr schnell genug waren. Als Positivum kam hinzu, daß man die Membransteuerung materialtechnisch weiter erforscht hatte. Aus der UL 250 ging also die URM 250 hervor. Dieses Modell hatte eine vor dem Motor stehende, getrennt angeordnete Kolbenladepumpe mit eigenem Kurbeltriebwerk und Membran-Einlaßsteuerung. Das Membransystem lag oben auf der Ladepumpe. Der U-Motor hatte ein Hub/Bohrungs-Verhältnis von zweimal 47,5/68 mm. Leistung 26 PS bei 5500 U/min. Die Wasserhauben der Leichtmetallzylinder waren verrippt. Das trug einmal zur Gewichtserleichterung

Bild 82. 250-cm³-DKW-Supersportmaschine
mit Hinterradfederung und Vollnabenbremse

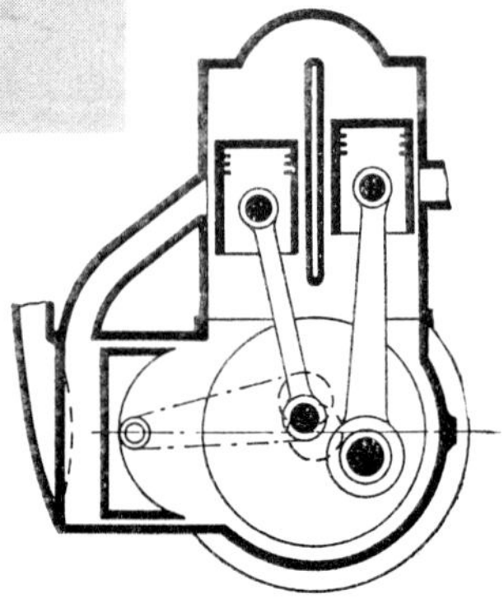

Bild 83. Prinzipskizze des DKW-Zweitakt-Rennmotors
URe 250

138

bei, zum anderen ermöglichte es durch die bessere Wärmeabgabe die Verwendung kleinerer Wasserkühler. Diese Kühler wurden jetzt zwischen die vorderen Rahmenrohre gesetzt, um vor Sturzbeschädigungen einigermaßen sicher zu sein. Die Kraftstoffbehälter wurden größer, aber durch weitestgehende Verwendung von Leichtmetall konnte trotzdem eine Verringerung des Gesamtfahrzeuggewichts erreicht werden. Die Rahmen wurden völlig verschweißt, um im Gegensatz zur bisherigen Muffenlötung ebenfalls eine Gewichtsersparnis zu erzielen. Als Vorläufer der heutigen Sitzbänke wurde bereits damals versuchsweise ein mit dem Sattel vereinigtes Rennkissen verwendet (Bild 84).
Die Tücken des Membranmotors waren jedoch nicht vergessen worden. Das Rennjahr 1937 brachte daher als Verbesserung der URM 250 den Typ ULD 250. Der nun schon traditionelle wassergekühlte DKW-Doppelkolben-Zweitakt-Rennmotor besaß an Stelle des Membransystems als Einlaßsteuerung einen Walzendrehschieber, der oberhalb des Pumpengehäuses lag. Dieser Walzendrehschieber wurde von zwei seitlich am Drehschiebergehäuse sitzenden Amal-TT-Vergasern gespeist. Wie alle DKW-Rennmaschinen mit getrennter Ladepumpe besaß auch dieses Modell eine gesonderte Frischölschmierung. Bei 5500 U/min gab der Motor etwa 27/28 PS ab. Höchstgeschwindigkeit 170 bis

Bild 84. 250-cm³-DKW-Rennmaschine
mit wassergekühltem Doppelkolben-Einzylindermotor

Bild 85. Das berühmte 250-cm³-Drehschiebermodell von DKW, mit dem Ewald Kluge
von 1937 bis 1939 eine einmalige Siegesserie errang

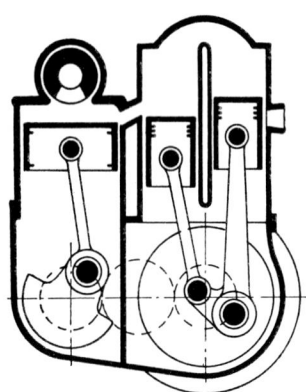

Bild 86. Prinzipskizzen des
DKW-Zweitakt-Rennmotors
ULD 250

175 km/h. Ab 1937 wurden bei DKW werkseitig nur noch Maschinen mit Hinterradfederung und Viergang-Fußschaltungsgetriebe mit Rennabstufungen eingesetzt. Die 21- und 20-Zoll-Räder erhielten Leichtmetall-Vollnabenbremsen. Die Wasserkühler bekamen kurze Leitbleche. Trotz gewaltiger Leistungssteigerung waren die Drehschieber-Modelle so zuverlässig wie einst die alten Nasenkolben-Maschinen. Damit war die Vorherrschaft des Rennzweitakters in der Viertelliterklasse für DKW wieder gesichert (Bilder 85 und 86).

Wenn DKW auch bereits früher mit den verschiedensten Modellen und in den verschiedensten Klassen viele Grand-Prix-Siege, Weltrekorde, Landes- und Europameisterschaften erringen konnte, so brachte die Viertelliter-Drehschiebermaschine, die von 1937 bis 1939 mit den alljährlichen Detailverbesserungen eingesetzt wurde, den Zschopauern doch die größten internationalen Erfolge in ihrer fast zwei Jahrzehnte währenden Rennbeteiligung. Neben unzähligen Grand-Prix-Siegen, Rekorden und Landesmeisterschaften konnte sich DKW dreimal hintereinander die Europameisterschaft der 250-cm³-Klasse erkämpfen. Bei der englischen Lightweight-TT 1938 auf der Isle of Man gewann die Drehschieber-DKW als erste deutsche Maschine die heißbegehrte Trophäe. 1939 war die Viertakt-Gefahr für DKW allerdings wieder akut geworden. Die

Viertelliter-Benelli- und -Guzzi-Maschinen mit Kompressor gaben unwahrscheinliche Leistungen ab, besaßen aber noch nicht das Stehvermögen der Drehschieber-DKWs. Um für alle Fälle gerüstet zu sein, entwickelte man aber auch in der DKW-Rennabteilung neue Kompressor-Modelle. Bei diesem Viertelliter-Motor war der Hubraum nochmals unterteilt; als Zweizylinder-Doppelkolben-Aggregat hatte er vier Bohrungen von je 62 cm³ Inhalt. Füllung und Überladung erhielten die zwei U-Zylinder durch einen vor dem Kurbelgehäuse liegenden Rotationskompressor, dem zwei Vergaser aufgesetzt waren. Leistung des Motors bei 6000 U/min = 35 PS. Diese Kompressormaschine war vom Herbst 1938 ab verschiedentlich im Training zu beobachten, zum Renneinsatz kam sie aber vor dem Kriege nicht mehr. Das gleiche Schicksal ereilte die 350- und 500-cm³-Kompressor-Modelle. Nach dem Kriege konnten allerdings die Motorsportanhänger in der Deutschen Demokratischen Republik solche DKW-Kompressormaschinen im Renneinsatz beobachten, denn die von Walfried Winkler gefahrenen Maschinen in der 250- und 350-cm³-Klasse waren Modelle der US-Baureihe (Bilder 87 und 88).

Lag das Schwergewicht der DKW-Rennbeteiligung vor dem Kriege auch stets auf den kleinen Soloklassen bis 175 und bis 250 cm³, so wollen wir doch nicht vergessen, daß auch in den großen Soloklassen und bei den Gespannen viele Erfolge durch die fischsilberblauen Renner errungen wurden.

Bild 87. Braun/Badsching auf dem schnellen 600er DKW-Gespann in Schleiz

Bild 88. Die DKW-Zweizylinder-Kompressormaschine von 1939

Nach den bewährten PRe- und UL-Typen der 500-cm³-Klasse machte man in Zschopau noch einmal einen Versuch mit einem Halbliter-Zweizylindermotor, der mit zwei vor dem Motor stehenden, getrennten Ladepumpen ausgerüstet wurde. Die Einlaßsteuerung besorgte ein auf dem Pumpengehäuse liegendes Membransystem. Diese Halblitermaschine war also eine Verdoppelung des URM-250-Typs. Die Leistung von 44 PS entsprach aber nicht den Erwartungen, und so wurden seit Saisonende 1937 Halbliter-Solomaschinen werkseitig nicht mehr eingesetzt. Einige der besten deutschen Privatfahrer sicherten sich aber diese Maschine und konnten in der Privatfahrerwertung ausgezeichnete Erfolge erringen.

Beim Eröffnungsrennen der 1938er Saison, dem Eilenriederennen in Hannover, trat DKW dafür in der 350-cm³-Klasse mit einer Neukonstruktion an, die sich auf Anhieb in jenem Jahr die deutsche Meisterschaft und 1939 auch die Europameisterschaft sichern konnte. Dieser 350-cm³-Zweizylinder-Doppelkolben-Zweitakter war eine Reduzierung des UL 500, die beiden U-Zylinder besaßen also eine gemeinsame, doppeltwirkende Ladepumpe. Die Motorleistung von 34 PS verlieh der Maschine eine Höchstgeschwindigkeit von über 180 km/h. Bemerkt werden soll noch, daß bereits 1937 kurzzeitig eine 350er Maschine von DKW eingesetzt worden war. Diese 350er war aber nur eine auf 290 cm³ aufgebohrte Viertelliter-Maschine gewesen. Wie bei fast allen Membranmotoren waren auch hier die tiefliegenden Vergaser stark verkleidet. Die bis Ende 1937 bei Gespannrennen eingesetzten DKW-Maschinen entsprachen im großen und ganzen den 500er UL- und URM-Typen, besaßen allerdings größeren Hubraum. Verschiedene DKW-Gespanne hatten einen Maschinen- und Seitenwagen-Rahmen aus einem Stück. Außerdem waren fast alle Gespanne mit Seitenwagenbremsen ausgestattet. Auch in diesen Klassen gab es für DKW deutsche und Europa-Meisterschaften.

Wie NSU und BMW gab auch DKW vor dem Kriege verschiedene Serien von käuflichen Rennmaschinen für die Privatfahrer heraus. Das Herzstück der Viertelliter-Privatfahrer-Rennmaschine bildete der zuverlässige Einzylinder-Doppelkolbenmotor vom Typ UL 250, der 20 PS Leistung abgab. Von 1935 bis 1937 waren die DKW-SS-Modelle mit Starrahmen und Dreiganggetriebe ausgerüstet, ab 1938 mit Hinterradfederung, Vierganggetriebe und Vollnabenbremsen (Bild 89).

Im Frühjahr 1939 erschien zum 250-cm³-Modell auch eine 350-cm³-Privatfahrer-Rennmaschine, die eine etwas zahmere, aber in der Ausstattung sehr ähnliche Ausgabe der 350er Werksrennmaschine war. Die Motorleistung von 32 PS reichte für eine Höchstgeschwindigkeit von 175 km/h. Damit war die 350er DKW-RS damals die schnellste Privatfahrer-Rennmaschine ihrer Klasse im europäischen Maßstab.

Bild 89. Das käufliche DKW-Rennsportmodell (Baujahr 1938/39) für den Privatfahrer

Tabelle 7. Übersicht der DKW-Zweitakt-Rennmaschinen

Typ	Baujahr	Motor-Kennzeichnung
ARe 175	1926	Einzylinder-Nasenkolben-Zweitakter mit gegenläufigem Hilfskolben
ORe 250	1927	Einzylinder-Nasenkolben-Zweitakter mit gegenläufigem Hilfskolben
PRe 500	1929	Zweizylinder-Nasenkolben-Zweitakter mit gegenläufigem, doppeltwirkendem Hilfskolben
URe 250	1933	Einzylinder-Doppelkolben-Zweitakter mit getrennt angeordneter Ladepumpe. Einlaßsteuerung durch Membrane
URe 175	1934	Einzylinder-Doppelkolben-Zweitakter mit getrennt angeordneter Ladepumpe. Einlaßsteuerung durch Membrane
UL 500	1934	Zweizylinder-Doppelkolben-Zweitakter mit gegenläufigem, doppeltwirkendem Hilfskolben
UL 250	1935	Einzylinder-Doppelkolben-Zweitakter mit im rechten Winkel zu den Hauptkolben angeordnetem Hilfskolben
URM 250	1936	Einzylinder-Doppelkolben-Zweitakter mit getrennt angeordneterLadepumpe. Einlaßsteuerung durch Membrane
ULD 250	1937	Einzylinder-Doppelkolben-Zweitakter mit getrennt angeordneter Ladepumpe. Einlaßsteuerung durch Drehschieber
URM 500	1937	Zweizylinder-Doppelkolben-Zweitakter mit getrennt angeordneter Ladepumpe. Einlaßsteuerung durch Membrane
UL 350	1938	Zweizylinder-Doppelkolben-Zweitakter mit gegenläufigem doppeltwirkendem Hilfskolben
US 250	1939	Zweizylinder-Doppelkolben-Zweitakter mit vornliegendem Rotationskompressor
US 350	1939	Zweizylinder-Doppelkolben-Zweitakter mit vornliegendem Rotationskompressor
US 500	1939	Dreizylinder-Doppelkolben-Zweitakter mit vornliegendem Rotationskompressor

15. Sportwagen-Renaissance

Es gibt wohl kaum eine treffendere Bezeichnung für die derzeitige, seit 1950 zu bemerkende Belebung und Verfolgung des Sportwagen-Gedankens als die einer Renaissance, einer Wiedergeburt.

Ganz bewußt wollen wir kurz den Weg des Sportwagens verfolgen, ehe im dann anschließenden Kapitel eine Beschreibung deutscher Sportwagen in dem diesem Buch zugrunde gelegten Zeitraum von 1934 bis 1954 vorgenommen wird.

Auch Sportwagen gab es bereits bald nach dem Beginn von organisierten Wettbewerben für Automobile, also kurz nach der Jahrhundertwende. Sie waren – und das ist ja der ureigene Grundgedanke – aus normalen Tourenwagen (von einer Serienfertigung kann man für die damalige Zeit nicht sprechen) durch Verringerung des Gewichtes und Erhöhung der Motorleistung entwickelt worden. Im Gegensatz zu den Rennwagen waren die Sportwagen keine Sonderkonstruktionen. Schon deshalb war es möglich, sich bewährende technische Resultate im Sportwagen schnell und fast unmittelbar im eben fast nicht abweichenden normalen Personenwagen gleichfalls anzuwenden und zu verwerten. Wenn es auch vor dem ersten Weltkrieg schon recht bedeutende Sportwagen-Wettbewerbe – wie die damaligen Prinz-Heinrich-Fahrten oder die Alpenfahrten – gab, so darf jedoch deren Wert hinsichtlich einer breiteren sportlichen Entfaltung nicht überschätzt werden, selbst wenn man dabei andererseits auch nicht vergessen sollte, daß das Automobil schlechthin erst am Beginn eines damals ungeahnten Entwicklungsweges stand.

Erst nach 1920 begann man wieder den Sportwagen-Gedanken aufzugreifen. Dann allerdings mit solcher Vehemenz und einer solch durchschlagenden Dynamik, die der inzwischen erkannten wirtschaftlichen Bedeutung des Faktors Automobil entsprach. Zu dieser Zeit entstanden die großen Sportwagen-Wettbewerbe, welche über Jahrzehnte hinweg bis heute Gradmesser der technischen Entwicklung der Sportwagen geblieben sind. 1923 wurden erstmals die 24 Stunden von Le Mans gefahren, und 1927 entstand die Mille Miglia. Daneben waren es viele Wettbewerbsfahrten und insbesondere zahlreiche Bergrennen, welche die Zeitspanne von etwa 1927 bis 1932 zu dem Inbegriff der großen Sportwagen-Ära werden ließ. Sowohl hinsichtlich der zahlenmäßigen Beteiligung als auch in bezug auf wertvollste technische Hinweise können wir erst heute wieder einigermaßen neidlos auf jene damalige „hohe Zeit" des Sportwagens zurückblicken. Im allgemeinen wich man nicht von dem Gedanken ab, daß der Sportwagen lediglich ein schneller, verbesserter Tourenwagen sein sollte. Ja, es war teilweise so, daß lediglich die Fahrgestelle entsprechend einer zweisitzigen Karosserie und der höheren Geschwindigkeit umgearbeitet wurden und die normalen Serienmotoren mit nur geringfügigen Veränderungen beibehalten wurden. Oder dem vorhandenen Motor wurde ein Kompressor nachträglich angebaut. Natürlich gab es auch Ausnahmen. Wie hätte es sonst sein können, daß Sportwagen (und das war der Fall!) über Rennwagen siegten. Zugleich mit Einsetzen der 750-kg-Formel und dem Auftreten der nunmehr das Publikum fast ausschließlich fesselnden neuen, schnellen Monoposto-Rennwagen schwanden Bedeutung und Umfang der Sportwagen-Rennen.

Kurz vor Beginn des zweiten Weltkrieges war es jedoch einem deutschen Sportwagen vorbehalten, dem Sport mit Sportwagen kurzzeitig wertvolle neue Impulse zu geben.

Etwa um 1950 begann dann die Sportwagen-Renaissance, die Neubelebung der Sportwagen-Idee, die Wiedergeburt, welche sich anlehnte an jene sportliche und technische Bedeutung der Jahre um 1930. Doch das war keine Restauration, keine bloße Kopie damaliger Vorgänge.

Der Rennwagen-Sport war in ein gewisses, besser gesagt, ungewisses Stadium der Stagnation getreten. Noch war die 1,5-Liter-Kompressor-Formel zwar in Kraft, aber keine Vielfalt von Konstruktionen belebte Technik und Sport. Über die Notlösung der vorübergehenden Formel II hielt sich der Grand-Prix-Sport bis zum Beginn der 2,5-Liter-Saugmotor-Formel 1954 über Wasser. Der Grundgedanke des Rennsportes – die unmittelbare technische Einwirkung auf den Serienfahrzeugbau – war in den Hintergrund getreten.

Da wurde nun der Sportwagen zum Mittler in doppelter Hinsicht!

Einmal war es der Serienfahrzeugbau, der vom Sportwagen profitierte. Gerade nach der umfassenden Zerstörung geistiger und materieller Potentiale durch den zweiten Weltkrieg galt es, durch harte Erprobungen und Versuche dem Bau von normalen Personenwagen neue Erkenntnisse, neue Konstruktions-Ideen und fortschrittliche technische Tendenzen zuzuführen. Nichts lag näher, als neue Wege zuvor im Sportwagen bei breiter sportlicher Betätigung zu versuchen. Für den Normalwagen wurde also der Sportwagen gebaut und geprüft. Aber auch der umgekehrte Vorgang – daß für den Sportwagen Normal-Automobile gebaut wurden – ist durchaus und deutlich bemerkbar. Noch vorhandene und in Tischladen behütete, den Vorkriegszeiten vorauseilende Konstruktions-Ideen für schnelle Personenwagen wurden Gestalt. Es entstanden Serien-Automobile, welche Sportwagen waren. Gerade in Deutschland finden wir zwei markante Beispiele für die zwei Wege des Mittlers Sportwagen zum Gebrauchswagen. In dem einen Falle wurden Sportwagen gebaut, um dem Serienfahrzeug zu dienen; im andern Falle entstanden Serienfahrzeuge, mit denen auf breiter Basis Sport getrieben wurde.

Der Sportwagen wurde jedoch auch der Mittler zum Rennwagen. Wie? Selbstverständlich erforderte eine Beteiligung an dem Sport mit Rennwagen – gleich ob in der Formel II oder einer großen internationalen Formel – ein intensives Studium der Materie und die Erforschung der technischen und sportlichen Möglichkeiten. Das Rüstzeug für den Bau von Rennwagen war der Bau von Sportwagen. Hier konnten Trieb- und Fahrwerke versucht werden. Aber auch hier gab es einen zweiten, umgekehrten Vorgang – den vom Rennwagen zum Sportwagen bzw. zum Rennsportwagen. Es entstanden einzelne Exemplare von Sportwagen, welche sich nur hinsichtlich der Vorschriften in bezug auf die Karosserie von Rennwagen unterschieden. Sie hatten deren Motoren und Fahrgestelle. So entstanden aus Rennwagen die Rennsportwagen in kleinster Stückzahl.

Das sind die vier Grundgedanken und Entwicklungsformen des Sportwagens:

> unmittelbare Befruchtung des Serienautomobils,
> Hochzucht aus dem Gebrauchswagen,
> Erprobung für den Bau von Rennwagen,
> Verwendung von Rennwagenaggregaten.

Alle Begriffe zusammen führten zu einer neuen Blütezeit der Sportwagen-Idee, zur Sportwagen-Renaissance.

Jede Zeitspanne prägte einen besonderen Typus des Sportwagens. Da war der Sportwagen um die Wende der dreißiger Jahre: Die auf Sport abgestimmte Weiterentwicklung des normalen Tourenwagens war spartanisch einfach. Auf zwei Sitzen hinter einer möglichst imponierend langen Motorhaube waren Fahrer und Beifahrer allen Unbilden der Witterung ausgesetzt. Für einen möglichst guten Fahrkontakt Fahrer–Wagen–Straße wurden Federungen in Kauf

genommen, welche die Goldplomben von Gebissen der Piloten in den Grund-
festen erschütterten. Zwar konnten zwei schutzbebrillte Personen – wenn es
wirklich nicht anders ging – auch mal eine mehrtägige Reise im Sportwagen
unternehmen, aber das warf bereits bei der Unterbringung des Reisegepäcks
vom Umfang einer dickbäuchigen Aktentasche fast unüberwindliche Probleme
auf. Für die Zahnbürste blieb meistenteils nur der Platz in der Jackentasche.
So ungefähr waren konservative Sportwagen beschaffen.
Der Sportwagen nach heutiger Auffassung ist anders. Die zwei Mittler-Aufträge
bestimmen seine Konzeption.
Hier ist der Typus, welcher mit dem Gebrauchswagen eng verwandt ist. Dieser
Sportwagen muß zwar äußerst schnell in Wettbewerben sein; jedoch auch nicht
so nervös, daß er nicht auch in den oberen Gängen geruhsam im langsamen
Stadtverkehr gefahren werden kann. Fast nur als Coupé karossiert, können
seine Insassen bei Schneewetter und Gewitterregen in Abendkleidung mit ihm
zum Theaterbesuch fahren. Keine noch so lange Anfahrt zu einem Rennen auf
eigener Achse beeindruckt seine Leistungsfähigkeit und die seines Fahrers im
anschließenden Wettbewerb. Für Reisegepäck ist genügend Platz, und Bord-
radio, Klimaanlage und Schlafsitze lassen zuweilen keinen Unterschied gegenüber einem normalen Tourenwagen bemerken. Trotzdem ist das ein Sportwagen. Ein Seriensportwagen.
Ein Rennsportwagen ist allerdings anders. Wir wissen, daß er für den Rennwagen oder aus diesem gebaut wurde. Kein Mensch wird auf den Gedanken
kommen, mit solchem Sportwagen einige hundert Kilometer Anfahrt zu einem
Rennen zurückzulegen. Sie werden in Spezial-Transportern zum Rennen gefahren und sorgsamer behütet als eine schöne Frau. Sie sind sehr empfindlich
und vertragen keine beschauliche Spazierfahrt. Ihre Fahrer müssen auf Fahrkomfort verzichten. Aber sie müssen unbedingt schnell und gut fahren können.
Fast sind es *reinrassige* Rennwagen. Fast – es sind Rennsportwagen.
Wir wollen uns noch etwas länger mit Sportwagen befassen und die international gültigen Vorschriften betrachten, die für diese Kategorie schneller
Automobile gültig sind. Das dürfte nämlich für eine verständlichere Betrachtung der im nächsten Kapitel vorgenommenen Beschreibung von Sportwagen
zweckmäßig sein. Wir haben ja eben schon die beiden Gruppen

Seriensportwagen
und
Rennsportwagen

unterschieden und wissen, daß diese Aufteilung des Begriffes Sportwagen den
unterschiedlichen Konzeptionen in der Richtung der Aufgaben zum Gebrauchsfahrzeug oder zum Rennwagen entspricht.
Die dem Gebrauchswagen verwandten Seriensportwagen sind – wie sich schon
aus dem Wort entnehmen läßt – Sportwagen, die in größerer Stückzahl
serienmäßig hergestellt sein müssen. Die internationalen Vorschriften legen
fest, daß von einem Sportwagentyp mindestens 25 Stück gebaut sein müssen,
um das einzelne Fahrzeug bei einem Wettbewerb gleich welcher Art in die
Gruppe der Seriensportwagen einteilen zu können.

Sind von einem Sportwagentyp nur 20 Stück oder 10 fertiggestellt worden, oder existiert nur ein einziges Exemplar, so bedeutet dies die Eingruppierung in die Kategorie der Internationalen Sportwagen. So ist die offizielle Benennung, gebräuchlicher ist der Begriff Rennsportwagen. Natürlich werden hier höhere Leistungen und Geschwindigkeiten als bei den Seriensportwagen verlangt. Das entspricht der Entwicklungslinie zum oder vom Rennwagen. Rennwagen existieren ja auch nur in wenigen Exemplaren, und da wird eben ein viel höherer Aufwand in Arbeit und Material getrieben, der sich letztlich ja in Geschwindigkeit und Stehvermögen auswirken soll.

Sowohl für die Seriensportwagen als auch für die Internationalen Sportwagen wird nun für die Wettbewerbe jeweils noch eine Unterteilung in Hubraumklassen vorgenommen. Hierbei wird unterschieden:

Die Klasse	J	bis	350	cm³	Zylinderinhalt	
,,	,,	I	über	350	,,	bis	500	cm³ Zylinderinhalt
,,	,,	H	,,	500	,,	,,	750	,,	,,
,,	,,	G	,,	750	,,	,,	1100	,,	,,
,,	,,	F	,,	1100	,,	,,	1500	,,	,,
,,	,,	E	,,	1500	,,	,,	2000	,,	,,
,,	,,	D	,,	2000	,,	,,	3000	,,	,,
,,	,,	C	,,	3000	,,	,,	5000	,,	,,
,,	,,	B	,,	5000	,,	,,	8000	,,	,,
,,	,,	A	,,	8000	,,	Zylinderinhalt.	

Wird ein Sportwagen mit Kompressor ausgerüstet (was heute selbst bei Rennsportwagen nicht mehr üblich ist), so wird er in die Klasse eingeteilt, die dem Doppelten seines Hubraumes entspricht. Erhält also ein 3000-cm³-Sportwagenmotor einen Kompressor, so muß der damit ausgerüstete Wagen dann in der Klasse B über 5000 bis 6000 cm³ starten.

Aber damit sind die Vorschriften für Sportwagen keineswegs zu Ende. Das Gegenteil ist der Fall, denn – abgesehen von der Stückzahlvorschrift bei den Seriensportwagen – würden sie ja wie Rennwagen gebaut sein können, wenn man hier nicht gewisse Riegel vorschieben würde. Eine Karossierung ohne Kotflügel, also Monoposto – das wäre nicht der Sinn des Sportwagen-Gedankens. Es gibt also noch bauliche Vorschriften, die sowohl für die Seriensportwagen als auch für die Rennsportwagen zu beachten sind. Diese Vorschriften sind in einem Anhang C der internationalen Sportgesetze festgelegt. Das ist übrigens ein recht umfangreiches Werk. Mit einigen dieser Sportwagen-Vorschriften müssen wir uns schon vertraut machen. Sie sind es, die den Rennwagen vom Sportwagen unterscheiden.

Allgemein heißt es da u. a.:

Sportwagen sind Kraftfahrzeuge, die sowohl dem Sport als auch dem Verkehr dienen. Sportwagen müssen den gesetzlichen Bestimmungen sowie... angegebenen Vorschriften entsprechen; anderenfalls werden sie in die Kategorie Rennwagen eingeteilt. Alle Sportwagen müssen mindestens zwei Sitzplätze aufweisen. Bei offenen Wagen kann der Platz neben dem Fahrer überdeckt werden. Sportwagen müssen mit allem normalen... Zubehör ausgerüstet und polizeilich zugelassen sein. Die Motorabmessungen (Hub-Bohrung) müssen den Angaben im Zulassungsschein entsprechen. Alle Räder müssen Reifen mit gleichen Dimensionen aufweisen.

Dann folgen einzelne Festlegungen, welche grundsätzliche Merkmale des Aufbaues von Sportwagen vorschreiben:

Die Karosserie

muß vollständig fertiggestellt sein und darf kein behelfsmäßiges bzw. vorübergehend angebrachtes Teil enthalten. Die äußere Breite der Karosserie muß mindestens 90 cm betragen und muß am Meßpunkt (unmittelbar hinter dem Lenkrad) auf einer Mindesthöhe von 25 cm eingehalten werden.

Die Sitze

müssen vorgeschriebenen Maß-Bedingungen entsprechen.
Alle offenen Sportwagen müssen mit mindestens einer starren

Tür

mit Schließvorrichtung und Angeln an der dem Sitz des Fahrers nächsten Karosserieseite ausgerüstet sein. Die Türfläche muß so groß sein, daß ein Rechteck von 40 cm Breite und 20 cm Höhe darauf eingezeichnet werden könnte. Bei geschlossenen Sportwagen sind mindestens zwei Türen vorgeschrieben, welche den Eintritt in den Wagen von jeder der beiden Seiten erlauben müssen.
Im Falle der geschlossenen Sportwagen müssen die

Scheiben

so groß sein, daß auf den Seitenscheiben ein Rechteck von 40 cm Breite und 20 cm Höhe aufgezeichnet werden könnte. Die Scheibe in der Hinterwand muß bei einer Höhe von 18 cm eine nutzbare Breite von 60 cm aufweisen. Alle Scheiben – auch Windschutzscheiben bei offenen Wagen – müssen aus Sicherheitsglas sein, falls sie aus Glas hergestellt sind.

Die Kotflügel

müssen fest mit der Karosserie verbunden sein. Bei geradestehenden Rädern darf kein Teil des Reifens über die Seitenkanten der Kotflügel (von oben gesehen) hervorstehen.
Ein u. U. vorgeschriebenes automatisches Anlassen mit den an Sportwagen befindlichen Hilfsmitteln setzt das Vorhandensein eines Anlassers voraus.
Mindestens ein fertigmontiertes

Reserverad

muß außerhalb des für die Insassen des Wagens bestimmten Raumes angebracht sein, und zwar so, daß die normale Türbewegung nicht behindert wird.

Das Vorhandensein aller die normale
elektrische Anlage
bildenden Teile, wie z. B. Lichtmaschine, Batterie, Signal- und Beleuchtungseinrichtung, ist Vorschrift. Diese Teile dürfen nicht nur behelfsmäßig angebracht sein. Die Signal- und Beleuchtungsgeräte müssen den Vorschriften der Internationalen Pariser Konvention über den Kraftverkehr entsprechen.
Ein Handfeuerlöscher,
der im Fahrerraum griffbereit sein muß, ist mitzuführen.
Alle Wagen müssen mit einem
Rückblickspiegel
ausgestattet sein, dessen reflektierende Fläche mindestens 80 cm² groß sein muß.

Sehen Sie, das war nur ein Teil der Vorschriften für Sportwagen. Allerdings die wichtigsten.
Aber die Aufzählung der Vorschriften für Sportwagen war nun nicht der alleinige Zweck dieses Buch-Kapitels.

Sportwagen müssen so sein!

Ihre hervorragende Stellung als Mittler zwischen dem normalen Gebrauchswagen und dem Rennwagen auferlegt eben Pflichten. Und jetzt betrachten wir uns die markantesten deutschen Sportwagen. Und vielleicht war das eben Gelesene der Anlaß, daraufhin die einzelnen Typen mal recht verständig in ihren Einzelheiten und Merkmalen anzusehen.

16. Beschreibung deutscher Sportwagen

a) Der BMW-Sportwagen Typ 328

Dieser deutsche Sportwagen verdient aus zweierlei Gründen eine vielleicht „untechnische", jedoch durchaus sachlich fundierte einleitende Vorstellung. Die folgenden Worte mögen etwas enthusiastisch klingen, aber: Die bestechenden Charakteristiken dieses Wagens aus *Eisenach* – nämlich eine bis dahin unbekannte Beschleunigung, die zügig und exakt wirkenden Bremsen, hervorragende Straßenlage trotz (oder gerade wegen?) der starren Hinterachse und eine wunderbare leichtgängige, aber sehr direkte Zahnstangenlenkung – wie gesagt, diese bemerkenswerten Eigenarten des 328 riefen Begeisterungsstürme der Kenner und Feinschmecker schneller Automobile hervor. Der Orgelton seines Motors war aufreizend und verführerisch. Für Leute von der Statur des „Schreibers dieses" „kniff er zwar etwas unter den Schultern", aber spartanisch waren ja die Sportwagen damals alle.
Doch zurück zu den zwei besonders erwähnenswerten Gründen der Vorstellung dieses Sportwagens. Der BMW 328 (Bild 90) war der erste in einer größeren Serie – etwa 200 Stück insgesamt – hergestellte Sportwagen. Darüber hinaus

150

Bild 90. Der BMW-Sportwagen Typ 328

war er – ad zwo – in den noch vorhandenen Exemplaren nach dem zweiten Weltkrieg die Ausgangsbasis und die Grundlage für den Wagenrennsport, der sich deutsche (Veritas, EMW usw.) und ausländische (Cooper, Bristol usw.) Formel-II-Wagen mit Erfolg bedienten.

Im Eifelrennen des Jahres 1936 wurde dieser Typ erstmals versuchsweise gefahren und erzielte auf Anhieb die beste Zeit aller Sportwagen. Er war aus dem 55-PS-Wagen Typ 319–1 ge-züchtet worden. Hier nun seine technische Beschreibung.

Der Motor (Bild 91) war ein sechszylindriger Reihenmotor mit einem Hub von 96 mm und einer Bohrung von 66 mm – ein ausgesprochener Langhuber. Die höhere PS-Leistung gegenüber dem normalen 2-Liter-Motor (1971 cm^3) beruhte auf der Entwicklung eines besonderen Leichtmetall-Zylinderkopfes mit halbkugeligem Verbrennungsraum und V-förmig in denselben hineinragenden Ventilen. Die Verdichtung betrug 7,5 : 1. Einfach, aber wirkungsvoll war die Steuerung der Ventile vorgenommen worden. Von einer untenliegenden Nockenwelle, die im Kurbelgehäuse viermal gelagert war und von einer Doppelrollenkette angetrieben wurde,

Bild 91. Sechszylinder-Reihenmotor
BMW 328

151

erfolgte über Stoßstangen und Kipp- und Umlenkhebel die Betätigung der Ventile. Die dynamisch ausgewuchtete Kurbelwelle war viermal gelagert. Die Stahlpleuel liefen in Bleibronzelagern. Drei Fallstromvergaser Solex 30 JF waren zwischen den Ventilreihen angeordnet, wobei sich kurze und wenig gewundene Ansaugwege ergaben. Die Schmierung erfolgte durch eine Zahnradölpumpe. Ölfüllmenge 4,5 Liter. Dem Motor war ein Ölkühler vorgelagert, der sich bei höherer Betriebstemperatur einschaltete. Wasserkühlung mit 7,5 Liter Wasserinhalt. Der Motor gab bei 4500 U/min eine Dauerleistung von 80 PS ab.

Die Einscheiben-Trockenkupplung F & S K 12 hatte wartungsfreies Graphit-Ausrücklager.

Als Getriebe kamen 4-Gang-Getriebe mit einer Gleichlaufeinrichtung des schrägverzahnten III. und IV. Ganges zur Verwendung. Je nach Getriebe-Fabrikat waren die einzelnen Gänge verschieden untersetzt. Im ZF-Getriebe betrugen die Untersetzungen 3,63 : 1; 2,07 : 1; 1,50 : 1; 1 : 1 und für den Rückwärtsgang, der in diesem Getriebe in der Schaltschematik links unten lag, 4,27 : 1. Im Hurth-Getriebe waren die Untersetzungen 3,07 : 1; 1,82 : 1; 1,25 : 1 und 1 : 1. Der nach links oben zu schaltende Rückwärtsgang war 3,07 : 1 untersetzt. Ölfüllmengen der Getriebe 1,5 bzw. 1,25 Liter.

Über eine 948 mm lange Gelenkwelle, in Rollen gelagert, wurde die Kraft auf die Hinterachse übertragen, wobei je nach Getriebe die Zähnezahlen von Kegel- und Tellerrad 9 : 35 oder 10 : 37 entsprechend den Untersetzungen 3,88 oder 3,7 gewählt werden konnten.

Die Räder der Vorderachse waren einzeln an einer Quer-Blattfeder und Lenkerarmen mit Stoßdämpfern aufgehängt. Die Räder hatten dabei einen Sturz von 2°, einen Nachlauf von 3° und eine Vorspur bis zu 3 mm.

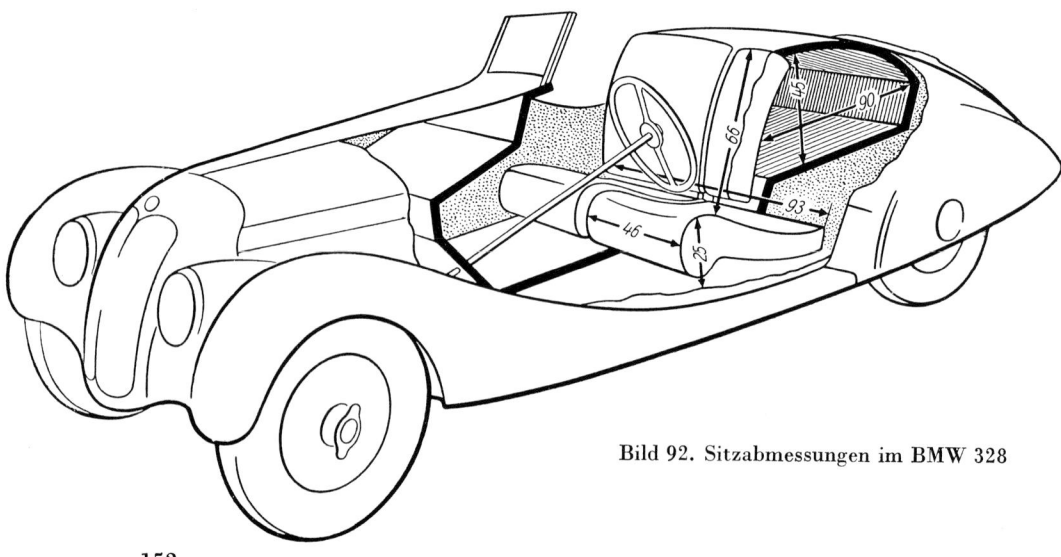

Bild 92. Sitzabmessungen im BMW 328

Die Einzelradlenkung mittels schräg verzahnter Zahnstange war sehr direkt übersetzt und gestattete zentimetergenaues Lenken. Wendekreisdurchmesser 10 m.
Zwei Längs-Halbelliptikblattfedern übernahmen die Abfederung der starren Hinterachse und an den vorderen Federaugen die Aufnahme der Zug- und Schubkräfte. Öl-Stoßdämpfer.
Die hydraulische Fußbremse wirkte auf alle vier Räder und die Handbremse mechanisch auf die Hinterräder. Der Bremstrommel-Durchmesser betrug 280 mm. Die Räder mit der Bereifung 5,25–16 hatten Schnellverschlüsse.
Der Rahmen war ein versteifter Doppel-Tiefrahmen aus starken Stahlrohren mit verschweißten Kasten-Querträgern. Ein 50-Liter-Tank war im Heck des Wagens untergebracht und konnte durch einen 100-Liter-Tank (bei entsprechender Verkleinerung des Gepäckraumes) ersetzt werden.
Folgende Armaturen am Schaltbrett: Kilometerzähler mit Tageszähler, Drehzahlmesser, Kraftstoffuhr, Öldruckmesser, Kühlwasser-Fernthermometer.

Hier noch die allgemeinen Zahlenangaben (Bild 92):

Spurweite vorn	1153 mm
Spurweite hinten	1220 mm
Radstand	2400 mm
Länge	3900 mm
Breite	1550 mm
Höhe	1400 mm
Gewicht fahrfertig	830 kg (mit 100 Liter Kraftstoff)
Achsdruck vorn	380 kg
Achsdruck hinten	450 kg
Leistungsgewicht	10,3 kg/PS
Kraftstoffverbrauch	11,3 Liter je 100 km bei einer Dauergeschwindigkeit von 100 km/h
Bergsteigevermögen	38% im I. Gang
	24% im II. Gang
	15% im III. Gang
	10% im IV. Gang
Dauergeschwindigkeit	135 km/h
Höchstgeschwindigkeit	150 km/h

Seinen größten Erfolg erzielte der „328" noch kurz nach Ausbruch des zweiten Weltkrieges als verbesserte Sport-Limousine, wo er 1940 bei den „Tausend Meilen von Brescia" mit einem Gesamtdurchschnitt von

$$166,7 \text{ km/h}$$

siegte.
Der eben beschriebene BMW 328 war der einzige wirkliche Sportwagen, der vor dem zweiten Weltkrieg in Deutschland gebaut worden ist.
Eine Zeitspanne von mehr als zehn Jahren liegt zwischen jenem einzigartigen BMW und den eine neue Sportwagen-Ära einleitenden Konstruktionen von Borgward, Porsche, dem EMW-Rennkollektiv und von Mercedes-Benz, über die anschließend eine Übersicht gegeben wird.

Sehr aufschlußreich ist ein Vergleich gerade auf dem Gebiet der Sportwagen. Er gibt Aufschlüsse darüber, wie rasch die Entwicklung auf dem Gebiet der Renn-Technik voranschreitet.

b) Der 1,5-Liter-Rennsportwagen von Borgward

Obwohl dieser Rennsportwagen – Bild 93 – nur in wenigen Exemplaren gebaut wurde, stellte er doch eine sinnfällige Verbindung Serienautomobil-Rennfahrzeug dar. In diesem Wagen wurden serienmäßige Aggregate erprobt.

Diese Erprobung erstreckte sich in erster Linie auf die Triebwerkteile, die denen entsprachen, die in einem 1,5-Liter-Serientyp von Borgward Verwendung fanden. Insbesondere sind dies Motorgehäuse, Kurbelwelle usw. gewesen, während lediglich zur Erzielung einer hohen Leistung ein Spezialzylinderkopf mit Einspritzung konstruiert und verwendet wurde.

Die Kraftübertragung erfolgte über ein 5-Gang-Getriebe. Die Hinterachsuntersetzung richtete sich jeweils nach den durch die Rennstrecke gegebenen Bedingungen. Den Rahmen bildeten verschweißte Rohre. Die Vorderräder waren einzeln an Querlenkern aufgehängt und durch Schraubenfedern mit einbezogenen Teleskopstoßdämpfern abgefedert und gedämpft. Die hintere Doppelgelenkachse war durch sich an Rahmenauslegern abstützende Schraubenfedern abgefedert. Hinten standen die zur Schwingungsdämpfung angebrachten Teleskopstoßdämpfer senkrecht. Die Zug- und Schubkräfte an der Hinterachse

Bild 93. Borgward-1,5-Liter-Rennsportwagen

154

wurden durch Rohrstreben aufgefangen, welche von den Rädern zu einem Punkt in der Mitte des Rahmens vor der Hinterachse führten.

Technische Daten:

Hubraum	1493 cm³
Hub	84,5 mm
Bohrung	75 mm
Verdichtung	10 : 1
Leistung	110 PS bei 6000 U/min
Radstand	2250 mm
Spurweite	1250 mm (vorn und hinten)
Länge	3630 mm
Breite	1510 mm
Höhe	885 mm
Bodenfreiheit	150 mm
Wendekreis-Durchmesser	10 m
Höchstgeschwindigkeit	220 km/h

c) Das sportliche Automobil Typ 356 und der Rennsportwagen Typ 550 von Porsche

Natürlich ist die Formulierung „sportliches Automobil" für den Porsche Typ 356 nicht konkret. Ist er nun ein Sportwagen oder ein normales Automobil? Nun, im Porsche verwischten sich die Grenzbegriffe weitgehend. Der Typ 356 war ein Wagen, mit dem man wochentags „mal eben" ins Theater fahren konnte und am Sonntag selbst nach einem harten Sport-Wettbewerb erfolgreich nach Hause fuhr (Bild 94).
Dieser Wagen war schon bald nach Beendigung des zweiten Weltkrieges von Prof. Dr.-Ing. h. c. F. Porsche seinerzeit in Kärnten in Österreich vorentwickelt worden. Ab 1949 erfolgte dann in Stuttgart-Zuffenhausen die zunächst stückzahlmäßig sehr geringe Fertigung. Engste Mitarbeiter Porsches waren an diesem Wagen sein Sohn Ferry Porsche, Oberingenieur Karl Rabe und Erwin Komenda.

Der Typ 356
wurde zunächst mit einem 1,1-Liter-Motor gebaut, dem dann ein 1,3-Liter folgte. Der nächste Schritt war die weitere Hubraumvergrößerung auf 1,5 Liter und als ausgesprochen sportliche Auslegung dieses 1,5-Liter-Motors dann der 1500 Super. Die einzelnen Unterscheidungsmerkmale waren folgende:

	1,1 Liter	1,3 Liter	1500	1500 Super
Hubraum	1086 cm³	1286 cm³	1488 cm³	1488 cm³
Hub	64 mm	64 mm	74 mm	74 mm
Bohrung	73,5 mm	80 mm	80 mm	80 mm
Verdichtung	7,0 : 1	6,5 : 1	6,5 : 1	8,2 : 1
Leistung	40 PS bei 4000 U/min	44 PS bei 4000 U/min	55 PS bei 4400 U/min	70 PS bei 5000 U/min

Bild 94. Porsche-Coupé Typ 356

Dabei unterschieden sich die Motoren in ihrem grundsätzlichen konstruktiven Aufbau nicht (Bilder 95 und 96). Die selbstverständlich verschiedenartigen Leistungskurven der beiden 1500er Motoren, die in der graphischen Darstellung Bild 97 wiedergegeben werden, bedingten jedoch eine unterschiedliche Fahrweise insofern, als der 1500 Super – um seine Mehrleistung auszunutzen – sportlicher, d. h. mit höheren Drehzahlen gefahren werden mußte.

Der Motor war ein Viertakt-Vierzylinder-Boxer-Motor, bei dem sich zwei Zylinder paarweise waagerecht gegenüberlagen. Seine Anordnung im Heck des Wagens hinter Differential und Getriebe ergibt sich anschaulich in der Durchsichtzeichnung Bild 98, welche im übrigen den Gesamtaufbau des Typ 356 erkennen läßt. Entscheidend für die Leistungsfähigkeit des ja aus dem VW-Motor weiterentwickelten Triebwerks war die Gestaltung von Zylindern und Zylinderköpfen. Die Zylinder waren aus Leichtmetall mit

Bild 95. Der 1,5-Liter-Motor Typ 528 für den Porsche 356

156

Bild 96. Motoransicht von der Schwungradseite, ohne Gebläse, Lichtmaschine und Vergaser

einer hier erstmals angewandten Hart-
chromschicht für die Laufbahnen (Verfahren Mahle). Die V-förmig angeordneten Ventile – von einer untenliegenden Nockenwelle über Stoßstangen
gesteuert – gestatteten durch Verwendung von zwei Fallstromvergasern
Solex 32 PBJ eine günstige Kanal-
führung im Zylinderkopf. Die teilbare
Kurbelwelle und die Pleuel waren
rollengelagert. Ein mit 1,8facher Motor-
drehzahl laufendes Gebläse bewirkte die
Kühlung der Zylinder. Die Kraftstoff-
förderung aus dem vornliegenden
52-Liter-Tank (davon 5 Liter Reserve)
erfolgte durch eine Membranpumpe.
Zündung durch Batterie 6 V 75 Ah.
Das Getriebe – nach der Einscheiben-
Trockenkupplung – ließ sich infolge
einer speziell konstruierten Ring-
Zwangssynchronisierung aller vier
Gänge (Bild 99) ohne Zeitverlust durch
Schaltpausen bei jeder Drehzahl „durch-
reißen". Die Untersetzungen waren:
I. 3,18 : 1; II. 1,76 : 1; III. 1,13 : 1;

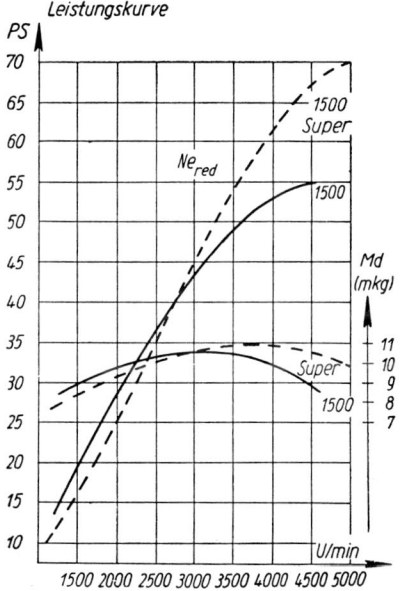

Bild 97. Leistungsdiagramm des 1500
und des 1500 Super

157

IV. 0,815 : 1; Rückwärts 3,56 : 1. Das Kernstück des Synchrongetriebes war ein geschlitzter Ring aus gehärtetem Chrom-Molybdän-Stahl mit einem Querschnitt, der vom Ringstoß ab eine abgeschrägte Anlauffläche besaß und den auffedernden Ring am ganzen Umfang gleichen Anpreßdruck verlieh. Dieser Ring saß auf der Nabe eines Kupplungskörpers. Eine innenverzahnte Schaltmuffe wurde von der Schaltgabel jeweils zwischen zwei Gängen hin- und hergeschoben und auf den Synchronring gepreßt.

Das Differential war mit dem Getriebe in einem Block zusammengefaßt, wobei die Triebachsuntersetzung mit 1 : 4,375 durch ein spiralverzahntes Teller-Kegelrad mit Kegelradausgleichgetriebe erfolgte. Die Ölfüllmenge dieses Blocks für Wechsel- und Ausgleichgetriebe betrug 2,5 Liter.

Der Fahrwerkrahmen wurde von einem geschweißten Stahlblech-Kastenrahmen (Bild 100) gebildet. Die Vorderradaufhängung und -Federung erfolgte

Bild 99. Porsche -
Synchrongetriebe
mit Differential

158

Bild 100. Rahmen des Typ 356

durch zwei längsliegende Parallel-Kurbelarme an zwei querliegenden, durchgehenden Vierkant-Blattfederdrehstäben. Demgegenüber wurden die Pendelhalbachsen der Hinterräder durch einen runden – ebenfalls querliegenden – Drehstab auf jeder Seite abgefedert und durch Federstreben geführt. Die Schwingungsdämpfung übernahmen vorn und hinten doppeltwirkende Teleskopstoßdämpfer.

Die Lenkung war eine Spezial-Spindellenkung mit geteilter Spurstange. Zur besseren Ableitung der Wärme waren die Bremstrommeln (Durchmesser 280 mm) mit einem verrippten Aluminium-Kühlmantel versehen. Die Scheibenräder mit Tiefbettfelge 3,25 D-16 wurden mit der Bereifung 5,00-16 (eventuell auch 5,25-16) versehen und mit einem Luftdruck von 1,4 atü vorn und 1,8 atü hinten gefahren.

Allgemeine Zahlenangaben:

Radstand	2100 mm
Spurweite vorn	1290 mm
Spurweite hinten	1250 mm
Länge	3850 mm
Breite	1660 mm
Höhe	1300 mm
Gewicht	745 kg (Coupé, trocken)
Gewicht	770 kg (fahrfertig)
Wendekreisdurchmesser	10,2 m

Die Fahreigenschaften des Porsche 356 waren nahezu bestechend und vermittelten vergleichsweise das Gefühl sportlichen Fahrens, das der BMW 328 vor

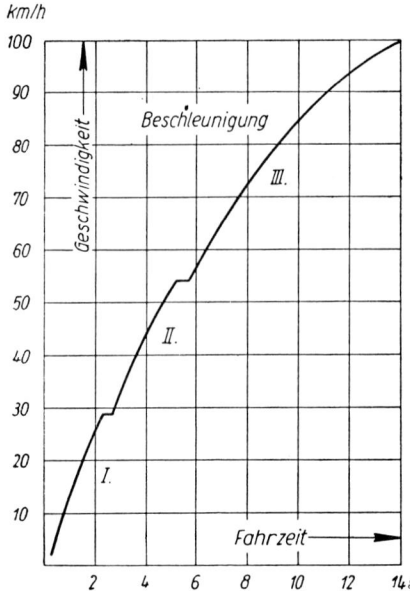

km/h

Beschleunigung

III.

II.

I.

Geschwindigkeit

Fahrzeit

2 4 6 8 10 12 14 s

Bild 101. Beschleunigungskurve des Porsche 1500

dem Kriege bei wesentlich weniger Komfort, Bequemlichkeit und auch Fahrsicherheit bot. Während aus dem Diagramm Bild 101 die Beschleunigungswerte des 1500 hervorgehen, sind die weiteren Leistungsangaben folgendermaßen festgehalten:

	1,1 Liter	1,3 Liter	1500	1500 Super
Leistungsgewicht, leer kg/PS .	18,6	17	13,5	10,6
Literleistung PS/Liter	36,9	34,3	37,0	46,9
Verbrauch Liter/100 km	7 . . . 8	7,5 . . . 8,5	8 . . . 9	11 . . . 12
Höchstgeschwindigkeit km/h .	140	145	155	170
im I. Gang	40	40	40	45
im II. Gang	65	65	73	80
im III. Gang	105	105	110	125

Während der Typ 356 in den einzelnen Hubraumklassen als Seriensportwagen bzw. als Gran Turismo-Fahrzeug allenthalben hervorragende Erfolge erzielte, wurde ab 1953 eine Weiterentwicklung für den werksmäßigen Renneinsatz in der 1,5-Liter-Rennsportwagenklasse betrieben. Diese beschränkte sich zunächst auf Veränderungen hinsichtlich der Karosserieform. Mit der dann folgenden grundlegenden Überarbeitung des konstruktiven Aufbaues des 1500-cm³-Motors stand ab Ende 1953 bereits der

Rennsportwagen Typ 550 ,,Spyder"

zur Verfügung. Im weiteren Verlauf erfolgte später die Herstellung einer entsprechenden Anzahl von Fahrzeugen dieses Typs, so daß ab 1955 dieser Wagen bereits wieder in der Kategorie Seriensportwagen gefahren werden konnte. Bild 102 zeigt den Rennsportwagen, den ,,Spyder" von 1954, und die Bilder 103 und 104 die Ausführung, in welcher der Typ 550 als Seriensportwagen an Sportfahrer abgegeben wurde.

160

Bild 102. Der Rennsportwagen Typ 550 „Spyder" 1954

Bild 103. Ansicht des Seriensportwagens Typ 550 von vorn

Bild 104. Heckansicht des Typ 550

Neben dem Äußeren unterscheidet sich der Spyder 550 vom Typ 356 insbesondere hinsichtlich seines Motors. Die Auslegung als Viertakt-Vierzylinder-Boxer wurde beibehalten. Bereits das Verhältnis Hub/Bohrung war mit 66 mm/85 mm noch unterquadratischer geworden. Völlig geändert hatte sich die Ventilsteuerung: Durch Königswellen angetriebene vier obenliegende Nockenwellen betätigten über Schlepphebel die schräg hängenden Ventile. Nunmehr zwei Doppel-Fallstromvergaser (Solex 40 PJJ) mit Beschleunigerpumpe, denen Kraftstoff durch zwei elektrische Benzinpumpen zugeführt wurde, bereiteten das Kraftstoff-Luft-Gemisch auf. Die Lagerung der Kurbelwelle erfolgte in drei Rollenlagern. Die Pleuel waren ebenfalls rollengelagert. Der Motor bekam Batterie-Doppelzündung (Batterie 6 V 84 Ah), Zündfolge 1–4–3–2. Trockensumpfschmierung mit Ölkühler und Ölfilter im Hauptstrom. Das neue Kühlluftgebläse wirkte mit doppeltem Kühlstrom für das vordere und hintere Zylinderpaar.

Der Motor Typ 550 – Bild 105 zeigt ihn von der Kupplungsseite – leistete bei Verwendung von Kraftstoff OZ 80 max. 110 PS bei 7000 U/min. Das maximale Drehmoment lag bei 12,1 kgm bei 5000 U/min.

In einem Rohrrahmen war der Motor wie im Typ 356 im Heck angeordnet; saß jedoch im Typ 550 vor der Hinterachse und dem Getriebe – dieser Triebwerksblock war also 180° um Hochachse gedreht. An der gesamten Kraftübertragung wurde gegenüber dem 356 grundsätzlich nichts geändert. Ebenfalls im Prinzip beibehalten wurde die Hinterachse und die Vorderachse. Letztere wurde noch mit Stabilisator versehen.

162

Allgemeine Zahlenangaben:

Radstand	2100 mm
Spurweite vorn	1290 mm
Spurweite hinten	1250 mm
Länge	3600 mm
Breite	1540 mm
Höhe	1050 mm
Wendekreisdurchmesser	10,2 m
Gewicht (fahrfertig, ohne Kraftstoff)	550 kg (daher die Typenbezeichnung)

Mit einer Hinterachsuntersetzung 4,375 : 1 und der Bereifung 5,25-15 (für die Vorderräder 5,00-16) erreichte dieser Sportwagen eine Höchstgeschwindigkeit von

225 km/h.

Bild 105. Der Spyder-Motor von der Kupplungsseite

d) Die 1,5-Liter-Rennsportwagen des EMW-Rennkollektivs Eisenach

Bei diesen Sportwagen aus der Deutschen Demokratischen Republik, welche wertvolle Arbeitsunterlagen für die Weiterentwicklung von Serienfahrzeugen und bei der Erprobung von Zubehörteilen brachten, sind drei große Entwicklungsstufen festzustellen.

Zunächst erfolgte im Versuchs- und Prüfamt des DAMW in Berlin-Johannisthal der Neubau im Rahmen eines Forschungsauftrages. Die von einem Kollektiv von Ingenieuren, Kraftfahrzeugtechnikern, Meistern und Handwerkern hergestellten Wagen starteten erstmals 1951. Der größte internationale Erfolg in dieser Zeit war zweifellos der Avus-Sieg in neuer Rekordzeit im Jahre 1952.

Bild 106. Frontalansicht des EMW-Rennsportwagens in der Ausführung von 1953 mit Vollstromkarosserie

Nach Beendigung der Rennsaison 1952 erfolgte die Verlegung des Rennkollektivs nach Eisenach und die Einbeziehung der Rennabteilung in den Volkseigenen Betrieb Automobilfabrik EMW. Hier wurden weitere Verbesserungen besonders in bezug auf die Fahreigenschaften vorgenommen. Bei einer Überlegenheit gegenüber ausländischen Konstruktionen wurde jedoch der Leistungsstand der neuesten Rennsportwagen von Porsche damals nicht ganz erreicht (Bild 106).

Man entschloß sich deshalb Ende 1953 in Eisenach zur Schaffung eines in motorischer und fahrwerksmäßiger Hinsicht fast völlig neuen Fahrzeuges. Dieser neue Rennsportwagen reifte vom ersten Start 1954 in Leipzig bis zur Beendigung dieser Rennsaison so weit aus, daß es gelang, mit ihm bereits Ende 1954 Weltbestleistungen aufzustellen.

Die Motoren

Die 1951 unter beträchtlichem Zeitdruck stehende Entwicklung des Sportwagens gestattete keine völlig neue Konstruktion eines Motors. Man griff deshalb auf vorhandene Bauteile des sechszylindrigen Sportmotors vom Typ 328 zurück. Die V-förmig in die sechs Verbrennungsräume hängenden Ventile im V-Zylinderkopf wurden nach wie vor von einer untenliegenden Nockenwelle über Stoßstangen und Kipphebel bzw. Umlenkhebel gesteuert. Die Bohrung des 2-Liter-Motors von 66 mm wurde beibehalten, der Hub aber für einen Hubraum von 1500 cm³ auf 73 mm verkürzt, wobei sich selbstverständlich wesentlich günstigere Kolbengeschwindigkeiten ergaben und die Tourenzahl entsprechend erhöht werden konnte. Der Motor wurde 10 : 1 verdichtet und die Kurbelwelle viermal rollengelagert (Rollendurchmesser 6 mm). Die Pleuel waren ebenfalls rollengelagert (6 mm Rollendurchmesser), und die Kolbenbolzen liefen in 2-mm-Nadellagern. Für jeden Zylinder war eine Zündkerze mit Wärmewerten von 320 bis 380 vorgesehen. Zwischen den Ventilreihen waren drei Fallstrom-vergaser angeordnet.

Die Leistung wurde in den einzelnen Verbesserungsstufen dieses Motors von 105 PS bei 6500 U/min bis auf etwa 115 PS bei 7000 U/min gesteigert. Wenn man berücksichtigt, daß der 2-Liter-Motor 328 in ähnlicher Auslegung damals 80 PS leistete, ist dieser Steigerung im 1,5-Liter-Motor tatsächlich große Beachtung zu schenken.

Im konstruktiven Aufbau anders ist der 1,5-Liter-Motor von 1954. Die sechs-zylindrige Reihenbauweise wurde bei Verwendung neuer Motorgehäuse zwar bei-behalten, die bisherige Ventilsteuerung aber durch zwei obenliegende, durch geradverzahnte Stirnräder angetriebene Nockenwellen in einem V-förmigen Leichtmetall-Zylinderkopf ersetzt. Hierbei wurden die Ventile unter Zwischen-legung von Schlepphebeln betätigt. Die Ventile stehen in einem Winkel von 80°. Weiterhin erhielt dieser neue Motor Doppelzündung, also zwei Zündkerzen je Zylinder, für die zwei direkt von den Nockenwellen angetriebene Magnete, voneinander unabhängig arbeitend, den Zündstrom lieferten. Die Kurbelwelle, die im Querschnitt doppel-T-förmigen Pleuel und die Kolbenbolzen waren in einer Ausführung genau wie im 1953er Motor rollengelagert. Es wurden jedoch auch Motoren verwendet, bei denen die Kurbelwelle in 4 Mehrstoff-Gleitlagern

Bild 107. Der Zweinockenwellen-Motor von 1954 mit den drei Doppel-Flachstromvergasern und Doppelzündung

165

lief. Die Verdichtung betrug zunächst 9,5 : 1. Jeder der geschmiedeten Leicht-metallkolben war mit drei Kolbenringen und einem Ölabstreifring be-stückt. Das Verhältnis Hub/Bohrung von 76 mm/66 mm wurde beibehalten. Während bei den ersten Starts der Motor noch mit sechs Motorrad-Vergasern – deren Abstimmung beträchtliche Schwierigkeiten hervorrief – ausgerüstet war, wurden diese bald durch drei Doppel-Flachstromvergaser ersetzt. Die Schmierung erfolgte im Druckumlauf (Ölinhalt des Schmiersystems 8 Liter) durch Zahnradölpumpe in der Ölwanne. Diese Ölwanne lief nach unten breit aus und war mit Kühlrippen versehen. Der Wasserinhalt des Kühlsystems be-trug etwa 12 Liter.

Im Entwicklungsstadium leistete dieser Motor bei 7000 U/min 110 PS. Das maximale Drehmoment betrug bei 5500 U/min 14,5 kgm. Ende 1954 wurde die Leistung dieses Motors bereits mit 130 PS bei 7000 U/min angegeben (Bild 107).

Getriebe und Kraftübertragung

Die Kupplung ist in allen drei Entwicklungsstufen eine Trockenkupplung ge-wesen. Im Baujahr 1951 war es zunächst eine Einscheibenkupplung, welche dann für die Folge durch eine Zweischeibenkupplung ersetzt wurde. Das Getriebe war praktisch in allen Ausführungen gleich. Es hatte die Dimensionen des Serientyps EMW 321 und war ein Vierganggetriebe, für welches verschiedene Radsätze – je nach Charakter der Rennstrecke – verfügbar waren. Die Unter-schiedlichkeit der wahlweisen Untersetzungen bezog sich jedoch nur auf den II. und III. Gang. Für den I. Gang lag die Untersetzung mit 2,8 : 1, und für den IV. Gang, welcher durch Schiebemuffe geschaltet wurde, lag sie mit 1 : 1 fest. Auf die Hinterachse erfolgte die Kraftübertragung durch eine Gelenkwelle. Für den Achsantrieb standen fünf verschiedene Übersetzungen zwischen 3 : 1 und 5 : 1 zur Verfügung. 1951 war noch kein selbstsperrendes Ausgleichgetriebe eingebaut, das erfolgte erst ab Mitte 1952. Auf Grund der völlig anderen Hinter-achskonstruktion war im 1954er Wagen das Differential fest im Wagen auf-gehängt.

Vorderachse

Hier werden drei grundsätzliche Unterschiede erkenntlich. Die Vorderräder waren 1951 an je einem unteren Querlenker und der oberen querliegenden Blattfeder, welche damit die Einzelabfederung übernahm, aufgehängt. 1953 er-folgte die Entlastung der Blattfeder von den Radführungsaufgaben, und die Räder waren an je zwei Querlenkern aufgehängt. Die beibehaltene querliegende Blattfeder wirkte über einen Zwischenhebel an jedem Federauge auf die oberen Querlenker.

Im Wagen von 1954 hing man die Räder an ungleich langen Querlenkern auf und federte sie durch einen längsliegenden Torsionsstab auf jeder Seite ab, wo-bei die Federkraft über eine Kerbverzahnung auf die oberen Querlenker und von dort auf die Räder übertragen wurde. Schräggestellte Teleskopstoßdämpfer von den unteren Querlenkern zu einer Rahmentraverse übernahmen die Schwingungsdämpfung (Bild 108).

166

Bild 108. Aufhängung des linken Vorderrades an zwei
ungleich langen Dreieckslenkern, die Bremse und Dreh-
stabfederung am 1,5-Liter-Rennsportwagen 1954

Hinterachse

Die Hinterachskonstruktionen zeigen in zwei Entwicklungsstufen gleichfalls
bemerkenswerte grundsätzliche Unterschiede.
Bis 1953 war die starre Hinterachse durch Halbelliptik-Blattfedern abgefedert.
Diese Blattfedern führten von der vorderen Rahmenlagerung. – wo sie die
Zug- und Schubkräfte aufnahmen – schräg nach hinten oben zu einer Brücken-
traverse des Rohrrahmens.
Als Verbesserung wurden dann zusätzliche Querlenker und ein Torsionsstabili-
sator eingebaut. Die prinzipielle Anwendung der Teleskopstoßdämpfer an der
Hinterachse wurde beibehalten.
Völlig unterschiedlich wurde dann die Hinterachskonstruktion des Fahrzeuges
von 1954. Diese Hinterachse war eine Doppelgelenkachse nach der De-Dion-
Bauweise. Das Tragrohr verlief hinter dem Differential. Über dem Differential
lag ein Dreieckslenker, der mit seiner breiten Basis in einem mit dem Rahmen
verbundenen Knotenblech und zum anderen in einem Kugelbolzen auf dem
Tragrohr gelagert war. Hier wurden sowohl die längs als auch seitlich wirkenden
Kräfte aufgenommen (Bild 109).
Die Federung erfolgte durch längsliegende Torsionsstäbe über Kurbelarme, an
die gleichzeitig schräggestellte Teleskopstoßdämpfer angriffen.

167

Bild 109. Hinterachskonstruktion und Achsführung 1954

Bremsen

Die Bremsen mit einem Trommeldurchmesser von 280 mm wurden serienmäßig
vom EMW 340-2 übernommen. Den Bremstrommeln wurde lediglich eine Alu-
Kühlrippenmanschette zwecks besserer Wärmeableitung aufgeschrumpft. Die
Hydraulik der Bremsanlage wirkte in zwei Kreisen; ein Hauptbremszylinder
war für die Hinterräder und ein zweiter für die Vorderräder vorgesehen. Dieses
Zweikreis-Prinzip ist nicht mit dem ansonsten außerdem verwendeten Duplex-
System (zwei Radbremszylinder je Bremse) zu verwechseln.

Rahmen und Karosserien

Die Ausführungen der Rahmen waren für die einzelnen Baujahre natürlich voneinander abweichend. In jedem Falle wurde hochwertiges Rohrmaterial verwendet und, soweit möglich, eine Gitter-Bauweise bevorzugt, welche einzelne
Rahmenteile lediglich auf Zug und Druck, nicht aber auf die schwerer beherrsch-
baren Biegungskräfte beanspruchte.
Die Form der Karosserie hatte Wandlungen bei jeweils gleichzeitiger Verminderung des Luftwiderstandes erfahren. Die aus Al-Blech hergestellte Karosserie für 1954 dürfte einen äußerst niedrigen Luftwiderstandsbeiwert gehabt
haben. Durch die hochgezogene, organisch in den Karosseriekörper einbezogene
Vorderradverkleidung und die als dreifaches Seitenleitwerk anzusprechenden

168

Hinterradverkleidungen mit der Kopfstütze wurde eine weitgehende Unempfindlichkeit gegen Seitenwind erzielt.

Der 80-Liter-Tank ist als zweiter Fahrersitz (ein solcher zweiter Sitz gehört zu den Vorschriften für Sportwagen) ausgebildet gewesen. Dadurch, d. h. durch die Lage am Fahrzeugschwerpunkt, wurde eine nahezu gleichmäßige Gewichtsverteilung auch bei abnehmendem Brennstoffvorrat gewährleistet.

Zahlenangaben

Die 1951 neu gebauten Sportwagen wogen je nach Karosserie bis zu 680 kg: Der Sportwagen, der 1954 eingesetzt wurde, wog knapp 500 kg.

Noch weitere Zahlenangaben über den 1954 gebauten Rennsportwagen sind:

Größte Höhe an der Oberkante Kopfstütze	900 mm
Höhe an der Vorderseite des Fahrersitzes	650 mm
Radstand	2150 mm
Spurweite vorn	1000 mm
Spurweite hinten	1170 mm
Höchstgeschwindigkeit	235 km/h

Für das Jahr 1955 wurden im EMW-Rennkollektiv in Eisenach weitere Verbesserungen und Änderungen durchgeführt.

e) Vom Mercedes-Benz 300 SL (1952) zum Mercedes-Benz 300 SL (1954)

Eine Vorbemerkung zu diesen beiden Sportwagen sei gestattet.

Es läßt sich hier nämlich ein recht interessanter Weg verfolgen. Unter Zugrundelegung von Erfahrungen, Erprobungen und der prinzipnahen Verwendung von Aggregaten aus einem Serientyp gleichen Hubraumes entstand der 1952er Rennsportwagen 300 SL. Aus diesem wiederum sammelte man Erfahrungen für den bereits damals in Untertürkheim geplanten Bau eines Formelrennwagens (vgl. W 196). Aus dem Rennsportwagen zog man Nutzanwendungen im Formelrennwagen, um dann aus den ideellen und materiellen Tendenzen des Rennwagens einen Seriensportwagen – den 300 SL 1954 – zu entwickeln und zu bauen. Dieser Seriensportwagen aber wird nun weiter auf den Serienwagen rückwirken.

Hier ist also folgende Entwicklung festzustellen:

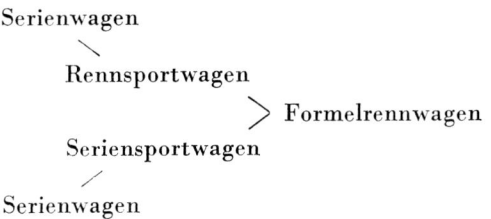

Ein Kreislauf, der sehr geeignet ist, sinnfällig den technischen Wert des Motorsports zu charakterisieren.

Bild 110. Rennsportwagen Mercedes 300 SL Baujahr 1952

Der 300 SL Baujahr 1952

ist in Bild 110 wiedergegeben. Es war eine Überraschung, als nach zwanzig-
jähriger Pause die Daimler-Benz AG wieder mit Sportwagen an die Öffentlichkeit trat.

Der Sechszylinder-Reihenmotor dieses Wagens war in einem Winkel von etwa
30° zur Horizontalen geneigt in das Fahrwerk eingebaut. So ergab sich eine
niedrigere Schwerpunktlage und eine niedrigere Karosserie mit geringerem
Luftwiderstand. Bei einem Hub von 88 mm und einer Bohrung von 85 mm
– 2996 cm³ Hubraum – wurden bei einer Verdichtung von 8 : 1 max. 175 PS bei
5200 U/min, entsprechend einer spezifischen Leistung von 56,8 PS/Liter, erzielt.
Die hängenden Ventile wurden von einer obenliegenden Nockenwelle, welche
durch eine geräuschlose Duplex-Kette mit automatischer Nachstellung angetrieben wurde, gesteuert. Zwei Kraftstoffpumpen förderten vom 170-Liter-
Tank im Heck den Brennstoff zu den drei Solex-Fallstromvergasern. Die Zündfolge war 1–5–3–6–2–4, den Zündstrom lieferte eine 12-V-Anlage mit 150-W-
Lichtmaschine.

Die Kraftübertragung erfolgte über eine Einscheiben-Trockenkupplung, ein in
allen Gängen vollsynchronisiertes, mechanisches Vierganggetriebe und die Gelenkwelle zum Hinterachsantrieb mit Hypoid-Verzahnung. Das Getriebe war
untersetzt: I. 3,33 : 1; II. 2,12 : 1; III. 1,45 : 1; IV. 1 : 1.

Die an Parallelogramm-Querlenkern einzeln aufgehängten Vorderräder wurden
durch reibungsfreie weiche Schraubenfedern mit Zusatzgummifedern abgefedert, und die Schwingungsdämpfung erfolgte durch hydraulische Teleskopstoßdämpfer, welche in den Schraubenfedern lagen. Ein vor der Vorderachse
angebrachter Querstabstabilisator führte eine weitere Horizontalfederung herbei und wirkte eventueller Kurvenneigung entgegen.

170

Die Durchsichtszeichnung Bild 111 zeigt aufschlußreiche Details der Aufhängung und Federung der Vorderräder und Dinge des konstruktiven Aufbaues des Motors.

Die hintere Pendelachse war gleichfalls durch Schraubenfedern abgefedert und mittels hydraulischer Teleskopstoßdämpfer gedämpft.

Der Rahmen des 300 SL war nahezu das einzige Teil des Fahrzeuges, welches in keiner Weise dem Serientyp entsprach. Es war eine eigens entwickelte Rohrgitter-Konstruktion, bei welcher mit Ausnahme von zwei Querträgern sämtliche Rohre nur auf Zug und Druck – nicht auf Biegung – beansprucht waren. Trotz seiner enormen Verwindungssteifigkeit wog dieser Rahmen nur 50 kg.

Die Fußbremse wirkte hydraulisch auf alle vier Räder, deren Bremstrommeln nach dem Alfin-Verfahren aus Leichtmetall mit vergossenen Stahllaufringen hergestellt waren. Die Bremstrommeln waren dabei mit Wirbelschaufeln versehen. Die Vorderradbremse hatte je Rad zwei auflaufende Bremsbacken, deren Betätigung durch Einkolben-Radbremszylinder erfolgte. Hinten war ein auf- und ein ablaufender Backen eingebaut. Eine Stockhandbremse wirkte mechanisch auf die Hinterräder.

Zahlenangaben:

Gewicht	870 kg
Leistungsgewicht	5 kg/PS
Radstand	2400 mm
Länge	4220 mm
Breite	1790 mm
Höhe	1265 mm
Wendekreisdurchmesser	12 m

Bild 111. Vorderpartie im 300 SL von 1952

Die Karosserie wurde nach den Gesichtspunkten eines zu erzielenden möglichst geringen Luftwiderstandes geformt. Eine Entfrosteranlage für die Front- und die beiden Seitenscheiben war vorgesehen. Die hinsichtlich der Abmessungen usw. dem Sportreglement entsprechenden Türen waren in Scharnieren in der Dachmitte angelenkt. Die Entlüftung des Motorraumes erfolgte durch Luftschlitze im Kardantunnel, so daß an der im Fahrtwind liegenden Außenseite der Karosserie keine abträglichen Wirbelbildungen auftreten konnten. Die Innenausstattung war – abgesehen vom Armaturenbrett – sportlich einfach, aber äußerst bequem hinsichtlich aller Dimensionen um die Fahrersitze (Bild 112).

Die Räder waren auf 15-Zoll-Felgen spezialbereift.

Die Beschleunigungswerte:

0 bis 80 km/h im I. und II. Gang	in 5 Sekunden
0 bis 90 km/h im I. und II. Gang	in 6,8 Sekunden
0 bis 140 km/h im I., II. und III. Gang	in 13 Sekunden

wurden erreicht. Für die Geschmeidigkeit des Motors ist bezeichnend, daß sich der 300 SL im IV. Gang, der eine Höchstgeschwindigkeit von

$$250 \text{ km/h}$$

Bild 112. Sitzpartie im 300 SL (1952)

Bild 113. Seriensportwagen 300 SL Baujahr 1954

Bild 114. Röntgenbild des SL von 1954

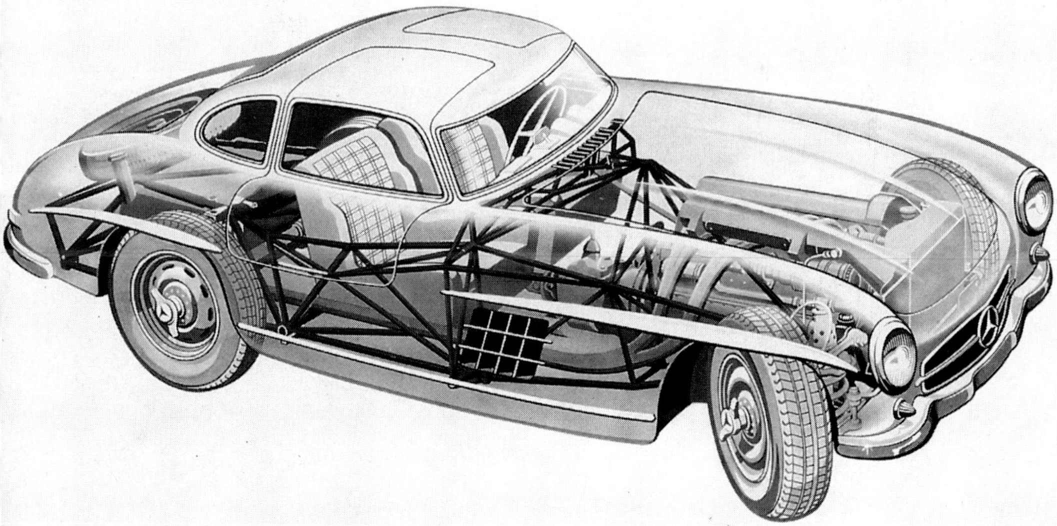

erlaubte, noch aus einer Geschwindigkeit von 30 km/h (entsprechend 750 U/min) ruckfrei beschleunigen ließ. Der II. Gang ließ sich bis 125 km/h und der III. Gang bis 185 km/h ausfahren.

Im Rennbetrieb wurde ein Verbrauch von etwa 21 Liter Kraftstoff pro 100 km gemessen.

Der überzeugendste sportliche Erfolg des 300 SL von 1952 war der Doppelsieg im größten Langstreckenrennen der Welt, der „Carrera Panamericana Mexico".

Der 300 SL 1954 (Bilder 113 und 114)

Dem an sich verständlichen Wunsche einer größeren Anzahl Sportfahrer entsprechend, wurde mit Ablauf des Jahres 1954 eine Kleinserie dieses Sportwagens – der eben damit in die Klasse der Seriensportwagen eingeteilt werden kann – aufgelegt und ab 1955 an Interessenten käuflich abgegeben.

Die markanteste Unterscheidung gegenüber dem 300 SL von 1952 bestand darin, daß der Motor dieses Wagens im Einspritzverfahren arbeitete. Die Zeichnungen (Bilder 115 und 116) geben Einzelheiten wieder.

Der 6-Zylinder-Reihenmotor mit einem Zylinderinhalt von 2996 cm³ bei einem Hub von 88 mm und einer Bohrung von 85 mm leistete bei einer Verdichtung von 8,55 : 1 215 PS bei 5800 U/min. Das max. Drehmoment betrug 28 kgm, der max. Mitteldruck 11,4 kg/cm². Es wurden Zündkerzen mit Wärmewert 280 gefahren, Zündfolge 1–5–3–6–2–4, Zündung durch Batterie 12 V 56 Ah. Das Kühlsystem erforderte einen Wasserinhalt von 15,5 Litern. Ölfüllmenge 11 bis max. 15 Liter. Für den Betrieb machte sich die Verwendung von Kraftstoff OZ 80 erforderlich.

Die Leistungsübertragung auf das in allen vier Gängen zwangssynchronisierte Getriebe erfolgte über eine F & S-Kupplung Typ H 118. Das Getriebe war

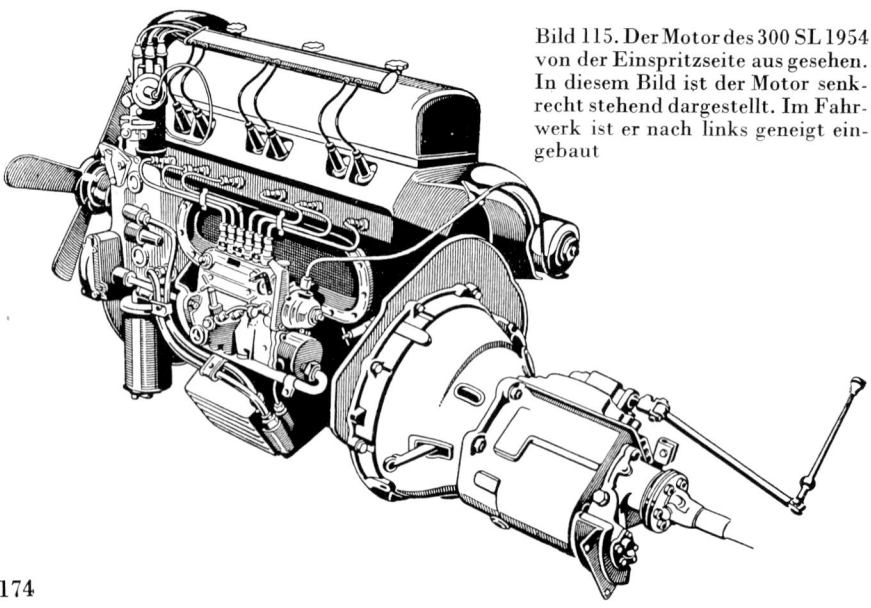

Bild 115. Der Motor des 300 SL 1954 von der Einspritzseite aus gesehen. In diesem Bild ist der Motor senkrecht stehend dargestellt. Im Fahrwerk ist er nach links geneigt eingebaut

174

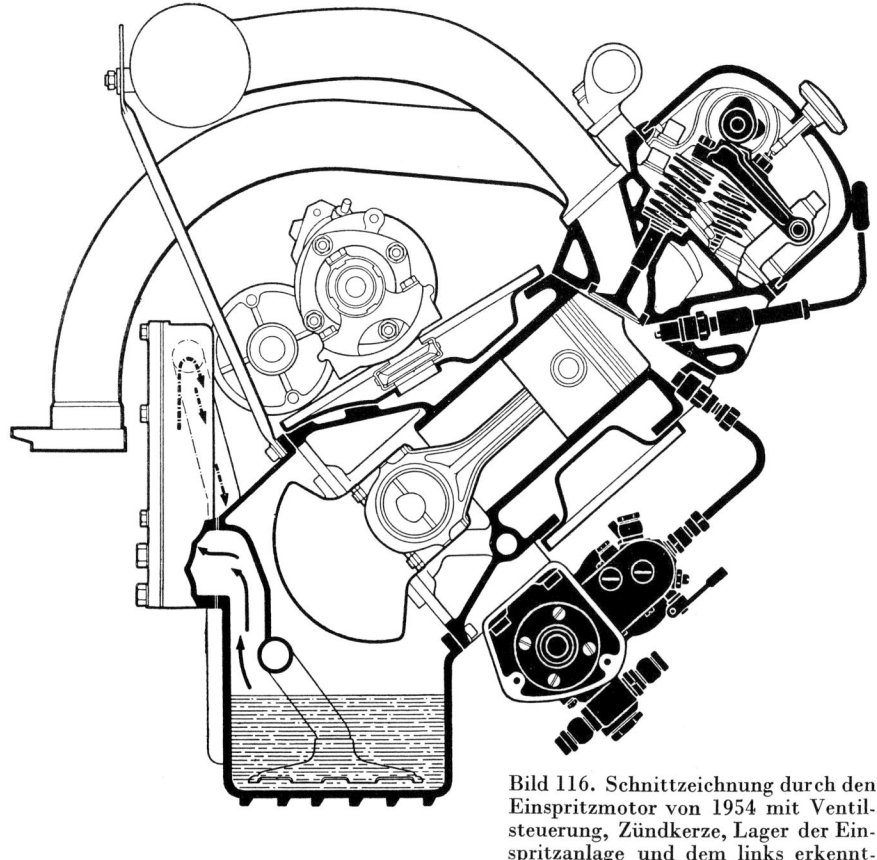

Bild 116. Schnittzeichnung durch den
Einspritzmotor von 1954 mit Ventilsteuerung, Zündkerze, Lager der Einspritzanlage und dem links erkenntlichen Ölkühler

folgendermaßen untersetzt: I. Gang 3,14 : 1; II. Gang 1,85 : 1; III. Gang 1,305 : 1;
IV. Gang 1 : 1 und Rückwärtsgang 2,57 : 1. Ölfüllmenge des Getriebes 1,4 Liter.
Über eine ungeteilte Gelenkwelle mit nadelgelagerten Kreuzgelenken wurde die
Kraft auf den hypoidverzahnten Hinterachsantrieb, für den wahlweise die
Untersetzungen 3,25 : 1, 3,42 : 1 oder 3,64 : 1 eingebaut werden konnten, über-
tragen. Ölfüllmenge 3,2 Liter.
Für einen Vergleich mit dem 1952er SL ist Bild 117 recht illustrativ. Die Vor-
derradaufhängung und -federung ist demnach fast vollkommen gleich gewesen:
geschmiedete, ungleich lange Querlenker in Gewindebüchsen, Schraubenfedern
mit einbezogenen Teleskopstoßdämpfern und Querstab-Stabilisator.
Für die Hinterachse wurde das Konstruktions-Prinzip aus einem kleineren
Mercedes-Serientyp angewendet. Bild 118 läßt die Pendelachskonstruktion mit
tiefgelegtem Drehpunkt, Schraubenfedern und der Aufhängung der schräggestellten Teleskopdämpfer erkennen.

175

Bild 117. Motorschnitt und Vorderradaufhängung 1954

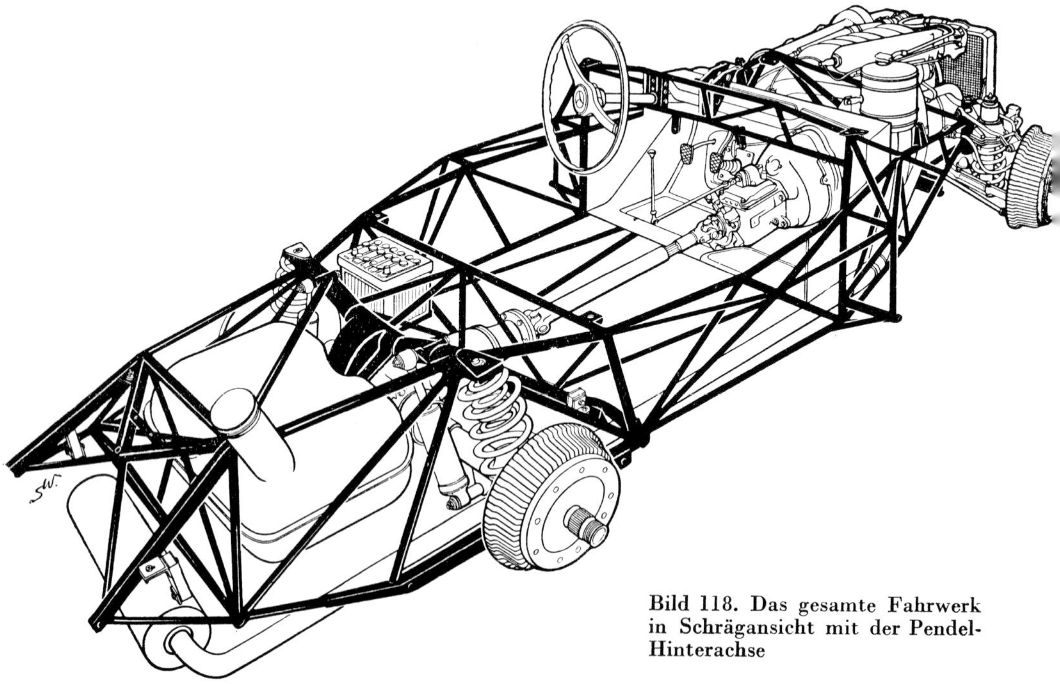

Bild 118. Das gesamte Fahrwerk in Schrägansicht mit der Pendel-Hinterachse

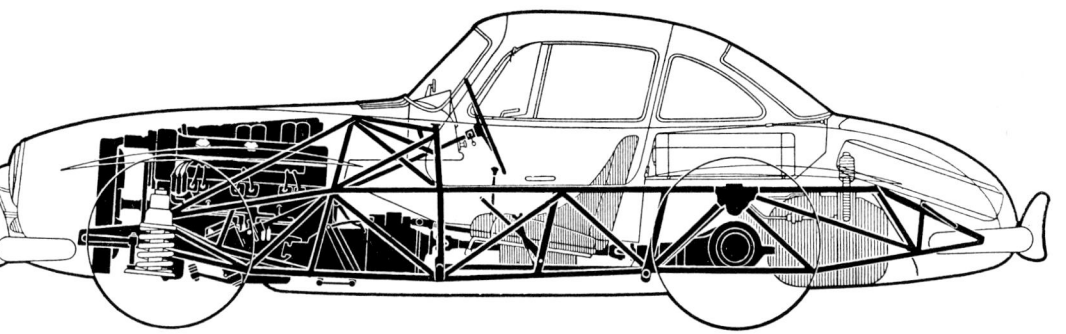

Bild 119. Fahrwerk, Aufbau und Lage des Triebwerks
im 300 SL von 1954

Die Lenkung war eine ZF-Speziallenkung mit dreifach geteilter Spurstange und Lenkstoßdämpfer. Lenkrad-Durchmesser 430 mm, Gesamtuntersetzung 11,05 : 1. Zahl der Lenkradumdrehungen etwa $1^3/_4$ von Anschlag zu Anschlag. Wendekreisdurchmesser 11,5 m.

Die hydraulischen Bremsen mit Zweistoff-Bremstrommeln (Leichtmetallmantel mit Windschaufeln und Stahllaufringen) hatten Unterdruck-Servoverstärkung und Duplex-Anordnung an den Vorderrädern.

Der Wagen war 6,70-15 bereift auf Scheibenrädern mit Tiefbettfelge 5-K×15. Für Rennzwecke empfahl man vom Werk aus einen Luftdruck von 3 atü vorn und 3,5 atü für die Hinterräder.

Bemerkenswert war die Gitterkonstruktion des Rohrrahmens, die aus Bild 118 und 119 ersichtlich ist. Auch in diesem Rahmen waren die Rohre lediglich auf Zug und Druck beansprucht. Der Kraftstofftank im Heck faßte etwa 130 Liter.
Fahrzeugdaten:

Radstand	240 mm
Spurweite vorn	1385 mm
Spurweite hinten	1435 mm
Länge	4520 mm
Breite	1790 mm
Höhe	1300 mm unbelastet
Gewicht	1020 kg ohne Kraftstoff
Gewicht fahrfertig	1132 kg mit 130 Liter Kraftstoff
Kraftstoffverbrauch	15 bis 25 Liter/100 km je nach Fahrweise
Ölverbrauch	etwa 0,25 Liter/100 km

Der Fahrkomfort war in diesem Seriensportwagen größer als im Rennsportwagen 300 SL von 1952. Die nach oben öffnenden Türen (siehe Bild 120) waren beibehalten worden; ein schwenkbares Lenkrad erleichterte den Einstieg.

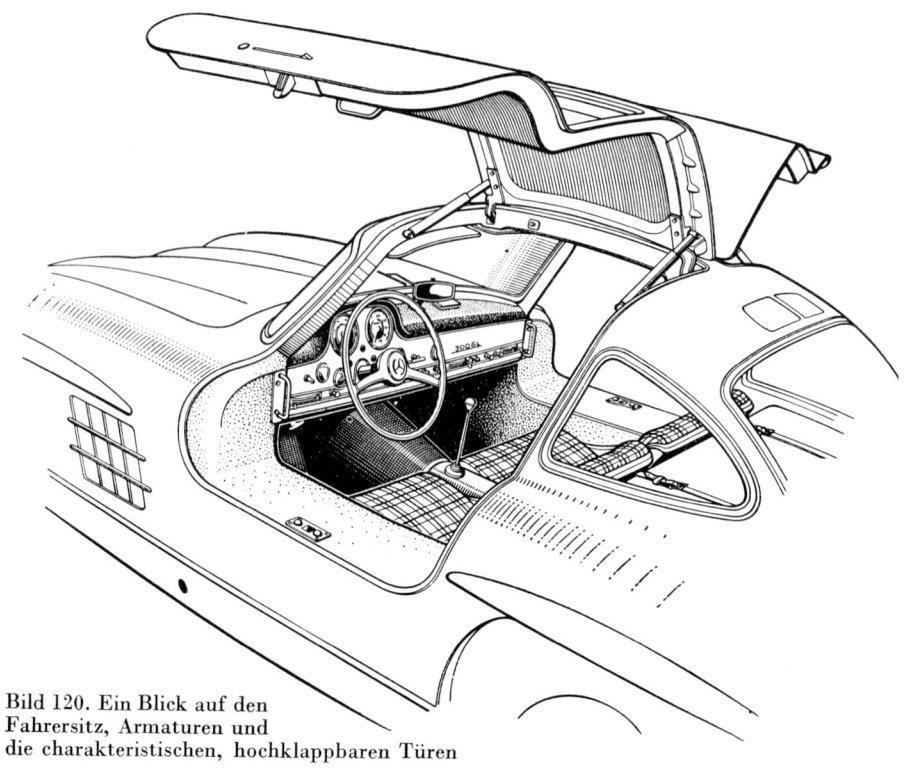

Bild 120. Ein Blick auf den
Fahrersitz, Armaturen und
die charakteristischen, hochklappbaren Türen

Und hier noch die Fahrleistungen der 1954er SL:

		Hinterachsuntersetzung		
		3,64 : 1	3,42 : 1	3,25 : 1
Höchstgeschwindigkeit	I	64 km/h	68 km/h	71 km/h
Höchstgeschwindigkeit	II	108 km/h	115 km/h	121 km/h
Höchstgeschwindigkeit	III	155 km/h	164 km/h	173 km/h
Höchstgeschwindigkeit	IV	235 km/h	250 km/h	260 km/h
Bergsteigefähigkeit	I	73%	67%	63%
Bergsteigefähigkeit	II	35%	32%	30%
Bergsteigefähigkeit	III	21%	19%	17%
Bergsteigefähigkeit	IV	12%	11%	10%

Das war die Wandlung vom Rennsportwagen 300 SL 1952 über den Formel-rennwagen zum Seriensportwagen 300 SL 1954.
Die Daimler-Benz AG hatte währenddessen für den werksmäßigen Renneinsatz im Jahre 1955 noch den Rennsportwagen

300 SLR

vorbereitet. Bei Abschluß der Manuskriptarbeiten zu dem vorliegenden Buch

Bild 121. Für den Rennsport-Einsatz des Werkes
wurde für 1955 der 300 SLR vorbereitet

existierte die Aufnahme dieses Wagens (Bild 121), aber noch waren nähere technische Daten nicht verfügbar. Das aber läßt sich sagen: Seine allerengste Verwandtschaft zum DB-Formelrennwagen W 196 kann er schon äußerlich nicht verleugnen.

17. Deutsche Rennwagen nach dem zweiten Weltkrieg

Die allenthalben als Auswirkungen des zweiten Weltkrieges sich ergebenden Schwierigkeiten, Sorgen und Nöte beeinträchtigten auch die technischen Voraussetzungen des Automobil-Rennsportes. In der internationalen Formel I – 1,5 Liter mit Kompressor – war keine deutsche Beteiligung möglich, da andere und wichtigere Aufgaben als die Entwicklung und der Bau von neuen Rennwagen für diese Formel weitaus vordringlicher und notwendiger waren und weiterhin die einzigen zwei vorhandenen deutschen Rennwagen, welche dieser Formel entsprachen (die 1939 gebauten 1,5-Liter-Mercedes-Benz Typ M 165), in der Schweiz beschlagnahmt waren und so nicht zur Verfügung standen.
Es bestand zunächst lediglich die Möglichkeit, unter Zugrundelegung noch vorhandener 2-Liter-Aggregate aus dem Vorkriegs-Sportwagen BMW 328 in der Formel II – 2-Liter-Saugmotor – allmählich wieder technische Voraussetzungen für eine erfolgreiche deutsche Beteiligung am Wagenrennsport zu schaffen. Als dann für die Jahre 1952 und 1953 das Provisorium der Formel II an Stelle der zwar noch in Kraft gebliebenen Formel I als technische Grundlage und Aufgabenstellung für die Wertung in der Automobil-Weltmeisterschaft die Übergangslösung zur 1954er 2,5-Liter-Saugmotor-Formel bildete, war somit auch die Möglichkeit einer deutschen Beteiligung an den „Großen Preisen" gegeben.

179

Die zwei profiliertesten Vertreter deutscher Renntechnik dieser Formel-II-Zeitspanne waren die Rennwagen der badischen Veritas GmbH und die des EMW-Rennkollektivs Eisenach.
Sie werden nachstehend beschrieben.

a) Der Veritas-Rennwagen Typ „Meteor"

Unter der technischen Leitung des Konstrukteurs Ernst Loof wurde 1949 dieser 2-Liter-Rennwagen gebaut. Wenn auch die Motordaten andere sind als im Vorkriegs-Sportwagenmotor des BMW 328, so ist die eigentliche Konzeption dieses Motors, insbesondere die Steuerung der V-förmig im Zylinderkopf hängenden Ventile, durch eine nunmehr nach oben verlegte Nockenwelle beibehalten worden. Dies wird auch sofort an einer Zeichnung des Veritas-Motors in Bild 122 deutlich. Es war ein Sechszylinder-Reihenmotor mit 1988 cm³ Gesamthubraum mit eingezogenen, nassen Stahllaufbüchsen. Das Verhältnis Hub/Bohrung war mit 75/75 mm quadratisch. Es ergaben sich Kolbengeschwindigkeiten von 17,5 m/s. Für die Maximal-Drehzahl von 7000 U/min wurde eine Leistung von 140 PS angegeben. Das Verdichtungsverhältnis betrug 12 : 1. Während die Kurbelwelle in Bleibronzelagern lief, waren die Pleuel sowohl auf den Kurbelzapfen als auch an den Kolbenbolzen rollengelagert. Drei Vergaser Solex API 40 bereiteten das Kraftstoff-Luft-Gemisch auf. Eine Membranpumpe förderte den Kraftstoff vom im Heck eingebauten Tank, welcher 110 Liter Fassungsvermögen hatte. Der Inhalt des Wasser-Kühlsystems betrug 10 Liter. Trockensumpfschmierung mit getrenntem Ölbehälter und einer Ölfüllmenge von 12 Litern. 6-Volt-Batteriezündung.

Über eine Einscheiben-Trockenkupplung von 235 mm Durchmesser, das mit dem Motorgehäuse verbundene Fünfgang-Getriebe erfolgte die Kraftübertragung durch eine Gelenkwelle auf die Hinterachse. Das Getriebe hatte folgende Abstufungen: I. 2,75 : 1; II. 1,93 : 1; III. 1,51 : 1; IV. 1,18 : 1; V. 1 : 1 und 3,52 : 1 für den Rückwärtsgang. Die vier oberen Gänge waren synchronisiert. Das Getriebe hatte eine besondere Ölpumpe. Für den Hinterachsantrieb waren auswechselbare Stirnradgetriebe mit spiralverzahnten Kegelrädern in folgenden Stufen verfügbar: 4,75 : 1; 4,17 : 1; 3,9 : 1; 3,65 : 1; 3,42 : 1. Das Differential war selbstsperrend.

Die Aufhängung der einzeln durch einstellbare Längs-Torsionsstäbe abgefederten Vorderräder erfolgte an parallel geführten Dreieckslenkern. Der obere Lenker arbeitete dabei auf den Drehstab, während sich auf den unteren Lenker an der Dreiecksspitze ein schrägstehender, hydraulischer Teleskop-Stoßdämpfer abstützte und die Schwingungsdämpfung übernahm.

Die Ausführung der Hinterachse als Doppelgelenkachse war insofern interessant, als das De-Dion-Tragrohr lediglich zur Parallelführung der Hinterräder hinter dem Differential vorbeiführte, aber – nicht wie in der früher beschriebenen Mercedes-Ausführung – keinerlei sonstige Reaktionskräfte aufnehmen brauchte. Die Aufnahme der Seitenkräfte und der Schub- und Zugkräfte erfolgte vermittels eines rechten und linken Dreieckslenkers unter der Doppelgelenkachse. Ein weiterer Dreieckslenker war direkt über dem Differential angeordnet. Die Abfederung der Hinterräder erfolgte ebenfalls einzeln durch längsliegende

Bild 122. Querschnittzeichnung des Veritas-Meteor-Motors. Die Verlegung der Nockenwelle aus dem Kurbelgehäuse in den Leichtmetall-Zylinderkopf ist zu beachten

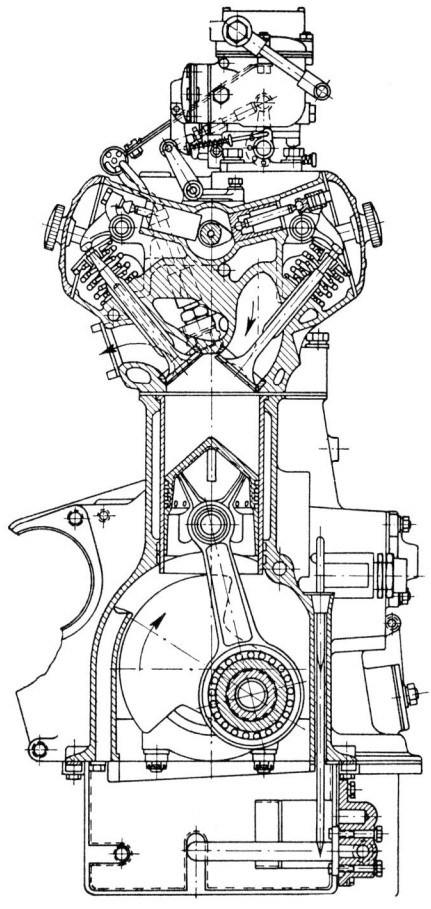

Torsionsstäbe, welche in die kerbverzahnten inneren Drehpunkte der zwei seitlichen Dreiecklenker eingriffen.
Der Rahmen war ein Rohrgitter-Rahmen.
Die hydraulisch wirkende Fußbremse besaß zwei Bremsflüssigkeits-Systeme mit jeweils zwei Bremszylindern an den Rädern. Die Leichtmetall-Bremstrommeln mit eingepreßten Laufringen aus Stahlguß waren mit 300 mm Durchmesser und 50 mm für die Backenbreite hinreichend dimensioniert.
Neben gepreßten Stahlscheiben-Rädern der Felgengröße 4,00 E × 16 mit Zentralverschluß wurden auch Rudge-Stahlspeichen-Räder verwendet. Als Bereifung fuhr man vorn 5,25 oder 5,50-16 und hinten 5,50 oder 6,00-16.

Bild 123. Der Formel-II-Rennwagen Veritas „Meteor"

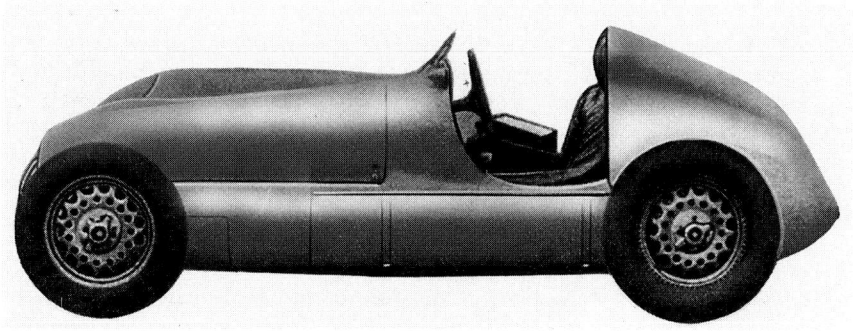

Noch einige allgemeine Zahlenangaben:

Gewicht fahrfertig ohne Kraftstoff	560	kg
Radstand	2250	mm
Spurbreite vorn	1280	mm
Spurweite hinten	1300	mm
Wendekreisdurchmesser	12,5	m
Länge	3370	mm
Breite	1550	mm
Höhe	1050	mm
Höchstgeschwindigkeit	bis 240	km/h

Trotz der entwickelten und im Hinblick auf die Belebung des Wagensportes anerkennenswerten Initiative blieb dem stets unter beträchtlichen finanziellen Schwierigkeiten gebauten Veritas-Meteor (Bild 123) der durchschlagende sportliche Erfolg versagt.

b) Die Formel-II-Rennwagen des EMW-Rennwagenkollektivs Eisenach

Nachdem 1951 durch einen Forschungsauftrag des Zentralamtes für Forschung und Technik im Versuchs- und Prüfamt für Kraftfahrzeugtechnik des Deutschen Amtes für Material- und Warenprüfung eine Herstellung von 1,5- und 2-Liter-Renn- und -Sportwagen in Johannisthal bei Berlin erfolgt war, wurden nach Beendigung der Rennsaison 1952 die Arbeiten an diesen Rennfahrzeugen im EMW-Werk in Eisenach fortgeführt.

Wenn diese auf den in Johannisthal gemachten Erfahrungen aufbauten, so muß erwähnt werden, daß es bereits in Johannisthal gelungen war, die Leistungsfähigkeit der volkseigenen Kraftfahrzeugindustrie und der Zubehörbetriebe durch Rennerfolge unter Beweis zu stellen und durch harte Erprobung im Rennsport wertvolle Erfahrungen für den Gebrauchsfahrzeugbau in der DDR zu sammeln. Dies war der tiefe Sinn des geschaffenen Rennkollektivs, und die Erfolge sind unter anderem auch den eigens neu entwickelten Rennreifen der Riesaer Reifenwerke, den Isolator-Zündkerzen aus Neuhaus-Schierschnitz, den Vergasern der Berliner Vergaserfabrik, den Getrieben der ABUS Gotha, den IKA-Zündanlagen, den Spezialrädern aus Ronneburg, den Cosid-Bremsbelägen aus Coswig usw. zu verdanken gewesen.

Im EMW-Werk erfolgte dann insbesondere im Frühjahr 1953 in konzentrierter Arbeit unter der Regie von Rennabteilungsleiter Ing. Gerstenberg und Meister Dudys die Weiterentwicklung und Verbesserung der aus Johannisthal übernommenen Fahrzeuge. Trotz teilweiser Beibehaltung alter Auslegungen nach dem BMW 328 gelang es, die Formel-II-Rennwagen zu den schnellsten Fahrzeugen dieser Kategorie auf der sechszylindrigen Motorbasis zu züchten und gute Erfoge in internationalen Großveranstaltungen zu erzielen (Bild 124).

Der Motor war ein 6-Zylinder-Reihenmotor auf der Grundlage des BMW 328. Die Ventile wurden demnach von einer untenliegenden Nockenwelle über Stoßstangen und Kipphebel sowie Umlenkhebel für die Auslaßventile gesteuert. Die in Bronzeführungen gleitenden Ventile ragten V-förmig in den Zylinderkopf

182

Bild 124
Der Monoposto
R 2 von 1953

Bild 125. 2-Liter-Motor von 1953 mit einer Nockenwelle und drei Fallstromvergasern

bzw. den Verbrennungsraum. Ihr Durchmesser betrug für das Auslaßventil 35 mm und für das Einlaßventil 38 mm. Der V-Zylinderkopf war aus Leichtmetall gegossen. In ihm waren die Ventilsitze eingeschrumpft. Der Antrieb der Nockenwelle (es konnten wahlweise drei verschiedene Nockenwellen mit unterschiedlichen Ventilerhebungskurven eingebaut werden) erfolgte durch geradverzahnte Zahnräder. Die sorgfältig ausgewuchtete Kurbelwelle war viermal in Weißmetall gelagert. Die am Kolbenboden dachförmigen Leichtmetallkolben waren mit drei Kolbenringen und einem Ölabstreifring bestückt. Die Kolbengeschwindigkeit des ausgesprochen langhubigen Motors – 96 mm Hub und 66 mm Bohrung – setzte der Erhöhung der Drehzahl gewisse Grenzen. Bei einer Verdichtung von etwa 10 : 1 wurden trotzdem bei 6000 U/min 135 PS erzielt (Bild 125).

Drei Fallstrom-Vergaser besorgten die Aufbereitung des Kraftstoff-Luft-Gemisches. Die Kraftstoff-Förderung erfolgte durch eine Membran-Pumpe, welche von der Nockenwelle betätigt wurde, und durch eine zusätzliche elektrische Benzinpumpe. Ebenfalls von der Nockenwelle aus wurde der Zünd-Magnet an der Stirnseite des Motors angetrieben.

Über eine F & S-K 12-Zweischeiben-Trockenkupplung erfolgte die Kraftübertragung an das Viergang-Getriebe. Hierfür konnten bei einer festliegenden Untersetzung für den I. Gang von 2,8 : 1 verschiedene Radsätze für die anderen Getriebestufen je nach dem topographischen Charakter der Rennstrecken eingebaut werden. Das Getriebe war direkt am Motorgehäuse angeflanscht. Durch die Gelenkwelle in der Mitte des Fahrzeuges in einem Kardantunnel erfolgte der Antrieb der Hinterachse. Der Achsantrieb mit Sperrdifferential konnte bezüglich der Übersetzungsverhältnisse von Teller- und Kegelrad gleichfalls ausgewechselt werden. Untersetzungen zwischen 3 : 1 und 5 : 1 standen hierfür zur Verfügung.

Die Vorderräder sind an je zwei Querlenkern einzeln aufgehängt gewesen. Nach der in Eisenach erfolgten Überarbeitung des Fahrwerks war man bewußt davon abgegangen, der querliegenden Blattfeder auch die Aufgabe einer teilweisen Radführung zu übertragen. Die beibehaltene Blattfeder über den oberen Querlenkern hatte nunmehr über eine Aufhängung an diesen Querlenkern lediglich die Aufgabe der Einzel-Radabfederung zu erfüllen. Schräggestellte Stoßdämpfer, welche an der Spitze des unteren Querlenker-Dreiecks angriffen und an einer oberen Rohr-Traverse des Rahmens verschraubt waren, übernahmen die Schwingungsdämpfung. Bei einem Nachlauf der Vorderräder von 7° betrug die Vorspur etwa 7 mm (Bild 126).

Die Hinterachskonstruktion ähnelte der des BMW 328, wobei jedoch eine breitere Spur gewählt wurde. Die Hinterachswellen waren hohlgebohrt. Die starre Hinterachse wurde durch zwei Halbelliptik-Längs-Blattfedern abgefedert, welche durch ihre vorderen Federbolzen fest mit dem Rahmen verbunden waren und dort die Brems- und Beschleunigungskräfte aufnahmen. Eine Führung in dem Banjo-Gehäuse der Hinterachse und ein Querlenker in einem Silentbloc unterstützten das Abfangen der Seitenkräfte, und ein Stab-Stabilisator wirkte entscheidend auf die Verbesserung der Straßenlage ein. Auch an der Hinterachse waren Teleskop-Stoßdämpfer angebracht (Bild 127).

184

Bild 126. Vorderachsbrücke, Federung und Radaufhängung im 2-Liter-Wagen 1953

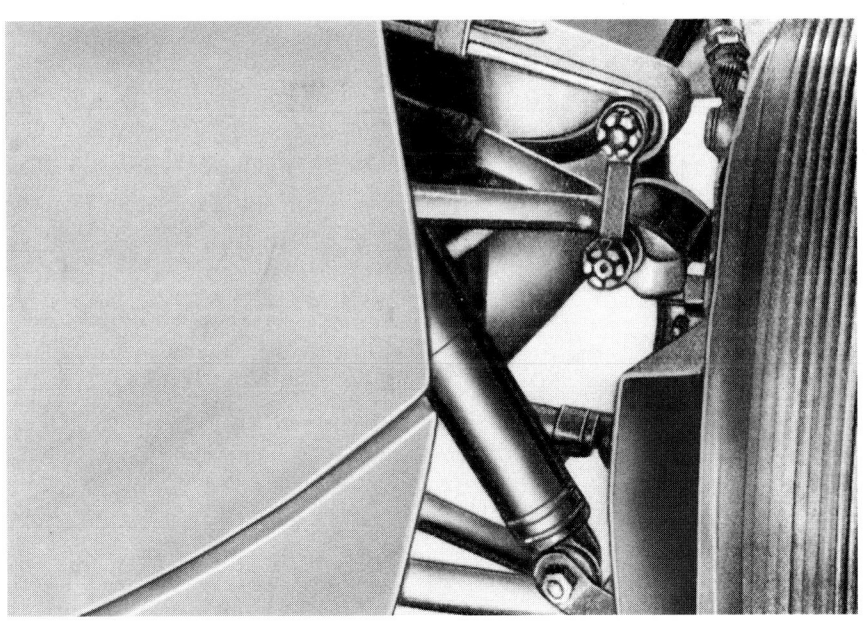

Bild 127. Obere Vorderradaufhängung mit darüberliegender Querblattfederung in der
Ausführung 1953

13*   185

Bild 128. De-Dion-Hinterachsstudie an einem 2-Liter-EMW 1954

Der Rahmen aus Chrom-Molybdän-Stahl-Rohren verlief in seinem hinteren Teil nicht auslegeartig wie bei dem BMW 328, sondern gerade und war mit einer versteifenden Quer-Traverse versehen.

Für die Lenkung verwendete man die bewährte Zahnstangenlenkung. Das Lenkrad war durch Schnellverschluß abnehmbar.

Die Fußbremse arbeitete nach dem Zweistufensystem hydraulisch auf alle vier Räder. Hinsichtlich der Dimensionen der Bremsen wurden die des Serientyps EMW 340–2 beibehalten. Den verrippten Leichtmetall-Bremstrommeln waren Stahllaufringe eingeschrumpft. Um diese beiden Trommelteile gegen Verdrehung zu sichern, waren durchgehende Madenschrauben eingelassen. Die Handbremse wirkte mechanisch auf die Hinterräder.

Der Fahrersitz war links seitlich angeordnet. Da der Wagen seinerzeit mit einer entsprechenden Ausrüstung gleichfalls in der 2-Liter-Sportwagenklasse gefahren wurde, war der zweite Sitz rechts des Lenkrades als Kraftstofftank ausgebildet. Diese Lage an der Mitte der Längsachse des Fahrzeuges kam bei der Gewichtsabnahme des Tankinhaltes während eines Rennens einer nahezu gleichbleibenden Radbelastung und damit einer stetig guten Fahreigenschaft zugute.

Die Drahtspeichenräder mit Schnellverschluß waren vorn 5,25–16 und hinten 5,50- oder 6,00–16 bereift.

Je nach dem Karosserieaufbau betrug das Gewicht der 2-Liter-Wagen des EMW-Rennkollektivs trocken 550 bis 600 kg.

Es wurde bereits im vorhergehenden Abschnitt erwähnt, daß die Höchstgeschwindigkeit des Meteor von Veritas mit 240 km/h angegeben wurde. Der Formel-II-EMW wurde mit 230 km/h gemessen und bewies in der Praxis des Rennbetriebes – die ja allein Wertmesser sein kann – seine Leistungsfähigkeit gegenüber den westdeutschen Rennwagen der 2-Liter-Klasse.

Weiter wurde kurz vor dem Auslaufen der Formel II im internationalen Rahmen eine völlig neue Konstruktion mit einsitziger Karosserie in Eisenach gebaut. Bei diesem Rennwagen waren weitere entscheidende Verbesserungen am Fahrwerk – Drehstabfedern, Doppelgelenkachse usw. (Bild 128) – vorgenommen worden. Leider konnte dieser Monoposto im internationalen Rahmen nicht mehr eingesetzt werden, da 1954 die Formel II nicht mehr ausgeschrieben war.

186

Die für die Zeit von 1954 bis 1957 in Kraft gesetzte internationale Rennwagen-Formel, welche für die Fahrzeuge 2,5-Liter-Saugmotoren oder Kompressor-motoren bis 750 cm³ vorschreibt, erweckte das Interesse deutscher Konstruk-teure und als erstes deutsches Werk brachte die Daimler-Benz AG 1954 einen Formel-I-Rennwagen auf die Grand-Prix-Rennstrecken.

c) Der Formel-I-Rennwagen Mercedes-Benz W 196

Dieser Wagen war zuerst ausschließlich mit einer Vollstromkarosserie (Bild 129) verkleidet, welche dann an einigen Wagen durch eine die Räder freilassende Rumpfkarosserie ersetzt wurde (Bild 130).

Mannigfaltige Überlegungen um die grundsätzliche Konzeption des geplanten Formel-I-Rennwagens wurden von Chefingenieur Direktor Dr. Nallinger und Direktor Uhlenhaut vor der Inangriffnahme des Projektes angestellt. Es ergab sich hierbei im Jahre 1954 eine charakteristische Parallele zu 1934. Damals wie 1954 bzw. in den jeweiligen Planungs- und Konstruktionszeiträumen konnte man nicht auf vorhandenen Fahrzeugen aufbauen, denn im Falle 1954 war es nicht möglich, noch die Vorkriegs-Rennwagen als Grundlage heranzuziehen. Mit Aussicht auf Erfolg auf den Rennstrecken der Welt wieder anzutreten er-schien nur über neue technisch-konstruktive Lösungen möglich, die von Anfang an Aussicht auf Gleichwertigkeit mit den ausländischen Fahrzeugen verspra-chen und weitere Entwicklungsmöglichkeiten offenließen. Unter dieser grund-sätzlichen Überlegung war der Typ W 196 in seiner Gesamtkonzeption ent-wickelt und in den einzelnen Aggregaten gebaut worden.

Die neue Rennwagen-Formel sah Motoren mit 2,5 Liter Gesamthubraum ohne Kompressor oder mit 0,75 Liter bei Verwendung eines Kompressors vor. Bei diesem ungünstigen Verhältnis für den Kompressormotor war nur die Lösung als Saugmotor zu wählen.

Da Ausführungen über das Verfahren der Kraftstoff-Einspritzung in einem früheren Kapitel des vorliegenden Buches bereits gemacht wurden, sei hier lediglich erwähnt, daß die Vorteile der Direkteinspritzung – gleichmäßige Gemischaufbereitung, gutes Drehmoment in allen Drehzahlen, bessere Zylin-derfüllung und geringerer spezifischer Verbrauch – im W 196 zur Nutzanwen-dung kamen, wobei auf umfangreiche Erfahrungen aus dem Flugmotorenbau

Bild 129. Mercedes-Benz W 196 mit Vollstromverkleidung

Bild 130. Mercedes-Benz W 196 mit Rumpfkarosserie

zurückgegriffen werden konnte. Im Motor des W 196 ist die Einspritzdüse so angeordnet, daß innerhalb des Zylinders eine Schichtung der Ladung erreicht wird. Hierbei entsteht an den Zündkerzen ein sehr reiches, im übrigen Teil des Verbrennungsraumes ein entsprechend ärmeres Gemisch. Die Direkt-Einspritzung des Kraftstoffes erfolgt etwas seitlich unterhalb des Einlaßventiles für die Verbrennungsluft. Diese Kraftstoff-Direkteinspritzung ist das Charakteristische des DB-Rennwagenmotors.
Der konstruktive Aufbau des Motors wird zum Teil aus Bild 131 ersichtlich. Die hierbei grundlegende Überlegung – nämlich aus dem gegebenen Gesamt-Hubraum möglichst hohe Leistung herauszuholen – galt der Drehzahl des Motors und damit der Unterteilung des Gesamtvolumens in eine entsprechende Anzahl einzelner Zylinder. Hier wurden umfangreiche Berechnungen durchgeführt, um festzustellen, ob die besten Werte bei einem 4-, 6-, 8- oder 12-Zylinder-Motor liegen würden. Nach derartigen Berechnungen, Überlegungen und der Heranziehung von Erfahrungswerten wurde ein 8-Zylinder-Motor gewählt, bei dem die Zylinder in Reihe angeordnet waren.
Aus einer Bohrung von 76 mm und einem Hub von 68,8 mm – also einer „unterquadratischen" Auslegung – resultierte ein Gesamthubraum von 2496 cm³. Bei etwa 8500 U/min wurden damit nahezu 300 PS erreicht.
Wie bei den Mercedes-Nachkriegssportwagen ist der Motor nach der Seite zu in einem Winkel von etwa 45° im Fahrwerk eingebaut, womit man eine Verringerung des Luftwiderstandes der damit niedrigeren Karosserie und eine Tieferlegung des Schwerpunktes erzielte. Das gesamte Motorgehäuse ist viermal unterteilt: Ölwanne mit der Trockensumpfschmierung, das Kurbelgehäuse, Zylinder und Zylinderkopf aus einem Stück mit stahlblechgeschweißten Kühlwassermänteln und das Gehäuse für die zwei obenliegenden Nockenwellen.
Neuartig im Zusammenhang mit dem konstruktiven Aufbau des Motors war die Leistungsabnahme in der Mitte der rollengelagerten Kurbelwelle. Hierbei wurde

188

von einem Zahnrad in der Mitte der Kurbelwelle die Kraft auf ein Gegenrad und von dort über eine zweite Welle an die Kupplung abgegeben. Diese Anordnung, bei der gleichsam vor und hinter der Kraftabnahme ein 4-Zylinder-Motor lag, verringerte naturgemäß die ansonsten bei einem Reihen-8-Zylinder mit verhältnismäßig langer Kurbelwelle auftretenden Torsionsschwingungen und hat Vibrationen vermieden, welche sich abträglich auf den gesamten, von der Kurbelwelle betätigten Steuerungstrieb auswirken. Gleichzeitig wurde eine Gewichtseinsparung erreicht, da die Kurbelwelle infolge der sich nun ergebenden geringeren Belastung nicht mehr so stark gebaut zu werden brauchte und das Zahnrad in der Mitte der Kurbelwelle gleichzeitig das Schwungrad ersetzte, welches in Wegfall kommen konnte.

Eine weitere Überlegung beim Bau des Rennwagenmotors für den W 196, die mit der Drehzahl des Motors ebenfalls zusammenhängt, galt der Ventilsteuerung. Um eine gute Füllung der Zylinder ohne Auf- oder Überladegebläse zu

Bild 131. Der 8-Zylinder-Reihenmotor des W 196 zeigt bei genauer Betrachtung eine Fülle interessanter Einzelheiten. So wird zum Beispiel sichtbar, daß das Gehäuse der Zylinder mit dem Zylinderkopf zusammen aus einem Stück – also ohne Trennung in Höhe des oberen Kolben-Totpunktes – gegossen ist. Die Ventile werden demnach von unten demontiert und eingebaut. Aus einem an sich geringfügigen Detail läßt sich mit Sicherheit auf die Zündfolge 1–6–2–5–8–3–7–4 schließen. In der Vielzahl der Ölleitungen (nicht der Druckleitungen der Einspritzpumpe!) kommt die aufgewendete Sorgfalt um eine präzise Schmierung zum Ausdruck

erhalten, ist es in jedem und speziell in einem Rennmotoren-Falle notwendig, die Ventile möglichst schnell auf volle Öffnung zu bringen und ebenfalls schnell zu schließen. Die schnelle Öffnung ist eine Frage der Nockenform und der Ausbildung der Übertragungshebel, um die Kräfte hierfür zu beherrschen. Das schnelle Schließen besorgt üblicherweise eine Ventilfeder, die jedoch beim Öffnen der Ventile zusätzlich als Belastung für die Ventilsteuerung hinzukommt. Bei den heute gefahrenen Drehzahlen und den sich daraus ergebenden Ventilbewegungskräften ist es meist räumlich schwer, diese erforderlichen Ventilfedern unterzubringen. Es wurden deshalb schon allerorts Anstrengungen gemacht, um unter Vermeidung von Ventilfedern eine zwangsläufige Ventilöffnung und Schließung zu erreichen. Hierbei wurden mechanische und hydraulische Lösungen versucht. Ventilsteuerungen ohne Ventilfedern konnten sich aber bis 1954 nirgends durchsetzen. Im Rennmotor des W 196 war nun eine mechanische Zwangssteuerung ausgeführt, welche die Ventile unter Weglassung jeglicher Ventilfedern zwangsläufig und schnell voll öffnete und schloß. Somit konnten bei hohen Motordrehzahlen gute Ventilzeitquerschnitte und damit optimale Zylinderfüllungen erreicht werden.

Der Motor saugte durch ein Zentralrohr mit großem Querschnitt seine Luft an, deren Menge durch eine mittels Fußpedals betätigte Drosselklappe in Höhe der Vorderachse geregelt wurde. Die Zündung der durch die Einspritzung mit Kraftstoff angereicherten Ladung erfolgte durch zwei Zündkerzen pro Zylinder. Für diese Doppelzündung lieferte ein speziell entwickelter Bosch-Zwillingsmagnetzünder den Zündstrom. Man muß sich dabei einmal vergegenwärtigen,

Bild 132. Vorderpartie im Formelrennwagen W 196

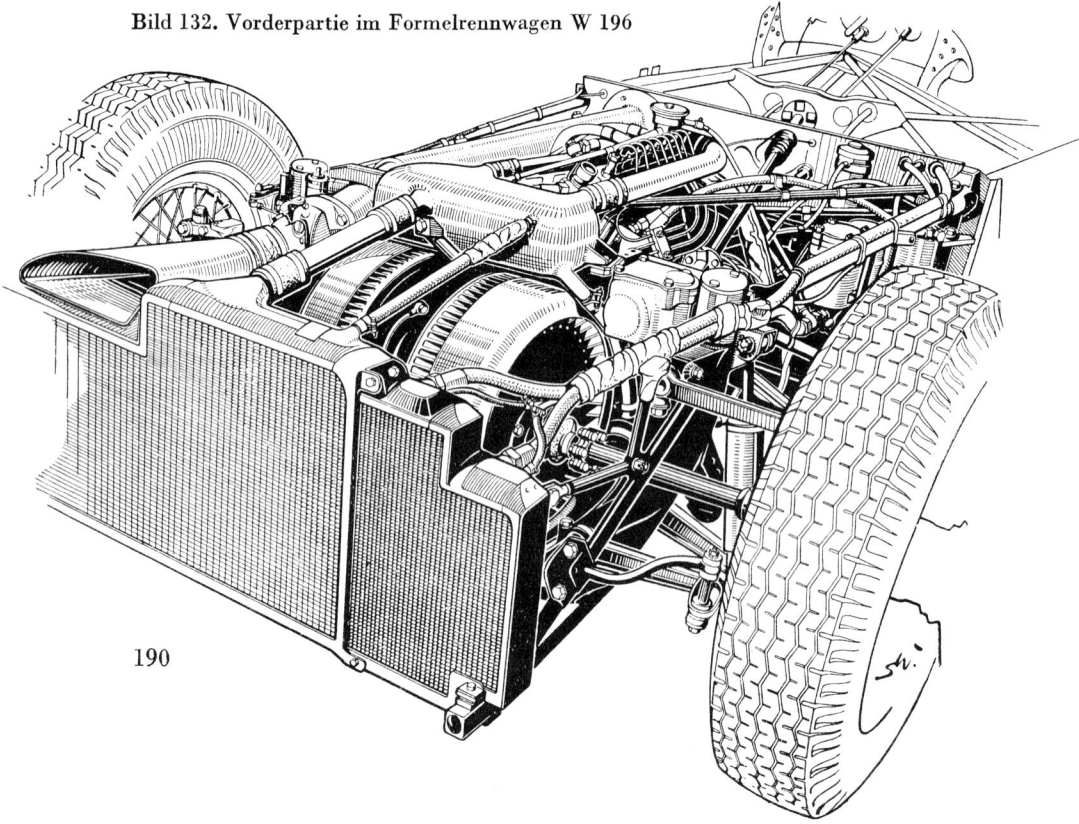

Bild 133. Die Vorderachskonstruktion mit den innenliegenden Bremstrommeln, welche ihren Umlauf unter Zwischenschaltung von Kugelgelenken an den Rädern und Gelenkwellen erhielten. Die verzahnten Drehfederstäbe und die Lagerung für den Querstab-Stabilisator sind deutlich zu erkennen

daß bei 8500 U/min 34000 Doppelzündungen in der Minute erfolgten! Die beiden Magnete hatten wohl einen gemeinsamen Antrieb, arbeiteten jedoch aus Gründen der Betriebssicherheit vollkommen unabhängig voneinander.

Von der Einscheiben-Trockenkupplung erfolgte die Kraftübertragung über eine Gelenkwelle an das hinter der Hinterachse liegende 5-Gang-Getriebe, welches mit dem selbstsperrenden Differential verblockt war. Das Getriebe war vollsynchronisiert und wurde über eine Saug- und Druckleitung gesondert mit gekühltem Frischöl geschmiert. Es war durch ein oberes Rahmenquerrohr und mittels unterer Rohrverstrebungen fest im Fahrwerk gelagert.

Die Vorderachskonstruktion wird aus den Bildern 132 und 133 ersichtlich. Die Räder sind an ungleich langen Parallelogramm-Dreieckslenkern aufgehängt gewesen, wobei der untere Querlenker jeweils auf einen längsliegenden Torsionsstab zur Einzelrad-Abfederung arbeitete. Die Schwingungsdämpfung übernahmen zwei schräggestellte, progressiv wirkende Teleskopstoßdämpfer, und gegen eine etwaige Kurvenneigung sollte ein Querstab-Stabilisator vor der Vorderachse wirken.

Bild 134. Detailbild der Hinterachskonstruktion. Fünfgang-Getriebe am Differential mit dem Rahmen verschraubt, innenliegende Bremstrommeln mit Turbobelüftung und Pendelachse mit tiefgelegtem, gemeinsamen Drehpunkt

Interessant und einen völlig neuen Weg weisend war die Hinterachskonstruktion des W 196 (Bild 134). Es wurde bemerkenswerterweise nicht die übliche und früher gerade bei Mercedes übliche Doppelgelenkachse gewählt, bei welcher zwar das Antriebsgehäuse fest mit dem Wagen verbunden ist, die Räder aber wie eine Starrachse untereinander verbunden sind, sondern es wurde hier eine echte Pendelachse konstruiert. Bei dieser hatten die Pendelarme ihren Drehpunkt zusammengefaßt in der Mitte des Fahrzeuges unter dem Hinterachs-

Bild 135. Röntgenbild des W 196

1 Wasserkühler;
2 Wasserdruckausgleich;
3 Einspritzpumpe;
4 Kühlluft für Fahrer und Hinterradbremsen;
5 Gangschaltung

6 Getriebe;
7 Ölkühler;
8 Turbo-Bremsen;
9 Kraftstofftanks;
10 Öltank

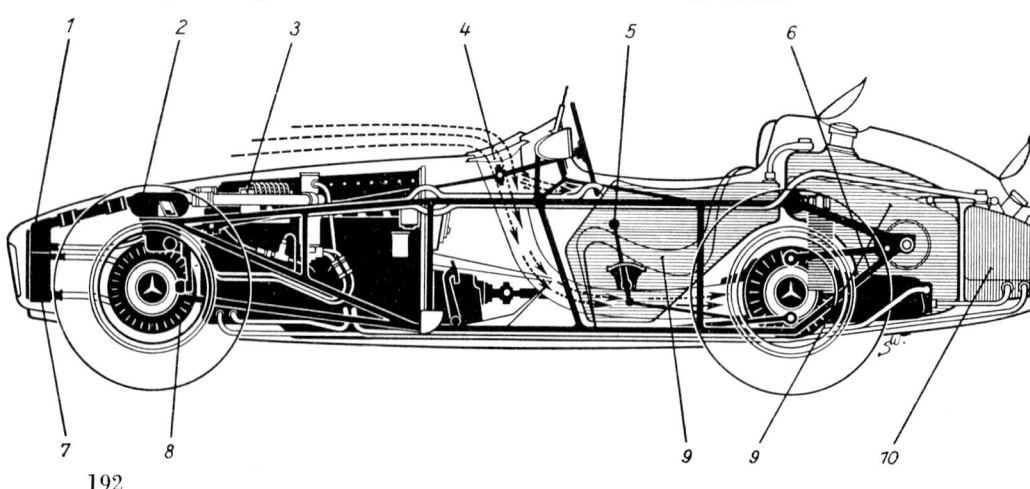

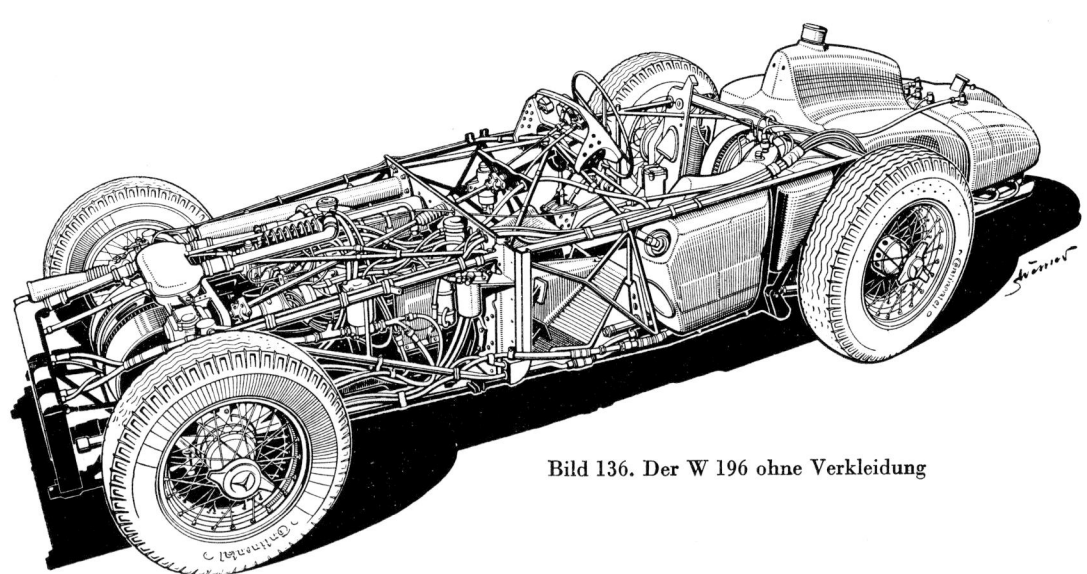

Bild 136. Der W 196 ohne Verkleidung

antriebsgehäuse. Dadurch waren die Pendelarme länger und die Drehpunkte tiefer gelegt. Diese beiden Eigenheiten ließen Fahreigenschaften erzielen, welche als besser gegenüber denen bei Verwendung einer Doppelgelenkachse bezeichnet werden mußten. Die Hinterräder waren einzeln ebenfalls durch Torsionsstäbe gefedert, wobei die Federkraft über Hebel auf die nach oben gebogene Pendelachse übertragen wurde. Die Antriebübertragung auf die Räder erfolgte über eine dünne Gelenkwelle. Die Schub- und Zugkräfte wurden an jeder Seite durch zwei Längslenker aufgenommen, von denen der obere nach hinten und der untere nach vorn an den Rahmen angriff (Bild 135). Die Teleskopstoßdämpfer waren außen mit einem verrippten Leichtmetallmantel versehen.

Die Verlegung der Bremstrommeln vom Rad weg nach der Mitte des Fahrwerkes zu – ähnlich bereits früher an der Hinterachse des Benz-Tropfenwagens vorhanden – wurde hier für Vorder- und Hinterachse angewendet, um so die ungefederten Massen der Laufräder auf einen möglichst niedrigen Wert zu verkleinern. Es waren hydraulische Bremsen, deren Bremstrommeln nach dem Alfin-Verbundgußverfahren – Stahlgußringe der eigentlichen Bremsflächen und Leichtmetallmantel mit Kühlluftschaufeln – vergossen wurden. Die Dimensionen der Bremstrommeln waren an den Vorderrädern 380 mm Durchmesser und 140 mm Breite, hinten 300 mm Durchmesser und 120 mm Breite. Da die Bremsen nicht im kühlenden Fahrtwind lagen, machten sich besonders für die hinteren Bremsen besondere Kühlluftzuführungen erforderlich. Deren Strömungsverlauf ist neben anderen Einzelheiten aus Bild 135 ersichtlich (Bild 136).

Die Lenkung war in diesem Typ W 196 hinsichtlich ihrer Charakteristik keineswegs sehr direkt. Die Lenkwelle führte vom genau in der Mitte des Wagens liegenden Fahrersitz (Bild 137), dem Vierspeichen-Lenkrad mit

193

Bild 137. Fahrersitz mit den Instrumenten, Lenkrad,
rechts liegendem Schalthebel und den Pedalen

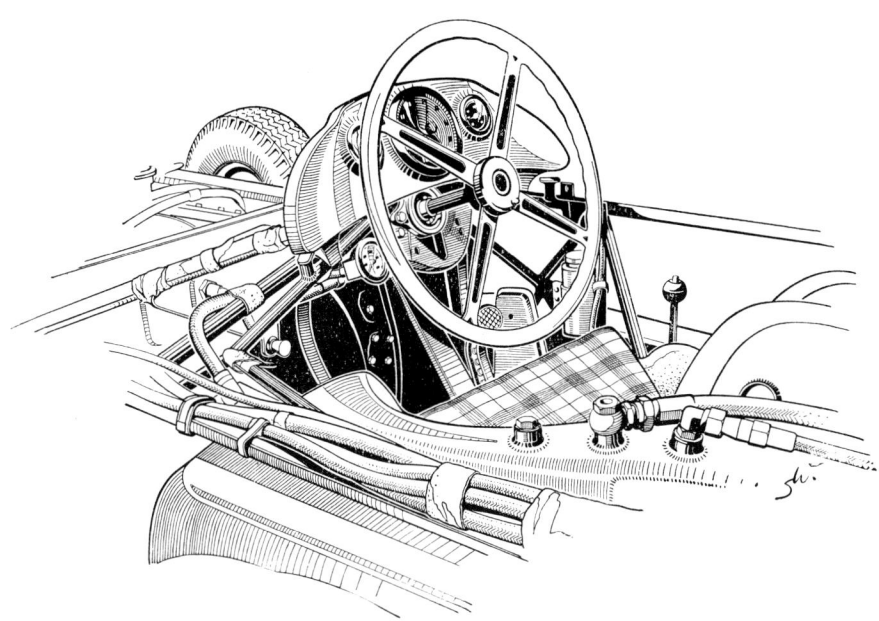

Bild 138. Fahrersitz mit Öl- und Kraftstoffleitungen am linken Zusatztank

Schnellverschluß über zwei Kreuzgelenke zur Lenkschnecke. Diese war links am vorderen oberen Rahmen-Querrohr montiert. Die Spurstange war selbstverständlich geteilt (Bild 138).
Ein filigranartiges Kunstwerk war der Gitter-Rohrrahmen. Infolge seiner Dreiecks-Fachwerk-Bauweise wurde kein einziges Rahmenteil auf Biegung, sondern ausschließlich auf Zug und Druck beansprucht. In Bild 139 wird diese Rahmenkonstruktion deutlich. Bemerkenswert ist hier gleichzeitig die Aufhängung des 250 Liter fassenden Haupttanks im Heck und des dahinter liegenden 40-Liter-Ölbehälters.

Bild 139. Rahmenkonstruktion des W 196

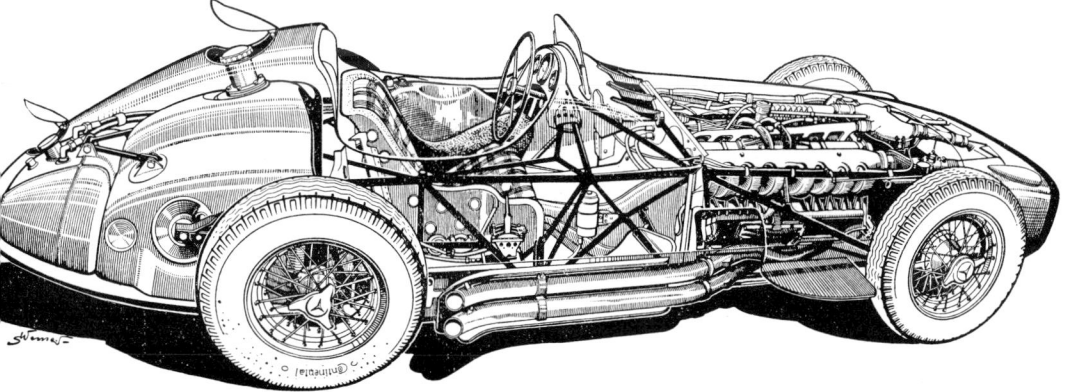

195

Die W 196 waren mit 16-Zoll-Drahtspeichenrädern mit Rudge-Schnellver-
schlußnaben ausgerüstet. Die Reifendimensionen betrugen für die Hinterräder
6,00- bis 7,00–16 und für die Vorderräder 5,50- bis 6,00–16.

Die mit Vollstromkarosserie verkleideten Wagen waren mit 680 kg etwas
schwerer als die mit einer Rumpfkarosserie versehenen Fahrzeuge, die etwa
640 kg wogen. Diese Gewichtsangaben beziehen sich auf das trockene Fahrzeug
mit Bereifung, jedoch ohne Kraftstoff, Wasser und Öl. Für den fahrfertigen
Rennwagen mit dem Fahrer ergab sich ein ungefähres Leistungsgewicht von
3 kg/PS.

Die Mercedes W 196 haben 1954 Höchstgeschwindigkeiten erreicht, die knapp
unter der 300 km/h-Grenze lagen.

Dieser Rennwagentyp stellte im Jahre 1954 – mit welchem der zwanzig Jahre
umfassende Beschreibungs-Zeitraum des vorliegenden Werkes abschließt – den
Wagen des Automobil-Weltmeisters.

18. Die deutschen Nachkriegs-Rennmotorräder

Als 1946 in Westdeutschland die ersten Motorsport-Veranstaltungen abrollten,
da konnte man noch nicht von einer Werksbeteiligung der deutschen Motorrad-
und Automobilfabriken am Rennsport sprechen. Ausschließlich Privatfahrer
waren die Träger des Motorsports in der ersten Nachkriegszeit. Sie mußten zugleich das sportliche und auch das technische Potential ausfüllen. Als Privatfahrer waren in den Jahren 1946/47 auch alle ehemaligen Fabrikrennfahrer der
deutschen Rennställe anzusehen, hatten sie doch aus eigener Initiative und ohne
jede Unterstützung seitens der Kraftfahrzeugwerke, die – teilweise zerstört, teilweise demontiert – dazu gar nicht in der Lage waren, den Motorrennsport wieder
aufgegriffen und ausgebaut. Hierbei darf selbstverständlich nicht vergessen
werden, daß sich unter dem Fahrzeugmaterial der Spitzenfahrer jener ersten
Nachkriegszeit viele frühere Werksmaschinen befanden.

Außer den ehemaligen Werksrennmaschinen und den käuflichen Privatfahrer-
maschinen der Vorkriegszeit waren in der Anfangszeit des Nachkriegsmotor-
sports, bedingt durch die Materialnot und die Unmöglichkeit der Fabrikation
neuer Rennfahrzeuge, natürlich auch viele Eigenbau-Schöpfungen vertreten.
Diese Eigenbau-Konstruktionen deutschen und ausländischen Ursprungs waren
von den Privatfahrern unter großen Mühen und Opfern hergestellt worden und
konnten zu einer Belebung des Motorsports beitragen. Wenn im Rahmen dieses
Buches aus Platzgründen auch nicht auf die unzähligen Eigenbau-Schöpfungen
des deutschen Nachkriegs-Motorrennsports eingegangen werden kann, so ge-
bührt doch den Eigenbau-Konstrukteuren ebenso ein Lob für ihre teilweise hervorragenden Leistungen wie den Facharbeitern und Ingenieuren in den Renn-
abteilungen.

a) BMW

Wie die Rennmaschinen von DKW und NSU waren auch die Münchener
Renner von Anbeginn des Nachkriegs-Motorsports wieder dabei. Sowohl die

Kompressor-Rennmaschinen als auch die 1939er RS-Modelle waren in der Halbliterklasse vertreten. Verschiedene Privatfahrer rüsteten zudem ihre frisierten
R-51-SS-Modelle mit Kompressor aus. Auch in den Gespannklassen verwendeten die Privatfahrer vorwiegend BMW-Maschinen, die aus dem Motorentyp
R 75 mit R 51-Fahrgestellen entwickelt wurden.
Ab 1948 erfolgte wieder eine werkseitige Beteiligung am Motorradrennsport.
War die Rennabteilung zu Anfang auch noch recht klein, so wurden immerhin
zwei Kompressormaschinen für die Halbliter-Soloklasse, ein Kompressor-Ge-
spann für die 600-cm³-Seitenwagenklasse und eine Saugmotormaschine für die
Seitenwagenklasse über 600 cm³ vom BMW-Rennstab betreut. Die Kompressormaschinen entsprachen vollkommen den bereits geschilderten Vorkriegs-
typen, waren jedoch in Details verbessert. So erhielt der hintere Teil des
Rahmens Seiten- und Querverstrebungen, die die Verwindungssteifheit des
Fahrgestells erhöhen sollten. Auch die Holme der Teleskopgabel wurden durch
eine kräftige Joch-Verbindung versteift. Kupplungs- und Getriebegehäuse wurden mit Belüftungen versehen, ebenso die Vollnabenbremsen. Infolge der in
Deutschland bis 1950 gültigen freien Kraftstoffwahl auch für den Motorradrennsport konnte durch Alkoholbetrieb auch die Motorleistung der BMW-Kompressormaschinen erhöht werden. So wurden die mit dem gleichen Modell aufgestellten Vorkriegsrekorde auf den verschiedensten Strecken bereits in den
ersten Nachkriegsjahren wiederholt verbessert.
Die für die 600-cm³-Gespannklasse entwickelte Kompressormaschine besaß den
gleichen Aufbau wie die Halbliter-Solomaschine. Sie unterschied sich von dieser
nur im größeren Hubraum und den für Gespannbetrieb obligatorischen Ver-
stärkungen. Das Seitenwagenrad war mit einer Bremse ausgestattet.
Hatten schon die Privatfahrer die besondere Eignung des in bezug auf die
Lagerverhältnisse günstigen R-75-Motors zum Höherzüchten erkannt – der
R-75-Motor war gleichermaßen bei den Fahrern der Gespanne und der Kleinst-
rennwagen beliebt! – so ließ die BMW-Rennabteilung ab 1949 in der großen
Gespannklasse ebenfalls eine Maschine starten, deren Kraftquelle auf der
Grundlage des R-75-Motors entwickelt wurde. Dieser Zweizylinder-Stoßstan-
genmotor war mit Magnetzündung und zwei Vergasern ausgestattet. Die Ansaugkanäle waren gegenüber den normalen Zylinderköpfen geändert und hatten
Fallstromwirkung. Zuletzt hatte dieser 750-cm³-Motor eine Leistung von 45 PS.
Das Fahrgestell war das gleiche wie bei der Kompressormaschine, also Doppelrohrrahmen, Teleskop-Vorder- und -Hinterradfederung sowie Vollnabenbremsen. Auch das Getriebe und der Kardan entsprachen dem Kompressormodell.
1950, im letzten Jahr des Kompressoreinsatzes im deutschen Motorradrennsport, gab es noch einmal einen gigantischen Zweikampf der führenden deutschen Halbliter-Fabrikate BMW und NSU sowohl auf dem sportlichen als auch
auf dem technischen Sektor. Der Zweizylinder-Kompressormotor von NSU
leistete 98 PS, war also in der reinen Motorleistung der BMW-Werksrennmaschine überlegen. Die NSU war allerdings bedeutend schwerer und damit
unhandlicher. Um die Motorleistung der BMW zu erhöhen, machte man in
München Versuche mit einem verbesserten, zweistufigen Kompressor. Über
80 PS Motorleistung war das zahlenmäßige Ergebnis dieser Versuche, aber die

Maschine war empfindlicher geworden. Beim Kurvenfahren und Beschleunigen mußte der Gasdrehgriff sehr vorsichtig behandelt werden, um bei der riesigen Motorkraft ein Spur-Ausbrechen der Maschine zu vermeiden. Auch zeigte sich, daß bei den Spitzengeschwindigkeiten von 230 bis 240 km/h das teleskop-allrad-gefederte Fahrgestell nicht mehr ausreichte. Das Anbremsen der Kurven wurde immer schwieriger. Im Endeffekt ergaben sich mit dem verbesserten Kompressormodell trotz größerer Motorleistung langsamere Rundenzeiten als mit der alten Maschine. Aus diesem Grunde wurden auch in der Rennsaison 1950 die meisten Rennen mit dem normalen Kompressormodell gefahren.

1951 vollzog sich im deutschen Motorradrennsport durch seine internationale Anerkennung in technischer Beziehung ein vollkommener Wandel. Das seit 1947 bestehende internationale Verbot der Verwendung von Kompressoren für Rennmotorräder bedingte mit Ende 1950 die Zurücknahme aller deutschen Kompressormaschinen. Die BMW-Kompressormaschinen waren also ebenso wie die Kompressormodelle von DKW und NSU künftig von den Rennstrecken verbannt. Die Münchener Rennabteilung mußte nun den Einsatz mit Saug-motormaschinen starten.

Wie überall im deutschen Rennsport hatte man natürlich auch bei BMW mit dem Fortfall des Kompressors zu einem bestimmten Zeitpunkt gerechnet. Aus diesem Grunde waren in den Jahren 1949/50 neben den Kompressormaschinen auch verschiedene Saugmotor-Versuchsmaschinen wiederholt eingesetzt worden. Bei diesen Versuchsmaschinen beschritt man verschiedene Wege. Während das Herz der einen Maschine ein Stoßstangenmotor mit kombinierter R 51/2- und R 75-Ähnlichkeit war, besaß der Motor der anderen Saugmotorrenn-maschine Königswellenantrieb. Auch fahrgestellmäßig wurde stark laboriert. So war der Rahmen der Stoßstangenmaschine nur verschraubt, um jederzeit leicht Veränderungen am Fahrwerk vornehmen zu können. Das Fahrgestell war aber immer noch durch die Teleskop-Allradfederung gekennzeichnet. Der Königswellenmotor erbrachte erwartungsgemäß die höheren Leistungen, und dieser Motorentyp wurde dann auch für die 1951er Werksrennmaschine über-nommen (Bild 140).

Da inzwischen die Seitenwagenklassen nach einer neuen Hubraumeinteilung festgelegt waren, erfolgte der BMW-Renneinsatz in den Jahren 1951/52 mit den Saugmotor-Königswellenmaschinen nicht nur in der Halbliter-Soloklasse, son-dern auch in der 500er-Gespannklasse. In der 750-cm³-Seitenwagenklasse kam bis zu deren Wegfall weiterhin die 750er-Stoßstangenmaschine zum Start.

Die Beteiligung der Münchener an der Soloklasse war in jenen Jahren schwach, zeigte es sich doch, daß die Saugmotor-BMW-Maschinen weder in der moto-rischen noch in der fahrwerksmäßigen Leistung dem internationalen Niveau gewachsen waren. Entwickelten in der Halbliter-Soloklasse die italienischen Vierzylinder-Apparate eine weit höhere Motorleistung als die Zweizylinder-BMW-Maschinen, so waren die englischen Rennmaschinen vor allem in bezug auf Straßenlage den BMWs überlegen.

Es machte sich also die Konstruktion einer neuen Rennmaschine notwendig, wollte BMW weiterhin zu den Spitzenfabrikaten im internationalen Rennsport zählen. Mit der Verkündung des Entschlusses, mit einem neuen Modell wieder

Bild 140. Übergangstyp der 1952er BMW-Rennmaschine nach dem Kompressorverbot
mit Königswellen-Saugmotor und Doppelschwingen-Fahrgestell

in das Renngeschehen einzugreifen, tauchten die verschiedensten Vermutungen
und Gerüchte um die neue BMW auf. Einmal hieß es, der Boxermotor würde
verlassen und ein vollkommen neuer Vierzylindermotor im ultramodernen Fahrgestell käme zur Verwendung; ein anderes Mal, daß der Zweizylinder-Boxermotor nicht mehr querliegend, sondern in Längsrichtung eingebaut würde. So
ging es weiter. Das Münchener Werk tat jedoch nicht desgleichen und blieb
seiner BMW-Tradition treu. Mit Beginn der Saison 1953 lüftete es den Schleier
des Geheimnisses und stellte die neue Werksrennmaschine – die in ähnlicher
Form bereits 1952 hier und da kurz zu sehen gewesen war – vor.
Wenn auch die neue BMW in motorischer Hinsicht wieder ein typisches Münchener Kindl war, so bot sich doch das Fahrwerk als ein Doppelschwingen-Fahrgestell modernster Prägung dar. Abgesehen von Detailverbesserungen, wird die
BMW-Rennmaschine heute noch in gleicher Form eingesetzt. Das Fahrgestell-
Mittelstück besteht aus dem verwindungssteifen Doppelrohrrahmen, der in verschiedenen Größenordnungen (unter Berücksichtigung der individuellen Kör-
pergrößen der Fahrer) zur Ausführung kommt.
Als Vorderradgabel wird eine langarmige Schwinghebelgabel nach dem
Earlesprinzip verwendet. Zur Erzielung spielfreier Einstellung sind die Schwingarme in nachstellbaren konischen Rollenlagern gelagert. Die Schwingarme
übernehmen also die Radführung, wohingegen kombinierte Federbeine, die

Bild 141. Frontal-Ansicht der BMW-Werksrennmaschine 1954

Tragfedern enthalten, die Federung übernehmen. Sie sind mit einem einstellbaren hydraulischen Stoßdämpfer in einem Aggregat vereint. Die Federbeine lassen sich schnell austauschen, wenn die Streckenbeschaffenheit eine andere Federungs- oder Dämpfungscharakteristik erfordert. Der Leichtmetall-Kotflügel ist so an der Schwingarmlagerung und der Vorderachsfaust verankert, daß er parallel mit dem Rad mitschwingt. Der Vorteil der Schwinghebelgabel gegenüber der Teleskopgabel besteht vor allem in der durch den großen Federhub bedingten Weichheit und Exaktheit der Federung. Auch das bei der Teleskopgabel unvermeidliche „Tauchen" beim Bremsen und die daraus resultierenden unangenehmen Einwirkungen auf die Lenkung werden vermieden. Als Nachteil handelt man bei der Schwinghebelgabel eine gewisse Kompliziertheit ein, die jedoch durch die im Rennsport gefundenen Lösungen immer geringer wird (Bild 141).

Die Lagerung, Federung und Dämpfung der Hinterradschwinge entsprechen in ihrem Prinzip denen des Vorderrades. Die Kardanwelle wird im rechten hinteren Schwingarm geführt. Die hochbeanspruchte Gelenkscheibe, welche das Antriebsmoment vom Getriebe auf die Kardanwelle überträgt, ist aus Gründen der Zerreißfestigkeit mit Nylonfaser-Einlagen ausgestattet. Ein zweites Gelenk am Kardangehäuse – wie bei der Teleskop-Hinterradfederung – ist bei der Schwinge nicht mehr nötig. Der Hinterradantrieb wurde erleichtert und in seinen Abmessungen verkleinert. Der Hinterrad-Kotflügel ist bei der Werksrennmaschine feststehend montiert (Bild 142).

An Stelle der früher allgemein verwendeten 21- und 20-Zoll-Räder ging man auch bei den BMW-Rennmaschinen zu 19-Zoll-Rädern über. Die Hochschulter-

Felgen bestehen aus Leichtmetall, ebenso die Vollnabenbremsen. Die stark verrippten Bremstrommeln sind mit eingeschrumpften Perlit-Gußringen versehen. Vorwiegend sind die Bremsen der BMW-Rennmaschinen als Duplexbremsen ausgebildet und besitzen zwei auflaufende Bremsbacken. Die Bremsteller haben Be- und Entlüftungsstutzen. Betätigung der Vorder- und Hinterbremse durch Seilzug. Bei den Gespannmaschinen finden Öldruckbremsen Verwendung, die auf das Hinter- und Seitenwagenrad wirken.

Wie bei allen modernen Rennmaschinen ist der tief am Steuerkopf angesetzte Lenker nach oben und unten verstellbar. Er ist sehr schmal und hat lange Brems- und Kupplungshebel. Lenkungsdämpfer. Drehzahlmesser. Kurzschließer. Der große, mit einem Schnellverschluß versehene Kraftstoffbehälter liegt unter Zwischenschaltung einer Schicht aus Schaumgummi auf dem Rahmen und ist an demselben mittels eines Spannbandes à la Norton befestigt. Fassungsvermögen des Tanks 25 Liter. Gummiauflagen auf dem Tank für Kinn und Brust des Fahrers. Der Fahrersitz ist als durchgehende Polsterbank mit höckerartiger Abstützung für das Gesäß ausgebildet. Fußrasten und Fußhebel selbstverständlich verstellbar.

Das Antriebsaggregat ist wie bei der 1951er Type wieder ein querliegender Zweizylinder-Boxermotor, dessen vier obenliegende Nockenwellen durch zwei Königswellen, die geneigt zur Zylinderachse liegen, angetrieben werden. Haarnadelventilfedern. Leichtmetallzylinder mit eingeschrumpften Spezial-Graugußbuchsen. Die Zylinderköpfe sind strömungstechnisch günstiger

Bild 142. BMW-Werksrennmaschine 1954 mit Benzineinspritzmotor und Doppelschwingen-Fahrgestell

Bild 143. Das 500-cm³-BMW-Renngespann, ebenfalls
mit Benzineinspritzmotor

Bild 144. Mit dieser Verkleidung holten sich Noll/Cron
die meisten Punkte für ihre Weltmeisterschaft

gestaltet worden. Daraus resultiert ein verminderter Luftwiderstand bei weiterhin verbesserter Kühlluftführung. Das Leichtmetall-Motorgehäuse erhielt Stahlarmierungsversteifungen, um elastische Verformung zu vermeiden. Zur besseren Ölkühlung und auch für Langstreckenrennen hat man die Ölwanne großräumig bemessen. Die Vergasermischkammer ist verhältnismäßig weit vom Zylinderkopf an einem Rohrstutzen befestigt. Das Schwimmergehäuse ist elastisch aufgehängt. Die Auspuffrohre haben leichte Tütenwirkung.

1954 wurde die Werksrennmaschine mit einem Benzin-Einspritzmotor ausgestattet, der gegenüber dem Vergasermotor eine weitere Leistungssteigerung brachte (Bilder 143 und 144). Im Gegensatz zu Moto-Guzzi und MV-Agusta erfolgt die Benzineinspritzung nicht direkt in den Verbrennungsraum, sondern in die Ansaugrohre kurz vor Eintritt in den Zylinderkopf. Bei etwa 8800 U/min gibt der Motor 56 PS ab, was für eine Höchstgeschwindigkeit von 225 bis 230 km/h reicht. Das Gewicht der Werksrennmaschine beträgt 120 kg.

Nach vielen Deutschen Meisterschaften in den Solo- und Gespannklassen und auch nach mehreren Europa-Meisterschaften konnte BMW 1954 mit der Einspritzmaschine auch die Weltmeisterschaft der Gespannklasse erringen. In der Rennsaison 1955 setzte BMW keine Einspritzmaschinen ein, da die Rennbeteiligung eingeschränkt wurde. Auch die ehemaligen BMW-Fabrikrennfahrer saßen in diesem Jahr auf Vergaser-Maschinen. Die Gespann-Weltmeisterschaft 1955 wurde ebenfalls auf einer BMW-Vergasermaschine errungen (Bilder 145 bis 149).

Bild 145. Wilhelm Noll auf der BMW-Weltrekord-
maschine mit Stromlinienverkleidung (280 km/h)

Bild 146. Halbliter-Solo-BMW mit Vergasermotor
und Verkleidung 1955

Bild 147. Vergasermotor der BMW-RS-Gespannmodelle.
Der Hauptbremszylinder der hydraulischen Hinter- und
Seitenwagenradbremse ist zu erkennen

Bild 148. Stromlinienverkleidung der BMW-
Weltmeister-Gespanne 1954 und 1955

Bild 149. Die bootsförmige BMW-Rundum-Vollverkleidung

Bild 150. Die käufliche BMW-RS-54

Um auch den Privatfahrern der Halbliterklasse ein wirkungsvolles Instrument in die Hand geben zu können, brachten die Bayerischen Motoren-Werke 1954 die BMW RS-54 heraus, die in ihrer äußeren Ausführung vollkommen der 1953 er Werks-Type als Vergaser-Maschine entspricht. Hier die genauen technischen Daten (Bild 150).

Typ BMW RS-54

Zylinderzahl	2	Tankinhalt	24 Liter
Zylinderinhalt	492 cm³	Gewicht, trocken	132 kg
Bohrung	66 mm	Bereifung vorn	3,00 × 19
Hub	72 mm	Bereifung hinten	3,50 × 19
Drehzahl, max.	8500 U/min	Größte Breite a. d. Zyl.	670 mm
Verdichtungsverhältnis	10 : 1	Lenkerbreite	550 bis 600 mm
Leistung	50 PS	Größte Länge	2030 mm
Vergaser	Amal 30 R 2 A	Radstand	1370 mm
Solokardan	9/32 oder 9/34	Sattelhöhe	700 mm
Seitenwagenkardan	8/35		

Auch die BMW RS-54 konnte verschiedenen Privatfahrern des In- und Auslandes mehrere Meisterschaften einbringen. Auf den Rennstrecken der DDR kommt die RS-54 ebenfalls oft zum Einsatz.

b) DKW

DKW-Rennmaschinen waren im Besitz zahlreicher Privatfahrer gewesen. Mithin war es kein Wunder, daß die DKW-Rennmaschinen auch sofort beim Wiederaufleben des Motorsports nach dem zweiten Weltkrieg in Erscheinung traten und in den Siegerlisten der Rennveranstaltungen zu finden waren. Natürlich waren es in den ersten Nachkriegsjahren auch hier wieder die Privatfahrer, die die alten Ladepumpen-Modelle fuhren. Die Entwicklung verlief auf dem DKW-Gebiet genauso wie bei den anderen deutschen Marken: ein letztes Zehren von der sport-technischen Vorkriegssubstanz und ein Ausquetschen der alten Modelle bis an die Grenze der Haltbarkeit. Selbst die ehemaligen Fabrikfahrer waren in den ersten Jahren der motorsportlichen Betätigung reine Privatfahrer, denn erst seit 1949 unterhielt das DKW-Werk Ingolstadt der Auto Union wieder eine kleine Rennabteilung.

Aber auch die Rennabteilung mußte sich im Einsatz ihrer Rennfahrzeuge auf die bereits beschriebenen Vorkriegs-Rennmaschinen der 250- und 350-cm³-Klasse beschränken. Die Motoren entsprachen also immer noch der im Rennsport bewährten Baurichtung ,,Doppelkolben-Zweitakter mit Ladepumpe und Wasserkühlung''. Die Fahrgestelle besaßen ebenfalls noch die alte Ausführung: Doppelrohrrahmen, Parallelogramm-Vorderradgabel und Teleskop-Hinterradfederung mit Hilfsgabel. Durch Detailverbesserungen und den bis 1950 erlaubten Alkoholbetrieb konnten die Leistungen gegenüber dem Vorkriegsstand teilweise beträchtlich gesteigert werden, was in neuen Streckenrekorden seinen Niederschlag fand. Während verschiedene Privatfahrer (Nitschky, Gablenz, H. P. Müller, Meller, Kuhnke, Wüstrich u. a.) ihre Ladepumpen-Modelle in Kompressormaschinen umbauten, unternahm die Werksrennabteilung in dieser Richtung keine Versuche. Um ordnungsgemäße Kompressormaschinen einsetzen zu können, fehlte die Voraussetzung, denn die Rennabteilung war nicht mehr im Besitz von US-Modellen der Vorkriegszeit.

Als eine Neukonstruktion konnte man in gewissem Sinne die 125-cm³-Werksrennmaschine von DKW ansprechen, die im Jahre der gesamtdeutschen Motorradmeisterschaften 1950 auch auf den Rennstrecken der DDR einen guten Eindruck hinterließ. Bei dieser Maschine handelte es sich um ein Modell, das in fast unveränderter Form jahrelang vorher dem Wiesbadner Privatfahrer Döring zu mehrfachen Meisterehren verhalf (Bild 151).

Der weitgehende RT-125-Ähnlichkeit aufweisende Motor war ein Einkolben-Zweitakter mit Magnetzündung. Die Kraftstoff-Luft-Gemisch-Aufbereitung übernahmen zwei Amal-TT-Vergaser. Dem Kurbelgehäuse war eine große Ladepumpe angeflanscht. Der Drehzahlmesser war unmittelbar an die Kurbelwelle angeschlossen. Die Motorleistung betrug etwa 13 PS bei 6500 U/min (Bilder 152 und 153).

Diese kleinen Maschinen hatten durch den großen Leichtmetalltank eine unverkennbare Ähnlichkeit mit den größeren DKW-Rennmodellen, doch wiesen sie eine ganze Reihe neuartiger Konstruktionsmerkmale auf. Im Gegensatz zu den Ladepumpen-Modellen bildete das Fahrgestell-Rückgrat ein leichter Einrohrrahmen mit Versteifungen für die Motoraufhängung. Vorn fand eine ebenfalls

Bild 151. 125-cm³-DKW-Auto-Union-Werksrennmaschine von 1955, ausgerüstet mit einem Zylinder der Dreizylinder-Rennmaschine „Singende Säge"

Bild 152. Ein sauberes Stück Arbeit war dieser kleine Ladepumpenmotor (1950)

Bild 153. 125-cm³-Motor der ersten DKW-Saugmotor-Werksrennmaschine von 1951

sehr leichte Teleskopgabel Verwendung und hinten eine Geradweg-Federung nach dem Jurisch-Patent. Die 19-Zoll-Räder besaßen große Leichtmetall-Vollnabenbremsen, und der Fahrersitz war als durchgehende Polsterbank ausgebildet. Bereits 1950 hatte diese 125er-Maschine eine Höchstgeschwindigkeit von 140 km/h.

Als nach 1950 die große Umstellung der technischen Grundlagen im deutschen Motorradrennsport erfolgte, da ab 1951 nur noch Motoren ohne Kompressor oder ähnliche Überladung in Wettbewerb treten durften, glaubte man in Fachkreisen, das Ende der Rennbeteiligung von DKW-Zweitaktmaschinen voraussagen zu können. Heute ist DKW dennoch das einzige Werk, das in der 350-cm³-Klasse mit seinen Rennzweitaktern gegen die große Zahl der erfolgreichen Viertaktmaschinen kämpft und dabei immer wieder bedeutende internationale Erfolge erringen kann. In den Soloklassen von 125 und 250 cm³ ist DKW allerdings nicht mehr das einzige deutsche Werk, welches Zweitaktmaschinen in die Rennen schickt, sind doch hier auch IFA- und Adler-Maschinen vertreten.

Nachdem durch das Kompressorverbot die Notwendigkeit von Rennmaschinen-Neukonstruktionen gegeben war, beschloß man in Ingolstadt, gleich reinen Tisch zu machen. Zusammen mit der Ladepumpen-Linie verließ man auch das Doppelkolben-System und die Wasserkühlung. Sowohl die DKW-Einzylinder- als auch die Zwei- und Dreizylinder-Rennmaschinen sollten als *Einkolben*-Zweitakter arbeiten, um die aus dem Renneinsatz resultierenden Erfahrungen und Erkenntnisse jederzeit auch auf die nach dem gleichen Prinzip arbeitenden DKW-Serienmaschinen übertragen zu können. Ein weiterer neuer DKW-Grundsatz war der, auch in der Renntechnik das Baukasten-System anzuwenden, d. h. eine weitgehende Verwandtschaft aller Modelle in motorischer und fahrgestellmäßiger Hinsicht anzustreben. Die Neukonstruktionen von Saugmotor-Rennmaschinen dehnte man auf drei Hubraumstärken aus, und zwar die Klassen 125 cm³, 250 cm³ und 350 cm³.

Die Achtlitermaschine, die kleinste der DKW-Rennmaschinen-Baureihe, besaß einen Einkolben-Zweitakt-Blockmotor mit starker Verrippung des Zylinders und Zylinderkopfes. Ein Walzendrehschieber steuerte das vom Vergaser angesaugte Gemisch. Der Antrieb des Drehschiebers von der Kurbelwelle aus erfolgte mittels Zahnrädern. Auch die Kraftübertragung vom Motor zum Getriebe geschah durch Zahnräder. Das Getriebe hatte vier Gänge und selbstverständlich Fußschaltung. Das kurze Auspuffrohr war als Auspuffbirne ausgebildet. Magnetzündung (Bild 154).

Das Fahrwerk bestand aus einem Doppelrohr-Wiegerahmen mit Teleskop-Vorderradgabel und Federbein-Hinterradschwinge. 19-Zoll-Räder mit großdimensionierten Leichtmetall-Vollnabenbremsen. Großer Leichtmetall-Kraftstoffbehälter und durchgehende Fahrersitzbank. Gewicht der Maschine etwa 75 kg. Trotz ihrer guten Herrichtung und ihrem ansprechenden Äußeren konnte sich die 125-cm³-DKW im Reigen der schnellen Achtelliter-Saugmotormaschinen nicht behaupten. Von 1953 ab wurde sie werkseitig auch nicht mehr eingesetzt.

Die Viertellitermaschine entspricht in ihrer äußeren Aufmachung der 125-cm³-Maschine, natürlich mit den für die größere Klasse notwendigen stärkeren

Bild 154. Der 125-cm³-Drehschieber-Saugmotor von DKW aus dem Jahre 1952

Bild 155. Gesamtansicht der 250er Zweizylinder-DKW der Jahre 1952/53

Abmessungen. Durch weitestgehende Verwendung von Leichtmetall konnte das Gesamtgewicht der Maschine auf 85 kg gebracht werden. Die 250er DKW ist damit die absolut leichteste Rennmaschine ihrer Klasse (Bilder 155 und 156).

Der Motor der Viertelliter-DKW ist ein Parallel-Zweizylinder, arbeitet aber ebenfalls nach dem Prinzip des Einkolben-Zweitakters. Der beiden Zylindern gemeinsame Drehschieber steuert das durch *einen* Vergaser angesaugte Gemisch. Antrieb des Drehschiebers und Kraftübertragung zum Vierganggetriebe durch Zahnräder. Auf der Antriebsseite befindet sich auch der Geber für den elektrisch gesteuerten Tourenzähler. Ein Boschmagnet liefert den Zündstrom (Bilder 157 und 158).

Bild 157. Das ist der Motor der Viertelliter-Einvergaser-DKW mit Drehschieber. Magnet und Drehschieber gut erkennbar

Bild 156. Steuerkopfpartie und Teleskopgabel der 250-cm³-DKW

211

Bild 158. DKW-Zweizylinder-Rennmaschine im Einsatz

Bild 159. Die Viertelliter-DKW mit Verkleidung

212

Bild 160. Die 350er Dreizylinder-DKW mit Bug-Vollverkleidung

Neben dem 250-cm³-Drehschiebermotor wurde verschiedentlich auch ein Motor ohne Drehschieber eingesetzt, der mit zwei Vergasern ausgestattet war. Leistungsdaten für die Viertelliter-DKW: etwa 10 000 U/min, 29 PS, 185 bis 190 km/h Höchstgeschwindigkeit (Bild 159).

Einer der interessantesten und eigenwilligsten Motorrad-Rennmotoren der letzten Jahre ist zweifellos der DKW-Dreizylinder-Zweitakter von 350 cm³. Der Wunsch nach einer gedrungenen torsionssteifen Kurbelwelle ergab die Anordnung der drei Zylinder. Während die beiden äußeren Zylinder mit je 125 cm³ Hubraum wie bisher beim Viertelliter-Zweizylindermodell mit einer Neigung von 15° dicht nebeneinander stehen, liegt der mittlere Zylinder waagerecht zwischen ihnen. Eine gleichmäßige Zündfolge wurde deshalb durch asymmetrische Anordnung der Kurbelwelle erreicht. Um der extrem schnellen Zündfolge des 1952 mit maximal 12 000 Touren – also 36 000 Zündfunken je Minute – drehenden Zweitakters gewachsen zu sein, wurde ein Bosch-Sechszylinder-Magnet gewählt, der nur mit halber Motor-Drehzahl läuft (Bild 162).

Die Dreizylinder-DKW, ebenfalls nach dem Einkolben-Prinzip arbeitend, hat keinen Drehschieber, dafür aber je Zylinder einen Vergaser. Die hinter den stehenden Zylindern angeordneten Vergaser haben eine gemeinsame Schwimmer-

Bild 161. Der 350er Dreizylinder-DKW-Rennmotor

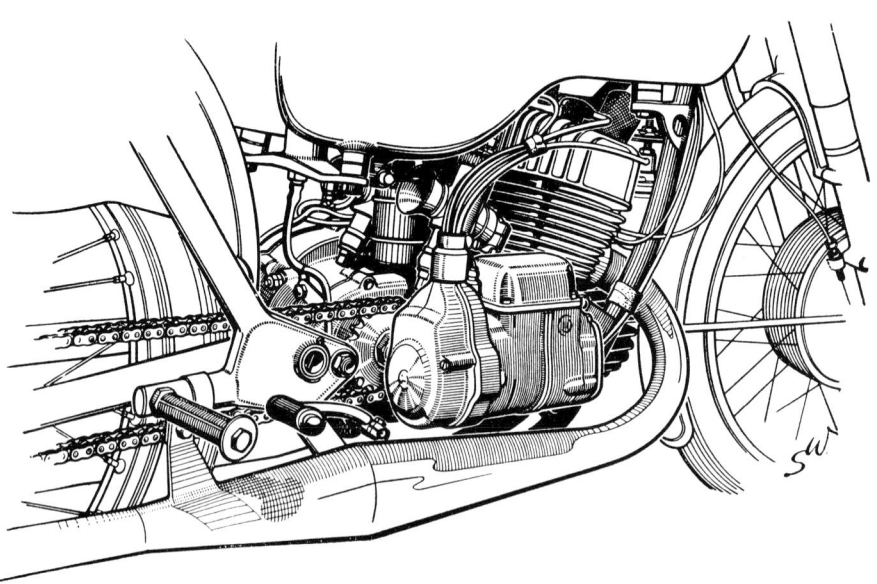

Bild 162. Die beiden hinteren Vergaser haben eine gemeinsame Schwimmerkammer. Über der Auspuffbirne der Sechszylindermagnet

kammer, der über dem vorderen Zylinder liegende Vergaser hat eine Schwimmerkammer für sich. Der Antrieb des Vierganggetriebes erfolgt – ebenso wie bei
der Ein- und Zweizylindermaschine – durch Zahnräder (Bilder 161 und 162).
Das Fahrgestell der 350er-Dreizylinder schließt sich den kleineren DKW-Mo-
dellen an: Doppelrohrrahmen, Teleskop-Vorderradgabel, Hinterrad-Schwingrahmen mit hydraulisch gedämpften Federbeinen. Die 19-Zoll-Räder haben
Leichtmetall-Felgen und -Vollnabenbremsen. Bei der Hinterradbremse wirkt
der Fußhebel über ein Gestänge auf einen Waagebalken, an den der Seilzug angeschlossen ist. Diese Bremsenkonstruktion ermöglicht genaueste Einstellung
des Seilzuges und eine Verminderung des Dehnungsverlustes. Der große Leichtmetalltank besitzt Aussparungen für Knie und Arme des Fahrers. Der Lenker
ist sehr schmal und tief angesetzt. Durchgehende Sitzbank. Auch die 350-cm³-
DKW hält den Leichtgewichtsrekord ihrer Klasse mit 90 kg. Durch die günstige
Schwerpunktlage und die fein abzustimmende Federung vorn und hinten ergibt
sich eine hervorragende Straßenlage (Bild 163).
1954 erhielt die Dreizylinder eine Schwinghebelgabel vorn, bei der die hydraulischen Stoßdämpfer vor den Gabelholmen angebracht waren. Auch eine
leichte Verkleidung der Lenkerpartie wurde verwendet. In der Drehzahl wurde
der Dreizylindermotor noch höher getrieben. Da die Graugußkolbenringe bei
den außergewöhnlich hohen Drehzahlen von 14000 U/min nicht mehr hielten,
wurden Stahlkolbenringe benutzt. Die Motorleistung dürfte 1954 bei ungefähr
40 PS gelegen haben, die Höchstgeschwindigkeit bei 205 km/h.
1955 wurde die Dreizylinder-DKW abermals wesentlichen Detailverbesserungen

Bild 163. Die „singende Säge" ohne Verkleidung

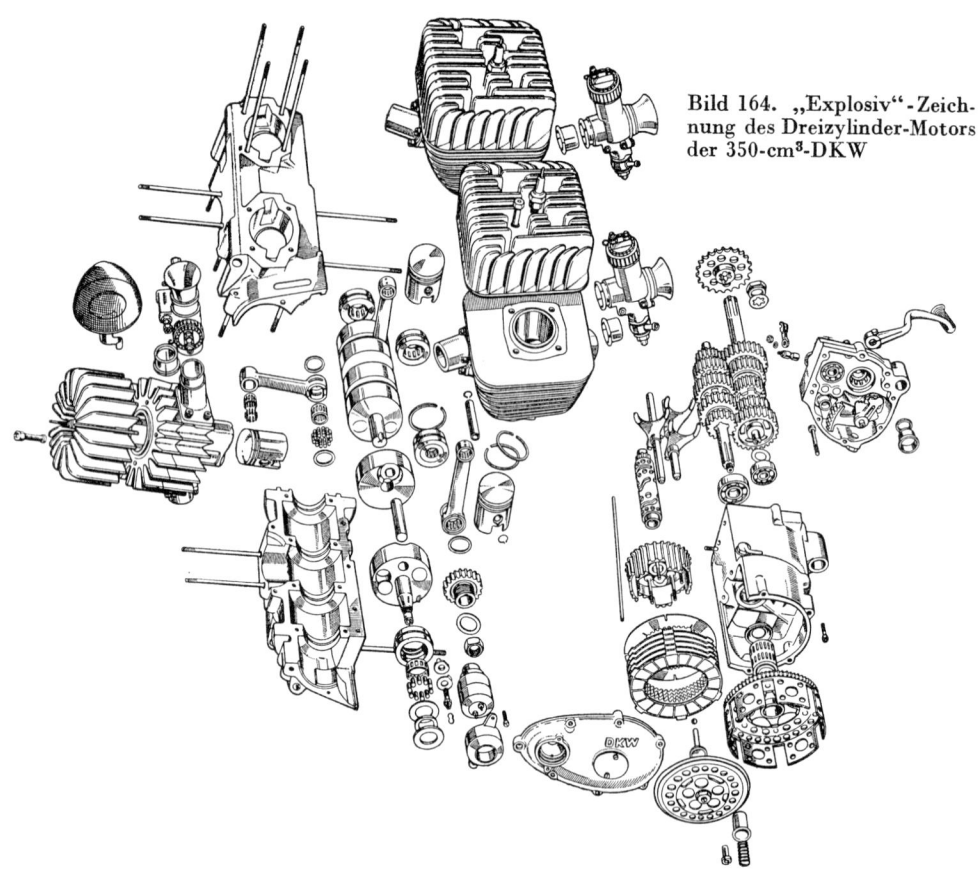

unterzogen. Die vertikalen Zylinder und Zylinderköpfe bekamen Viereck-
form-Verrippung (Bild 164). Der Rahmen wurde geändert und erhielt eine
stärkere Mittelstück-Versteifung. Auch die Vorderrad-Schwinghebelgabel und
der hintere Federbein-Schwingrahmen wurden verbessert. Alles in allem ist das
Fahrwerk um einige Kilogramm schwerer geworden, dürfte die 100-kg-Grenze
aber nur unwesentlich übersteigen. Die Vorderradbremse ist als hydraulische
Doppel-Duplex-Bremse ausgebildet, enthält also vier Bremszylinder. Die Vor-
derradbremstrommel hat einen Durchmesser von 250 mm und ist beiderseits
mit großen Belüftungstrichtern versehen. Auch die Hinterradbremse wurde auf
Öldruck umgestellt.
Die wesentlichste Verbesserung stellt jedoch die neue Verkleidung dar, die jetzt
– breit und tiefgezogen – vom Vorderrad bis zur Fahrzeugmitte reicht und mit
einer Vollsichtkanzel versehen ist. Oberhalb Achshöhe sind Luftschächte in die
Karosse eingelassen, die auf die Zylinder führen. Auch eine leichte Heckverkleidung kommt zur Verwendung. In dieser Ausführung erreicht die Dreizylinder-DKW eine Höchstgeschwindigkeit von über 215 km/h und konnte
als einzige Zweitaktmaschine in der mittelstarken Soloklasse so nahe zu den
Viertaktmaschinen aufschließen.

Zu den großen Vorkriegserfolgen von 27 Deutschen Meisterschaften und 7 Europa-Meisterschaften konnte DKW auch in der Nachkriegszeit wieder eine ganze Reihe von Landes-Meisterschaften in den verschiedenen Klassen erringen. Das Ziel für die Zukunft ist und bleibt jedoch ein Titelgewinn in der Motorrad-Weltmeisterschaft!

c) NSU

Als 1946 das Werksgelände von NSU in Neckarsulm noch von geborstenen Rohren und Trägern, von rauchgeschwärzten Hallenruinen und zertrümmerten Werkzeugmaschinen, von verrosteten Metallblöcken und Motorradteilen übersät war, da kramte ein Mann in diesem Ruinenhaufen nach den Überbleibseln der Kompressormaschinen – Wilhelm Herz, der spätere Weltrekordinhaber. Nach langem Suchen bekam Herz wieder eine 350-cm³-Kompressormaschine zusammen und bereitete sich auf die Herrichtung dieser Rennmaschine vor. Theoretisch wußte er seit langem, wie das NSU-Kompressormodell, das er im letzten Vorkriegsjahr als Fabrikfahrer gesteuert hatte, verbessert werden konnte. Der Hauptteil dieser Verbesserungsarbeit bezog sich auf den Kompressor und die unbedingt notwendige Ausgleichskammer. In mühevoller Arbeit konnte Herz bis Herbst 1947 die erste NSU-Kompressormaschine der Nachkriegszeit wiederherstellen. Mit dieser Maschine errang er in den folgenden Jahren zahlreiche Siege bei Straßen- und Bergrennen.

Seit 1948 hatten die NSU-Werke wieder so etwas wie eine Rennabteilung. Natürlich war dies nur ein recht bescheidener Anfang, denn bis Mitte 1949 mußten die anderen NSU-Fahrer (Heiner Fleischmann als Solofahrer und Hermann Böhm/Karl Fuchs als Gespannfahrer) sich mit alten Vorkriegs-Einzylinder-Saugmotormaschinen begnügen. Wilhelm Herz besaß das einzige Kompressormodell. Böhm fuhr bereits seit 1947 die alten 600- und 700-cm³-Gespannmaschinen, während Fleischmann vorwiegend eine 500er-Solomaschine fuhr. Auch an diesen Maschinen hatte man in der Nachkriegszeit konstruktive Verbesserungen angebracht. So besaß z. B. Fleischmanns Halblitermaschine einen neuartigen Zylinderkopf, dessen zwei obenliegende Nockenwellen von der sich in Zylinderkopfhöhe gabelnden Königswelle angetrieben wurden. Durch die freie Kraftstoffwahl ergab sich außerdem auch bei den NSU-Maschinen eine Leistungssteigerung.

Erst 1949 war es der NSU-Rennabteilung möglich, auch für Fleischmann und Böhm Kompressormaschinen zu bauen. Seit Herbst 1949 wurden somit von der Rennabteilung der NSU-Werke zwei Kompressormaschinen für die Soloklassen 350 und 500 cm³ (Bild 165) und ein Kompressorgespann für die 600-cm³-Seitenwagenklasse unterhalten.

1950 brachte als Abschlußjahr des Kompressoreinsatzes noch einmal den großen Kampf auf den deutschen Rennpisten. In der 350-cm³-Klasse hatte sich NSU der Gegnerschaft der Ladepumpen- und Kompressor-DKWs zu erwehren, in der Halbliter-Soloklasse und bei den Gespannmaschinen waren die BMW-Kompressor-Apparate die gefährlichen Rivalen. In der Winterpause 1949/50 wurden von der NSU-Rennabteilung alle Anstrengungen gemacht, um der NSU-Mannschaft die schnellsten Maschinen in die Hand zu geben.

Bild 165. Wilhelm Herz auf der von ihm selbst modifizierten 350-cm³-Kompressor-NSU

Diese Arbeit der Weiterentwicklung der NSU-Kompressormaschinen beschränkte sich allerdings darauf, die Leistung des Motors zu erhöhen und seine Standfestigkeit zu vergrößern. Eine nennenswerte Gewichtsabnahme der ganzen Maschine – um ihr eine größere Handlichkeit zu geben – hätte eine völlige Umkonstruktion des Fahrwerks bedingt, die schon deshalb nicht in Frage kommen konnte, da ja der Kompressor im Motorradrennsport bereits seit 1947 international verboten war und auch in Deutschland zu einer bestimmten Zeit abgeschafft würde. Wenn man auch zu Beginn der 1950er Saison noch nicht genau wußte, wann dies der Fall sein würde, so vermutete man doch, daß ab 1951 nur noch kompressorlose Maschinen startberechtigt sein könnten.

Welche immense Forschungsarbeit allein das Kompressoraggregat für sich forderte, ersieht man zum Teil aus den verschiedenartigen Ausführungen des Kompressorgehäuses und der Ausgleichskammer. Der NSU-Zweizylinder-Kompressormotor konnte bis zum Jahre 1950 auf die enorme Leistung von 98 PS für die Halblitermaschine und 68 PS für die 350-cm³-Maschine gebracht werden. Diese riesige Kraftentwicklung, so erfreulich sie an sich ist, ergab jedoch auch manche Schwierigkeit in fahrtechnischer Beziehung, denn es ist nicht einfach, die PS auf die Straße zu bringen. In der 1949er Saison war für NSU z. B. mancher Erfolg dadurch verlorengegangen, daß der Motor, wenn der Fahrer nach der Kurve Gas gab, allzu schlagartig einsetzte, so daß sich für den Fahrer ein beträchtliches Unsicherheitsmoment ergab. Dieser Mangel wurde bei der Herrichtung der Maschinen für das Rennjahr 1950 abgestellt. Die NSU-Kompressor-

218

maschinen beschleunigten nun weich aus der Kurve heraus und gestatteten es dem Fahrer, Geschwindigkeit und Beschleunigung genau zu dosieren. Dies erwies sich in den harten Kämpfen von 1950 als unbedingt notwendig.

Die NSU war 1950 tatsächlich die schnellste Maschine, wie der Verlauf der einzelnen Rennen zeigte. Wir erinnern uns noch, wie bei den damaligen gesamtdeutschen Meisterschaftsläufen im Gebiet der Deutschen Demokratischen Republik, dem Schleizer Dreieckrennen und dem Sachsenringrennen bei Hohenstein-Ernstthal, Georg Meier auf der Kompressor-BMW wohl die größere Handlichkeit seiner Maschine auf dem schwierigen, regennassen Schleizer Kurs gegenüber der 4¹/₂-Zentner-NSU ausnutzen konnte, wie aber andererseits die NSU beim Sachsenringrennen die BMW klar distanzierte. Bis 1955 blieb der absolute Strecken- und Rundenrekord von Hohenstein-Ernstthal im Besitz Heiner Fleischmanns (Bilder 166 bis 169).

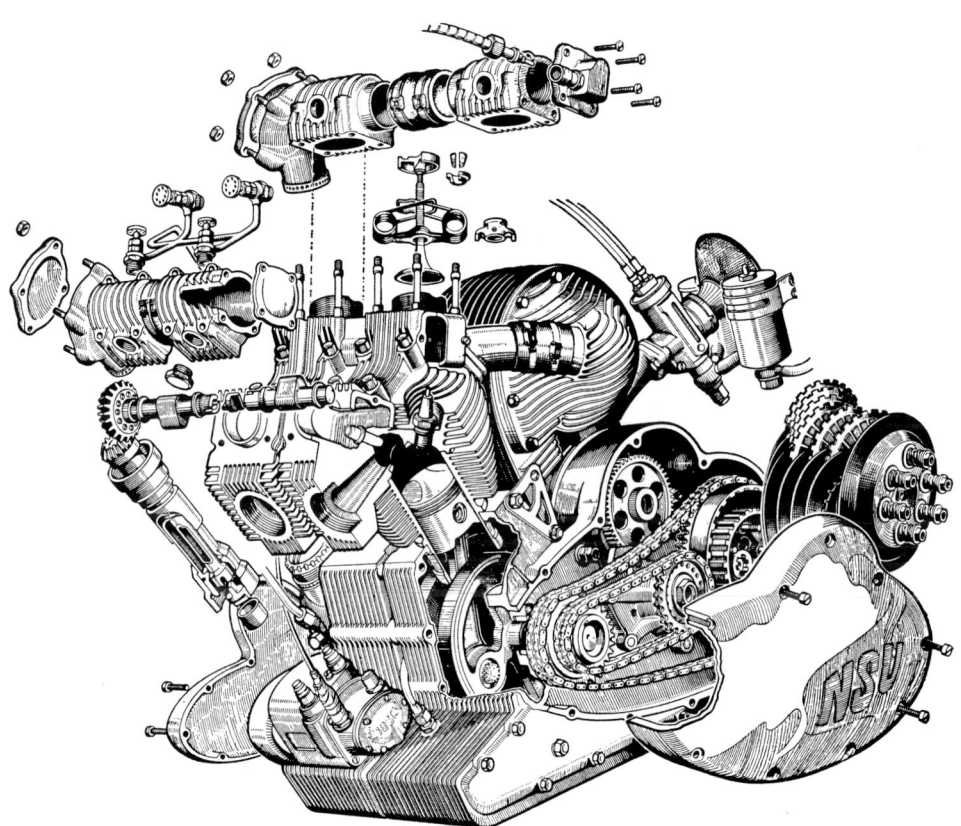

Bild 166. Entschleierte Geheimnisse: Diese Explosiv-Zeichnung zeigt interessante Einzelheiten des NSU-Kompressormotors

219

Bild 167. Die 500-cm³-NSU-Zweizylinder-
Kompressor-Rennmaschine

Bild 168. Dieses Schnitt-
bild zeigt die Wirkungs-
weise des Königswellen-
antriebs der NSU-K

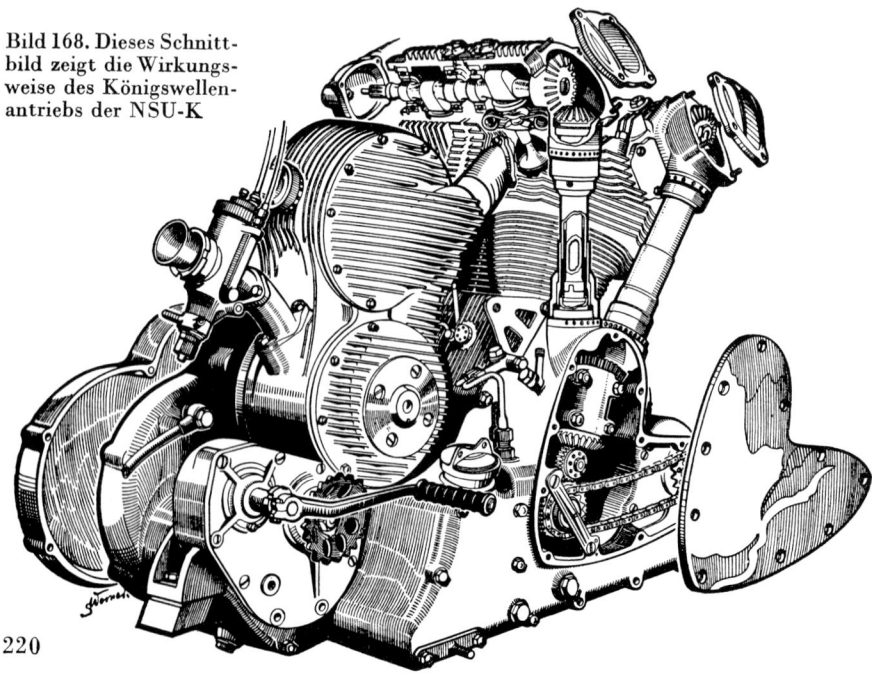

Tabelle 8. Übersicht über die technischen Daten der NSU-Kompressor-Renn-maschinen in Saugvergaser-Bauart, wie sie in der Saison 1950 zum Einsatz kamen:

NSU	Klasse 350 cm³	Klasse 500 cm³
Motor:		
Typ	Zweizylinder-Kompressor	Zweizylinder-Kompressor
Arbeitsweise	Viertakt, obengesteuert, zwei obenliegende Nok-kenwellen	Viertakt, obengesteuert, zwei obenliegende Nok-kenwellen
Hubraum	348 cm³	499 cm³
Bohrung	2 × 56 mm	2 × 63 mm
Hub	2 × 70,5 mm	2 × 80 mm
Zylinderwerkstoff	Spezialgrauguß	Spezialgrauguß
Zylinderkopf	Leichtmetall	Leichtmetall
Schmierung	durch Pumpe	durch Pumpe
Vergaser	Amal-TT	Amal-TT
Zündung	Bosch-Magnet	Bosch-Magnet
Zündkerze	Spezialrennkerze	Spezialrennkerze
Fahrgestell:		
Rahmen	geschlossener Doppelrohr-rahmen	geschlossener Doppelrohr-rahmen
Federung, vorn	Parallelogramm-Federung	Parallelogramm-Federung
Federung, hinten	Teleskop-Federung	Teleskop-Federung
Felgenmaterial..........	Leichtmetall	Leichtmetall
Bereifung, vorn	3,00 × 21	3,00 × 21
Bereifung, hinten	3,25/3,50 × 20	3,25/3,50 × 20
Getriebe:		
Gangzahl..............	4	4
Übertragung vom Motor zum Getriebe	Kette	Kette
Kupplung	Mehrscheiben	Mehrscheiben
Schaltung	Fußschaltung	Fußschaltung
Ausstattung:		
	Drehzahlmesser	Drehzahlmesser
	Benzinstandmesser	Benzinstandmesser
	Lenkungsdämpfer	Lenkungsdämpfer
	Sattel	Sattel
	Rennkissen	Rennkissen
Leistungsdaten:		
Motorleistung..........	68 PS	98 PS
maximale Drehzahl.......	9500 U/min	9000 U/min
Höchstgeschwindigkeit....	210 km/h	240 km/h
Gewicht	201 kg (einschließlich 26 Liter Treibstoff)	220 kg (einschließlich 35 Liter Treibstoff)

Für die 600-cm³-Gespannklasse wurde eine NSU-Halbliter-Kompressor-maschine ohne Aufbohrung eingesetzt. Sie entsprach also völlig der 500er-Solo-maschine. Der angeschlossene Seitenwagen wog 55 kg und besaß innerhalb der

Bild 169. Auf dem Salzsee schaffte Wilhelm Herz mit der teilverkleideten 500er mit
110 PS den neuen absoluten Weltrekord mit 339 km/h

Bild 170. Böhm/Fuchs auf dem wuchtigen NSU-Gespann von 98 PS Leistung

Bugverkleidung einen zusätzlichen Kraftstoffbehälter, aus dem im Bedarfs-
falle bei Langstreckenrennen der Kraftstoff in den Maschinentank nachgepumpt
werden konnte. Die Höchstgeschwindigkeit des Gespanns betrug 195 km/h
(Bild 170).

Um auch mal wieder etwas für die Privatfahrer zu tun, legte NSU als erstes
deutsches Werk bereits 1950 eine kleine Serie von 100-cm³-Rennfox-Maschinen
auf. Diese kleinen Apparate entsprachen weitgehend den normalen 100-cm³-Fox-
Maschinen, die sportlichen Anlagen dieses Modells waren aber durch eine werks-
seitige Rennfrisur noch gefördert worden. Die Veränderungen am Motor beschränkten sich dabei auf das Polieren der Kanäle, auf verstärkte Ventilfedern,
größeren Vergaserdurchlaß, auf ein größeres Einlaßventil und erhöhte Verdichtung (8 : 1). Während der normale serienmäßige Fox-Motor seine Höchstleistung von 6,2 PS bei rund 6100 U/min erreicht, kletterte der Motor der frisierten Rennfox auf 7000 Touren hoch und entwickelte dabei etwas mehr als
7,5 PS. Als Treibstoff mußte dabei eine Mischung von 100 : 40 Benzin/Benzol
gefahren werden (Bild 171).

Gegenüber der serienmäßigen Fox, die 80 kg wiegt, brachte die 100-cm³-Renn-
fox nur 65 kg auf die Waage. Die Erleichterung des Fahrwerks ergab sich einerseits durch den Wegfall des Scheinwerfers, der Batterie und sonstiger kleiner
Ausrüstungsgegenstände, andererseits aber auch durch die Verwendung von
Leichtmetallfelgen und kleinen Leichtmetall-Schutzblechen. Die Höchstgeschwindigkeit der 100-cm³-Rennfox lag bei etwa 105 bis 110 km/h. Sie war

Bild 171. Die 100-cm³-Rennfox

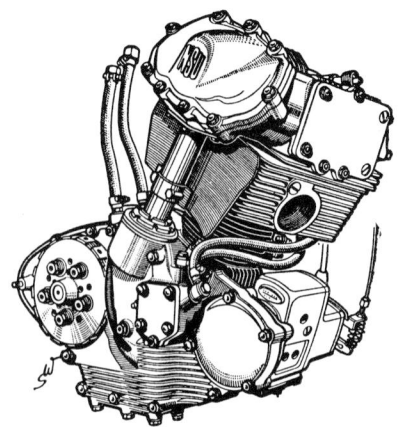

Bild 172. Motor der 125-cm³-Rennfox von 1952

Bild 173. Die Vorderrad-Schwinghebelgabel der Rennfox

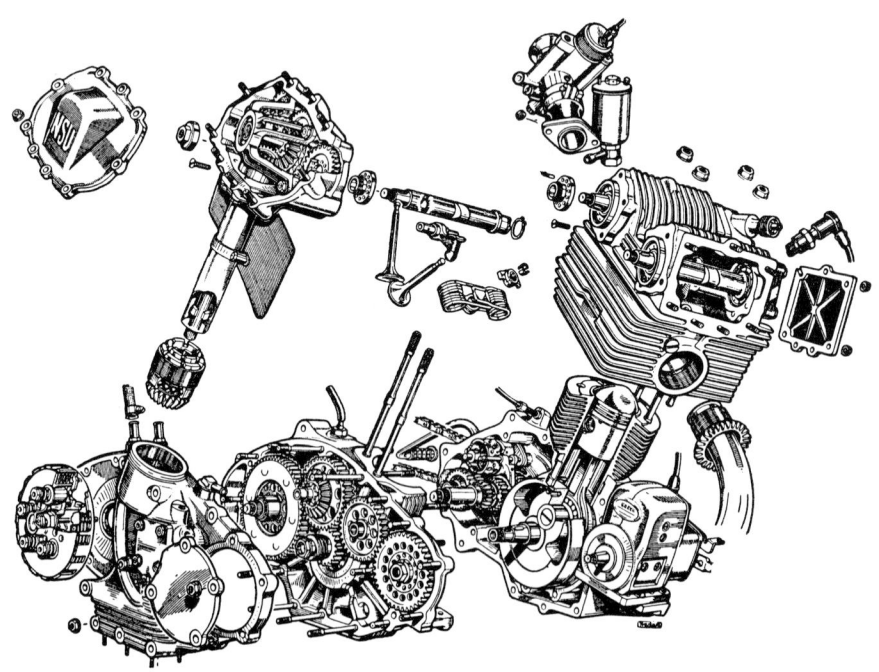

Bild 174. Der „explodierte" Rennfox-Motor

damit schnell genug, um bei lokalen Rennen, bei denen die 100-cm³-Klasse gewertet wurde, gute Chancen zu haben und die jungen Nachwuchsfahrer an Rennverhältnisse zu gewöhnen.

Als 1951 das Kompressorverbot Wirklichkeit geworden war, setzte NSU eine neue Halbliter-Saugmotormaschine im modernen Schwingenfahrgestell ein. Die Antriebsquelle dieser 500er war ein quer zur Fahrtrichtung stehender Vierzylindermotor mit vier Vergasern. Mit dieser Maschine gab es aber noch viel Arbeit, und da die Rennabteilung in Neckarsulm nicht zu gleicher Zeit an großen und kleinen Maschinen laborieren wollte, wurde die Fünfhunderter zunächst zurückgestellt, um sich ganz den Klassen bis 125 und bis 250 cm³ widmen zu können.

Bereits seit 1951 beschäftigte sich NSU mit der Rennfox- und Rennmax-Baureihe. Wenn im folgenden von Rennfox und Rennmax die Rede ist, dann ist damit immer die 125-cm³-Werksrennmaschine einerseits und die 250-cm³-Zweizylinder-Werksrennmaschine andererseits gemeint. Die Namengebung von Rennfox und Rennmax beruht auf den verwandtschaftlichen Beziehungen, die Rennfox und Rennmax zur Serienfox und Serienmax haben. Nach den Plänkeleien in der 1951er Saison und der anschließenden Winterarbeit waren Rennfox und Rennmax dann im Sportjahr 1952 „voll da".

In der ersten Ausführung besaß die Rennfox einen 125-cm³-Einzylindermotor, dessen zwei obenliegende Nockenwellen durch eine rechtsseitige Königswelle angetrieben wurden. Leichtmetall-Zylinderkopf und Zylinder waren außerordentlich stark verrippt und der Ventiltrieb völlig gekapselt. Magnet vor dem Motor liegend. Der Amal-Vergaser hatte Steilstromwirkung. Fünfganggetriebe angeblockt. Kraftübertragung vom Motor zum Getriebe durch Zahnräder. Die Höchstdrehzahl dieses Motors lag bei über 10 000 Touren. Die Leistung von 13,5 PS gab der Maschine eine Höchstgeschwindigkeit von 155 km/h.

Das Fahrgestell bestand aus einem Zentralpreßrahmen mit vorderer Schwinghebelgabel und hinterem Federbein-Schwingrahmen. Die 18-Zoll-Räder hatten Leichtmetallfelgen und Vollnabenbremsen. Leichtmetall-Kraftstoffbehälter, durchgehende Sitzbank, tief angesetzter Lenker. Gewicht der 1952er Rennfox = 90 kg (Bilder 172 bis 174).

1953 machte die Rennfox eine wesentliche Abmagerungskur durch. Aber auch einige konstruktive Änderungen trugen zur Verwandlung der Maschine bei. Stets münden die zwei Richtungen der Rennfrisur (Erhöhung der Motorleistung und Verringerung des Totgewichts) in das gleiche Ziel.

Der Einzylinder-Rennfoxmotor besaß jetzt nur noch eine obenliegende Nockenwelle, die von einer linksseitigen Königswelle gesteuert wurde. Das Kurbelgehäuse war bedeutend schmaler geworden. Zylinder (mit eingegossener Laufbuchse) und Zylinderkopf aus Leichtmetall. Der Vergaser erhielt noch stärkere Steilstromwirkung als bisher. An Stelle der früheren Magnetzündung wurde eine Batteriezündung verwendet. Das erleichterte Fahrwerk war im großen und ganzen unverändert. Hervorstechend der Bananentank. Die Motorleistung von 15,5 PS und das verringerte Fahrzeuggewicht von 83,5 kg ermöglichten 160 km/h Spitzengeschwindigkeit (Bild 175).

Auch 1954 wurde die Rennfox weiter verbessert. Der Einzylinder-Einnocken-

Bild 175. Weltmeister Rupert Hollaus auf der sichtbar schlanker gewordenen Rennfox
des Baujahres 1953

Bild 176. So sah die Achtelliter-NSU mit Delphin-
Verkleidung aus

226

motor mit angeblocktem Sechsganggetriebe wurde zuletzt auf 18 PS gebracht. Mit der Stromlinien-Verkleidung, die sich innerhalb eines Jahres vom „Delphin" zum „Blauwal" auswuchs (Bilder 176 und 177) erreichte die Rennfox als schnellste Achtellitermaschine im internationalen Maßstab 175 km/h. Folgende Tabelle soll noch einmal den Leistungsanstieg der Rennfox in den letzten Jahren veranschaulichen:

NSU-Rennfox	1952	1953	Frühjahr 1954	Sommer 1954
Gewicht der Maschine	90,0 kg	83,5 kg	80,5 kg	80,0 kg
Motorleistung..............	13,5 PS	15,5 PS	16,8 PS	18,0 PS
Höchstgeschwindigkeit.......	155 km/h	160 km/h	168 km/h	175 km/h

Auf Grund der Rennpause von NSU für 1955 wurde in dieser Saison die Rennfox nicht eingesetzt. Erst 1956 soll sie in verbesserter Ausführung wieder an den Start gebracht werden.
Betrachten wir nun einmal die Entwicklung der NSU-Rennmax.
Ihr Debut gab diese neue NSU-Zweizylinder beim Hockenheimrennen 1952. Ihr Ausfall (wegen eines Defektes in der Ölzufuhr) war eigentlich kein gutes Omen für die „Laufbahn" einer Rennmaschine. Trotzdem ging die Rennmax ihren Weg, Rückschläge wurden durch neue Erfolge übertroffen.

Bild 177. Und das ist die Rennfox als Blauwal

227

Eine unverkennbare Ähnlichkeit mit den alten NSU-Kompressormotoren zeigte der neue Rennmaxmotor bei seiner Geburt. Auch er war als Parallel-Zweizylindermotor mit zwei obenliegenden Nockenwellen und zwei Königswellen ausgebildet. Die Haarnadelventilfedern lagen frei. Zylinder und Zylinderkopf waren stark verrippt. Jeder Zylinder hatte seinen eigenen Vergaser. Vergaseraufhängung an elastischen Gummimuffen, um Schwingungen vom Motor fernzuhalten und eine Schaumbildung bei der Gemischaufbereitung zu vermeiden. Die Rennmax besaß von Anfang an Batteriezündung. Die Batterie war innerhalb der Verkleidung unter dem Fahrersitz angebracht. Das mit dem Motor in einem Block vereinigte Getriebe hatte zuerst fünf Gänge, später sechs.

Das Fahrgestell schloß sich nicht sofort der ...x-Serie (Fox, Lux, Max) – Zentralpreßrahmen in Schalenbauweise mit Doppelschwinge – an, sondern bestand bei der 1952er Ausführung aus einem Doppelrohrrahmen mit hinterer Federbeinschwinge und Teleskop-Vorderradgabel. Großer Kraftstoffbehälter in Rechteckform. Heckverkleidung als ein Versuch, einen stromgünstigen Luftabfluß zu erzielen. Um den Stirnwiderstand zu verringern, war auch bei der Rennmax der Lenker tief angesetzt. 18-Zoll-Räder mit Leichtmetallfelgen und Vollnabenbremsen. Fahrzeuggewicht 127 kg. Bei 27,5 PS Motorleistung reichte es für 180 km/h Höchstgeschwindigkeit (Bilder 178 und 179).

1953 kam der Rennmaxmotor in äußerlich unveränderter Ausführung zum Einsatz. Die Leistung wurde aber auf 30 PS erhöht und die Höchstgeschwindigkeit damit auf 186 km/h gebracht. Die Hauptverbesserungen zeigten sich am Fahrwerk. Als Rahmenrückgrat wurde nun der bekannte Zentralpreßrahmen mit hinterer Federbein-Schwinge und kurzarmiger Schwinghebelgabel verwendet. Der gut geformte Bananentank reichte mit seiner Frontverkleidung bis über

Bild 178. Heckverkleidungen wie bei der ersten Rennmax von 1952 sieht man heute kaum noch

228

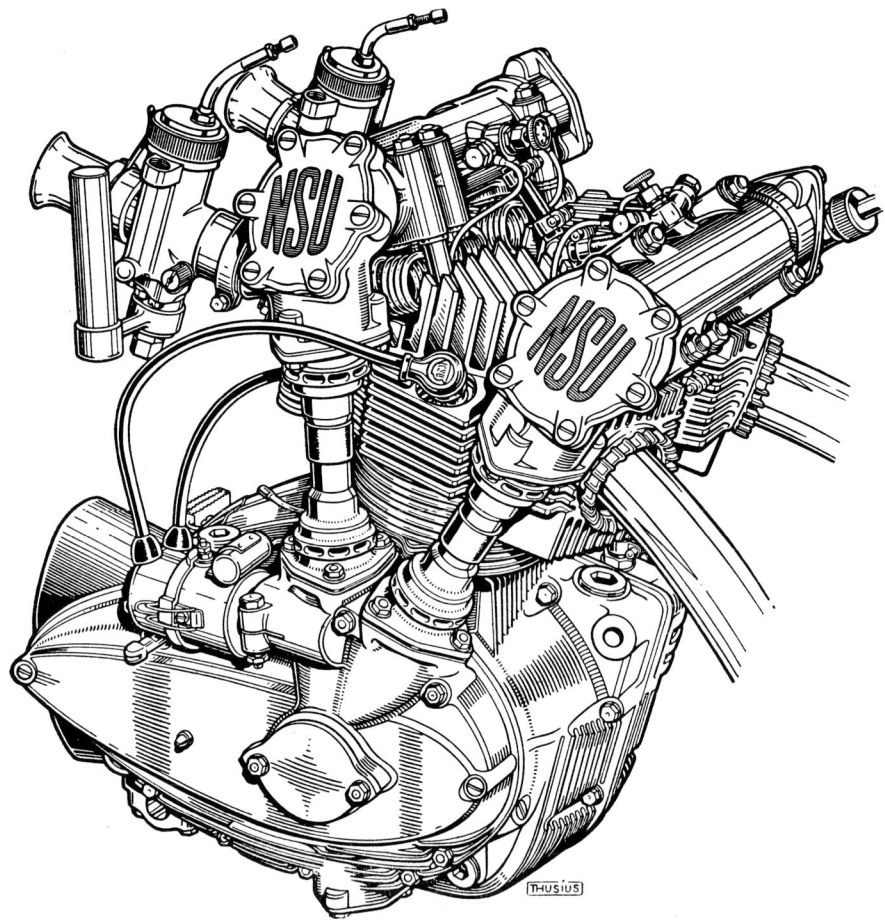

Bild 179. Der 1952er Zweizylinder-Rennmax-Motor mit zwei Königswellen

den Lenker hinaus. Die Heckverkleidung war verkleinert und der kurze Vorder-
rad-Kotflügel strömungsgünstig ausgebildet worden. Die 18-Zoll-Räder wurden
beibehalten, im Vorderrad fand eine größere Bremse Verwendung. Das Fahrzeuggewicht konnte auf 121,0 kg verringert werden (Bilder 180 und 181).
Zu Beginn der Rennsaison 1954 wurden die Leute vom Bau aber schon wieder
mit einer neuen Ausführung der Rennmax überrascht. Zunächst einmal sah
man gar nicht mehr viel von der Rennmax, denn das erstmals von NSU zum
Einsatz gebrachte Stromlinienkleid schloß nicht nur Arme und Beine des Fahrers ein, sondern deckte auch den Motor und das Fahrgestell weitgehend ab.
Diese Stromlinien-Verkleidung, die das Vorderrad völlig frei ließ, bezeichnete
man wegen ihres schnabelartigen Vorbaus als ,,Delphin"-Verkleidung. Das
Fahrwerk war gegenüber der 1953er Ausführung bis auf geringfügige Details
unverändert (Bild 182).

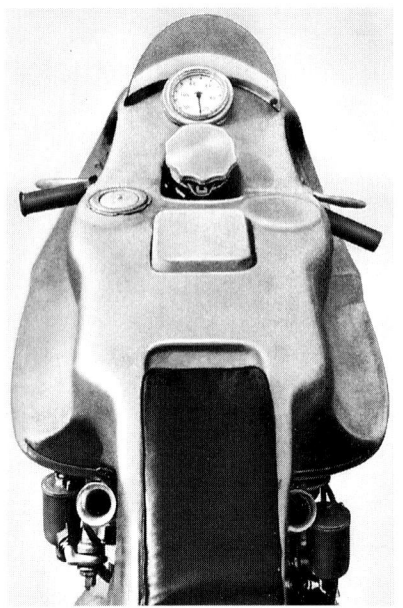

Bild 180. So sah der Fahrer seine 1953er
Rennmax mit Bananentank

Bild 181. Weltmeister Werner Haas auf der NSU-Zweizylinder-Rennmax

Bild 182. Die Delphin-Max besitzt schon den neuen
Zweizylindermotor mit einer Königswelle

Anders der Motor. Dieser wurde völlig neu entwickelt. Der trotz seiner Kom-
paktheit sehr zierlich wirkende Parallel-Zweizylinder mit wiederum zwei obenliegenden Nockenwellen besaß jetzt nur noch eine linksseitige Königswelle, die
die Einlaßnockenwelle steuerte. Über ein Zwischenrad wurde die Auslaßnockenwelle betätigt. Ventiltrieb vollkommen gekapselt. Wie die Rennfox (ein Auspuffrohr), besaß auch die Rennmax ziemlich lange Auspuffrohre mit Tüten-
blende (Bilder 183 und 184).
Durch Detailverbesserungen am Motor und Veränderung der Verkleidung – zuletzt wurde die „Blauwal"-Verkleidung, die eine Verschalung des gesamten
Vorderbaus bis zur Maschinenmitte darstellte, eingesetzt – wurde die Leistung
der Rennmax allein in der Saison 1954 mehrmals sprunghaft erhöht. Hierüber
soll folgende Tabelle wieder Auskunft geben (Bild 185):

NSU-Rennmax	1952	1953	Frühjahr 1954	Sommer 1954	Herbst 1954
Gewicht der Maschine	127,0 kg	121,0 kg	117,2 kg	115 kg	115 kg
Motorleistung...........	27,5 PS	30,0 PS	32,7 PS	34 PS	36 PS
Höchstgeschwindigkeit ...	180 km/h	186 km/h	192 km/h	200 km/h	208 km/h

Wie die Rennfox, so wurde auch die Rennmax in Anbetracht der von den NSU-
Werken erklärten Rennpause im Sportjahr 1955 nicht eingesetzt.

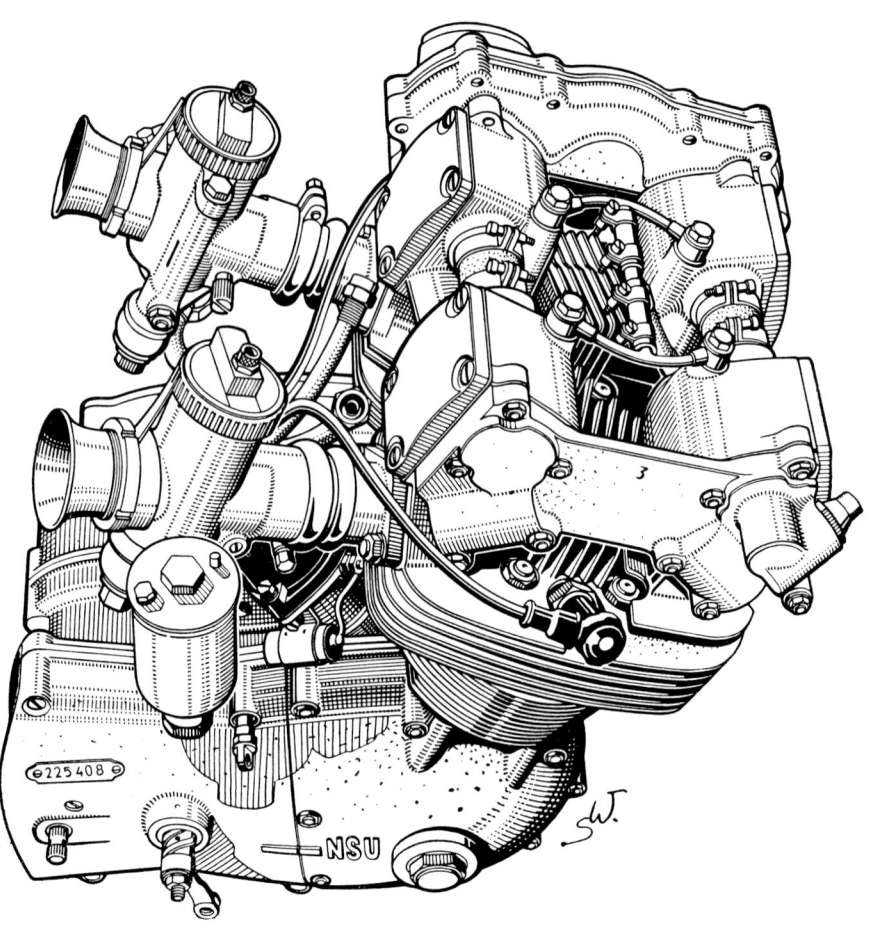

Bild 183. So glatt sieht heute ein Rennmotor aus

Bereits 1954 wurde zur Belebung der Viertelliterklasse für die Privatfahrer die
Rennsport-Max herausgebracht. Der bekannte, rennmäßig frisierte Einzylinder-
Max-Motor mit obenliegender Nockenwelle und der Ultramax-Schubstangen-
steuerung hat 65 mm Hub und 69 mm Bohrung sowie Batteriezündung. 1954
leistete der Motor bei rund 9000 U/min 29 PS, zu Anfang der 1955er Saison
wurden bei 9300 U/min aber schon 32 PS herausgebremst. Das Fahrwerk
wurde völlig von der Werks-Rennmax übernommen und garantiert damit
eine ausgezeichnete Straßenlage, die die rücksichtslose Ausnutzung der hohen
Motorleistung gestattet. Ebenfalls mit der Blauwal-Verkleidung ausgerüstet,
konnte diese Einzylinder-Rennsport-Max bereits bei den ersten Rennen der

Sportsaison 1955 die von der Zweizylinder-Rennmax aufgestellten Rekorde von 1954 brechen (Bilder 186 bis 188).

Mit den verschiedenen deutschen Nachkriegsmeisterschaften in den Solo- und Gespannklassen sowie den Weltmeisterschaften von 1953 und 1954 ist NSU nicht nur die im Augenblick erfolgreichste deutsche Rennmarke, sondern auch eine der bedeutendsten im internationalen Rahmen.

Es wäre zu wünschen, daß in Zukunft eine NSU-Rennbeteiligung sich nicht nur auf die 125- und 250-cm³-Klasse beschränkt, sondern daß zumindest auch noch die 350er-Klasse hinzugezogen wird. Welche Erfolgsaussicht auch in dieser Klasse vorhanden wäre, zeigte der im Jahre 1954 gestartete vorübergehende Einsatz mit auf 288 cm³ aufgebohrten Rennmax-Maschinen.

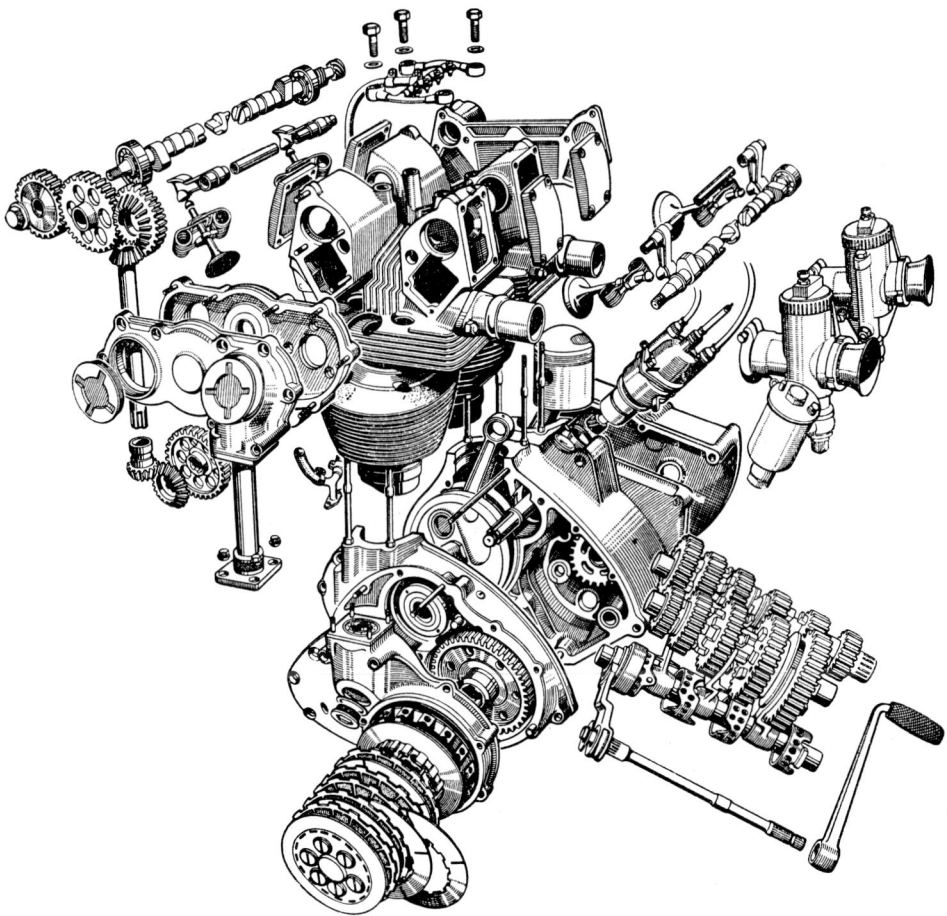

Bild 184. Ein technischer Leckerbissen: Der 1954er Rennmax-Motor offenbart sich!

Bild 185. Sportmax mit Verkleidung

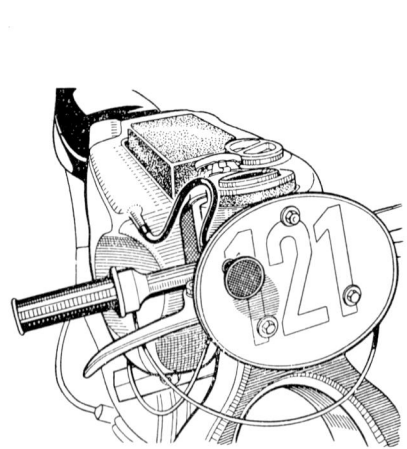

Bild 186. Steuerkopfpartie und Tank-
belüftung der NSU-Sportmax

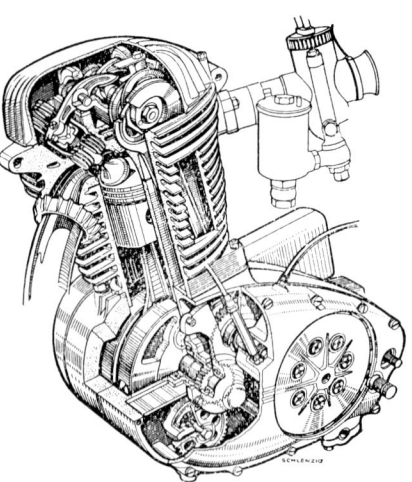

Bild 187. Schnittbild des Sportmax-Motors
mit Schubstangensteuerung

Bild 188. Die Sportmax ist heute schon schneller als die Werks-Rennmax von 1954

d) Horex

Mit der „Regina 350" hatte Horex wohl die erste deutsche Nachkriegs-Sport-maschine herausgebracht, aber an eine Rennbeteiligung konnte das sportfreu-dige Homburger Werk noch nicht denken. Erst 1950 wurde durch die Privat-fahrer Friedel Schön und Harald Oelerich mit dem Bau zweier 350-cm³-Renn-sportmaschinen der Anstoß zu einer halbamtlichen Rennbeteiligung der Horex-Versuchsabteilung gegeben. Halbamtlich soll in diesem Fall bedeuten, daß das Werk keine reine Rennabteilung unterhielt, den Fahrern Schön und Oelerich aber eine technische Unterstützung gab. Nicht vergessen werden darf dabei, daß Harald Oelerich zu jener Zeit Versuchsingenieur im Horex-Werk war.

Diese 350-cm³-Einzylinder-Stoßstangenmaschinen waren aus Teilen der Serien-Regina und des Vorkriegsmodells S 35 zur Rennsportmaschine entwickelt wor-den. Der Zylinder bestand aus Grauguß, während der Zylinderkopf aus Bronze gefertigt wurde. Ventiltrieb völlig gekapselt. Magnetzündung. Drehzahlmesser-anschluß an der untenliegenden Nockenwelle. Das Kurbelgehäuse entstammte dem Modell S 35. Das Viergang-Fußschaltungsgetriebe war getrennt angeordnet (Bild 189).

Das Fahrwerk zeigte einen geschlossenen Einrohrrahmen mit Versteifungen für den Rennbetrieb. Abfederung des Vorder- und Hinterrades übernahm die serienmäßige Regina-Teleskopfederung. Leichtmetallkraftstoffbehälter und separater Öltank. Durchgehende Sitzbank. Bereifung vorn 3,00 × 21, hinten 3,25 × 20. Leichtmetallfelgen. Als Bremsen wurden ebenfalls die serienmäßigen

Vollnabenbremsen der Regina 350 mit Belüftungen verwendet. Fahrzeuggewicht 112 kg.
Bei Alkoholbetrieb war der Motor 14 : 1 verdichtet und leistete bei 7500 U/min
32 PS. Höchstgeschwindigkeit 175 km/h.
1951 brachte Horex dann die erste Werksrennmaschine heraus: die 500er Zwei-
zylinder, die ihre Verwandtschaft zur „Imperator" nicht verleugnen konnte. Der
wuchtige Vertikal-Twin hing in einem Doppelrohr-Wiegenrahmen mit Federbein-
Hinterradschwinge und Teleskop-Vorderradgabel. Die 19-Zoll-Räder waren mit
Leichtmetallfelgen und Vollnabenbremsen ausgestattet. Leichtmetalltank mit
Aussparungen. Leichte Heckverkleidung. Zur Erleichterung der Langliegend-
Position bei höchsten Geschwindigkeiten auf Geradeaus-Strecken war für den
Fahrer auf der Hinterachse ein zweites Paar Fußrasten aufgesetzt (Bilder 190
bis 192.)
1952 war diese Maschine schon wieder in Details verbessert worden. Der Zwei-
zylinder-Doppelnockenmotor mit den Viereck-Zylinderköpfen stand nicht mehr
genau senkrecht, sondern war um etwa 15° geneigt nach vorn im Rahmen eingebaut. Die obenliegenden Nockenwellen wurden durch eine in der Mitte des
Zylinderpaares laufende Kette angetrieben. Nockenwellen- und Kettengehäuse
gekapselt, Haarnadelventilfedern freiliegend. Die zwei Vergaser hatten starke
Steilstromwirkung. Da sich der Rennkraftstoff nicht nur in dem auf den oberen
Rahmenrohren aufliegenden und durch Längsspannband gehaltenen Leichtmetalltank befand, sondern auch in einem Zusatztank innerhalb der Verkleidung unter dem Fahrersitz, war eine elektrische Benzinförderpumpe vorgesehen,

Bild 189. Eine aus der Serien-Regina entwickelte 350-cm³-Horex-Rennmaschine

Bild 190. Die 500er Serien-Imperator-Twin

die den Kraftstoff zu den Vergasern hochpumpte. Rennmagnet mit Zündverstellung vor dem Motor liegend. Das Kurbelgehäuse war schmaler geworden, trotzdem waren Motorgehäuse und Getriebe noch in einem Block vereint. Aus Gründen der Gewichtsersparnis, der Kühlung und der besseren Zugänglichkeit blieben Antriebskette, Kupplung und Magnetzündung frei.
Fahrwerk unverändert. Die Verkleidung der Front-, Tank- und Heckpartie war jedoch verbessert worden. Durchgehende Sitzbank und Auflagepolster für Brust und Magen auf dem Kraftstoffbehälter. Leistungsdaten der Imperator-Rennmaschine: 8500 U/min bei Verdichtung 9:1; 50 PS; Höchstgeschwindigkeit 200 km/h.
Ein neuer Prototyp von Horex tauchte 1953 auf. Diese Maschine besaß ebenfalls

Bild 191. Friedel Schön auf der 500er Horex-ohc-Twin

237

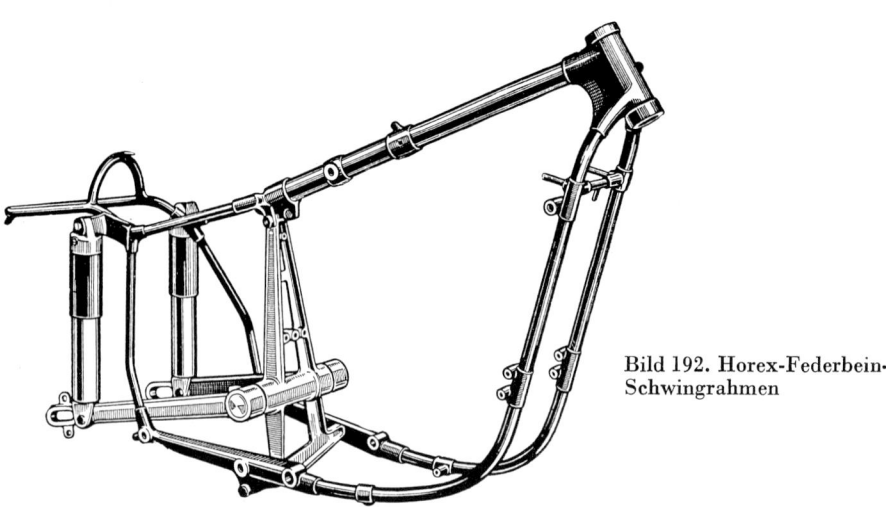

Bild 192. Horex-Federbein-
Schwingrahmen

wieder einen 500-cm³-Parallel-Zweizylindermotor mit zwei obenliegenden
Nockenwellen (Bild 193). Die Nockenwellen wurden aber nicht mehr wie bisher
durch Kette, sondern durch zwischen den Zylindern laufende Stirnräder angetrieben. Ventiltrieb völlig gekapselt. Drehzahlmesseranschluß an der Auslaßnockenwelle. Zylinder, Zylinderkopf und Kurbelgehäuse-Stirnseite mit außerordentlich großen Kühlrippen versehen. Die zwei Vergaser waren geneigt angeordnet, hatten aber nicht mehr die extrem starke Steilstromwirkung des
vorangegangenen Typs. Am Vergaserzulauf war eine Benzinvorkammer angebracht, die eine Benzinreserve für plötzliche Beschleunigung schaffen sollte.
Der gesamte Motor war gegenüber den Vorjahren etwas zierlicher geworden,
soweit man bei einem 500er-Zweizylinder überhaupt von Zierlichkeit sprechen
kann. Unter den Vergasern lag der Zweizylinder-Bosch-Magnetzünder, dessen
Antrieb durch Zahnräder erfolgte. Mit dem Magnetzünder auf einer Welle liegend angeordnet war ein als Drehschieber arbeitender Entlüfter. Getriebe am
Motorblock angeflanscht; die Kraftübertragung vom Motor zum Getriebe erfolgte durch Zahnräder. Der Kupplungskorb wurde völlig frei außerhalb des
Motorblocks angeordnet, um bei höchster Belastung eine einwandfreie Kühlung
zu gewährleisten. Die Motorleistung betrug bei 9000 U/min etwa 53 PS
(Bilder 194 und 195).
Das Fahrgestell behielt seine bisherige Konzeption, wurde aber wesentlich erleichtert. 18-Zoll-Räder mit Leichtmetallfelgen und Vollnabenbremsen. Die
hinteren Federbeine waren aus Gründen der Gewichtsersparnis und der besseren Kühlung für die innenliegenden Stoßdämpfer nicht mehr gekapselt. Keine
Heckverkleidung mehr, kurzer Hinterrad-Kotflügel mit Sitzbank. Der lang-
gezogene Bananentank, der auch wieder mit einem Längsspannband auf den
oberen Rahmenrohren festgehalten wurde, gab der Maschine nicht nur ein ele-
gantes Aussehen, sondern verringerte gleichzeitig den Luftwiderstand. Der
Drehzahlmesser lag gut im Blickfeld des Fahrers. Große, griffige Bedienungs-
hebel. Fußbremshebel mit Verzahnung gegen Abrutschen und mit seitlichem

238

Schutz für Kupplungskorb. Betätigung der Vorderradbremse durch Seilzug, der Hinterradbremse durch Gestänge. Fahrzeuggewicht etwa 135 kg. Höchstgeschwindigkeit bei 210 km/h (Bilder 196 bis 198).

Da sich trotz gewissenhaftester Arbeit der Rennerfolg in der großen Klasse nicht einstellen wollte, stellte die Horex-Rennabteilung die Fünfhunderter zunächst zurück und beschritt einen neuen Weg. In Gemeinschaftsarbeit mit den Karlsruher Fahrer-Konstrukteuren Roland Schnell und Hermann Gablenz fertigte sie eine Serie von 250-, 350- und 500-cm³-Einzylinder-Rennmaschinen an, die unter der Bezeichnung „Schnell-Horex" zum Teil von Privatfahrern, zum Teil aber auch von Fabrikfahrern gesteuert wurden. In den Jahren 1953/54 konnten diese Einzylinder-Schnell-Horex-Maschinen teilweise beachtliche Erfolge bei Rennveranstaltungen im In- und Auslande erringen. Durch ihre zahlreichen Starts in der DDR sind diese Maschinen auch bei uns gut bekannt.

Bild 193. Der Horex-Prototyp der Halbliterklasse von 1953

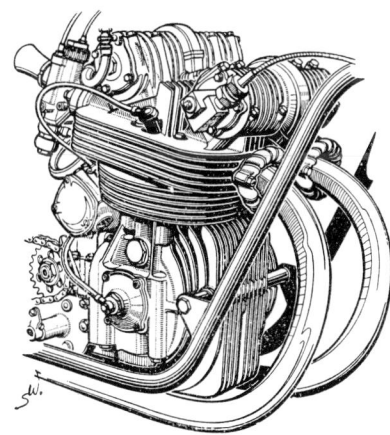

Bild 194. Die starke Verrippung des Horex-Twin

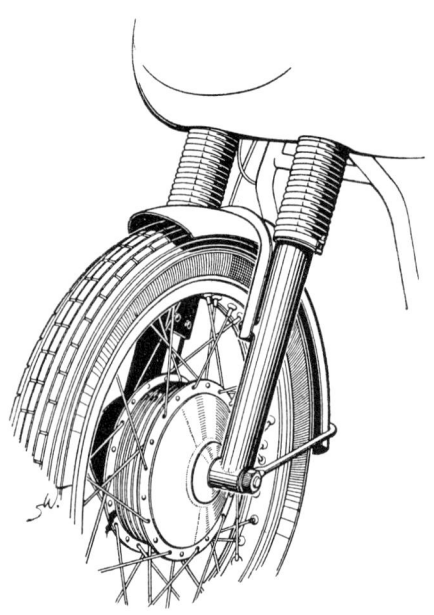

Bild 195. Einige interessante Details: Entlüfter unterhalb der Vergaser, Fußbremshebel verzahnt und mit Sicherheitsblech

Bild 196. Teleskopgabel und Bremstrommel der 500er Horex

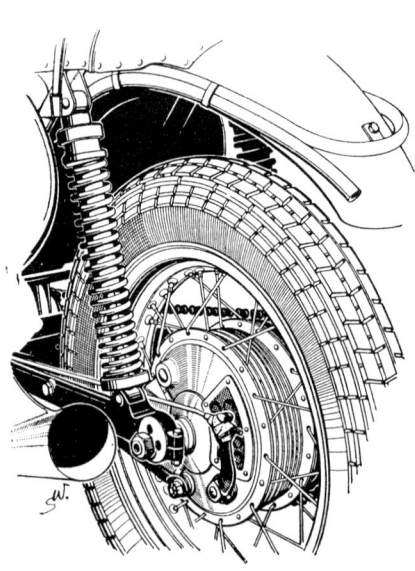

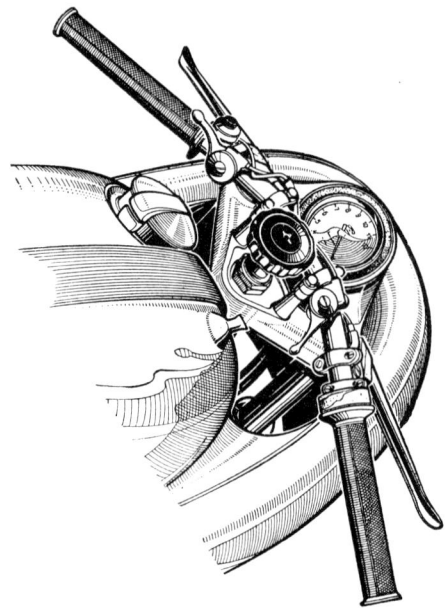

Bild 197. Federbein mit innenliegendem Stoßdämpfer bei der 1953er Horex

Bild 198. Lenkerpartie mit vorgezogenem Bananentank (Horex-Zweizylinder 500 cm³)

240

Die Motoren der Schnell-Horex-Maschinen sind leicht schrägstehende Einzylinder mit zwei obenliegenden Nockenwellen. Der Antrieb der Nockenwellen ist unsymmetrisch und als Wellertrieb ausgebildet. Die Auslaßnockenwelle wird über ein Zwischenstück von der Einlaßnockenwelle angetrieben. Kurbelgehäuse, Zylinder und Zylinderkopf haben eine außerordentlich starke, ineinander übergehende Verrippung. Die Kraftübertragung vom Motor zum Getriebe ist gekapselt (Bilder 199 und 200).

Bild 199. Motor und Earlesgabel der 350-cm³-Schnell-Horex

Bild 200. Der Einzylinder-Doppelnocken-Horex-Motor von der Steuerseite

Bild 201. Doppelrohr-Wiegenrahmen der Horex-Einzylinder-Modelle nach dem Vorbild
des Norton-„Federbettrahmens"

Das Fahrwerk besteht aus einem Doppelrohrrahmen mit Federbein-Hinterradschwinge und Teleskop-Vorderradgabel. Die Vorderradgabel ist durch eine
Jochverstrebung versteift. 19-Zoll-Räder mit Leichtmetallfelgen und Vollnabenbremsen. Der Kraftstoffbehälter ist hochgewölbt und mit Knieaussparun-
gen und Armauflagen versehen. Fahrzeuggewicht je nach Klasse 125 bis 135 kg.
Höchstgeschwindigkeit der einzelnen Horextypen etwa 175 km/h (250 cm³),
185 km/h (350 cm³), 195 km/h (500 cm³) (Bilder 201 und 202).
Inzwischen wurde die Gemeinschaftsarbeit zwischen Horex und Schnell/Gablenz
aufgegeben. Die jetzt noch auf Horex-Einzylindermaschinen startenden Fahrer
sind reine Privatfahrer.
Kaum ein halbes Jahr nach Zurückstellung der 500er-Rennmaschine über-
raschte die Horex-Rennabteilung die Fachwelt schon wieder mit einer Neukonstruktion. Diesmal hatte Horex die Arbeit in die 350-cm³-Klasse verlegt.
Nach Lage der Dinge sind in dieser Klasse für deutsche Rennmaschinen internationale Erfolge noch eher möglich als in der Halbliterklasse.
Die neue 350-cm³-Werks-Rennmaschine besitzt einen schrägstehenden Parallel-
Zweizylindermotor mit zwei obenliegenden Nockenwellen, die durch eine links-

242

seitige Umlaufkette angetrieben werden. Wieder zeigt der Motor die markante Horex-Verrippung von Zylinder und Kurbelgehäuse. Der Zylinderkopf hat Viereckform mit weit über den Zylinder hinausragenden Kühlrippen. Haarnadelventilfedern freiliegend. Die an langen Gummimuffen aufgehängten Vergaser haben starke Steilstromwirkung. Lange Auspuffrohre mit Tütenwirkung. Verdichtung 10,5 : 1, maximale Drehzahl 9800 U/min. Zuerst hatte der Motor 45 PS Leistung, wurde dann aber auf 48 PS gebracht (Bild 203.)

Das Fahrwerk besteht aus einem neuartigen Zentralträgerrahmen mit Federbein-Hinterradschwinge und Schwinghebel-Vorderradgabel. Das Getriebe ist hochgelegt und sitzt unmittelbar hinter dem Drehpunkt des Schwingrahmens. Die Hintergabel zeigt stark positive Schwingenanstellung. Federbeine ungekapselt, progressiv wirkende Schraubenfedern. 18-Zoll-Räder mit Leichtmetallfelgen und Vollnabenbremsen. Betätigung der Vorderrad- und Hinterradbremse durch Seilzug.

1954 lief die 350er-Zweizylinder-Horex mit einer leichten Frontverkleidung, 1955 dagegen kam sie mit einer vollen Bugverkleidung zum Einsatz. Höchstgeschwindigkeit der Maschine etwa 210 km/h.

Ein voller Erfolg wäre dem kleinen Homburger Werk schon allein wegen seines unermüdlichen rennsportlichen Einsatzes zu wünschen.

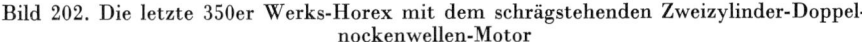

Bild 202. Die letzte 350er Werks-Horex mit dem schrägstehenden Zweizylinder-Doppelnockenwellen-Motor

Bild 203. Die ohc-Horex mit Bug-Vollverkleidung

e) Adler

Auch für den Einsatz von Adler-Rennmaschinen gaben Privatfahrer den Anstoß. Nach der 1953er Vorstudientype der 250-cm³-Adler von Helmut Hallmeier entwickelte die Versuchsabteilung der Frankfurter Adler-Werke in den Jahren 1953/54 eine Serie von RS-Maschinen, die ausnahmslos an Privatfahrer abgegeben wurden. Adler unterhält keine ausgesprochene Rennabteilung, verpflichtet auch keine Fabrikfahrer, sondern steht mit einigen Privatfahrern in Verbindung, die die Aufgabe haben, die Rennsportmaschinen mit Unterstützung der Versuchsabteilung zu erproben.

Die 250-cm³-Adler-RS entspricht in ihren Grundzügen dem normalen Sportmodell MB 250 S. Auch bei der Rennsportmaschine wurde das bewährte Antriebsaggregat, der Parallel-Zweizylinder-Zweitakt-Blockmotor, nicht verlassen. Die Rennfrisur verlangte natürlich gewisse Veränderungen der Serienkonstruktion. Dies führte zu einer anderen Gestaltung des Vorkompressionsraums im Kurbelgehäuse und des Verbrennungsraums im neuen Leichtmetall-Zylinderkopf. Zur besseren Wärmeableitung waren Zylinder mit größeren Kühlrippen und anderen Überströmkanälen erforderlich. Auch die geschmiedeten, besonders leichten und widerstandsfähigen Kolben erhielten sorgfältig entwickelte und erprobte Formen. Die Batteriezündung wurde durch eine Magnetzündung ersetzt. Die zwei Amal-TT-Vergaser erhielten eine flexibel aufgehängte Schwimmerkammer. Auspuffrohre als Auspuffbirnen ausgebildet.

Das Getriebe erhielt einen besonderen Rennsatz, der Kickstarter wurde entfernt und der Gehäusedeckel auf der anderen Seite zwecks besserer Zugänglichkeit zum Kettenrad sowie aus Gründen der Gewichtsersparnis hinten verkürzt. Fußschalt- und -Bremshebel mußten mit Rücksicht auf die Rennposition des Fahrers entsprechend verlegt werden. Die Mehrscheibenkupplung ist serienmäßig (Bilder 204 bis 206).

Wurden die einzelnen Adler-RS-Maschinen im Jahre 1953 noch mit der Teleskop-Hinterradfederung gefahren, so erhielten die Rennsportmodelle von 1954 ein neues Fahrgestell. Der Doppelrohr-Wiegenrahmen bekam eine Hinterradschwinge mit ölgedämpften Federbeinen. Diese Rahmenänderung brachte neuen Steuerwinkel und Radstand. Zur Abfederung des Vorderrades wird eine kurzarmige Schwinghebelgabel verwendet. Beachtlich ist die Parallelogramm-Verankerung zur Aufnahme der am Vorderrad auftretenden Brems-Reaktionskräfte, wodurch die Vorderradfederung beim Bremsen unbeeinflußt bleibt. Damit wird ein ständiger Bodenkontakt des Vorderreifens gewährleistet, was zur guten Straßenlage der Adler-RS beiträgt. Bemerkenswert ist ferner, daß die normalen, großen Zweimetall-Vollnabenbremsen mit 180 mm Durchmesser und 30 mm Belagbreite unverändert in die Rennsportmaschine übernommen werden konnten und den hohen Rennbeanspruchungen vollauf genügen. Betätigung der Vorderrad- und Hinterradbremse durch Seilzug. Die 18-Zoll-Räder

Bild 204. Gesamtansicht der Zweizylinder-Adler-RS

Bild 205. Schwinghebel-Vorderradgabel der Adler-RS.
Man erkennt die Parallelogramm-Verankerung

haben Leichtmetallfelgen und 2,75″- bzw. 3,00″-Bereifung. Der kleine Leichtmetall-Kotflügel des Vorderrades schwingt mit. Der Hinterrad-Kotflügel ist
als leichte Heckverkleidung ausgebildet. Der große Leichtmetall-Kraftstoffbehälter hat eine schmale Knieschlußpartie. Durchgehende Sitzbank. Wie bei
allen modernen Rennmaschinen ist auch bei der Adler-RS der mit großen
Brems- und Kupplungshebeln ausgestattete Lenker tief angesetzt.
Die Motorleistung beträgt bei etwa 8500 U/min etwa 27 PS. Das günstige Fahrzeuggewicht von 110 kg ermöglicht bei dieser Motorleistung eine Höchstgeschwindigkeit von etwas über 180 km/h (Bild 207).
1955 wurden die neuesten Adler-RS-Maschinen mit der Delphin-Verkleidung
eingesetzt. Außerdem ging man von der Luftkühlung ab und verwendete erstmals wassergekühlte Zweizylindermotoren. Die Wasserkühler befinden sich zu
beiden Seiten des Steuerkopfes innerhalb der Bugverkleidung. Oberhalb des
Rennnummernschildes treten die Luftschächte für die Wasserkühlung heraus.
Mit Rücksicht auf die Verkleidung wurde auch die Tankform geändert. Die
Vorderrad-Schwinghebelgabel erhielt zusätzliche hydraulische Stoßdämpfer,
und die Vorderradbremse wurde als Doppelnockenbremse ausgebildet. Mit der
Delphin-Verkleidung soll die Adler-RS eine Höchstgeschwindigkeit von
195 km/h erreichen.

Bild 206. Aus diesem Triebwerk
wurde der Adler-RS-Motor entwickelt

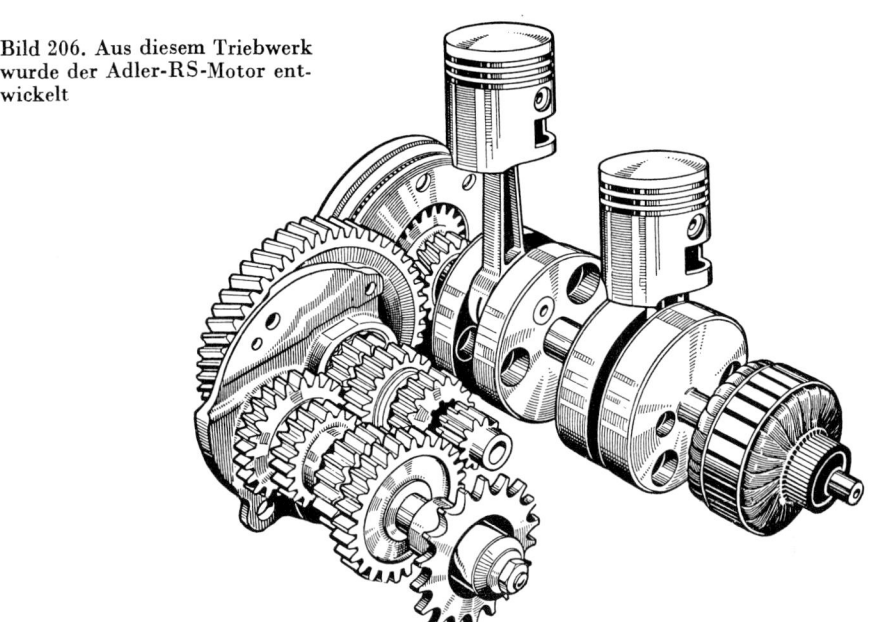

Bild 207. 1955 folgte dem luftgekühlten Modell die wassergekühlte Ausführung der Adler-RS

Berücksichtigt man, daß die Adler-Werke jahrzehntelang keine Motorradproduktion und überhaupt keine Rennbeteiligung durchgeführt haben, so sind die Erfolge der letzten Jahre auf dem rennsportlichen Gebiet besonders hoch zu werten. Nicht nur bei nationalen Rennen, sondern auch bei internationalen Veranstaltungen und sogar bei Weltmeisterschaftsläufen konnten die Adler-Rennsportmaschinen ausgezeichnete Plätze belegen.

f) IFA

Als 1948/49 der Motorrennsport im Gebiet der Deutschen Demokratischen Republik wieder aufblühte, war auch sofort unsere volkseigene Kraftfahrzeugindustrie mit vertreten. Vor allem das IFA-Motorradwerk Zschopau/Sa. stellte von Anfang an einige RT-125-Maschinen zur Verfügung, um einerseits den Motorrennsport der kleinen Klasse zu beleben und andererseits aus den Rennerfahrungen Nutzanwendungen für die Serienproduktion zu ziehen.
1949 war es in erster Linie Hermann Scherzer, der auf der 125er IFA eine ganze Reihe von Siegen für die Zschopauer herausfahren konnte. Diese Achtellitermaschine entsprach weitgehend den normalen RT-Modellen, hatte also den geschlossenen Einrohrrahmen mit Teleskop-Vorder- und -Hinterradfederung. Der Motor war mit den üblichen Mitteln der Zweitakt-Rennfrisur hergerichtet worden: Reduzierung des Totraumes im Kurbelgehäuse, Rennkolben, Verbesserung des Ansaugkanals, größerer Vergaser, höhere Verdichtung. Die ganze Maschine wurde natürlich überall, wo es anging, erleichtert und auf den Renneinsatz abgestimmt.
1950 gehörten dann zur IFA-Mannschaft außer Hermann Scherzer noch Andreas Ellmann, Erhart Krumpholz, Edgar Barth und Harald Linke. Die Maschinen waren in motorischer und fahrgestellmäßiger Hinsicht weiter verbessert worden. In Aussehen und Leistung entsprachen die 125-cm³-IFA-Maschinen immer mehr hochleistungsfähigen Rennmaschinen internationalen Formats. Nicht nur unzählige Siege auf den Rennstrecken der DDR konnten sie erringen, sondern auch bei westdeutschen Veranstaltungen hervorragend abschneiden. Der dritte Platz im Endstand der 125-cm³-Klasse in der gesamtdeutschen Straßenmeisterschaft des Jahres 1950 war ein großer Erfolg für die volkseigene Kraftfahrzeugindustrie der DDR.
Auch in den folgenden Jahren setzte IFA in der 125-cm³-Klasse die normalen schlitzgesteuerten Maschinen ein. Detailverbesserungen wurden laufend vorgenommen.
1952 konnte Bernhard Petruschke mit seiner ZPH-Maschine, bei deren Motor die Einlaßsteuerung durch einen Flachdrehschieber nach dem Zimmermann-System erfolgte, beachtliche Erfolge erringen. Der Luckenwalder Kraftfahrzeugmeister Daniel Zimmermann hatte einen Weg gefunden, die Leistung des Zweitakt-Rennmotors ohne Überladung zu erhöhen. In uneigennütziger Weise stellte Daniel Zimmermann seine Konstruktion dem IFA-Werk zur Verfügung.
Vom Beginn der Saison 1953 ab waren deshalb die Achtelliter-IFA-Zweitakt-Rennmaschinen mit dem Zimmermannschen Flachdrehschieber ausgerüstet.

Mit dieser leistungsfähigen Motorenkonstruktion konnten die IFAs auch in den Jahren 1953 und 1954 beachtliche Erfolge im Gebiet der DDR, außerdem aber auch in den Volksdemokratien und in der Bundesrepublik erringen. Für die DDR-Privatfahrer wurde eine Serie von 15 IFA-Drehschiebermaschinen aufgelegt, die an die erfolgreichsten Fahrer und an einige Nachwuchskräfte abgegeben wurden. Diese käuflichen Rennmaschinen entsprechen bis auf Details vollkommen den Modellen, die von den Angehörigen des IFA-Werkes – Horst Fügner, Erhart Krumpholz und Siegfried Haase – gefahren wurden.

Die 1954er Ausführung der 125-cm³-IFA-Rennmaschine (Bild 208) besaß den Einzylinder-Zweitakt-Drehschiebermotor mit quadratischem Hub/Bohrungs-Verhältnis von 54×54 mm. Verdichtung 12 : 1. Der Duralzylinder besitzt eine eingezogene Schleudergußbuchse. Als Zylinderkopf wurde der gut verrippte Leichtmetallkopf der alten NZ 250 verwendet, selbstverständlich sind die Zylinderkopfdome ausgegossen und neu bearbeitet. Das doppel-T-förmige Pleuel aus ECN 45 wiegt 95 g; das Kolbengewicht (ohne Kolbenbolzen und Kolbenringe) beträgt 110 g. Die Schwungscheiben sind nach außen konisch angeschrägt, um dem seitlich unter dem Zylinder eintretenden Ansaugkanal einen möglichst günstigen Verlauf zu geben. Als Hubzapfen/Pleuel-Lagerung findet ein Elektronkäfig mit zehn Stück 4×10-mm-Nadeln Verwendung.

Nach wie vor sind die IFA-Rennmaschinen mit Magnetzündung ausgerüstet. Der bekannte IFA-Flachschieber-Rennvergaser hat wahlweise 25,5 oder 27 mm

Bild 208. 125-cm³-IFA-Drehschieber-Rennmaschine

Durchlaß. Nach verschiedenen Versuchen mit Auspuffbirnen usw. ist man wieder zur offenen Tüte zurückgekehrt. Die Auspuffrohre haben eine Gesamtlänge von je 750 mm. Die Auspufftüten steigen von 40 auf 70 mm Durchmesser. Die Motorleistung beträgt bei rund 8300 U/min etwa 15 PS. Die Höchstgeschwindigkeit der 1954er Maschine mit leichter Frontverkleidung lag bei 150 km/h. Die Kraftübertragung vom Motor zum Dreiganggetriebe mit Rennsatz und Sechsfederkupplung erfolgt durch eine im Ölbad laufende Hülsenkette, vom Getriebe zum Hinterrad durch eine Einfach-Rollenkette. Das Fahrwerk besteht aus einem geschlossenen Einrohrrahmen mit Teleskop-Vorder- und -Hinterradfederung. Federungshub vorn 100 mm, hinten 60 mm. Als Laufräder werden normale 36-Loch-Vollhorn-Felgen mit Bereifung 2,50 × 19 verwendet. Die Vollnabenbremsen haben 150 mm Durchmesser und 30 mm Belagbreite. Der Kraftstoffbehälter faßt 16 Liter. Der durchschnittliche Kraftstoffverbrauch im Rennbetrieb von 7 Liter/100 km zeigt, daß unsere Zweitakt-Rennmotoren keine übermäßigen Benzinsäufer sein müssen. Die Front-Teilverkleidung ist aus 1 mm dickem Aluminiumblech gefertigt. Der Radstand der 125-cm³-IFA beträgt 1260 mm, das Leergewicht 62 kg (Bild 209).

Bild 209. Bugverkleidung der 1954er IFA-Rennmaschine

Bild 210. Das 1955er Rennmodell der 125-cm³-IFA-
Drehschieber mit der Bugkanzel-Verkleidung

Nach dem Vorbild der größeren Schwester, der 250-cm³-Zweizylinder-IFA, bekam die Achtellitermaschine für die Saison 1955 ebenfalls ein Doppelschwingen-Fahrgestell nach dem Earles-Prinzip. Federungshub vorn 130 mm, hinten 100 mm. Um bei diesem großen Federungshub bei Schräglage nicht aufzusetzen, wurde die Bodenfreiheit der Maschine durch Höherlegen des Motors etwas vergrößert. Auch die Verkleidung wurde vervollkommnet. Die Höchstgeschwindigkeit dürfte jetzt bei 160 km/h liegen. Durch ihre überwältigenden Erfolge beim Eifelrennen 1955 und anderen westdeutschen Motorsport-Veranstaltungen bewies die 125er-IFA, daß ihre Vorjahrserfolge am Nürburgring und am Feldberg, in Hannover und Brünn keine Zufallstreffer waren und daß sie noch immer in der Achtelliterklasse die schnellste Zweitaktmaschine der Welt war (Bilder 210 bis 213).

Zur Belebung der Viertelliterklasse setzte IFA in der Mitte der Saison 1954 auch eine 250-cm³-Zweizylinder-Zweitaktmaschine ein, die auf Anhieb entsprechende Leistungen zeigte. Bei dieser Maschine hat die Zschopauer Rennabteilung einen Kompromiß geschlossen, indem sie in ein neues, modernes Fahrgestell einen altbewährten Motor hing. In der Viertelliterklasse wird außerdem ja auch die AWO-Rennsportmaschine eingesetzt, und diese sportliche Konkurrenz des Zschopauer und des Suhler Werkes wird die technische Entwicklung in der 250-cm³-Klasse in den nächsten Jahren außerordentlich stark beeinflussen (Bild 214).

Bild 211. So sieht die kleine IFA von vorn aus

Bild 112. Blick hinter die Verkleidung der 125-cm³-IFA

Die Kraftquelle der 250-cm³-IFA besteht aus zwei mittig gekuppelten Einzylinder-Drehschieber-Rennmotoren mit den jeweils gleichen technischen Daten des Einzylinder-Rennmodells. Die Arbeitstakte sind um 180 Grad versetzt. Da die beiden äußeren Kurbelwellenstümpfe für die Anflanschung der Drehschieber und die Anordnung der Vergaser frei bleiben mußten, wird die Kraft von der Aggregatmitte auf ein Vorgelege und von hier aus auf das Hinterrad übertragen. Der IKA-Doppelmagnetzünder beliefert mit rund 17 000 Funken pro Minute die Isolator-Rennzündkerzen. Die Motorleistung beträgt 25 PS (1 PS Leistungsverlust durch Vorgelege usw.). Charakteristisch für die Viertelliter-IFA sind ihre vier Auspuffrohre (Bild 215).

Das Fahrwerk ist als Doppelrohr-Wiegenrahmen mit Doppelschwinge ausgebildet. Radstand 1240 mm. Der Steuerkopf wurde der RT 125 entnommen. Die Rahmenrohre haben die Abmessungen 24 × 1,5 mm, die Querrohre 34 × 1,5 mm. Der Rahmen ist mit eingesetzten Verstärkungsblechen versteift. Für die Hinterradschwinge werden Rohre von 28 mm Durchmesser und 2 mm Wanddicke verwendet. Die Abfederung des Vorderrades erfolgt durch eine langarmige Schwinge wie bei den BMW-RS-Modellen (aber im Gegensatz zu den kurzarmigen Schwingen der NSU- und Adler-Maschinen). Selbstverständlich haben die Federbeine hydraulische Dämpfung. Federungshub vorn 130 mm, hinten 90 mm. Die 19-Zoll-Räder sind mit normalen Vollhornfelgen ausgestattet

252

Bild 213. Federbein-Schwingrahmen und Hinterrad-Vollnabenbremse der 125-cm³-IFA. Das Kettenrad ist von der Bremsnabe getrennt und zwecks Gewichtserleichterung sorgfältig durchbohrt

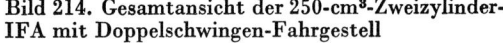

Bild 214. Gesamtansicht der 250-cm³-Zweizylinder-IFA mit Doppelschwingen-Fahrgestell

Bild 215. Der Motor der Viertelliter-IFA. Der Rennmagnet liegt zwischen Motor und Getriebe

und haben 2,75''-Bereifung. Da für den Rennzweitakter die Bremsen von noch
größerer Bedeutung als für den Viertakter sind, da der hochdrehende Zweitakter beim Gaswegnehmen kaum verzögernde Wirkung besitzt, wurde diesem
Teil bei der IFA-Rennmaschine größte Aufmerksamkeit gewidmet. Vorn wird
die verbesserte BK-Bremse mit 200 mm Durchmesser und 30 mm Belagbreite
verwendet, hinten eine Bremsnabe der 125er Rennmaschine mit Bremsbacken
von doppelter Belagbreite. Bremstrommeln und Bremsteller verrippt (Bild 216).
Der hochgewölbte, guten Knieschluß gewährende Büffeltank faßt 24 Liter. Die
Zweizylinder hat mit 15 Liter/100 km einen wesentlich höheren Verbrauch als
die 125er. Eine Tankfüllung von 24 Liter reicht bei der 250er gerade für eine
Grand-Prix-Distanz, denn selbst bei internationalen Veranstaltungen gehen
die Läufe der 250-cm³-Klasse selten über eine längere Strecke als etwa 150 km.
Wie die 125-cm³-IFA-Rennmaschine wurde auch die Viertellitermaschine während der Saison 1954 mit einer leichten Frontverkleidung eingesetzt, die die
Lenkerpartie umschloß. Mit dieser Teilverkleidung erreichte die Zweizylinder-
IFA rund 180 km/h Höchstgeschwindigkeit. Damit konnte sie bereits bei
ihrem Antrittsbesuch auf dem Sachsenring 1954 schon im Training nicht nur
alle DDR-Maschinen, sondern auch viele westdeutsche Rennapparate der
250er-Klasse distanzieren. Beim Eilenriederennen im September 1954 wurde die

Zweizylinder durch einen Sturz vollkommen zertrümmert. In den Wintermonaten 1954/55 wurde in Zschopau aber tüchtig gearbeitet, so daß im Frühjahr 1955 schon wieder zwei 250er auf den Rädern standen.

Für die Rennsaison 1955 wurde die große IFA mit einer neuentwickelten Front-Vollverkleidung versehen, die den gesamten Vorderbau der Maschine bis zur Fahrzeugmitte umgibt. Die tiefgezogene Verkleidung (unter Achshöhe) besitzt einen schlanken Bug. Eine in Lenkerhöhe an die Verkleidung angesetzte Plexiglasscheibe gibt volle Fahrersicht.

Für die Luftkühlung des Motors – ein nicht zu unterschätzendes Teilproblem beim Komplex „Verkleidung" – sind an beiden Seitenflächen der Verkleidung flache Kanäle mit 200-mm-Öffnungen vorgesehen, die die Frischluft an die Zylinder leiten. Wenn die Stromlinien-Verkleidung auch noch verschiedene andere Probleme mit sich bringt – Seitenwindempfindlichkeit, Kursstabilität, Steuerfähigkeit, Festigkeit, Gewicht usw. –, so ist ihre Wirkung zur Erzielung von Höchstgeschwindigkeiten doch unbestritten. Mit der neuen Front-Vollverkleidung erreicht die Zweizylinder-IFA etwa 195 km/h. Damit ist sie auch im internationalen Rahmen durchaus konkurrenzfähig.

Bild 216. „Hinterhand" der Viertelliter-IFA. Gut erkennbar die Federbein-Abstützung, die Schwingenlagerung, die Bremsseilzugverlegung der Doppelnockenbremse mit verripptem Bremsteller und der Rahmenausleger für Fußraste und Schalthebel

Es muß hierbei berücksichtigt werden, daß die Zweizylinder-IFA ja keine Spezialrennmaschine, sondern bestenfalls eine hochentwickelte Sportmaschine ist. Trotzdem behauptet sie sich im Rennsport. Sie kämpft um den Anschluß an die großen Erfolge ihrer kleinen Schwestermaschine, um auch in der Viertel-literklasse den Leistungsstand der volkseigenen Kraftfahrzeugindustrie zu doku-mentieren.

g) AWO

Dreimal hintereinander – 1953, 1954 und 1955 – konnten die AWO-Rennsport-maschinen ihren Fahrern in der Viertelliterklasse zur DDR-Meisterschaft ver-helfen. Diese Meisterschaftsehren, von Rudi Juhrisch und Hans-Joachim Scheel errungen, und eine Reihe schöner Erfolge bei Rennen mit gesamtdeutscher und internationaler Besetzung sprechen für die Güte der Erzeugnisse des volks-eigenen Simson-Werkes, das in Paul Greifzus Heimatstadt Suhl die bekannten AWO-Motorräder herstellt.

Aber nicht mühelos sind diese technisch-sportlichen Erfolge dem Suhler Werk in den Schoß gefallen. Sie mußten vielmehr schwer erkämpft werden, da sich der VEB Simson dem Rennsport nicht mit dem Bau von Spezialrennmaschinen verschrieben hatte, sondern die serienverwandten und aus Serienteilen ent-wickelten Rennsportmaschinen an den Start brachte.

Nachdem in der Saison 1951 der Ausweisfahrer Gerhard Jung aus Zella-Mehlis als erster den Versuch unternommen hatte, eine Serien-AWO rennmäßig frisiert auf die Pisten zu bringen, wurden im Winter 1951/52 im AWO-Werk von der Versuchsabteilung die ersten zwei Rennmaschinen hergestellt, die vorwiegend aus besonders bearbeiteten Teilen der Serienfabrikation bestanden. Diese zwei Maschinen hielten sich im Renneinsatz 1952 recht gut, so daß fünfzehn ihrer Art gebaut wurden. Bis zum Frühjahr 1953 wurden sie fertiggestellt und an die DDR-Spitzenfahrer der Lizenz- und Ausweisklasse abgegeben (Bild 217).

Außer diesen käuflichen Rennsportmaschinen betreute das Werk noch drei Rennmaschinen, an denen laufend Versuche durchgeführt wurden. Die Durch-führung dieser ständigen Versuche bei Training und Rennen war auch der Grund dafür, daß in der Saison 1953 die AWO-Werksmaschinen manchmal nicht so gut abschneiden konnten wie ihre Schwestern in Privat- und BSG-Be-sitz. Die aus diesen Versuchen gewonnenen Erfahrungen kamen aber auch den Rennsportmaschinen der Privatfahrer zugute.

Auch im Winter 1953/54 ruhte die Arbeit in der Suhler Versuchsabteilung nicht. Der der Versuchsabteilung angeschlossene Rennstab hatte alle Hände voll zu tun, um die Werksmaschinen weiter zu verbessern und für die Rennsaison 1954 fertigzumachen. Neben Hans-Joachim Scheel waren noch Karl-Heinz Kirchner, Werner Rosenhan und Max Byczkowski für den Einsatz auf den vom Werk be-treuten Rennmaschinen vorgesehen.

So traten zu Beginn der 1954er Saison die AWO-Rennmaschinen mit wesent-lichen Verbesserungen gegenüber den Vorjahren an. Der vollgekapselte Stoß-stangenmotor hat ein quadratisches Hub/Bohrungs-Verhältnis von 68×68 mm. Bei einer Verdichtung von 9,8 : 1 und 8000 U/min gibt der Motor 24 PS ab.

Bild 217. Teleskop-Hinterradfederung mit Reibungsstoßdämpfer der käuflichen AWO-Rennsport

Je nach Strecke wird ein IFA-Flachschieber-Rennvergaser mit 27 oder 30 mm
Durchlaß verwendet. Der V-förmige Zylinderkopf wurde besonders bearbeitet.
Neigung des Ansaugkanals 17°. Das Einlaßventil besitzt einen Ventilteller-
Durchmesser von 38 mm. Die besondere Formgebung des Einlaßventiltellers
ergibt günstige Strömungsverhältnisse im Ansaugkanal und ist mit für die
gute Füllung des Zylinders verantwortlich. Der schrägliegende Einlaßkanal
bedingte die Verwendung einer etwas anders gewickelten Ventilfeder, die
gleichzeitig auch eine höhere Federspannung besitzt. Tellerdurchmesser des
Auslaßventils 36 mm; Material vollkommen serienmäßig, jedoch erleichtert.
Kipphebel, Pleuel und Spezialkolben sind ebenfalls wesentlich erleichtert. Die
Kipphebel haben eine zusätzliche Schmierung bekommen. Der Rennkolben ist
mit zwei Kolbenringen (2 mm) und einem Ölabstreifring armiert. Das doppel-
T-förmige Pleuel aus VC 135 wiegt 255 g. Diese erhebliche Gewichtsminderung
erlaubte eine Verkleinerung der Gegengewichte an der Kurbelwelle. Der
Rennmagnet liegt vor dem Motor. Das Auspuffrohr wurde im Gegensatz zur
Serienmaschine nach links verlegt. Die Auspufftüte steigt im Durchmesser
von 36 auf 85 mm. Der Durchmesser der Auspufftütenblende beträgt 60 mm
(Bild 218).
Das angeblockte Fünfgang-Renngetriebe mit entsprechenden Getriebeabstu-
fungen und der Drehzahlmesser gestatten es dem Fahrer, in jedem Strecken-

Bild 218. Die Renn-AWO von der Kardanseite

abschnitt den Motor auf seiner optimalen Drehzahl zu halten. Der Handhilfs-
schalthebel am Getriebe wurde beibehalten. Wie das Serienmodell besitzt auch
die Renn-AWO Kardanantrieb. Die Kardanwelle wird nicht, wie auch verschiedentlich in der Fachpresse irrtümlich angegeben wurde, im rechten hinteren
Schwingarm geführt, sondern durchstößt lediglich das Querrohr der Schwing-
rahmenlagerung.
Das Fahrwerk der Renn-AWO erhielt mit Beginn der 1954er Saison an Stelle
der Teleskop-Hinterradfederung mit Reibungsstoßdämpfer eine neu kon-
struierte Federbein-Hinterradschwinge mit 90 mm Federhub und hydraulischer
Dämpfung. Die Straßenlage der Suhler Rennmaschinen wurde dadurch stark
verbessert. Doppelrohrrahmen und Teleskop-Vorderradgabel (deren Federhub
ebenfalls vergrößert wurde) wurden beibehalten. Der Radstand der Maschine
beträgt 1350 mm. Die durchgehende Sitzbank hat einen höckerartigen Abschluß.
Zum Zwecke der Gewichtserleichterung (vor allem der sich drehenden Teile)
sind die 36-Loch-Vollhorn-Felgen sehr sorgfältig ausgebohrt. Wie bei den
IFA-Rennmaschinen werden auch bei den AWO-Rennmaschinen Riesa-Rennreifen aufgezogen. Bereifung vorn 2,50 × 19, hinten 3,00 bzw. 3,25 × 19. Die
Zweimetall-Vollnabenbremsen (Elektronnabe und Stahltrommel) haben 180 mm
Durchmesser und 35 mm Belagbreite. Der Kraftstoffbehälter mit schmaler

Bild 219. Blick auf Tank, Lenker und Kanzel-
verkleidung der 250-cm³-AWO

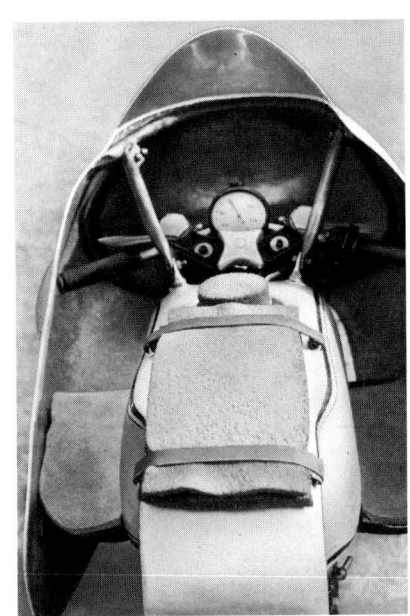

Bild 220. AWO-Federbein-Schwingrahmen

Bild 221. Torpedo-Bugverkleidung der Suhler
Rennmaschine ohne Seitenverkleidung

Bild 222. Die neue Front-Vollverkleidung mit
Kühlluftschächten der Werks-AWO

Knieschlußpartie faßt 17 Liter. Durch den Schwingrahmen hat sich das Gesamtgewicht der Maschine etwas erhöht; es beträgt jetzt 125 kg.

Seit dem ersten Straßenrennen des Jahres 1954 in Leipzig zeigte die AWO aber auch eine ansprechende Bug-Teilverkleidung, die die Lenker- und Tankpartie umschloß und in der für den Fahrer Armauflagen vorgesehen waren. Schon diese leichte Verkleidung brachte eine Erhöhung der Spitzengeschwindigkeit (Bilder 219 bis 221).

Zum Ende der Saison 1954, beim Meisterschaftsendlauf auf dem Schleizer Dreieckkurs, wurde erstmals die AWO-Rennmaschine mit einer gut durchgebildeten Vollverkleidung eingesetzt. Der weit vorstoßende Torpedo-Bug gibt der Maschine das Aussehen eines Raubvogels. Mit dieser Stromlinien-Verkleidung, die Arme und Beine des Fahrers völlig umschließt, aber das Vorderrad der Maschine frei läßt, erreicht die Renn-AWO eine Höchstgeschwindigkeit von 175 km/h.

Von allen Rennsportmaschinen in- und ausländischen Ursprungs, die im Laufe der letzten zwei Jahrzehnte auf den Rennstrecken erschienen sind, ist zweifellos die AWO-Rennmaschine *die* Maschine mit der größten Serien-Ähnlichkeit. Das ist das große Verdienst des Suhler Werkes, daß es den Motorrennsport mit verbesserten, aber konstruktiv einfachen Sportmaschinen belebt hat. Eine geringe

Bild 223. Das ist der Doppelnockenmotor der 250-cm³-AWO-Werksrennmaschine. Antrieb der zwei obenliegenden Nockenwellen durch eine Umlaufkette, die in einem geschlossenen Leichtmetallkasten geführt wird

Abweichung von den Grundzügen der Serienkonstruktion (z. B. Rennmotoren mit obenliegenden Nockenwellen, Doppelschwingen-Fahrgestellen usw.), die durch die allgemeine Entwicklung der Renntechnik jetzt notwendig wäre, ist aber durchaus vertretbar, wenn dadurch der Leistungsstand des DDR-Motorrennsports erhöht und zugleich das konstruktive und handwerkliche Können unserer Ingenieure und Facharbeiter dokumentiert werden können.

So wurde gegen Ende der Saison 1955 von der AWO-Rennabteilung eine Versuchsmaschine eingesetzt, deren Motor mit einem neuen Doppelnocken-Zylinderkopf ausgestattet ist. Über jedem Ventil liegt eine gesonderte Nockenwelle in je einem verrippten Leichtmetallgehäuse. Der Antrieb der beiden Nockenwellen erfolgt durch eine Umlaufkette, die in einem dreieckförmigen Leichtmetallkasten geführt wird. Das untere Kettenritzel ist über einen Winkeltrieb und eine an Stelle der bisherigen Nockenwelle eingebaute einfache Welle mit den Steuerrädern vorn im Kurbelgehäuse verbunden. Der Motor ist des weiteren mit Batteriezündung ausgerüstet.

Das Fahrwerk ist unverändert, jedoch wurde eine neue Stromformverkleidung entwickelt, die der heute gültigen Linie Guzzi-NSU-DKW entspricht (Bilder 222 und 223). Höchstgeschwindigkeit 185 km/h.

In dieser oder ähnlicher Form werden sich vermutlich auch die künftigen AWO-Rennmaschinen präsentieren.

19. Ist die Renntechnik Wegbereiterin des Serienfahrzeugs?

Diese Frage wird sich dem Leser nicht nur am Schluß dieses Buches nach einer Fülle von technischen Dingen – die immer in der Rennpraxis auf die jeweils erreichbare Höchstgeschwindigkeit und auf den Sieg abzielten – aufdrängen. Er wird Vergleiche mit der Entwicklung der Serienfahrzeuge anstellen und nach einer Beantwortung der Frage suchen... wenn er sie nicht selbst schon klar und deutlich gefunden hat. Diese Antwort aber ist der rote Faden.

Sprechen wir es deutlich aus:

> Der Motorrennsport auf der Straße und die Renntechnik sind seit der Jahrhundertwende der gestellten Aufgabe – dem Serienfahrzeug den Weg zu bereiten – gerecht geworden. Wenn in einigen Abschnitten der Renngeschichte, speziell im Kompressor-Zeitraum, dies nicht immer klar erkenntlich wurde, so lag dies nicht an der sportlichen Ausübung oder an der technischen Lösung, sondern an dieser oder jener Rennformel oder Vorschrift. Aber selbst in den krassen Fällen, wo also wenig Verwandtschaft zwischen Rennfahrzeug und Serienfahrzeug zu bemerken war und sich scheinbar die Wege trennten, wurden sehr wertvolle metallurgische, chemische und aerodynamische Erkenntnisse gewonnen, die auch dem Serienfahrzeug nutzbar gemacht wurden.
>
> Die Renntechnik hat den Serienfahrzeugbau befruchtet.

Das ist keineswegs eine durch nichts begründete Behauptung. Der Beweis dafür läßt sich antreten... und schon allein das Gelesene könnte genügen. Um aber trotzdem und außerdem in einem zwar kleinen Rahmen jedoch möglichst deutlich eine Beweisführung anzutreten, sei gestattet, dies an Hand des Falles eines deutschen Werkes zu tun, welches 1934 und 1954 – also im Behandlungszeitraum des gelesenen Buches – sowohl in mehreren Klassen Serienfahrzeuge baute als auch sich gleichzeitig mit Rennwagen oder Sportwagen am Rennsport beteiligte. Eine solche Parallele in einem Werk kann die Wechselwirkungen deutlich aufzeigen. Nehmen wir – lediglich aus diesem Grunde – den Fall Mercedes-Benz.

Die Rennwagenentwicklung von Mercedes-Benz zeichnet sich seit 1934 bis zum Jahre 1939 und bei ihrer Wiederaufnahme im Jahre 1954 durch interessante technische Gesamtkonzeptionen und Einzellösungen von Aggregaten und Details aus.

Um ein schnelles Fahrzeug zu bekommen, kann der Weg beschritten werden, Motoren sehr leistungsstark zu machen oder den Luftwiderstand der Fahrzeuge herabzusetzen und das Gewicht zu vermindern. Mercedes-Benz hat beide Wege beschritten. Es hat aber noch einen dritten Weg beschritten, nämlich den, die Straßenlage des Fahrzeuges weiter zu verbessern, das „Kleben" der Räder am Boden noch zu erhöhen, so daß außer der besseren Beschleunigung und Höchstgeschwindigkeit auch die Kurven schneller befahren werden können. Weiter wurden die Bremsen immer mehr verbessert.

Alle diese Punkte geben außer den rechnerischen und tatsächlichen Fortschritten auch dem Fahrer ein noch besseres Fahrgefühl und eine größere Sicherheit und vermindern die Ermüdung, so daß also auch hierdurch indirekt eine Erhöhung der Fahrleistung erfolgt.

Es ist klar, daß diese in Zahlen und teilweise auch nicht in Zahlen zu messenden Verbesserungen nicht nur für Renn- und Sportwagen, sondern auch für den Serienfahrzeugbau, für Tourenwagen angewendet werden. Was heute besondere Merkmale des Rennwagens sind, sind morgen die des Sportwagens und übermorgen diejenigen des Tourenwagens. Hierfür einige Beispiele.

Die Motoren der Rennwagenentwicklung der Jahre 1934 bis 1937 mit den Rennwagen nach der 750-kg-Formel hatten ihre maximale Leistung bei einer Drehzahl von etwa $n = 5800$ Umdrehungen. Die heute im Gebrauch befindlichen Serien-Tourenwagenmotoren der Typen Mercedes-Benz 220 und 300 haben ebenfalls ihre maximale Leistung bei Drehzahlen von $n = 5500$ bis 5800 und gestatten maximale Drehzahlen von $n = 6000$ Umdrehungen.

Nach zwanzig Jahren sind also die Drehzahlen des Rennmotors im Motor des Gebrauchswagens vorhanden. Wahrscheinlich wäre dies schon früher eingetreten, wenn der Krieg nicht diese Entwicklung unterbrochen hätte. Die hohe Drehzahl war ursprünglich im Rennmotor dazu da, um hohe Motorleistungen, hohe Leistungen aus einem bestimmten Zylindervolumen und aus einem bestimmten Baugewicht zu erzielen. Für den heutigen Gebrauchswagen sind die gleichen Gründe und ein weiterer bedeutender Vorteil maßgebend: Die große Drehzahlspanne, die der Serienmotor nun hat, gibt ihm eine außerordentliche Elastizität. Er kann von beinahe Schrittgeschwindigkeit im gleichen Gang auf Höchstgeschwindigkeit bis zu 160 km/h gefahren werden.

Im Jahre 1934 war das Verhältnis Hub : Bohrung bei Gebrauchsmotoren im allgemeinen 1,3 bis 1,5 : 1. Der Mercedes-Benz-Rennmotor des Jahres 1934 hatte bereits einen Kurzhub-Motor, der durch die hohen Drehzahlen bedingt war. Sein Verhältnis Hub : Bohrung war 1,13 : 1, und der Rennmotor des Jahres 1935 hatte ein Verhältnis von 1,08 : 1. Heute sind solche Verhältnisse beim Serienmotor normal, und man redet vom „quadratischen Motor".

Die Rennwagenmotoren der Jahre 1938 bis 1939, Motoren von 3 Liter und 1,5 Liter Inhalt mit Kompressor, hatten dann Drehzahlen von $n = 7800$ bis 8000 U/min. Die Entwicklung des Seriengebrauchsmotors wird dementsprechend auch hier die Drehzahlen noch steigern, um Motoren zu erhalten, die noch größere Drehzahlspannen haben. Die Registervergaser und die Benzineinspritzung befähigen die Konstrukteure, solche Motoren auch für die normalen Fahrzeuge zu bauen.

Die Benzineinspritzung ergibt eine sehr gleichmäßige Zuteilung der Brennstoffmenge auf die einzelnen Zylinder, eine gut funktionierende, einfache und klare Regelung, geringere spezifische Verbräuche insbesondere in Teillastbereichen und eine bessere Zylinderfüllung. Erfahrungen mit der Kraftstoffeinspritzung wurden von Mercedes-Benz auf den Renn- und Sportwagenbau übertragen, und der Rennmotor des Jahres 1954 wurde wie der Sportmotor im Typ 300 SL auf Brennstoffeinspritzung direkt in die Zylinder umgestellt. Man erhielt die oben genannten Vorteile für das Rennfahrzeug, und diese Einspritzung in den Viertaktmotor wird der Vorläufer für den Viertaktmotor des Tourenwagens sein.

Beim Renn- und Sportwagen mit den hohen Geschwindigkeiten und dem schlechten Verhältnis zwischen ungefederter Rad- und Bremsstrommelmasse zu gefederter Wagenmasse zeigte sich am ehesten die Notwendigkeit, die Radaufhängung insbesondere der Vorderachse, aber auch die der Hinterachse neu zu gestalten und von der bis dahin im allgemeinen üblichen durchgehenden starren Vorderachse abzugehen. Mercedes-Benz hatte zuerst bei den Renn- und Sportwagen die Ausführung gezeigt, die Vorderräder mit zwei Parallellenkern an einem festen Vorderachskörper aufzuhängen und die Radbewegung über diese Parallellenker vorzunehmen. Mercedes-Benz zeigte weiter an diesen Fahrzeugen zum erstenmal, wie Vorderräder mit reibungsfreien Schraubenfedern abgefedert und die Dämpfung ganz den Stoßdämpfern überlassen werden können. Heute sind sowohl die Aufhängung der Vorderräder an Parallellenkern wie auch die Abfederung dieser Räder mit reibungsfreien Schraubenfedern internationales Konstruktionsgut geworden.

Auch bei der Hinterachse hat Mercedes-Benz erstmalig bei Renn- und Sportwagen die Einzelradaufhängung und -abfederung in Form der Pendelachse gebracht. Zeitweilig hat Mercedes-Benz bei seinen Rennwagen diese sogenannte Schwingachse verlassen und war auf die Doppelgelenkachse übergegangen. Die Ausführung des Jahres 1954 benutzt aber die neueste Mercedes-Benz-Pendelachse mit tiefgelegtem Drehpunkt. So ist sowohl die ursprüngliche normale Pendelachse wie auch die im Jahr 1953 schon beim Typ 300 SL und dann beim Rennwagen geschaffene Pendelachse mit tiefgelegtem Drehpunkt ursprünglich eine Spezialentwicklung für den schnellen Sport- und Rennwagen, die aber

264

heute bereits auch für den normalen Tourenwagen, und zwar im Mercedes Typ 220 vorhanden ist.

Die Mercedes-Benz-Rennwagen haben frühzeitig 5-Gang-Getriebe gehabt, und diese Getriebe wurden bereits im Grand-Prix-Wagen 1934 mit dem fest im Rahmen gelagerten Hinterachsgehäuse zusammen als Einheit gebaut. Diese Bauart ergab zunächst speziell für den Rennwagen den Vorteil der besseren Gewichtsauslastung der Hinterachse und den weiteren Vorteil, daß für den zwischen Motor und Hinterachse sitzenden Fahrer ein günstigerer Fußraum vorhanden war, so daß der Wagen kürzer gebaut werden konnte. Die Vereinigung des Hinterachsantriebs mit dem Getriebe an der Hinterachse wurde dann von einigen anderen Firmen für das Gebrauchsfahrzeug angewendet.

Zur Verringerung der ungefederten Massen hatte Mercedes-Benz im Jahre 1922 bei der Monza-Type von Benz bereits die Bremstrommeln außen vom Rad weg gelegt und sie nach innen an die schwingenden Halbachsen genommen, um so die ungefederten Massen von Rad und Reifen zu verkleinern. Man findet diese Anordnung zum Teil heute bei Gebrauchswagen. Die nach innen verlegten Bremstrommeln wurden bei dem Mercedes-Benz-Rennwagen 1954 nun auch bei den Vorderrädern angewendet.

Die Bremstrommelausbildung wurde am Renn- und Sportwagen schon frühzeitig in Leichtmetall in Kombination mit innenliegenden Stahl- oder Grauguß-bremsflächenringen ausgeführt. Heute ist diese Ausführung für Tourenwagen nicht nur bei Mercedes-Benz, sondern auch bei anderen Marken üblich.

Der Schaffung luftwiderstandsarmer Karosserien wurde bei Renn- und Sportwagen immer schon größte Bedeutung zugemessen, denn die Steigerung der Geschwindigkeit kann – wie schon erwähnt – über die Erhöhung der Leistung, Verringerung des Gewichtes und Erniedrigung des Luftwiderstandes erreicht werden. Als ein ausländisches Werk eine Großserie von Tourenwagen neu herausbrachte, hatte man in einer Fachzeitschrift zu einer Gegenüberstellung der Frontansichten der damaligen MB-Rennwagen und des neuen Tourenwagens dem Sinne nach geschrieben: „Was für die schnellsten Rennwagen als günstigste Form erkannt wurde, wenden wir nun auch für den Serienwagen an." Tatsächlich war wohl das Frontgesicht der Mercedes-Benz-Rennwagen der Jahre 1934 bis 1939 und hier insbesondere das der Wagen der Jahre 1938 bis 1939 zum anregenden Element für die Ausbildung der Vorderfront der modernen Serienwagen geworden.

Es sei noch kurz auf den schrägen Einbau der Motoren bei den heutigen Rennwagen hingewiesen. Dieser ermöglicht eine niedrigere Bauart des Wagens, damit eine kleinere Stirnfläche und einen geringeren Luftwiderstand. Es kann sehr leicht sein, daß dieser Schrägeinbau des Motors in der Zukunft auch ein Attribut des normalen Tourenwagens wird.

Diese wenigen Beispiele sollen zeigen, wie sich einerseits der Renn- und Sportwagen weiterentwickelt hat und wie andererseits Großteile der Gesamtkonzeption, der Ausführung von Aggregaten und Einzelteilen bereits auf den Serienwagen übergegangen sind und dort nicht mehr zu missende Vorteile gebracht haben. Es ist hierbei gleichgültig, ob dieser Übergang sich bei ein und derselben Marke direkt vollzogen hat oder ob er den Umweg genommen hat, zuerst bei ein und derselben Firma vom Rennfahrzeug auf das Serienfahrzeug überzugehen, um dann bei einem anderen Werk ebenfalls für den Tourenwagen angewendet zu werden.

Gleichsam als Bestätigung dieser vorhandenen Wechselwirkungen im Automobilbau liefert die Motorrad-Technik ebenfalls den ergänzenden Nachweis, daß das Rennfahrzeug, in diesem Falle also die Rennmaschine, dem Gebrauchs-Motorrad in seiner technischen Entwicklung mannigfaltige Hinweise, Anregungen und Beispiele gegeben hat.

Man mag einwenden, daß die Kompressor- oder Ladepumpen-Periode keine verwertbaren Fortschritte für das serienmäßige Motorrad brachte. Nun, da ist eine Parallele zum Rennwagen, und deshalb kann gesagt werden, daß die Kompressormotoren der Rennmaschinen die Geschwindigkeiten auf den Rennstrecken in solche Bereiche anwachsen ließen, wo mit den damals zunächst vorhandenen Fahrwerken der Motorräder die Beherrschung der Maschine kaum mehr möglich war. Demzufolge ergaben sich neue Konstruktionen – es entstanden die Teleskopgabel und die Parallel-Hinterradfederung. Ebenfalls machten sich wirksamere Bremsen notwendig, um die erzielten hohen Geschwindigkeiten in den erforderlichen Momenten herabzumindern. Wie die Vollnabenbremse der Rennmaschine, so ging deren Fahrwerk mit der Federung des Vorder- und Hinterrades sehr schnell auf das Gebrauchsmotorrad über. Demnach hat also auch der Kompressor über Umwege seine positiven Auswirkungen auf die Serienmaschine gebracht.

Seien es die mehrzylindrigen Viertaktmotoren mit Königswelle und Doppelnocken oder die Doppelkolben-Zweitakter, die Viergang-Getriebe, die Fußschaltung, die Stoß- und Lenkungsdämpfer der Rennmaschinen – diese Details fanden sich meist nach sehr kurzer Zeit in zwar abgewandelter, aber prinzipiell gleicher Form im Gebrauchsmotorrad wieder.

Gerade die vergangenen Jahre geben doch augenfällig den Beweis dafür, wie unmittelbar und schnell sich neue Konstruktionserkenntnisse von der Rennmaschine auf das normale Zweirad übertragen. Die erstaunliche Leistungssteigerung der Renn-Saugmotoren – die auch im normalen Motorradmotor nicht unberücksichtigt blieb – verlangte mit den wiederum gewachsenen Geschwindigkeiten abermals neue, verbesserte Fahrwerke. Der verbesserte Doppelschwingen-Zentralrahmen der Rennmaschine war nach kaum Jahresfrist am Serienmotorrad wiederzufinden. Die Bremse für das Seitenwagenrad am Familien-Gespann wurde vom Renngespann übernommen. Aus dem Rennkissen wurde die Sitzbank mit deren Annehmlichkeiten und Verbesserungen der Fahreigenschaften für Fahrer und Sozius oder Sozia. Und es wird nicht mehr lange dauern, dann werden wir die Verkleidung der heutigen zweirädrigen Geschosse in abgewandelter Form, sparsamer und nicht nur wegen der aerodynamischen Vorteile am Motorrad der Serienfertigung wiederfinden.

Auch diese Aufzählung kann natürlich nur hinweisen. Die beiden knappen Beispiele Rennwagenbau / Tourenwagenentwicklung und Rennmaschine / Gebrauchsmotorrad aber dürften geeignet sein, dem Leser noch einmal das vor Augen zu führen, was den eigentlichen Sinn des Motorrennsports ausmacht und was in diesem Buch von der Renntechnik mit zum Ausdruck kommen sollte:

Das Rennfahrzeug von heute ist das Serienfahrzeug von morgen!

266

SACHREGISTER

FOTOS UND ILLUSTRATIONEN